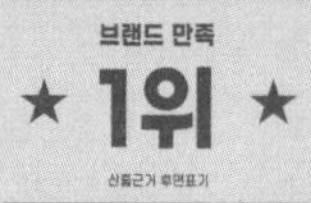

7·9급 고용노동직, 직업상담직 시험대비

율(律) 노동법
기본 이론서

- 방대한 노동법의 주요 법령을 체계적으로 정리
- 이론과 실무, 주요 판례를 압축적으로 구성
- 최근 개정 법령과 최신 판례를 완벽히 반영

유정수 편저

공무원 합격, You Can Do It !!

박문각

이 책의 머리말

노사관계를 규정하고 인간다운 생활과 생존권 확보 등을 보장하게 하는 법제를 가리켜 일반적으로 노동법이라고 하는데, 노동법은 사회보험이나 생활보호 등의 사회보장 입법 및 실업대책 입법과 함께 사회법에서도 중요한 역할을 하고 있다. 직장 내 괴롭힘, 중대재해처벌법 시행 및 노란봉투법의 시행 등으로 인해 노동 분야에 대한 사회적 관심이 더욱 높아짐에 따라 시대적 흐름에 맞게 노동관계법령이 제·개정되고 있다.

이번 「박문각 공무원 유정수 율(律) 노동법」 초판을 출간하면서 보다 완성도 높은 노동법 수험교재가 되기 위해 중점을 둔 부분은 다음과 같다.

첫째, 본 교재는 7급 및 9급 공무원 시험 통합 노동법 교재로서, 개별적 근로관계법과 집단적 노사관계법상의 내용 등을 모두 정리하였으며, 개별적 근로관계법과 집단적 노사관계법의 각 파트별로 정리하여 7급 및 9급 공무원 수험준비 등에 적합한 내용으로 구성하였다.

둘째, 본 교재는 노동법에 대한 법령, 이론, 판례 등을 체계적으로 정리하였다. 본 교재에서는 각 쟁점에 대한 법령뿐만 아니라, 주요 내용 및 관련 판례를 체계적으로 정리하여 공무원 시험 수험생들의 효율적인 학습을 도모하고자 하였다.

셋째, 본 교재는 최근 개정된 노동관계법령과 주요 기본서의 최신 내용 등을 반영하였으며, 또한 학계 및 실무적으로 이슈가 되는 주요 판례 및 최신 판례 등도 최대한 반영하였다.

이 책이 출간되기까지 많은 분들의 도움이 있었다. 먼저, 이 책을 출판하는 데 많은 도움을 주신 (주)박문각출판 박용 대표님 및 주민현 대리님께 진심으로 감사드리며, 또한 자식 사랑에 평생을 바치신 부모님께 지면(紙面)을 통해 사랑과 감사의 마음을 전한다.
그리고 마지막으로, 책 집필 작업 과정 등 언제나 격려와 조언 등을 아끼지 않은 Cine와 Ellena에게도 진심으로 고마움을 전하며, 늘 건강과 행복이 함께하길 바란다.

2026년 4월

유정수 노무사 드림

이 책의 구성 및 특징

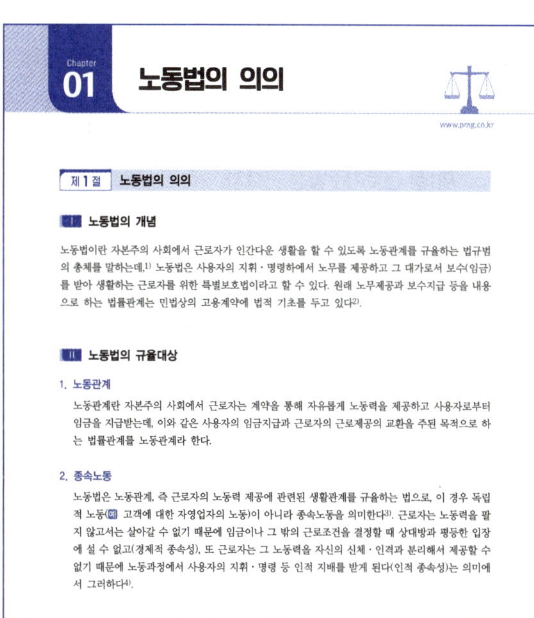

노동법 관련 법령과 이론을 체계적으로 정리

각 쟁점에 대한 법령뿐만 아니라, 주요 내용을 체계적으로 정리하여 효율적으로 학습할 수 있도록 구성하였습니다.

최신 법령과 주요 판례 및 최신 판례 반영

최근 개정된 법령과 최신 이론 등을 반영하였으며, 학계 및 실무적으로 이슈가 되는 주요 판례 및 최신 판례 등을 모두 최대한 반영하였습니다.

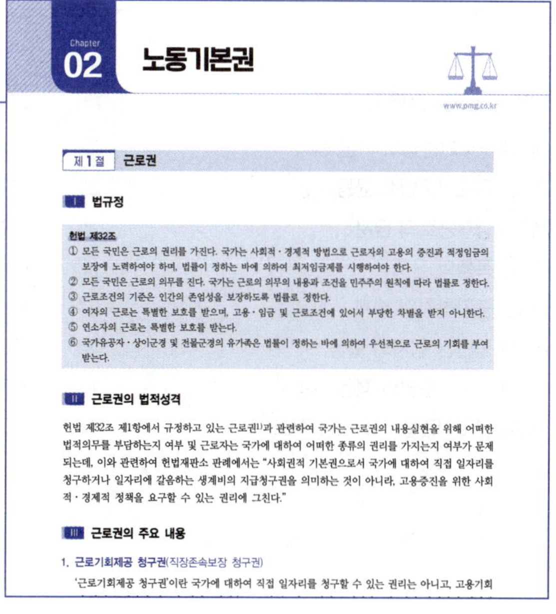

이 책의 차례

제1편 총론

제2편 개별적 근로관계법

제3장 취업규칙　　　　　63

제4장 임금

제5장 근로시간과 휴식

제6장 여성과 소년

제7장 직장 내 괴롭힘의 금지　　　　　125

제8장 인사 및 징계

제3편 집단적 노사관계법

박문각

유정수
율(律) 노동법

노동법의 의의

제1절 노동법의 의의

I 노동법의 개념

노동법이란 자본주의 사회에서 근로자가 인간다운 생활을 할 수 있도록 노동관계를 규율하는 법규범의 총체를 말하는데,[1] 노동법은 사용자의 지휘·명령하에서 노무를 제공하고 그 대가로서 보수(임금)를 받아 생활하는 근로자를 위한 특별보호법이라고 할 수 있다. 원래 노무제공과 보수지급 등을 내용으로 하는 법률관계는 민법상의 고용계약에 법적 기초를 두고 있다[2].

II 노동법의 규율대상

1. 노동관계

노동관계란 자본주의 사회에서 근로자는 계약을 통해 자유롭게 노동력을 제공하고 사용자로부터 임금을 지급받는데, 이와 같은 사용자의 임금지급과 근로자의 근로제공의 교환을 주된 목적으로 하는 법률관계를 노동관계라 한다.

2. 종속노동

노동법은 노동관계, 즉 근로자의 노동력 제공에 관련된 생활관계를 규율하는 법으로, 이 경우 독립적 노동(예 고객에 대한 자영업자의 노동)이 아니라 종속노동을 의미한다[3]. 근로자는 노동력을 팔지 않고서는 살아갈 수 없기 때문에 임금이나 그 밖의 근로조건을 결정할 때 상대방과 평등한 입장에 설 수 없고(경제적 종속성), 또 근로자는 그 노동력을 자신의 신체·인격과 분리해서 제공할 수 없기 때문에 노동과정에서 사용자의 지휘·명령 등 인적 지배를 받게 된다(인적 종속성)는 의미에서 그러하다[4].

---

1) 임종률, 『노동법』
2) 김형배·박지순, 『노동법』
3) 이병태, 『노동법』, 이상윤, 『노동법』; 노동법을 '종속노동관계에 관한 법'이라고 정의한다.
   김형배·박지순, 『노동법』; 이에 대해 노동법은 경제적 종속성의 배제를 목적으로 하는 것으로 노동법을 종속노동에 관한 법으로 하는 것은 타당하지 않다고 한다.
4) 임종률, 『노동법』

Ⅲ 시민법과 노동법

1. 시민법과 노동문제

(1) 의의

근대 초기에 시민계급의 주도로 성립된 자본주의 사회는 그 시대적 요청에 걸맞은 시민법을 확립하였다. 시민법은 사법·공법·형사법 등 모든 영역에서 소유권의 보장, 계약의 자유 및 과실책임주의를 그 기본원리로 추구하였다. 시민법하에서는 근로자가 사용자에게 노동력을 제공하여 임금을 받는 관계가 독립 대등한 당사자 사이의 자유로운 계약관계로 구성되는데, 노동관계에도 이러한 시민법의 기본원리가 적용되는 결과 다음과 같은 여러 가지 문제가 발생하였다.

(2) 저임금·장시간 노동 등의 열악한 근로조건

근로자와 사용자의 경제적 실력의 차이는 무시되고, 고용계약의 내용으로서 성립하는 임금이나 그 밖의 근로조건은 어떠한 것이든 당사자의 자유로운 합의의 결과로서 법률상 인정되었는데, 이로 인해 저임금·장시간 노동 등의 열악한 근로조건도 계약자유의 이름 아래 방치되는 문제가 발생하였다.

(3) 과실책임주의에 따른 보상의 어려움

근로자가 열악한 작업환경이나 장시간 노동에 따른 피로로 산업재해를 입더라도 과실책임의 원칙이 적용되기 때문에 보상을 받기가 어려웠다.

(4) 해고의 자유

고용계약의 경우, 해약의 자유는 사용자를 위한 해고의 자유가 되고 근로자는 사용자의 자의나 경제사정의 악화로 실업상태에 있는 경우가 많았다.

(5) 단결활동의 금지·억압

근로자가 자구행위로서 단결활동(노동운동)을 전개하기 마련이지만, 단결활동은 시민법과 모순된다는 이유로 금지·억압되었다[5].

2. 노동법의 생성·발전

(1) 노동법의 발전과 시민법 원리의 수정

노동법은 시민법 아래에서의 노동관계를 둘러싸고 제기되는 이러한 문제에 대처하도록 생성·발전해왔다. 즉, 노동법은 시민법 원리를 상당부분 수정하면서 등장한 것이다.

(2) 노동보호법

열악한 근로조건에 대하여는 근로조건의 최저기준을 정하고 그 준수를 강제하는 입법이 생성·발전되었다.

---

5) 임종률, 『노동법』; 파업은 시민법상 노동력의 자유로운 거래를 제한하는 위법한 행위라는 이유로 형사처벌이나 손해배상의 대상이 되었다고 한다.

(3) 산재보상 제도

산업재해 문제에 대해서는 사용자의 고의·과실이 없더라도 당연히 일정액의 보상을 하도록 하는 산재보상 제도가 노동보호법의 일환으로 도입되었다.

(4) 취직지원제도와 실업급여

실업과 취직의 문제에 관하여는 국가가 구직자에게 직업소개나 직업훈련의 서비스를 제공하는 취직지원제도나 실업자에게 보험급여를 하는 등의 생활지원제도가 발전하였다.

(5) 근로3권의 보장

근로자의 단결활동에 관하여는 이를 금지하는 제정법을 철폐하고 단결활동에 적용되어 온 시민법상의 위법성을 제거하는 입법이 성립되었는데, 이에 따라 노동조합 결성을 허용하는 입법이 성립되었고, 이어서 근로자의 파업이 야기하는 시민법상의 책임을 제거하는 입법이 제정되었다.

3. 노동법의 이념 및 목적

노동법은 근로자의 인간다운 생활의 실현을 기본이념으로 하는 법으로, 노동법은 종속관계를 대상으로 하여 개별관계에서의 국가 개입이라는 방법과 집단적 관계에서의 집단적 사적 자치의 보장이라는 방법을 통해 노동문제라고 하는 사회문제를 해결함으로써, 근로자의 경제적·사회적 지위향상 또는 생존권의 보장 등을 목적으로 하는 법이다.

Ⅳ 노동법의 체계(규율방식)

1. 개별적 근로관계법

(1) 의의

개별적 노동관계, 즉 근로자 개인과 사용자 사이의 노동관계의 성립·종료 등을 둘러싼 관계를 규율하는 법으로, 개별 근로자와 사용자 사이의 근로조건 등에 대한 최저기준을 정하여 규율하는 법을 말한다. 대표적으로 근로기준법, 최저임금법, 기간제 및 단시간 근로자 보호 등에 관한 법률 등이 있다.

(2) 규율방식

국가가 법률에 의해 최저기준을 설정하는 등의 방법으로 규율한다.

2. 집단적 노사관계법

(1) 의의

헌법상 보장된 근로자의 근로3권을 구체화하기 위해 이를 보장하는 법을 말하는데, 대표적으로 노동조합 및 노동관계조정법 등이 있다.

(2) 규율방식

노사당사자의 집단적 자치를 보장하는 방법으로 규율한다.

3. 기타

(1) 협력적 노사관계(노사협의회 제도)

근로자의 경영참가 내지 노사협의회를 둘러싼 근로자와 사용자 사이의 관계를 규율하는 법을 말하는데, 대표적으로 근로자참여 및 협력증진에 관한 법률이 있다.

(2) 노동쟁송법(노동위원회 제도)

개별근로자와 사용자 사이의 개별적 근로관계법상의 부당전보, 부당해고 등의 분쟁에 대한 구제절차와 노동조합과 사용자 사이의 집단적 노동관계법상의 노동쟁의 조정·중재나 부당노동행위에 대한 구제절차를 담당하는 법을 말하는데, 대표적으로 노동위원회법이 있다.

제 2 절 노동법의 법원

I 법원의 의의

'노동법의 법원'이란 노동관계상의 법적분쟁에 관한 재판에서 법관에게 기준이 되는 규범의 존재형식을 말한다. 법원의 실천적 의의는 법률관계를 규율하는 권리·의무의 원천으로서의 규범의 존재형식인바, 노동법에 있어서 근로관계를 규율하는 모든 규율근거들이 노동법의 법원이 되는데, 노동법상의 법원에는 일반성을 요소로 하는 노동관계법령은 물론이고, 단체협약, 취업규칙 또는 근로계약과 같은 노사자치규범도 법원으로 인정된다[6].

II 법원의 종류

1. 노동관계법령

노동관계법령은 헌법을 기본으로 하여 다양한 법령으로 구성되어 있으며, 헌법 제32조 근로의 권리, 동법 제33조 근로3권은 노동법의 해석과 적용에 있어서 종국적 기준으로서 효력을 가진다[7]. 민사법, 형사법, 행정법의 관련법규들도 노동관계에 관한 기초적 또는 보충적 규정으로 노동법의 법원이 되며, 또 이들 법률에 부속된 명령(시행령, 시행규칙 등)도 노동법의 법원이 된다[8].

---

6) 임종률, 『노동법』, 김형배·박지순, 『노동법』
7) 김형배·박지순, 『노동법』
8) 임종률, 『노동법』

2. 국제협약 · 조약

헌법에 따라 체결·공포된 조약은 국내법과 같은 효력을 가지므로 노동법의 법원이 된다. 대표적으로 우리나라가 비준·공포한 ILO 협약이 있다. ILO 협약 등 노동에 관한 국제협약은 헌법 제6조 제1항에 의하여 국내법과 동일한 효력을 갖는다.

3. 노사자치규범

노사자치규범에는 노사당사자가 자율적으로 설정하는 단체협약, 취업규칙, 조합규약, 근로계약 등이 있다. 노사자치규범은 그 적용을 받는 당사자의 권리·의무를 규율하고 있으므로, 관계법령에 위반되거나 사회통념에 위배되지 아니하는 한 노동법의 법원으로 인정된다고 할 것이다[9].

4. 노동관행

노동관행은 그 자체로서 특별한 법적효력이 없기 때문에 법원으로 인정되지 않는다. 그러나 노동관행이 기업사회에서 일반적으로 근로관계를 규율하는 규범적 사실로서 명확히 승인되거나, 기업의 구성원이 일반적으로 아무런 이의도 제기하지 아니한 채 기업 내에서 사실상의 제도로서 확립되어 있는 경우에는 그 효력을 인정받아 법원이 된다(대판 2002.4.23, 2000다50701).

5. 판례 및 행정해석

(1) 판례

대륙법계를 채택하고 있는 우리나라에서 판례는 원칙적으로 노동법의 법원으로 인정되지 않는다. 다만, 대법원 판례는 사실상 하급법원을 구속하여 노사관계를 규율하는 사실상의 구속력을 갖고 있다. 즉, 확립된 판례 법리는 사실상의 법원으로서의 기능을 수행하고 있다.

(2) 행정해석

고용노동부 등 정부가 노동행정의 지침이나 노동법의 유권해석을 국민 또는 하부기관에 표명하는 행정해석은 노동법의 법원으로 인정되지 않는다. 다만, 하급관청 등 노동행정 내부에서는 구속력이 있으나(대판 1990.1.25, 89누3654)[10], 국민에 대하여 재판기준으로서 법적 구속력을 갖지 않는 것이 원칙이다(대판 1993.2.23, 92누7112).

---

9) 이상윤, 『노동법』
10) 임종률, 『노동법』

Ⅲ 법원 상호간의 충돌(법원의 경합)

1. 법원 적용의 원칙

(1) 상위법 우선의 원칙

모든 법률은 상위법이 하위법에 우선하여 적용된다. 따라서 헌법은 법령에, 법령은 단체협약에 우선하여 적용된다(대판 1990.9.25, 90누2727). 또한 서로 다른 노사자치규범이 충돌하는 경우에는 상위의 노사자치규범이 하위의 노사자치규범보다 우선 적용된다.

(2) 신법 우선의 원칙

동위의 법원이라도 최근에 제정된 법은 그 이전에 제정된 법에 우선하여 적용된다. 적용범위가 같은 두 개의 단체협약이 있는 경우 새롭게 성립된 단체협약이 우선 적용된다(대판 1994.5.10, 93다30181).

(3) 특별법 우선의 원칙

동위의 법이라도 일반법에 대해 특별법이 우선 적용된다. 예를 들어, 선원인 근로자에게 근로기준법보다 특별법인 선원법이 우선 적용된다.

2. 예외(유리한 조건 우선의 원칙)

(1) 의의

'유리한 조건 우선의 원칙'이라 함은 상위규범보다 근로자에게 더 유리하면 하위규범이 우선 적용한다는 원칙을 말하는데, 다른 법 영역에서는 찾아보기 어려운 노동법 특유의 원칙이다[11].

(2) 단체협약과 근로계약·취업규칙 간의 유리한 조건 우선의 원칙 적용 여부

이와 관련하여 판례는 "단체협약이 취업규칙보다 불리하게 변경된 경우 그 효력관계에 있어 협약자치의 원칙상 노동조합은 사용자와의 사이에 근로조건을 유리하게 변경하는 내용의 단체협약뿐만 아니라 근로조건을 불리하게 변경하는 내용의 단체협약도 체결할 수 있으므로, 그러한 노사 간의 합의를 무효라고 할 수 없다."고 판시하였다(대판 2002.12.27, 2002두9063).

(3) 취업규칙과 근로계약 간의 유리한 조건 우선의 원칙 적용여부

취업규칙과 근로계약 간에는 유리한 조건 우선의 원칙이 적용되며, 취업규칙에 미달하는 근로계약은 그 부분에 관하여는 무효가 된다(근로기준법 제97조). 이와 관련하여 대법원 판례에서도 "근로기준법 제97조를 반대해석하면, 취업규칙에서 정한 기준보다 유리한 근로조건을 정한 개별 근로계약 부분은 유효하고 취업규칙에서 정한 기준에 우선하여 적용된다."고 판시하였다(대판 2019.11.14, 2018다200709).

---

11) 임종률, 『노동법』, 김형배·박지순, 『노동법』

노동기본권

www.pmg.co.kr

제1절　근로권

I　법규정

헌법 제32조
① 모든 국민은 근로의 권리를 가진다. 국가는 사회적·경제적 방법으로 근로자의 고용의 증진과 적정임금의 보장에 노력하여야 하며, 법률이 정하는 바에 의하여 최저임금제를 시행하여야 한다.
② 모든 국민은 근로의 의무를 진다. 국가는 근로의 의무의 내용과 조건을 민주주의 원칙에 따라 법률로 정한다.
③ 근로조건의 기준은 인간의 존엄성을 보장하도록 법률로 정한다.
④ 여자의 근로는 특별한 보호를 받으며, 고용·임금 및 근로조건에 있어서 부당한 차별을 받지 아니한다.
⑤ 연소자의 근로는 특별한 보호를 받는다.
⑥ 국가유공자·상이군경 및 전몰군경의 유가족은 법률이 정하는 바에 의하여 우선적으로 근로의 기회를 부여받는다.

II　근로권의 법적성격

헌법 제32조 제1항에서 규정하고 있는 근로권[1]과 관련하여 국가는 근로권의 내용실현을 위해 어떠한 법적의무를 부담하는지 여부 및 근로자는 국가에 대하여 어떠한 종류의 권리를 가지는지 여부가 문제되는데, 이와 관련하여 헌법재판소 판례에서는 "사회권적 기본권으로서 국가에 대하여 직접 일자리를 청구하거나 일자리에 갈음하는 생계비의 지급청구권을 의미하는 것이 아니라, 고용증진을 위한 사회적·경제적 정책을 요구할 수 있는 권리에 그친다."

III　근로권의 주요 내용

1. 근로기회제공 청구권(직장존속보장 청구권)

'근로기회제공 청구권'이란 국가에 대하여 직접 일자리를 청구할 수 있는 권리는 아니고, 고용기회의 확대를 위하여 필요한 입법·정책을 요구할 수 있는 권리는 의미하는데, 이와 관련하여 헌법재판소 판례에서는 "헌법 제15조의 직업의 자유 또는 헌법 제32조의 근로의 권리, 사회국가원리 등에 근거하여 실업방지 및 부당한 해고로부터 근로자를 보호하여야 할 국가의 의무를 도출할 수는 있을 것이나, 국가에 대한 직접적인 직장존속보장청구권을 근로자에게 인정할 헌법상의 근거는 없다."라고 판시하였다(헌재 2002.11.28, 2001헌바50).

---

1) 저자 주 : 근로권의 개념은 1919년 독일 바이마르(Weimar) 헌법에서 최초로 등장하였는데, 우리나라의 경우 1948년 제헌헌법에서부터 헌법상 명문 규정으로 하여 근로권을 국민의 기본권으로 보장하고 있다.

2. 생계비지급 청구권

'생계비지급 청구권'이란 국가에 대하여 근로기회제공을 요구하고 그 요구가 충족되지 아니한 때에는 상당한 생계비의 지급을 청구할 수 있는 권리를 말한다. 국가는 능력과 적성에 맞는 근로의 기회를 받지 못한 실업자에게 생계비를 지급할 의무가 있는데, 이 정책의무에 대응하는 입법으로 고용보험법상 실업급여제도가 있다[2].

3. 고용증진의무

헌법 제32조 제1항 후단에서는 "국가는 사회적·경제적 방법으로 근로자의 고용의 증진과 적정임금의 보장에 노력하며…"라고 규정하고 있는데, 국가는 근로자의 고용을 증진할 입법은 물론, 고용확대·실업대책 등에 관한 정책을 수립하고 추진해야 할 의무가 있다.

4. 적정임금보장

헌법 제32조 제1항 후단에서는 "적정임금의 보장에 노력하여야 하며, 법률이 정하는 바에 의하여 최저임금제를 시행하여야 한다."라고 규정하고 있다. 따라서 근로기준법에서는 임금의 개념, 지급방법 및 임금지급의 보장 등을 정하고 있으며, 또한 최저임금법을 통해 최저임금을 보장하고 있다.

제 2 절 　근로3권

Ⅰ　법규정

헌법 제33조
① 근로자는 근로조건의 향상을 위하여 자주적인 단결권·단체교섭권 및 단체행동권을 가진다.
② 공무원인 근로자는 법률이 정하는 자에 한하여 단결권·단체교섭권 및 단체행동권을 가진다.
③ 법률이 정하는 주요 방위산업체에 종사하는 근로자의 단체행동권은 법률이 정하는 바에 의하여 이를 제한하거나 인정하지 아니할 수 있다.

---

2) 임종률, 『노동법』

II 근로3권의 개념

1. 의의

근로3권[3]이란 근로자들이 근로조건의 향상을 위하여 자주적으로 단결하고 교섭하며 단체행동을 할 수 있는 단결권, 단체교섭권, 단체행동권을 총칭하는 개념을 말한다(헌법 제33조 제1항).

2. 취지

근로3권은 개별근로자가 노동조합으로 단결하여 사용자와 근로조건 향상을 위하여 집단적으로 교섭하며, 이를 실현하기 위한 단체행동을 보장하여 사용자와 실질적인 대등성을 확보하고 노사자치주의의 실현을 취지로 한다.

III 근로3권의 법적성격

헌법 제33조 제1항에서 규정하고 있는 근로3권에 대해 법적성격이 무엇인지 여부 대해 헌법재판소는 "근로자는 노동조합과 같은 근로자단체의 결성을 통하여 집단으로 사용자에 대항함으로써 사용자와 대등한 세력을 이루어 근로조건의 형성에 영향을 미칠 수 있는 기회를 가지게 되므로, 이러한 근로3권은 '사회적 보호기능을 담당하는 자유권' 또는 '사회권적 성격을 띤 자유권'이라고 판시하고 있다(헌재 1998.2.27, 94헌바13 ; 헌재 2009.2.26, 2007헌바27).

IV 근로3권의 주체

1. 근로자

근로3권의 주체인 근로자라 함은 "직업의 종류를 불문하고 임금, 급료, 기타 이에 준하는 수입에 의하여 생활하는 자(노동조합법 제2조 제1호)를 말한다. 여기서의 근로자에는 근로기준법상의 근로자인 취업 중에 있는 자만 국한되는 것이 아니라 실업 중에 있는 자도 포함되는 광의의 근로자를 말한다(대판 2004.2.27, 2001두8568).

2. 근로자의 단결체인 노동조합

헌법 제33조 제1항은 근로3권이 근로자만의 권리인 것으로 표현하고 있으나, 근로자들의 단결체인 노동조합도 근로3권의 주체가 된다. 노동조합은 기존의 조직을 보다 강화하기 위하여 새로운 조합원을 가입시키고, 조합을 유지·운영하는 등 단결권을 행사할 수 있다. 또한 노동조합은 사용자와 단체교섭을 하고 단체교섭이 결렬되는 경우 쟁의행위를 하는 등 단체교섭권 및 단체행동권의 주체가 될 수 있다.

---

3) '노동3권'이라는 용어로 사용되고 있다.

3. 사용자

사용자는 헌법 제33조 제1항에 규정된 근로3권의 주체가 될 수 없다[4]. 그 이유는 근로3권은 근로자의 권리이기 때문이다. 사용자가 사용자단체를 결성하는 것은 근로3권의 행사가 아니라 결사의 자유의 행사이며, 사용자가 근로자와 단체교섭을 수행하는 것은 사용자가 단체교섭권을 보유하고 있는 것이 아니라 근로자가 단체교섭권을 행사하는 데 있어 그 단체교섭의 상대방이 되는 것에 불과하다.

Ⅴ 근로3권의 내용

1. 단결권

단결권이란 근로자가 노동조합에 가입하거나 노동조합을 설립할 수 있는 권리를 말하는데, 이를 적극적 단결권이라고 한다. 그럼 단결하지 않을 자유, 즉 소극적 단결권이 인정될 수 있는지 여부가 문제되는데, 이를 인정하지 않는 입장에서는 소극적 단결권은 단결권의 본질적 내용은 아니며, 일반적 행동의 자유 또는 결사의 자유로 보고 있다[5].

2. 단체교섭권

(1) 의의

단체교섭권이란 근로자 단체 등이 근로조건의 향상을 위하여 자주적으로 사용자와 집단적으로 교섭할 수 있는 권리를 말한다. 단체교섭권에서는 사실행위로서의 단체교섭 행위 외에 타결된 내용을 단체협약으로 체결할 권한도 포함된다(대판 1993.4.27, 91누12257[전합]).

(2) 내용

노동조합법 제81조 제1항 제3호에서는 근로자에게 사용자와 집단적으로 교섭할 권리를 보장하여 사용자가 정당한 이유 없이 교섭을 거부할 수 없는 의무를 부여하고 있다.

(3) 효과

① 사용자는 노동조합의 단체교섭 요구에 대한 단체교섭응낙의무, 성실교섭의무를 부담하는데, 이를 위반할 경우에는 노동조합법 제81조 제1항 제3호에 근거하여 단체교섭 거부·해태로 인한 부당노동행위가 성립하며, 사용자가 정당한 이유 없이 고의 또는 과실로 단체교섭을 거부한 경우 노동조합은 불법행위에 기한 손해배상 청구도 가능하다(대판 2006.10.26, 2004다11070).

② 또한 노동조합의 정당한 단체교섭 행위는 민·형사상 책임도 면제된다(노동조합법 제3조 및 동법 제4조).

---

4) 김철수, 『헌법학개론』, 권영성, 『헌법학원론』
5) 김유성, 『노동법 Ⅱ』

3. 단체행동권

(1) 의의

단체행동권이란 근로자가 근로조건의 향상을 위해 집단적으로 행동할 수 있는 권리를 말한다. 단결체의 존립과 목적달성을 실력으로 관철하려는 투쟁수단으로서 단체적 투쟁에 있어 가장 본질적인 권리이자, 최후의 강제수단이다.

(2) 내용

단체행동권은 헌법상 근로3권을 향유할 수 있는 노동조합법상 근로자의 권리이므로 노동조합법상 쟁의행위 중 파업, 태업, 피켓팅 등 기타 노동관계 당사자가 그 주장을 관철할 목적으로 행하는 행위만을 포함한다.

(3) 효과

노동조합법에서는 쟁의행위는 그 권리행사가 정당한 경우에는 민·형사면책(노동조합법 제3조 및 동법 제4조)과 부당노동행위에 의한 불이익취급 금지와 이에 대한 구제를 받을 수 있는 절차(노동조합법 제81조 내지 제86조)를 보장하고 있다.

제 3 절 근로3권의 제한

I 근로3권 제한의 근거

1. 근로3권의 내재적 한계(헌법 제33조)

'근로3권의 내재적 한계'라 함은 근로3권에 내재되고 있는 본질적 성격으로 인하여 근로3권의 행사 범위가 당연히 제한되는 원리를 말한다. 근로3권은 다른 기본권과 조화 및 균형 있게 행사되어야 하며, 헌법의 기본원리를 침해하여서는 아니 된다. 헌법 제33조 제1항에서 근로3권은 근로조건 향상을 위하여 자주적으로 행사될 것을 규정하고 있는데, 이는 근로3권에 내재하는 본질적인 한계라고 할 수 있다[6].

---

6) 이상윤, 『노동법』

2. 일반적 법률유보 및 개별적 헌법유보를 통한 제한

(1) 헌법상 기본권 제한의 근거인 국가안전보장, 질서유지 또는 공공복리를 위하여 필요한 경우에 법률로써 국민의 자유와 권리를 제한할 수 있게 하는 일반적 법률유보조항(헌법 제37조 제2항[7]), 긴급재정경제처분 명령과 긴급명령(동법 제76조), 비상계엄과 관련된 국가긴급권 조항(동법 제77조) 등의 일반적 법률유보에 의하여 제한된다.

(2) 헌법에서는 공무원(동법 제33조 제2항)과 법률로 정한 주요방위산업체 종사자의 근로3권(동법 제33조 제3항)의 경우 개별적 헌법유보에 따라 제한된다.

3. 법률상 구체적 제한

(1) 근로3권에 대해 노동조합법, 국가공무원법 등의 법률상 구체적 제한규정이 있다. 노동조합법의 경우 쟁의행위에 대한 조합원의 찬반투표 등의 제한(노동조합법 제37조 내지 제41조), 폭력행위 등의 금지(동법 제42조), 중재 및 긴급조정 시의 쟁의행위 금지(동법 제63조 및 제77조) 등이 있다.

(2) 헌법의 법률유보조항에 따라 방위사업법에 의하여 지정된 주요방위산업체에 종사하는 근로자 중 전력, 용수 및 주로 방산물자를 생산하는 업무에 종사하는 자는 쟁의행위를 할 수 없다(동법 제41조 제2항).

Ⅱ 근로의 성질에 따른 근로3권의 제한

1. 공무원의 근로3권

(1) 공무원의 근로3권 제한

① 헌법 제33조 제2항에서는 "공무원인 근로자는 법률이 정하는 자에 한하여 단결권·단체교섭권 및 단체행동권을 가진다."고 규정하고 있다.

② 그러나 국가공무원법 제66조 제1항에서는 "공무원은 노동운동 기타 공무 이외의 일을 위한 집단적 행위를 하여서는 아니 된다. 다만, 사실상 노무에 종사하는 공무원은 예외로 한다."고 규정하여 사실상 노무에 종사하는 공무원에 대해서만 근로3권을 인정하고 있다.

③ 공무원의 근로3권을 부인하는 국가공무원법 제66조에 대해 헌법재판소는 국민전체의 봉사자, 직무의 공공성 및 공무원 처우개선을 위한 법률상·예산상의 제약을 근거로 합헌이라고 판시하였다(헌재 1992.4.28, 90헌바27).

(2) 공무원노동조합법의 제정 및 개정

공무원의 근로3권 제한에 대한 비판 등에 따라 2006년 1월 1일부터 공무원노동조합법이 시행되었다. 공무원노동조합법에서는 노동조합의 자유로운 설립을 허용하면서도, 그 가입범위를 6급 이하 일반직, 기능직, 고용직, 별정직 및 계약직 공무원(5급 이상과 특정직, 정무직은 제외)로 제한하고 있었으나, 최근 공무원노동조합법 개정으로 인해 노동조합 가입범위에 대한 직급제한을 폐지하였으며, 또한 노동조합 규약에 따라 퇴직공무원도 노동조합 가입을 허용하였다(공무원노동조합법 제6조).

---

7) **헌법 제37조** ② 국민의 모든 자유와 권리는 국가안전보장·질서유지 또는 공공복리를 위하여 필요한 경우에 한하여 법률로써 제한할 수 있으며, 제한하는 경우에도 자유와 권리의 본질적인 내용을 침해할 수 없다.

2. 교원의 근로3권

(1) 교원의 근로3권 제한

① 1999년 7월 1일 교원노동조합법이 시행되기 이전에는 국공립학교 교원뿐만 아니라 사립학교 교원도 근로3권이 인정되지 않았다. 국공립학교 교원의 경우 공무원으로서 국가공무원법 제66조에 따라 근로3권을 제한하였으나, 사립학교 교원의 경우 사립학교법 제55조 제1항[8])에 근거하여 근로3권이 허용되지 않았다.

② 또한 사립학교 교원의 근로3권 제한과 관련한 사립학교법 제55조에 대해 헌법재판소에서도 헌법이 정하는 교원지위법정주의(헌법 제31조 제6항)는 근로3권에 우선하는 의의를 가진다는 점, 생존권적 기본권의 경우 일정한 대상조치가 부여되면 당해 기본권을 부인하더라도 권리의 본질적 내용을 침해하는 것은 아니라는 점을 고려하여 합헌이라고 판시하였다(헌재 1991.7.22, 89헌가106).

(2) 교원노동조합법의 제정 및 개정

교원의 근로3권 제한에 대한 비판 등에 따라 1999년 7월 1일부터 교원노동조합법이 시행되어 교원의 근로3권은 단체행동권을 제외한 단결권, 단체교섭권이 인정되었다. 교원노동조합법에서는 교원은 시·도·전국 단위에 한하여 노동조합을 설립할 수 있고, 가입범위로 중·고등교권뿐만 아니라 유치원 교사도 가입범위에 포함되지만, 대학교원은 가입범위에 포함되지 않았으나, 최근 헌법재판소의 헌법불합치 결정(헌재 2018.8.30, 2015헌가38)에 따른 법 개정을 통해 대학교원도 가입범위에 포함하게 되었다.

III 사업의 성질에 따른 근로3권의 제한

1. 주요방위산업체에 종사하는 근로자의 단체행동권 제한

방위산업체에 종사하는 근로자의 단체행동권은 헌법 제33조 제3항의 법률유보조항에 따라 노동조합법 제41조 제2항에서 방위사업법에 의해 지정된 주요방위산업체에 종사하는 근로자 중 전력, 용수 및 주로 방산물자를 생산하는 업무에 종사하는 자는 쟁의행위를 할 수 없다.

2. 공익사업 및 필수공익사업 종사자에 대한 단체행동권 제한

공익사업은 사업의 특성 등을 고려하여 일반사업보다 조정기간이 길게 진행되어[9]), 이 기간 동안 쟁의행위를 금지하고 있으며, 필수공익사업의 경우 필수유지업무의 정당한 유지·운영을 정지·폐지 또는 방해하는 행위는 쟁의행위로서 이를 행할 수 없다(노동조합법 제42조의2 제2항).
또한 공익사업의 경우 고용노동부장관의 결정에 따라 긴급조정의 결정이 공표된 때에는 즉시 쟁의행위를 중지하여야 하며, 공표일로부터 30일이 경과하지 아니하면 쟁의행위를 재개할 수 없다(동법 제77조).

---

8) **사립학교법 제55조(복무)** ① 사립학교의 교원의 복무에 관하여는 국·공립학교의 교원에 관한 규정을 준용한다.

9) **노동조합법 제54조(조정기간)** ① 조정은 제53조의 규정에 의한 조정의 신청이 있은 날부터 일반사업에 있어서는 10일, 공익사업에 있어서는 15일 이내에 종료하여야 한다.

노동법상 권리 · 의무의 주체

제1절　근로기준법상 근로자

Ⅰ　법규정

> **제2조【정의】** ① 이 법에서 사용하는 용어의 정의는 다음과 같다.
> 1. "근로자"란 직업의 종류와 관계없이 임금을 목적으로 사업이나 사업장에 근로를 제공하는 사람을 말한다.

Ⅱ　근로기준법상 근로자의 개념

1. 직업의 종류와 관계없이

근로기준법상 근로자는 직업의 종류와 관계없이, 그리고 그 근로의 내용이 육체노동, 정신노동, 사무노동인지를 불문한다(대판 1992.4.14, 91다45653).

2. 사업 또는 사업장

근로기준법상 근로자는 사업 또는 사업장에서 근로를 제공하여야 한다. 따라서 근로기준법상 근로자에 해당하기 위해서는 사업 또는 사업장에서 근로를 제공해야 하는바, 사용자에게 현실적으로 고용되어 있는 취업자만이 근로기준법상 근로자에 해당하며, 현실적으로 고용되어 있지 않은 실업자 또는 해고자 등 미취업자는 이에 해당하지 않는다.

3. 임금을 목적으로 근로를 제공

근로기준법상 근로자는 임금을 목적으로 근로를 제공하는 자여야 한다. 여기서 임금이란 '사용자가 근로의 대가로 근로자에게 임금, 봉급, 그 밖에 어떠한 명칭으로든지 지급하는 일체의 금품'을 말하는데(근로기준법 제2조 제1항 제5호), 지급의 명목과 관계없이 근로의 대가로 지급되는 것은 모두 임금에 포함된다.

Ⅲ　근로기준법상 근로자성 판단기준

판례는 "근로기준법상의 근로자에 해당하기 위해서는 그 계약이 민법상의 고용계약이든 또는 도급계약이든 그 계약의 형식에 관계없이 그 실질에 있어 근로자가 사업 또는 사업장에 임금을 목적으로 종속적인 관계에서 사용자에게 근로를 제공하여야 한다."라고 판시하고 있다(대판 1994.12.9, 94다22859).

여기에서 종속적인 관계가 있는지는, 업무 내용을 사용자가 정하고 취업규칙 또는 복무(인사)규정 등의 적용을 받으며 업무 수행 과정에서 사용자가 상당한 지휘·감독을 하는지, 사용자가 근무시간과 근무장소를 지정하고 근로자가 이에 구속을 당하는지, 노무제공자가 스스로 비품·원자재나 작업도구 등을 소유하거나 제3자를 고용하여 업무를 대행하게 하는 등 독립하여 자신의 계산으로 사업을 영위할 수 있는지, 노무제공을 통한 이윤의 창출과 손실의 초래 등 위험을 스스로 안고 있는지와, 보수의 성격이 근로 자체의 대상적 성격인지, 기본급이나 고정급이 정하여졌는지 및 근로소득세를 원천징수하는지 등의 보수에 관한 사항, 근로제공 관계의 계속성과 사용자에 대한 전속성의 유무와 정도, 사회보장제도에 관한 법령에서의 근로자 지위 인정 여부 등의 경제적·사회적 여러 조건을 종합하여 판단하여야 한다. 다만, 기본급이나 고정급이 정해졌는지, 근로소득세를 원천징수했는지, 사회보장제도에 관하여 근로자로 인정받는지 등의 사정은 사용자가 경제적으로 우월한 지위를 이용하여 임의로 정할 여지가 크다는 점에서 그러한 점들이 인정되지 않는다는 것만으로 근로자성이 쉽게 부정해서는 안 된다고 판시하였다(대판 2006.12.7, 2004다29736 외 다수 판결).

Ⅳ 구체적 사례

1. 근로자 지위를 인정한 사례

신문사 광고영업사원, 전공의, KBS 시청료 수신원, 대입학원 종합반 강사, 대학교 시간강사, 아이돌보미, 채권추심원, 차량호출 서비스 운전기사 등

2. 근로자 지위를 부정한 사례

레미콘차량 운전기사, 학습지 교육상담교사, 골프장 캐디, 입시학원 단과반 강사, 지입차주, 유흥업소 출연가수, 프로야구 선수, 향토예비군 중대장, 한전에 고용된 위탁수금원, 야쿠르트 판매원 등

Ⅴ 임원의 근로기준법상 근로자성 문제

1. 의의

사전적 의미로 임원이란 어떤 기관이나 단체의 운영과 감독 등의 일을 맡아 처리하는 사람을 말하는데, 임원은 등기임원과 비등기임원, 상근임원과 비상근임원 등 다양한 형태로 존재하며, 같은 권한을 가진 임원이라고 하더라도 노동법·상법·세법 등 관련 법률마다 법적용을 달리하고 있다.

2. 임원의 근로기준법상 근로자성 판단기준

(1) 임원의 근로기준법상 근로자성 판단기준과 관련하여 판례에서는 "회사의 이사 또는 감사 등 임원이라고 하더라도 그 지위 또는 명칭이 형식적·명목적인 것이고 실제로는 매일 출근하여 업무집행권을 갖는 대표이사나 사용자의 지휘·감독 아래 일정한 근로를 제공하면서 그 대가로 보수를 받는 관계에 있다거나 또는 회사로부터 위임받은 사무를 처리하는 외에 대표이사 등의 지휘·감독 아래 일정한 노무를 담당하고 그 대가로 일정한 보수를 지급받아 왔다면 그러한 임원은 근로기준법상 근로자에 해당한다."라고 판시하고 있다(대판 2003.9.26, 2002다64681).

⑵ 즉, 판례는 임원이 근로기준법상 근로자인지 여부는 ① 그 지위나 명칭이 형식적·명목적인 것인지, ② 사업주의 지휘·명령에 복종하면서 회사의 업무에 종사하고 그 대가로 보수를 받고 있는지 여부 등에 따라 판단하여야 할 것인바, 따라서 임원이라 하더라도 업무집행권 또는 업무대표권 등이 전혀 없이 단순히 임금을 목적으로 근로를 제공하는 자일 경우 근로기준법상 근로자로 본다.

제 2 절 　노동조합법상 근로자

Ⅰ　법규정

> **제2조【정의】** 이 법에서 사용하는 용어의 정의는 다음과 같다.
> 1. "근로자"란 직업의 종류를 불문하고 임금·급료 기타 이에 준하는 수입에 의하여 생활하는 자를 말한다.

Ⅱ　노동조합법상 근로자의 개념

1. 직업의 종류를 불문

직업의 종류를 불문하는바, 정신노동, 육체노동, 일용직, 임시직 등 근무형태, 직종 및 직급 등은 노동조합법상 근로자를 판단하는 기준이 되지 않는다.

2. 임금·급료 기타 이에 준하는 수입

노동조합법상 근로자는 임금·급료 기타 이에 준하는 수입에 의해 생활하는 자를 말하는데, 여기서 임금은 근로기준법상 임금을 말한다. 한편, '급료 기타 이에 준하는 수입'이란 임금이 아니면서 임금과 비슷한 수입을 의미하는바, 타인에게 사용종속관계하의 종속적 근로는 아니지만 이와 비슷한 노무를 제공하는 등의 대가로 얻는 수입을 말한다[1].

3. 그에 의하여 생활하는 자

'그에 의하여 생활하는 자'란 기타 급여에 의해 현실적으로 생활하거나 그에 의해 생활할 수밖에 없는 자를 말한다. 그러므로 현실적으로 취업하고 있는 근로자뿐 아니라 구직 중인 실업자도 노동조합법상 근로자에 포함된다고 할 것이다(대판 2015.6.25, 2007두4995[전합] ; 대판 2016.11.10, 2015도7476).

---

1) 임종률, 『노동법』

III 노동조합법상 근로자성 판단

1. 근로자 지위를 인정한 판례

(1) 노동조합법상 근로자성 판단과 관련하여 판례는 소위 <재능교육 사건>에서 "노무제공자의 소득이 특정 사업자에게 주로 의존하고 있는지, 노무를 제공 받는 특정 사업자가 보수를 비롯하여 노무제공자와 체결하는 계약 내용을 일방적으로 결정하는지, 노무제공자가 특정 사업자의 사업 수행에 필수적인 노무를 제공함으로써 특정 사업자의 사업을 통해서 시장에 접근하는지, 노무제공자와 특정 사업자의 법률관계가 상당한 정도로 지속적·전속적인지, 사용자와 노무제공자 사이에 어느 정도 지휘·감독관계가 존재하는지, 노무제공자가 특정 사업자로부터 받는 임금·급료 등 수입이 노무 제공의 대가인지 등을 종합적으로 고려하여 판단하여야 한다."고 판시하였다(대판 2018.6.15, 2014두12598).

(2) 즉, 근로기준법상의 근로자성 판단에는 기존의 사용종속관계를, 노동조합법상의 근로자성 판단에는 경제적 종속관계를 적용함으로써 기준의 이원화를 제시하고 있다.

2. 근로자 지위를 인정한 또 다른 사례

이후 대법원은 소위 <한국방송공사 사건>에서는 <재능교육 사건>에서 나아가 방송연기자의 경우 전속성과 특정 사업자에 대한 소득 의존성이 강하지 않은 측면이 있다고 하더라도 다른 요소에 관한 제반 사정 등을 고려할 때, 노동조합법상 근로자로 인정될 수 있다고 판단함으로써 노동조합법상 근로자성 인정범위를 더욱 넓게 보았다(대판 2018.10.12, 2015두38092).

IV 구체적 사례

1. 근로자 지위를 인정한 사례

실업자, 골프장 캐디, 학습지 교사, 방송연기자, 취업자격 없는 외국인 근로자, 철도역 내 매점운영자, 택배기사 등

2. 근로자 지위를 부정한 사례

개인택시사업자, 목수 등 자영업자, 가내수공업자, 유흥업소 출연가수, 프로야구 선수, 레미콘 기사 등

제 3 절 | 근로기준법상 사용자

I 법규정

제2조【정의】 ① 이 법에서 사용하는 용어의 정의는 다음과 같다.
2. "사용자"란 사업주 또는 사업경영담당자, 그 밖에 근로자에 대한 사항에 대하여 사업주를 위하여 행위하는 자를 말한다.

Ⅱ 근로기준법상 사용자의 개념

1. 사업주

사업주란 근로자를 사용하여 사업을 하는 자, 즉 경영의 주체를 말한다. 개인기업의 경우 사업을 경영하는 개인을 의미하고, 법인기업인 경우에는 법인 그 자체를 말한다.

2. 사업경영담당자

사업경영담당자란 사업주로부터 사업경영의 전부 또는 일부에 대하여 포괄적 위임을 받고 권한을 행사하거나 책임을 부담하는 자를 말한다(대판 1988.11.22, 88도1162). 예컨대, 주식회사의 대표이사, 합명회사 또는 합자회사의 업무집행사원, 유한회사의 이사·지배인, 회사정리절차의 개시 이후의 관리인(대판 1989.8.8, 89도426) 등이 이에 해당된다.

3. 근로자에 관한 사항에 대하여 사업주를 위하여 행위하는 자

'근로자에 관한 사항에 대하여 사업주를 위하여 행위하는 자'란 근로자의 인사, 급여, 후생, 노무관리 등 근로조건 결정 또는 업무상 명령이나 지휘·감독을 하는 등의 사항에 대하여 사업주로부터 일정한 권한과 책임을 부여받은 자를 말한다(대판 2011.9.8, 2008두13873). 이와 같은 책임과 권한의 유무는 부장 또는 차장 등 형식적인 직위에 따를 것이 아니라 구체적인 책임과 권한에 의하여 판단되어야 한다(대판 1983.6.28, 83도1090 ; 대판 1989.11.14, 88누6924).

Ⅲ 사용자 개념의 상대성과 양벌규정

1. 사용자 개념의 상대성

'사용자 개념의 상대성'이라 함은 근로기준법상의 사용자는 근로자를 전제하지 아니하고는 존재할 수 없으며, 또한 동시에 근로자의 지위도 함께 보유할 수 있다는 것을 말한다. 사업주가 아닌 사용자, 즉 사업경영담당자 및 사업주를 위하여 행위하는 자는 한편으로는 근로기준법상의 사용자에 해당되지만, 다른 한편으로는 근로계약의 당사자인 근로자에도 해당될 수 있는 것이다. 예컨대, 이사·총무과장·공장장·지점장 및 영업소장 등과 같이 중간관리자는 하위근로자에 대하여는 사용자로부터 위임받은 지시권과 감독권을 행사하는 사업경영담당자 또는 사업주를 위하여 행위하는 자로서 사용자의 지위에 있으나, 사업주에 대하여는 사업주에 의하여 고용되어 지휘·명령을 받는 사용종속관계에 놓인 근로자에 해당되는 것이다[2].

2. 양벌규정

근로기준법 제115조에서 "사업주의 대리인, 사용인, 그 밖의 종업원이 해당사업의 근로자에 관한 사항에 대하여 위반행위를 하면 그 행위자를 벌하는 외에 그 사업주에게도 해당 조문의 벌금형을 과한다."라고 규정하고 있는데, 동법 동조 단서에서는 "다만, 사업주가 그 위반행위를 방지하기 위하여 해당업무에 관하여 상당한 주의와 감독을 게을리 하지 아니한 경우에는 그러하지 아니하다."라고 하여 그 예외를 두고 있다.

---

2) 대판 1976.10.26, 76다1090

IV 사용자 개념의 확대 – 묵시적 근로계약관계

1. 판례의 입장

근로자가 근로계약을 체결한 사업장의 사업주가 근로기준법상 사용자가 되는데, 고용형태의 다양화 등에 따라 도급, 용역, 아웃소싱 등에 의해 근로계약의 체결 당사자인 사업주와 실질적인 지휘·감독권을 행사하는 사업주가 다른 경우, 근로기준법상 사용자를 어떻게 볼 것인지 여부가 문제되는데, 이와 관련하여 판례에서는 "원고용주에게 고용되어 제3자의 사업장에서 제3자의 업무에 종사하는 자를 제3자의 근로자라고 할 수 있으려면 원고용주는 사업주로서의 독자성이 없거나 독립성을 결하여 제3자의 노무대행기관과 동일시 할 수 있는 등 그 존재가 형식적, 명목적인 것에 지나지 아니하고, 사실상 당해 피고용인은 제3자와 종속적인 관계에 있으며, 실질적으로 임금을 지급하는 자도 제3자이고, 또 근로제공의 상대방도 제3자이어서 당해 피고용인과 제3자간에 묵시적 근로계약관계가 성립되어 있다고 평가될 수 있어야 할 것이다."라고 판시하였다(대판 1999.11.22, 97누19946; 대판 2010.7.22, 2008두4367).

2. 판례의 입장 요지

즉, 판례는 사용자가 되기 위해서는 '명시적 또는 묵시적 근로계약관계'가 존재해야만 하고, 그러한 관계에 있는 자만을 사용자로 판단하고 있는데, 묵시적 근로계약관계가 성립하려면 ① 원고용주의 사업주로서의 실체성 여부(명목상의 사업주), ② 원고용주의 피고용인과 제3자 사이에 실질적인 고용관계(종속적 관계에서의 근로제공과 임금지급) 등의 요건이 충족되어야 한다.

제 4 절 노동조합법상 사용자

I 법규정[3]

제2조【정의】 이 법에서 사용하는 용어의 정의는 다음과 같다.
2. "사용자"란 사업주 또는 사업의 경영담당자, 또는 그 사업의 근로자에 대한 사항에 대하여 사업주를 위하여 행동하는 자를 말한다. 이 경우 근로계약 체결 당사자가 아니더라도 근로자의 근로조건에 대하여 실질적이고 구체적으로 지배·결정할 수 있는 지위에 있는 자도 그 범위에 있어서는 사용자로 본다.

II 노동조합법상 사용자의 개념

1. 사업주

사업주란 근로자를 사용하여 사업을 하는 자, 즉 경영의 주체를 말한다. 개인기업의 경우 사업을 경영하는 개인을 의미하고, 법인기업인 경우에는 법인 그 자체를 말한다.

---

3) 저자 주 : 2025년 8월 24일 사용자 범위 확대 등을 내용으로 하는 노란봉투법이 국회 본회의를 통과하여 노동조합법 제2조 제2호를 개정하였는데, 노동조합법 개정안 제2조 제2호에서는 "사용자라 함은 사업주, 사업의 경영담당자 또는 그 사업의 근로자에 관한 사항에 대하여 사업주를 위하여 행동하는 자를 말한다. 이 경우 근로계약 체결 당사자가 아니더라도 근로자의 근로조건에 대하여 실질적이고 구체적으로 지배·결정할 수 있는 지위에 있는 자도 그 범위에 있어서는 사용자로 본다."고 규정하고 있다.

2. 사업경영담당자

사업경영담당자란 사업주로부터 사업경영의 전부 또는 일부에 대하여 포괄적 위임을 받고 권한을 행사하거나 책임을 부담하는 자를 말한다(대판 1988.11.22, 88도1162). 예컨대, 주식회사의 대표이사, 합명회사 또는 합자회사의 업무집행사원, 유한회사의 이사·지배인, 회사정리절차의 개시 이후의 관리인(대판 1989.8.8, 89도426) 등이 이에 해당된다.

3. 근로자에 관한 사항에 대하여 사업주를 위하여 행동하는 자

'근로자에 관한 사항에 대하여 사업주를 위하여 행동하는 자'란 근로자의 인사, 급여, 후생, 노무관리 등 근로조건 결정 또는 업무상 명령이나 지휘·감독을 하는 등의 사항에 대하여 사업주로부터 일정한 권한과 책임을 부여받은 자를 말한다(대판 2011.9.8, 2008두13873). 이와 같은 책임과 권한의 유무는 부장 또는 차장 등 형식적인 직위에 따를 것이 아니라 구체적인 책임과 권한에 의하여 판단되어야 한다(대판 1983.6.28, 83도1090 ; 대판 1989.11.14, 88누6924).

4. 근로자의 근로조건에 대하여 실질적이고 구체적으로 지배·결정할 수 있는 지위에 있는 자

근로자의 기본적인 노동조건 등에 관하여 그 근로자를 고용한 사업주로서의 권한과 책임을 일정 부분 담당하고 있다고 볼 정도로 실질적이고 구체적으로 지배·결정할 수 있는 지위에 있는 자도 노동조합법상 사용자에 해당한다.

Ⅲ 사용자 개념의 확대 – 실질적 영향력 내지 지배력설

1. 판례의 입장

사용자 개념의 확대와 관련하여 판례에서는 "근로자의 기본적인 노동조건 등에 관하여 그 근로자를 고용한 사업주로서의 권한과 책임을 일정 부분 담당하고 있다고 볼 정도로 실질적이고 구체적으로 지배·결정할 수 있는 지위에 있는 자가 노동조합을 조직 또는 운영하는 것을 지배하거나 이에 개입하는 등으로 노동조합 및 노동관계조정법 제81조 제4호 소정의 행위를 하였다면, 그 시정을 명하는 구제명령을 이행하여야 할 사용자에 해당한다."고 판시하였다(대판 2010.3.25, 2007두8881).

2. 개정 노동조합법

이에 따라 2025년 8월 24일 사용자 범위 확대 등을 내용으로 하는 노란봉투법이 국회 본회의를 통과하여 노동조합법 제2조 제2호를 개정하여 "사용자라 함은 사업주, 사업의 경영담당자 또는 그 사업의 근로자에 관한 사항에 대하여 사업주를 위하여 행동하는 자를 말한다. 이 경우 근로계약 체결 당사자가 아니더라도 근로자의 근로조건에 대하여 실질적이고 구체적으로 지배·결정할 수 있는 지위에 있는 자도 그 범위에 있어서는 사용자로 본다."고 규정하고 있다.

유정수
율[律] 노동법

02

개별적 근로관계법

근로기준법 총론

제1절 근로기준법의 기본 원칙

Ⅰ 법규정

제3조【근로조건의 기준】 이 법에서 정하는 근로조건은 최저기준이므로 근로관계 당사자는 이 기준을 이유로 근로조건을 낮출 수 없다.

제4조【근로조건의 결정】 근로조건은 근로자와 사용자가 동등한 지위에서 자유의사에 따라 결정하여야 한다.

제5조【근로조건의 준수】 근로자와 사용자는 각자가 단체협약, 취업규칙과 근로계약을 지키고, 성실하게 이행할 의무가 있다.

Ⅱ 기본 원칙

1. 근로조건의 저하금지

근로기준법 제3조에서는 동법에서 정한 근로조건을 최저기준으로 규정하여 이를 보장하도록 규정하고 있는데, 여기서 '근로조건의 기준'이란 사용자와 근로자 사이의 관계에서 임금·근로시간·후생·해고·기타 근로자의 대우에 관하여 정한 일체의 조건을 의미한다(대판 1992.6.23, 91다19210). 채용은 근로관계 이전의 사항이므로, 남녀고용평등법과 같이 별도의 규정이 없으면, 근로조건에 포함되지 않는다.

2. 노사대등 결정의 원칙

근로기준법 제4조는 개별적 근로관계에 있어 사용자와 근로자가 봉건적 차등의식을 탈피하여야 한다는 취지의 훈시적·선언적 규정이다.

3. 근로조건의 준수

근로기준법 제5조는 근로조건의 노사대등 결정의 원칙을 전제로 하여 그 결과 결정된 근로계약이나 단체협약·취업규칙 등을 서로가 준수하고 성실하게 이행하는 노사관행을 확립하고자 하는 취지에서 마련된 규정으로, 따라서 사용자와 근로자는 자유의사에 따라 체결된 계약내용에 하자가 있더라도 이를 취소하지 않으면 준수하여야 하며, 일방의 우월적 지위를 이용하여 근로조건을 변경·파기 및 불이행해서는 아니 된다.

제 2 절 　근로기준법상 균등처우

Ⅰ 　법규정

> **제6조【균등한 처우】** 사용자는 근로자에 대하여 남녀의 성을 이유로 차별적 대우를 하지 못하고 국적·신앙 또는 사회적 신분을 이유로 근로조건에 대한 차별적 처우를 하지 못한다.

Ⅱ 　차별금지의 사유

1. 성별

성별은 남성 또는 여성이라는 성적인 구별 외에도 혼인, 임신, 출산 등 특정 성(性)과 연관된 특성까지도 포함되는 것으로 해석된다[1].

2. 국적

외국국적, 이중국적, 무국적 등을 이유로 차별대우를 할 수 없다는 것으로, 출입국관리법을 위반한 불법취업외국인도 근로기준법상 균등처우의 적용을 받는다. 국적에 따라 근로조건을 차별한 것이 근로기준법 제6조 균등처우에 위반되는지 여부의 판단은 외국인 근로자와 내국인 근로자 사이의 근로조건 등을 종합적으로 비교하여야 하며, 이러한 차별이 국적만을 이유로 한 것인지 아니면 업무능력, 직장보장의 정도, 생계비 및 채용 시의 기타 여건 등을 감안한 합리적 차별인지를 구체적으로 검토하여 판단하여야 한다.

3. 신앙

(1) 의의

신앙이란 사람의 내심의 사고방식을 의미하고, 종교적 신앙뿐만 아니라 정치적 사상 또는 그 밖의 신념도 널리 포함한다. 여기서의 신앙에는 근로기준법상 균등처우 규정의 취지에 비추어볼 때, 근로능력의 평가와 관계없는 것을 이유로 불합리한 근로조건의 차별적 취급을 금지하려는 데 그 목적이 있는바, 종교적 신념뿐만 아니라 정치적 신념 등도 포함된다[2].

(2) 경향사업체

경향사업체라 함은 종교적 활동 또는 정치적 목적 등의 수행을 영위(營爲)하는 사업체를 말한다. 종교적·정치적인 활동 등을 목적으로 하는 경향사업체의 경우, 해당 종교나 정당의 목적에 반하는 행위를 한 근로자를 해고하거나 그 밖에 불이익을 주더라도 근로기준법상 균등처우 위반에 해당하지 않는다.

---

1) 임종률, 『노동법』
2) 우리나라의 통설이다.

4. 사회적 신분

'사회적 신분'이란 사회에서 장기간 차지하는 지위로서 일정한 사회적 평가를 수반하는 것 또는 자기의 의사로 회피할 수 없는 사회적 분류를 말한다. 사람이 태어나면서 갖는 선천적인 신분뿐만 아니라 전과자, 파산자 등 후천적 신분도 사회적 신분에 포함되는데(헌재 1995.2.23, 93헌바43 ; 헌재 2020.9.21, 2016다255941), 다만, 근로계약의 내용에 따라 정해지는 기간제 근로자, 단시간 근로자, 노동조합의 간부 등은 사회적 신분에 포함되지 않는다3).

III 차별대우의 내용

1. 임금 · 근로시간 등 근로조건 등에 대한 차별금지

근로기준법 제6조 균등처우 규정에서 금지하고 있는 것은 임금 · 근로시간 · 휴가 · 휴일 등의 근로조건과 승진 · 징계, 인사 및 해고 등의 신분상 불이익 조치 등에 대한 일체의 차별 등이 포함된다.

2. 모집 · 채용의 차별대우 포함여부

모집 · 채용은 근로관계 이전인바, 근로조건에 포함되지 않는다고 보는 것이 타당하다고 본다4).

3. 합리적인 이유

헌법상 평등은 절대적 평등이 아닌 상대적 평등을 의미하는바, 노동관계법상 차별처우 문제는 합리적인 이유의 존재 여부에 따라 판단된다. 합리적인 이유의 존재 여부에 대한 구체적인 판단기준은 근속년수, 업무의 성질과 내용, 근무형태, 능률이나 성과, 직책이나 직급, 권한이나 책임, 작업조건 등이 제시되고 있으나, 사안에 따라 개별적 · 구체적으로 판단될 것이다.

IV 위반의 효과

근로기준법 제6조를 위반하는 자는 500만원 이하의 벌금에 처한다(근로기준법 제114조 제1호).

🗁 **노동관계법상 차별금지 규정 비교**

구분	근로기준법	남녀고용평등법	비정규직법
차별의 사유	성별 · 국적 · 신앙 · 사회적 신분 등의 인격적 요소	성별 · 혼인 · 임신 · 출산 등의 인격적 요소	고용형태(기간제 · 단시간 · 파견근로자)
차별의 영역	근로조건	채용 + 근로조건	임금 그 밖의 근로조건
입증책임	근로자	사용자	사용자
구제절차	법원, 국가인권위원회	법원, 국가인권위원회	법원, 국가인권위원회, 노동위원회

---

3) 서울고법 2012.12.7, 2012나39631 ; 비정규직 근로라는 고용형태 또는 이에 따른 채용경로는 근로계약상 그러한 지위는 변경할 수 없거나 계속적 · 고정적인 지위로 보기 어렵고, 근로자의 특정한 인격과 관련된 일신전속적인 표지라고 할 수도 없으므로, 근로기준법 제6조에서 규정하는 사회적 신분에 포함된다고 보기 어렵다.

4) 김형배 · 박지순, 「노동법」

제 3 절 │ 강제근로의 금지

I 법규정

> **제7조【균등한 처우】** 사용자는 폭행, 협박, 감금, 그 밖에 정신상 또는 신체상의 자유를 부당하게 구속하는 수단
> 으로써 근로자의 자유의사에 어긋나는 근로를 강요하지 못한다.

II 강제근로의 수단

1. 폭행, 협박, 감금

강제근로의 수단으로서 폭행, 협박, 감금은 형법상의 폭행, 협박, 감금의 개념에 한정할 것은 아니므로 노동을 강제하는 수단의 하나로서 예시한 데 불과하고, 형법의 구성요건보다는 신축성을 가지고 해석하여야 한다[5].

2. 정신 또는 신체의 자유를 부당하게 구속하는 수단

정신의 작용 또는 신체의 활동이 어떠한 형태로든지 방해받는 상태를 말하는 것으로, 예를 들면, 사표수리를 거부하는 행위, 주민등록증 등 신분증을 빼앗는 행위, 근로자의 의사에 반해 장기간 근로계약을 체결하는 경우 등을 말한다.

그리고 여기서 '부당하게 구속하는 수단'이란 근로기준법 제7조의 취지에 비추어 구체적으로 여러 가지 사정을 종합적으로 고려하여 사회통념상 인정하기 어려울 정도의 수단을 말한다.

III 근로기준법 제7조 위반의 성립여부(강제와 근로의 인과관계 여부)

강제근로라 함은 근로자의 자유로운 의사에 반하여 근로하게 하거나 이직을 방해하는 것을 말한다. 근로기준법 제7조 위반의 성립여부는 실제로 강제근로가 이루어지지 않더라도 객관적으로 보아 정상적인 사람이 그 자유를 상실할 정도의 억압으로 근로를 강요당하였다고 볼 경우 이는 강제근로에 해당한다.

IV 위반의 효과

근로기준법 제7조에서 규정하고 있는 강제근로 금지를 위반할 경우, 5년 이하의 징역 또는 5천만원 이하의 벌금에 처한다(근로기준법 제107조).

---

5) 김유성, 『노동법 Ⅰ』

제 4 절 | 폭행의 금지

I 법규정

제8조【폭행의 금지】 사용자는 사고의 발생이나 그 밖의 어떠한 이유로도 근로자에게 폭행을 하지 못한다.

II 폭행 금지의 구체적 내용

1. 폭행의 개념

폭행이라 함은 일반적으로 사람의 신체에 대하여 직접적·간접적으로 유형력을 행사하는 것을 말한다. 폭행은 그 성질상 반드시 신체상 가해의 결과를 야기하는 완력행위임을 요하지 아니하고, 육체상 고통을 수반하는 것도 아니므로 폭언을 수차례 하는 것도 폭행이라고 보아야 할 것이다(대판 1956.12.21, 4289형상297 ; 대판 2003.1.10, 2000도5716).

2. 폭행의 주체

근로기준법 제8조 폭행의 주체는 사람, 즉 사용자를 말하며, 근로관계에 있어 사용자의 지위에 있는 이상 그 이유 여부를 묻지 않고, 또한 일체의 폭행을 금지하고 있다.

3. 근로자 상호간의 폭행

근로기준법 제8조 폭행의 주체는 사용자로, 근로자 상호간의 폭행의 경우 근로기준법 제8조 위반에 해당하지 않는다. 그러나 근로자 상호간의 폭행이 업무관련성 등이 있는 경우 사용자는 민법 제756조[6]에 근거하여 배상책임을 부담한다(대판 1992.3.31, 90다8763).

III 위반의 효과

근로기준법 제8조를 위반하여 사용자가 근로자를 폭행할 경우, 5년 이하의 징역 또는 5천만원 이하의 벌금에 처한다(근로기준법 제107조).

---

6) **민법 제756조(사용자의 배상책임)** ① 타인을 사용하여 어느 사무에 종사하게 한 자는 피용자가 그 사무집행에 관하여 제삼자에게 가한 손해를 배상할 책임이 있다. 그러나 사용자가 피용자의 선임 및 그 사무감독에 상당한 주의를 한 때 또는 상당한 주의를 하여도 손해가 있을 경우에는 그러하지 아니하다.
② 사용자에 갈음하여 그 사무를 감독하는 자도 전항의 책임이 있다.
③ 전2항의 경우에 사용자 또는 감독자는 피용자에 대하여 구상권을 행사할 수 있다.

<table><tr><td>제 5 절</td><td>중간착취의 배제</td></tr></table>

Ⅰ 법규정

> **제9조【중간착취의 배제】** 누구든지 법률에 따르지 아니하고 영리로 다른 사람의 취업에 개입하거나 중간인으로서 이익을 취득하지 못한다.

Ⅱ 중간착취의 요건

1. 누구든지

법률의 규정은 그 주체에 대해 제한을 두고 있지 않는바, 근로기준법의 적용을 받는 사용자는 물론, 기타 개인 및 단체 등을 묻지 아니한다. 그리고 중간착취의 대상과 관련하여 구직 또는 구인활동을 하는 자로 구직자는 성질상 자연인에 한하며, 내국인 또는 외국인도 포함된다(대판 1995.7.11, 94도1814).

2. 영리의 목적

근로기준법 제9조의 입법취지는 개입 또는 중개행위를 계속 반복함으로써 영업을 하는 것을 가리키는 것(영리로 다른 사람의 취업에 개입하여 이득을 취하는 행위)이다. 따라서 호의로 지인의 취업을 알선한 경우는 포함되지 않는다. 다만, 1회적인 중개행위라 하더라도 반복적·계속적으로 행할 의사가 있다면 근로기준법 제9조 위반행위가 된다[7].

3. 타인의 취업에 개입

'타인의 취업에 개입'이라 함은 제3자가 영리로 타인의 취업을 알선 또는 소개하는 등 근로관계의 성립 또는 갱신에 영향을 주는 행위를 말하는데, 반드시 구체적인 소개나 알선행위까지 해야 하는 것은 아니다(대판 2008.9.25, 2006도7660).

4. 중간인으로서 이익을 취득

'중간인으로서 이익을 취득하는 행위'라 함은 근로관계의 존속 중에 사용자와 근로자 사이의 중간에서 근로자의 노무제공과 관련하여 사용자 또는 근로자로부터 법률에 의하지 아니하는 이익을 취득하는 것을 말한다(대판 2007.8.23, 2007도3192). 여기서 이익이라 함은 보상금·수수료·소개료·중개료 등 형식적 명칭에 관계없이 일체의 금품 및 경제적 가치가 있는 것을 포함하며, 유형·무형 모두가 해당된다[8].

---

7) 김형배·박지순, 『노동법』
8) 김형배·박지순, 『노동법』

III 법률에 의해 허용되는 경우

영리로 다른 사람의 취업에 개입하거나 중간인으로서 이익을 취득하더라도 법률에 따른 경우에는 근로기준법 제9조 위반에 해당하지 않는다. 여기서의 법률은 직업안정법에 따른 유료직업소개사업(직업안정법 제19조), 근로자모집사업(동법 제28조) 및 근로자공급사업(동법 제33조)과 파견근로자 보호 등에 관한 법률에 따른 근로자 파견사업(파견법 제7조)이 이에 해당한다.

IV 위반의 효과

근로기준법 제9조에서 규정하고 있는 중간착취 배제를 위반할 경우, 5년 이하의 징역 또는 5천만원 이하의 벌금에 처한다(근로기준법 제107조).

제 6 절 공민권 행사의 보장

I 법규정

제10조【공민원 행사의 보장】 사용자는 근로자가 근로시간 중에 선거권, 그 밖의 공민권 행사 또는 공의 직무를 집행하기 위하여 필요한 시간을 청구하면 거부하지 못한다. 다만, 그 권리 행사나 공의 직무를 수행하는 데에 지장이 없으면 청구한 시간을 변경할 수 있다.

II 공민권 행사의 요건

1. 선거권, 그 밖의 공민권 행사

공민권이란 선거권 및 피선거권 등 국민에게 보장되는 참정권을 말한다. 즉, 공민권은 대통령·국회의원·지방자치단체의 장·지방의회의원의 선거권 등을 비롯하여 기타 법령에서 국민 일반에게 보장하고 있는 공민으로서의 권리를 말한다.

그러나 선거운동의 경우 입후보자 본인의 선거운동은 근로기준법 제10조의 공민권 행사에 해당하나, 선거권 또는 피선거권과 직접적으로 관계가 없는 별개의 행위로서 타인을 위한 선거운동은 공민권 행사에 해당하지 않는다.

2. 공의 직무

(1) '공의 직무'란 법령에 근거가 있고, 직무 자체가 공적인 성질을 갖는 것을 말하는데, 대통령·국회 의원 등 공직선거 당선자로서 직무를 수행하는 경우 및 노동위원회 위원 또는 선거법상 선거관리 위원회의 위원으로 활동하는 경우, 민사소송법 및 노동위원회법 등에 따라 증인·감정인의 직무 를 수행하는 경우, 향토예비군·민방위기본법에 따라 소집훈련에 참가하는 경우, 주민등록법에 따라 주민등록을 갱신하는 경우 등이 이에 해당한다.

(2) 그러나 법원 또는 노동위원회 사건[9]에서 당사자로 활동하는 경우, 정당활동, 노동조합 활동 등은 공의 직무에 해당하지 않는다[10].

3. 근로자의 청구

근로기준법 제10조의 공민권 행사는 근로자가 사용자에게 공민권 행사에 필요한 시간을 청구하여 야 한다.

III 공민권 행사의 효과

1. 필요한 시간 부여의무

근로자가 사용자에게 공민권 행사에 필요한 시간을 청구하는 경우, 사용자는 이를 거부하지 못한다. 그러나 근로자가 공민권 행사에 필요한 시간을 청구한 경우에도 사용자는 근로자의 공민권 행사에 지장이 없으면 청구한 시간을 변경할 수 있다.

2. 필요한 시간의 범위

공민권 행사에 필요한 시간의 범위는 공민권 행사 또는 공의 직무수행을 위해 실제로 필요한 시간 을 말하고[11], 직접 공민권 행사 등을 하는 시간은 물론, 왕복시간 또는 사전 준비나 사후 정리의 부수적인 시간도 포함된다(서울민지판 1993.1.19, 91가합19495).

---

9) 근기 01254–10093, 1991.7.12

10) 임종률, 『노동법』

11) 임종률, 『노동법』

Ⅳ 공민권 행사와 근로관계

1. 공민권 행사 시 임금지급 문제

근로기준법 제10조에서는 근로자의 공민권 행사 시 임금지급과 관련하여 아무런 정함이 없다. 따라서 단체협약, 취업규칙 등에 특별한 정함이 없는 경우, 사용자는 임금지급의무가 면제된다[12]. 그러나 이와 관련하여 개별 법령에 규정을 둔 경우에는 공민권 행사에 필요한 시간에 대해 임금을 지급해야 한다. 예컨대, 공직선거법 제6조 제3항 또는 예비군법 제10조 및 민방위기본법 제27조에서는 공민권 행사에 필요한 시간에 대해 임금을 지급하도록 규정하고 있다.

2. 공민권 행사 시 해고 및 휴직 문제

만약 취업규칙 등에 '근로자가 사용자의 승인을 얻지 않고, 공직에 취임 시 해고한다.'라고 규정하는 경우, 이는 근로자의 공민권 행사를 제한하는 것인바, 동 규정은 무효이다(헌재 1995.5.25, 91헌마67). 그러나 공직취임으로 상당기간 근로제공 의무를 이행할 수 없고, 공직수행과 양립할 수 있는 업무로 전환하기도 곤란한 경우에는 일반해고를 할 수 있으며[13], 또한 공직취임을 휴직 사유로 규정하고 있고, 공직 수행이 근로제공과 양립할 수 없는 경우에는 휴직처리 할 수도 있다.

Ⅴ 위반의 효과

근로기준법 제10조에서 규정하고 있는 공민권행사 보장을 위반할 경우, 2년 이하의 징역 또는 2천만원 이하의 벌금에 처한다(근로기준법 제110조).

---

12) 김형배·박지순, 『노동법』
13) 임종률, 『노동법』

제 7 절 　 근로기준법의 적용범위

Ⅰ 　법규정

제11조【적용 범위】 ① 이 법은 상시 5명 이상의 근로자를 사용하는 모든 사업 또는 사업장에 적용한다. 다만, 동거하는 친족만을 사용하는 사업 또는 사업장과 가사(家事) 사용인에 대하여는 적용하지 아니 한다.
② 상시 4명 이하의 근로자를 사용하는 사업 또는 사업장에 대하여는 적용하지 아니 한다.
③ 이 법을 적용하는 경우에 상시 사용하는 근로자 수를 산정하는 방법은 대통령령으로 정한다.

제12조【적용 범위】 이 법과 이 법에 따른 대통령령은 국가, 특별시·광역시·도·시·군·구, 읍·면·동, 그 밖에 이에 준하는 것에 대하여도 적용된다.

Ⅱ 　근로기준법의 적용 원칙

1. 상시 5인 이상 사용하는 사업 또는 사업장

(1) 의의

근로기준법은 상시 5명 이상의 근로자를 사용하는 모든 사업 또는 사업장에 적용함을 원칙으로 한다(근로기준법 제11조 제1항).

(2) 상시 사용하는 근로자

① 상시라 함은 상태적이라는 의미로서, 일정기간 계속되는 시기를 말한다(대판 2000.3.14, 99도1243 ; 대판 2008.3.27, 2008도364). 따라서 근로자 수가 때때로 5명 미만이 되더라도 일정기간 중에 고용된 근로자 수 평균이 상태적으로 5명 이상이면 상시 5명 이상으로 본다.

② 또한 근로기준법 제11조에서의 근로자는 근로기준법 제2조 제1항 제1호에서의 근로자로서 당해 사업장에 계속 근무하는 정규직 근로자뿐만 아니라 임시적으로 사용하는 일용근로자 등도 포함된다(대판 1997.11.28, 97다28971 ; 대판 2000.3.14, 99도1243).

(3) 사업 또는 사업장의 의미

① 의의 : 사업이란 계속적으로 추구하는 작업조직(사업체)을 말한다. 즉, 업으로 계속성을 가지고 행하는 것을 말하는데, 영리를 목적으로 하지 않더라도 무방하다[14]. 또한 업으로 행하는 경우 그 사업이 1회적이거나 일시적이라도 적용대상이 된다(대판 1994.10.25, 94다21979).
그리고 사업장이란 사업의 일부분으로서 업무·노무관리·회계를 독자적으로 수행하는 것 또는 독자성은 없지만, 장소적으로 분리되어 있는 것을 말한다[15].

---

14) 김유성, 『노동법 Ⅰ』
15) 임종률, 『노동법』

② 상시 5인 이상의 사업 또는 사업장 판단기준 : 상시 5명 이상의 사업장에는 근로기준법이 전면적 용 되는데, 상시 5명 이상의 구체적인 판단기준은 '독립성' 및 '장소'를 기준으로 하는 것이 일반 적이다(근기 01254-13555, 1990.9.26).

2. 국가·지자체 등의 적용

(1) 의의

근로기준법과 그 시행령인 대통령령은 국가·특별시·광역시·도, 시·군·구, 읍·면·동 그 밖에 이에 준하는 것에 대해서도 적용된다(근로기준법 제12조).

(2) 국가공무원 및 지방공무원에 대한 적용

국가공무원 및 지방공무원에게는 국가공무원법, 지방공무원법, 공무원복무규정 및 공무원보수규정 등이 특별법으로서 일반법인 근로기준법에 우선하여 적용되며, 이러한 특별법에 관련 규정이 없는 경우 등에는 근로기준법이 보충적으로 적용된다.

3. 장소적 범위

(1) 원칙

근로기준법은 국내법으로서 국내의 통치력이 미치는 범위에만 적용된다 할 것이므로 '속지주의'가 원칙이다.

(2) 적용 제외

근로기준법은 국외사업에 대하여는 적용되지 않는 것이 원칙이다. 따라서 우리나라 기업이 해외현 지법인을 설립한 경우에는 적용되지 않으며[16], 또한 우리나라 기업이 해외 사무소 등에서 현지 근 로자를 채용한 경우에는 명시적으로 근로기준법을 준거법으로 선택하지 않은 이상 해외 현지 국가 의 법이 적용된다[17].

▌Ⅲ▐ 4명 이하 사업 또는 사업장에 부분적용

1. 의의

상시 4명 이하의 근로자를 사용하는 사업 또는 사업장에 대하여는 대통령령에 의해 근로기준법의 일부 조항만이 적용된다(근로기준법 제11조 제2항).

---

16) 법무 810-7975, 1968.5.4
17) 근로기준정책과-4248, 2022.12.29

2. 적용제외 규정

해고 등의 제한(근로기준법 제23조 제1항), 휴업수당(동법 제46조), 법정근로시간(동법 제50조), 가산임금(동법 제56조), 연차유급휴가(동법 제60조), 생리휴가(동법 제73조), 취업규칙(동법 제9장) 등은 적용되지 않는다.

🗀 상시 4명 이하 사업장에 적용되는 법규정

구분	적용 법규정
제1장 총칙	제1조부터 제13조까지의 규정
제2장 근로계약	제15조, 제17조, 제18조, 제19조 제1항, 제20조부터 제22조까지의 규정, 제23조 제2항, 제26조, 제35조부터 제42조까지의 규정
제3장 임금	제43조부터 제45조까지의 규정, 제47조부터 제49조까지의 규정
제4장 근로시간과 휴식	제54조, 제55조 제1항, 제63조
제5장 여성과 소년	제64조, 제65조 제1항·제3항(임산부와 18세 미만인 자로 한정한다), 제66조부터 제69조까지의 규정, 제70조 제2항·제3항, 제71조, 제72조, 제74조
제6장 안전과 보건	제76조
제8장 재해보상	제78조부터 제92조까지의 규정
제11장 근로감독관 등	제101조부터 제106조까지의 규정
제12장 벌칙	제107조부터 제116조까지의 규정(제1장부터 제6장까지, 제8장, 제11장의 규정 중 상시 4명 이하 근로자를 사용하는 사업 또는 사업장에 적용되는 규정을 위반한 경우로 한정한다)

Ⅳ 근로기준법 적용예외

1. 의의

근로기준법은 동거하는 친족만을 사용하는 사업 또는 사업장과 가사사용인에 대하여는 적용하지 아니한다(근로기준법 제11조 제1항 단서).

2. 동거하는 친족만을 사용하는 사업 또는 사업장

동거하는 친족만을 사용하는 사업은 근로기준법의 적용대상에서 제외된다. 그 이유는 동거의 친족만이 일을 하는 경우에는 사용종속관계를 쉽사리 인정할 수 없고, 또한 동거의 친족관계까지 국가가 개입하는 것은 바람직하지 아니하기 때문이다[18].

동거라 함은 세대를 같이하면서 생활을 공동으로 하는 것을 의미한다. 친족이라 함은 민법 제770조에서 규정하고 있는 친족, 즉 8촌 이내의 혈족 및 4촌 이내의 인척과 배우자를 말한다.

---

18) 하갑래, 『근로기준법』

3. 가사사용인

가사사용인이란 가정의 운전기사·가정부·파출부 및 개인주택 관리인 등 가사에 종사하는 자를 말한다. 가사사용인의 근로제공은 주로 개인의 사생활과 밀접한 관련을 맺고 있어 이에 대하여 국가가 개입하여 지도·감독하는 것은 적합하지 아니하므로 이를 근로기준법의 적용대상에서 배제하는 것이다.

4. 특별법에 따른 적용예외

선원의 근로조건에 대해서는 선원법이, 공무원의 임면·복무·근로조건·신분보장에 대해서는 공무원법이, 사립학교 교원과 직원의 임면·복무·신분보장에 대해서는 사립학교법을 적용하여 근로기준법이 적용되지 아니한다.

제 8 절 근로기준법의 실효성 확보

Ⅰ 법규정

제15조【이 법을 위반한 근로계약】 ① 이 법에서 정하는 기준에 미치지 못하는 근로조건을 정한 근로계약은 그 부분에 한정하여 무효로 한다.
② 제1항에 따라 무효로 된 부분은 이 법에서 정한 기준에 따른다.

제101조【감독기관】 ① 근로조건의 기준을 확보하기 위하여 고용노동부와 그 소속 기관에 근로감독관을 둔다.
② 근로감독관의 자격, 임면(任免), 직무 배치에 관한 사항은 대통령령으로 정한다.

제102조【근로감독관의 권한】 ① 근로감독관은 사업장, 기숙사, 그 밖의 부속 건물을 현장조사하고 장부와 서류의 제출을 요구할 수 있으며 사용자와 근로자에 대하여 심문(尋問)할 수 있다.
② 의사인 근로감독관이나 근로감독관의 위촉을 받은 의사는 취업을 금지하여야 할 질병에 걸릴 의심이 있는 근로자에 대하여 검진할 수 있다.
③ 1항 및 제2항의 경우에 근로감독관이나 그 위촉을 받은 의사는 그 신분증명서와 고용노동부장관의 현장조사 또는 검진지령서(檢診指令書)를 제시하여야 한다.
④ 제3항의 현장조사 또는 검진지령서에는 그 일시, 장소 및 범위를 분명하게 적어야 한다.
⑤ 근로감독관은 이 법이나 그 밖의 노동 관계 법령 위반의 죄에 관하여 「사법경찰관리의 직무를 행할 자와 그 직무범위에 관한 법률」에서 정하는 바에 따라 사법경찰관의 직무를 수행한다.

제102조의2【자료 제공의 요청】 ① 고용노동부장관은 이 법에서 정하는 근로조건 보호를 위하여 중앙행정기관의 장과 지방자치단체의 장 또는 근로복지공단 등 관련 기관·단체의 장에게 다음 각 호의 정보 또는 자료의 제공 및 관계 전산망의 이용을 요청할 수 있다.
  1. 「소득세법」 제4조 제1항 제1호에 따른 종합소득에 관한 자료
  2. 「고용보험법」 제13조 및 제15조에 따른 피보험자격에 관한 신고자료
  3. 그 밖에 근로자의 근로조건 보호를 위하여 필요한 정보 또는 자료로서 대통령령으로 정하는 정보 또는 자료
② 제1항에 따라 자료의 제공을 요청받은 자는 정당한 사유가 없으면 그 요청에 따라야 한다.
③ 제1항에 따라 제공되는 자료에 대하여는 수수료나 사용료 등을 면제한다.

제103조【근로감독관의 의무】 근로감독관은 직무상 알게 된 비밀을 엄수하여야 한다. 근로감독관을 그만둔 경우에도 또한 같다.

제104조【감독 기관에 대한 신고】 ① 사업 또는 사업장에서 이 법 또는 이 법에 따른 대통령령을 위반한 사실이 있으면 근로자는 그 사실을 고용노동부장관이나 근로감독관에게 통보할 수 있다.
② 사용자는 제1항의 통보를 이유로 근로자에게 해고나 그 밖에 불리한 처우를 하지 못한다.

제105조【사법경찰권 행사자의 제한】 법이나 그 밖의 노동 관계 법령에 따른 현장조사, 서류의 제출, 심문 등의 수사는 검사와 근로감독관이 전담하여 수행한다. 다만, 근로감독관의 직무에 관한 범죄의 수사는 그러하지 아니하다.

제106조【권한의 위임】 이 법에 따른 고용노동부장관의 권한은 대통령령으로 정하는 바에 따라 그 일부를 지방고용노동관서의 장에게 위임할 수 있다.

Ⅱ 근로기준법의 실효성 확보 측면

근로기준법은 이러한 실효성의 확보를 위해 민·형사 및 행정의 세 가지 측면에서 이를 규정하고 있는데, 첫째, 근로계약의 내용이 근로기준법의 최저기준에 미달하는 경우에는 당해 근로계약의 민사상 효력은 무효가 되고(근로기준법 제15조), 둘째, 사용자가 근로기준법상 최저근로조건 준수를 위반하는 경우 벌칙이 적용되며(근로기준법 제107조 이하), 셋째, 고용노동부 산하에 근로감독관을 설치하고 있다(근로기준법 제11장).

Ⅲ 민사상 효력

1. 의의

민사상 효력이란 근로기준법에서 정한 근로조건의 기준이 직접 근로계약의 내용이 되는 법적효력을 말하는데, 근로기준법 제15조에서는 "근로기준법에 정하는 기준에 미달하는 근로조건을 정한 근로계약을 그 부분에 한하여 무효로 하고, 그 무효로 된 부분은 근로기준법에 정한 기준에 따른다."고 규정하고 있다.

2. 사법상 효력의 효과

사법상 효력에 따라 근로기준법에 규정하고 있는 근로조건의 기준이 직접 근로계약의 내용이 되므로 근로자는 근로기준법 위반의 근로계약을 체결하였을지라도 그 계약과 관계없이 근로기준법에서 정한 근로조건 기준의 이행을 요구할 수 있다(대판 1992.2.11, 91다12202).

Ⅳ 벌칙의 적용

1. 의의

근로기준법은 실효성 확보를 위한 수단으로 법 위반자에 대한 벌칙 규정을 두고 있다.

2. 주요내용

근로기준법 제12장 제107조에서 제114조까지는 위반행위와 처벌에 관한 벌칙의 종류를 정하고, 근로기준법 제115조에서는 처벌을 받아야 할 책임의 주체를 정하고 있다. 한편 근로기준법상 벌칙의 특징으로는 양벌규정을 들 수 있는데, 현실적으로 행위를 한 사람이 사업주가 아닌 그 대리인인 경우에도 사업주에 대하여 각 규정의 벌금형을 부과한다.

Ⅴ 근로감독관 제도

1. 근로감독관의 설치

근로조건의 기준을 확보하기 위하여 고용노동부와 그 소속기관에 근로감독관을 설치하며(근로기준법 제101조 제1항), 근로감독관의 자격·임면·직무 배치 등에 관하여는 대통령령으로 정한다(동법 제101조 제2항), 근로기준법 제101조의 규정에 따라 근로감독관의 자격과 임면에 관해서는 '근로감독관 규정'에 명시되어 있다.

2. 근로감독관의 권한과 의무

(1) 근로감독관의 권한

근로감독관의 핵심적인 권한은 근로조건의 기준을 정한 여러 법률, 즉 근로기준법 이외에도 최저임금법, 산업안전보건법 등에 규정된 사용자의 근로조건 준수의무가 제대로 이행되는지의 여부를 감독하는 것이다.

① 근로감독관의 행정적 권한

  ㉠ 장부 및 서류의 제출 : 근로감독관은 필요한 장부 및 서류의 제출을 요구할 수 있다(근로기준법 제102조 제1항).

> **근로기준법 제102조의2【자료 제공의 요청】** ① 고용노동부장관은 이 법에서 정하는 근로조건 보호를 위하여 중앙행정기관의 장과 지방자치단체의 장 또는 근로복지공단 등 관련 기관·단체의 장에게 다음 각 호의 정보 또는 자료의 제공 및 관계 전산망의 이용을 요청할 수 있다.
> 1. 「소득세법」 제4조 제1항 제1호에 따른 종합소득에 관한 자료
> 2. 「고용보험법」 제13조 및 제15조에 따른 피보험자격에 관한 신고자료
> 3. 그 밖에 근로자의 근로조건 보호를 위하여 필요한 정보 또는 자료로서 대통령령으로 정하는 정보 또는 자료
> ② 제1항에 따라 자료의 제공을 요청받은 자는 정당한 사유가 없으면 그 요청에 따라야 한다.
> ③ 제1항에 따라 제공되는 자료에 대하여는 수수료나 사용료 등을 면제한다.

  ㉡ 현장조사 : 근로감독관은 사업장, 기숙사, 그 밖의 부속 건물을 현장조사 할 수 있다(근로기준법 제102조 제1항).

  ㉢ 심문 : 근로감독관은 사용자 또는 근로자에 대하여 심문을 할 수 있는데(근로기준법 제102조 제1항), 이러한 심문은 노동법령의 위반여부에 대하여 질문하고 진술을 구하는 행정처분의 일종이므로 일반범죄수사를 위하여 행하는 형사소송법상의 심문과는 구별되어야 한다[19].

  ㉣ 근로자에 대한 검진 : 의사인 근로감독관 또는 근로감독관으로부터 위촉을 받은 의사는 취업을 금지시켜야 할 질병에 걸렸다고 의심이 되는 근로자의 검진을 행할 수 있다(근로기준법 제102조 제2항). 이와 같은 검진의 경우에도 신분증명서 및 검진의 시일·장소 및 범위를 명기한 고용노동부장관의 검진지령서를 제시하여야 한다(동법 제102조 제2항, 제3항, 제4항).

② 사법적 권한 : 근로감독관은 근로기준법 기타 노동관계법령 위반사항에 대해서는 '사법경찰관리의 직무를 행할 자와 그 직무범위에 관한 법률'이 정하는 바에 따라 사법경찰관의 직무권한을 행사할 수 있다(근로기준법 제102조 제5항). 근로감독관은 노동관계법령 위반에 국한하여 사법경찰관으로서의 권한을 행사할 수 있으며, 이와 관련이 없는 일반범죄사건에 대해서는 권한을 행사할 수 없다.

(2) 근로감독관의 의무

근로감독관은 직무상 알게 된 비밀을 엄수하여야 하는데, 이러한 비밀엄수의무는 근로감독관으로서 재직하는 기간은 물론 퇴직하는 경우에도 준수되어야 한다(근로기준법 제103조).

---

19) 박상필, 『노동법』

근로관계 규율의 기초

제1절 근로계약의 개념

Ⅰ 법규정

> **제2조【정의】** ① 이 법에서 사용하는 용어의 정의는 다음과 같다.
> 4. "근로계약"이란 근로자가 사용자에게 근로를 제공하고 사용자는 이에 대하여 임금을 지급하는 것을 목적으로 체결된 계약을 말한다.

Ⅱ 근로계약의 효력

1. 근로조건 규율에서 근로계약의 기능

근로계약은 근로조건 결정의 가장 근본적인 기준으로, 법령이나 자치규범의 근로조건을 상회하는 근로계약이 있는 경우에 원칙적으로 그것이 근로계약의 내용이 되도록 하고 있는바, 따라서 근로계약은 근로조건 결정의 가장 중요한 규범이라고 할 수 있다.

2. 근로기준법과의 관계

근로기준법 제15조 제1항에서는 "근로기준법에서 정한 기준에 미치지 못하는 근로조건을 정한 근로계약은 그 부분에 한하여 무효로 된다."고 규정하고 있는바(강행적 효력), 따라서 근로기준법에서 정한 근로조건은 법정 최저기준이기 때문에 그에 미달하는 당사자 간의 합의는 무효가 되는데, 다만, 무효로 된 부분은 근로기준법이 정한 기준에 의한다(근로기준법 제15조 제2항, 보충적 효력).

3. 취업규칙과의 관계

취업규칙에서 정한 근로조건의 기준과 근로계약에서 정한 내용이 서로 다른 경우, 근로기준법 제97조에 근거하여 취업규칙에 정한 기준에 미달하는 근로조건을 정한 근로계약은 그 부분에 한하여 무효로 되며(강행적 효력), 이 경우 무효로 된 부분은 취업규칙에서 정한 기준에 의한다(보충적 효력).

4. 단체협약과의 관계

노동조합법 제33조 제1항에 근거하여 단체협약에서 정한 근로조건 기타 근로자의 대우에 관한 기준에 위반하는 취업규칙 또는 근로계약은 무효가 되며(강행적 효력), 무효로 된 부분이나 근로계약에 규정되지 아니한 사항은 단체협약에 정한 기준에 의한다(보충적 효력).

III 근로계약의 특징

1. 근로계약의 종속성

근로자는 사용자의 지시권 등에 복종하면서 근로를 제공하는바, 이는 '종속노동의 관계'로, 따라서 근로계약은 종속노동관계를 나타내는 특징이 있다.

2. 신분계약적 성질

근로자는 사용자의 지시 아래 일정한 계약기간 동안 계약에 정하여진 노무를 제공하는 관계에 있는 바, 따라서 근로계약은 신분계약적 성질을 가지고 있다.

IV 관련문제

1. 근로계약 취소의 효력 문제

근로계약 취소의 소급효가 인정되는지 여부와 관련하여 판례는 "그와 같이 근로계약의 무효 또는 취소를 주장할 수 있다 하더라도 근로계약에 따라 그동안 행하여진 근로자의 노무 제공의 효과를 소급하여 부정하는 것은 타당하지 않으므로 이미 제공된 근로자의 노무를 기초로 형성된 취소 이전의 법률관계까지 효력을 잃는다고 보아서는 아니 되고, 취소의 의사표시 이후 장래에 관하여만 근로계약의 효력이 소멸된다고 보아야 한다."고 판시하였다(대판 2017.12.22, 2013다25194).

2. 근로계약의 해석 문제

처분문서상 문언의 의미가 명확하게 드러나지 않는 경우, 계약 내용을 해석하는 방법 및 특히 문언의 객관적인 의미와 다르게 해석함으로써 당사자 사이의 법률관계에 중대한 영향을 초래하는 경우, 문언의 내용을 더욱 엄격하게 해석하여야 하는지 여부와 관련하여 판례는 "계약당사자 사이에 어떠한 계약 내용을 처분문서인 서면으로 작성한 경우에 문언의 의미가 명확하다면, 특별한 사정이 없는 한 문언대로 의사표시의 존재와 내용을 인정해야 한다. 그러나 문언의 의미가 명확하게 드러나지 않는 경우에는 문언의 내용, 계약이 이루어지게 된 동기와 경위, 당사자가 계약으로 달성하려고 하는 목적과 진정한 의사, 거래의 관행 등을 종합적으로 고찰하여 논리와 경험의 법칙, 그리고 사회 일반의 상식과 거래의 통념에 따라 계약 내용을 합리적으로 해석해야 한다. 특히 문언의 객관적인 의미와 다르게 해석함으로써 당사자 사이의 법률관계에 중대한 영향을 초래하는 경우에는 문언의 내용을 더욱 엄격하게 해석해야 한다."고 판시하였다(대판 2022.2.10, 2020다279951).

제 2 절 　근로계약상의 의무

Ⅰ 근로자의 의무

1. 근로제공의무

근로자는 근로계약에 따라 사용자에게 근로를 제공하여야 할 의무를 부담한다. 근로자가 근로의무를 이행한다는 것은 반드시 근로를 실제로 제공하여야 하는 것을 의미하는 것은 아니며, 근로자 자신의 노동력을 사용자의 지휘·명령하에 처분 가능한 상태에 두는 것으로 충분하다(대판 1965.2.4, 64누162 ; 대판 1991.6.25, 90누2246). 예컨대, 병원의 간호사가 진료환자가 없는 동안 대기상태에 있는 것도 근로를 제공하고 있는 것에 해당한다[1].

2. 충실의무(성실의무)

근로자는 근로제공의무 이외에도 사용자에 대한 충실의무를 부담하는데, 충실의무란 사용자 또는 경영상의 이익이 침해되지 아니하도록 특정행위를 하여야 하는 작위의무와 특정행위를 하여서는 아니 되는 부작위의무를 말하는데, 충실의무의 개념 및 범위는 근로관계의 내용에 따라 구체적·개별적으로 판단되어야 한다[2].

3. 구체적 내용

(1) 근로자의 진실고지의무

진실고지의무란 근로자의 부수적 의무로, 근로계약 체결 시 근로자가 자신의 노동력의 질이나 인적 사항 등에 대하여 사용자에게 진실하게 고지할 의무를 말한다. 사용자는 근로자를 채용함에 있어 근로자에 대한 일정한 정보를 필요로 하기 때문에, 근로자는 사용자의 질문·조사 등에 대하여 인격권 등에 저촉되지 않는 범위 내에서 진실을 고지할 의무가 있다고 본다.

(2) 경업금지의무

① 경업금지의무란 사용자와 경쟁관계에 있는 기업에 취업하거나 스스로 사업을 영위하지 않을 의무를 말한다. 법률의 규정이 아니더라도 근로자는 재직 중에 신의칙상 이러한 경업금지의무를 부담한다고 보아야 하며, 이를 위반할 경우에는 계약위반이 된다[3].

② 경업금지약정의 유효성 여부와 관련하여 판례는 "경업금지약정을 한 경우에, 그 약정은 사용자의 영업비밀이나 노하우, 고객관계 등 경업금지에 의하여 보호할 가치 있는 사용자의 이익이 존재하고, 경업 제한의 기간과 지역 및 대상 직종, 근로자에 대한 대가의 제공 여부, 근로자의 퇴직 전 지위 및 퇴직 경위, 그 밖에 공공의 이익 등 관련 사정을 종합하여 근로자의 자유와 권리에 대한 합리적인 제한으로 인정되는 범위 내에서만 유효한 것으로 인정된다."고 판시하였다(대판 2010.3.11, 2009다82244 ; 대판 2016.10.27, 2015다221903·221910).

---

1) 이상윤, 『노동법』
2) 이상윤, 『노동법』
3) 김형배·박지순, 『노동법』

Ⅱ 사용자의 의무

1. 임금지급의무

(1) 원칙

사용자는 근로계약에 따라 근로자에게 임금을 지급하여야 할 의무를 부담한다. 임금은 근로자가 제공한 근로에 대한 반대급부로서 지급되는 것이므로 근로자가 근로를 제공하지 아니하는 경우 사용자 역시 임금을 지급하지 아니하는 것이 원칙이다.

(2) 임금지급의무 위반의 효과

사용자가 근로자의 근로제공에 대하여 임금을 지급하지 않으면 벌칙이 적용되고(근로기준법 제109조 제1항 및 제2항), 또한 사용자는 근로기준법 제43조에 따라 지급해야 하는 임금의 전부 또는 일부를 동법 제43조 제2항에 따라 정하는 날까지 지급하지 아니한 경우 그 다음 날부터 지급하는 날까지의 지연 일수에 대하여 연 100분의 40 이내의 범위에서 은행법에 따른 은행이 적용하는 연체금리 등 경제 여건을 고려하여 대통령령으로 정하는 이율에 따른 지연이자를 지급하여야 한다(근로기준법 제37조 제1항).

2. 배려의무

(1) 의의

사용자는 임금지급의무 이외에도 근로자에 대한 배려의무를 부담하는데(대판 1998.2.10, 95다39533), 배려의무의 개념 및 범위는 근로관계의 내용에 따라 구체적·개별적으로 판단되어야 하는 것이 원칙이나, 대체로 회사 종업원으로서의 근로자를 전반적으로 보호하고, 근로자의 이익을 침해하지 아니할 의무를 의미한다고 할 것이다.

(2) 배려의무 위반의 효과

사용자가 귀책사유로 인해 배려의무를 위반한 경우, 근로자는 사용자에 대하여 채무불이행으로 인한 손해배상을 청구할 수 있고, 또 사용자에게 적절한 조치를 강구할 것을 청구하거나 배려의무에 위반되는 행위를 중지할 것을 청구할 수 있다.

(3) 산업재해에 대한 손해배상책임

산업재해예방을 위하여 필요한 주의의무를 다하지 못한 사용자로서는 근로자가 업무상 질환에 대하여 근로기준법이나 산업재해보상보험법 등에 의하여 받을 수 있음은 별론으로 하고, 사용자는 근로자에 대하여 사업주로서의 불법행위에 따른 손해배상책임을 면할 수 없다(대판 1989.8.8, 88다카33190).

제 3 절   근로조건의 명시의무

Ⅰ   법규정

> **제17조【근로조건의 명시】** ① 사용자는 근로계약을 체결할 때에 근로자에게 다음 각 호의 사항을 명시하여야 한다. 근로계약 체결 후 다음 각 호의 사항을 변경하는 경우에도 또한 같다.
> 1. 임금
> 2. 소정근로시간
> 3. 제55조에 따른 휴일
> 4. 제60조에 따른 연차유급휴가
> 5. 그 밖에 대통령령으로 정하는 근로조건
> ② 사용자는 제1항 제1호와 관련한 임금의 구성항목·계산방법·지급방법 및 제2호부터 제4호까지의 사항이 명시된 서면(「전자문서 및 전자거래 기본법 제2조 제1호에 따른 전자문서를 포함한다)을 근로자에게 교부하여야 한다. 다만, 본문에 따른 사항이 단체협약 또는 취업규칙의 변경 등 대통령령으로 정하는 사유로 인하여 변경되는 경우에는 근로자의 요구가 있으면 그 근로자에게 교부하여야 한다.

Ⅱ   근로조건의 의무적 기재사항

1. 서면명시 사항

사용자는 근로계약 체결 시 근로자에 대하여 근로조건을 명시할 경우에는 ① 임금의 구성항목·계산방법·지급방법, ② 소정근로시간, ③ 제55조에 따른 휴일, ④ 제60조에 따른 연차유급휴가에 관한 사항에 대하여는 서면(전자문서 및 전자거래 기본법 제2조 제1호[4]에 따른 전자문서를 포함한다)으로 명시하여야 한다(근로기준법 제17조).

2. 그 밖의 근로조건

서면명시 이외에 명시해야 할 근로조건은 ① 취업의 장소와 종사하여야 할 업무에 관한 사항, ② 근로기준법 제93조에 규정된 사항 및 ③ 사업장의 부속기숙사에 근로자를 기숙하게 하는 경우에는 기숙사규칙에 정한 사항을 말한다(근로기준법 시행령 제8조).

> **근로기준법 시행령 제8조【명시하여야 할 근로조건】** 법 제17조 제1항 제5호에서 "대통령령으로 정하는 근로조건"이란 다음 각 호의 사항을 말한다.
> 1. 취업의 장소와 종사하여야 할 업무에 관한 사항
> 2. 법 제93조 제1호부터 제12호까지의 규정에서 정한 사항
> 3. 사업장의 부속 기숙사에 근로자를 기숙하게 하는 경우에는 기숙사 규칙에서 정한 사항

---

4) 제2조(정의) 이 법에서 사용하는 용어의 뜻은 다음과 같다.
  1. "전자문서"란 정보처리시스템에 의하여 전자적 형태로 작성·변환되거나 송신·수신 또는 저장된 정보를 말한다.

III 서면명시 방법 및 교부의무

1. 서면명시 방법

서면명시 방법은 ① 근로계약서에 명시하거나, ② 주요 근로조건이 취업규칙에 명시되어 있을 경우 근로계약서는 개별 근로자에 해당하는 것만 기재하고, 그 외 사항은 취업규칙의 내용을 주지시키는 방법, ③ 근로계약서 작성프로그램 등을 이용하여 작성하는 방법 등이 있다.

2. 교부의무

(1) 일반근로자

사용자는 근로계약 체결 시 임금의 구성항목·계산방법·지급방법, 소정근로시간, 주휴일, 연차유급휴가에 관한 사항이 명시된 서면(전자문서 및 전자거래기본법 제2조 제1호에 따른 전자문서를 포함한다)을 근로자에게 교부하여야 한다(근로기준법 제17조 제2항 본문).

(2) 연소자

사용자는 18세 미만인 자와 근로계약을 체결하는 경우에는 근로기준법 제17조에 따른 근로조건을 서면(전자문서 및 전자거래기본법 제2조 제1호에 따른 전자문서를 포함한다)으로 명시하여 교부하여야 한다(근로기준법 제67조 제3항).

IV 근로조건의 명시시기

사용자가 근로자에 대하여 근로조건을 명시하여야 할 시기는 '근로계약 체결 시'이다(근로기준법 제17조 제1항).

V 위반의 효과

명시하여야 할 근로조건을 명시하지 않거나, 서면교부의무를 위반하는 경우 500만원 이하의 벌금에 처한다(근로기준법 제114조).

제 4 절 단시간 근로자의 근로조건 보호

I 법규정

제18조【단시간 근로자의 근로조건】 ① 단시간 근로자의 근로조건은 그 사업장의 같은 종류의 업무에 종사하는 통상 근로자의 근로시간을 기준으로 산정한 비율에 따라 결정되어야 한다.
② 제1항에 따라 근로조건을 결정할 때에 기준이 되는 사항이나 그 밖에 필요한 사항은 대통령령으로 정한다.
③ 4주 동안(4주 미만으로 근로하는 경우에는 그 기간)을 평균하여 1주 동안의 소정근로시간이 15시간 미만인 근로자에 대하여는 제55조와 제60조를 적용하지 아니한다.

II 단시간 근로자의 의의 및 취지

1. 의의

'단시간 근로자'라 함은 당해 사업장의 동종 업무에 종사하는 통상근로자보다 1주간의 소정근로시간이 짧은 근로자를 말한다(근로기준법 제2조 제1항 제9호, 기간제법 제2조 제2호).

2. 취지

이는 단시간 근로자도 근로기준법상 근로자임을 법에서 확인하고, 근로시간에 비례하여 근로조건 등을 보호하기 위함이다.

III 단시간 근로자의 근로조건 결정의 원칙

1. 균등처우의 원칙

근로기준법은 근로시간의 길이를 기준으로 단시간 근로자와 통상근로자를 구별하고 있는바, 따라서 근로시간이 짧다는 이유로 하는 합리적 차별을 제외하고, 근로조건 및 기타 대우에 관해 통상근로자와 차별대우를 받아서는 안 된다.

2. 근로조건 등의 비율적 결정원칙

단시간 근로자의 근로조건은 당해 사업장의 동종 업무에 종사하는 통상근로자의 근로시간을 기준으로 산정한 비율에 따라 결정되어야 한다(근로기준법 제18조 제1항).

IV 초단시간 근로자에 대한 적용배제

1. 적용배제 대상자

4주 동안(4주 미만으로 근로하는 경우에는 그 기간)을 평균하여 1주간의 소정근로시간이 15시간 미만인 근로자를 말한다(근로기준법 제18조 제3항).

2. 적용배제 규정

상기 근로자에 대하여는 유급주휴일 및 연차유급휴가를 적용하지 아니한다(근로기준법 제18조 제3항). 또한 퇴직금 규정도 적용하지 아니한다(근로자퇴직급여보장법 제4조 제1항).

Part 02

제 5 절 명시된 근로조건 위반 시 근로자 보호

I 법규정

> **제19조【근로조건의 위반】** ① 제17조에 따라 명시된 근로조건이 사실과 다를 경우에 근로자는 근로조건 위반을 이유로 손해의 배상을 청구할 수 있으며 즉시 근로계약을 해제할 수 있다.
> ② 제1항에 따라 근로자가 손해배상을 청구할 경우에는 노동위원회에 신청할 수 있으며, 근로계약이 해제되었을 경우에는 사용자는 취업을 목적으로 거주를 변경하는 근로자에게 귀향 여비를 지급하여야 한다.

II 손해배상청구

1. 의의

(1) 명시된 근로조건이 사실과 다를 경우[5]에 근로자는 근로조건 위반을 이유로 손해배상을 청구할 수 있으며(근로기준법 제19조 제1항), 근로자는 관할 노동위원회에 손해배상청구를 할 수 있다(동법 제19조 제2항).

(2) 노동위원회의 손해배상 신청은 근로계약 체결 시 명시된 근로조건이 취업 후 사실과 다른 경우에만 신청할 수 있다(대판 1989.2.28, 87누496).

2. 손해배상청구의 소멸시효

손해배상청구의 소멸시효와 관련하여 임금채권 시효에 준하여 3년 이내에 행사하지 않으면 소멸된다(대판 1997.10.10, 97누5732).

III 근로계약의 즉시해제 및 귀향여비 지급

1. 근로계약의 즉시해제

(1) 의의

근로자는 명시된 근로조건이 사실과 다를 경우에는 즉시 근로계약을 해제할 수 있다(근로기준법 제19조 제1항). 근로기준법 제19조 제1항에서는 근로계약의 해제라는 문언을 사용하고 있으나, 이 경우 근로계약관계를 장래에 향하여 소멸시키는 것이므로 이는 '해지'를 의미한다고 할 것이다.

(2) 즉시해제권의 행사기간

즉시해제권은 근로계약의 체결 후 상당한 기간이 경과한 경우에는 행사할 수 없다(대판 1997.10.10, 97누5732).

---

5) '명시된 근로조건이 사실과 다를 경우'라 함은 사용자가 명시한 근로조건을 실제로 이행하지 않는 경우를 말한다.

2. 귀향여비 지급

(1) 의의

근로자가 근로관계를 해제하고 귀향하는 경우 사용자는 취업을 목적으로 거주를 변경하는 근로자에게 귀향여비를 지급하여야 한다(근로기준법 제19조 제2항).

(2) 귀향여비의 성격

사용자가 지급해야 할 귀향여비는 근로의 대가가 아니므로 임금에는 해당되지 않지만, 퇴직 시 청산해야 할 금품에 포함된다.

제 6 절 근로계약 체결 시 제한규정

Ⅰ 법규정

제20조【위약 예정의 금지】 사용자는 근로계약 불이행에 대한 위약금 또는 손해배상액을 예정하는 계약을 체결하지 못한다.

제21조【전차금 상계의 금지】 사용자는 전차금(前借金)이나 그 밖에 근로할 것을 조건으로 하는 전대(前貸)채권과 임금을 상계하지 못한다.

제22조【강제 저금의 금지】 ① 사용자는 근로계약에 덧붙여 강제 저축 또는 저축금의 관리를 규정하는 계약을 체결하지 못한다.
② 사용자가 근로자의 위탁으로 저축을 관리하는 경우에는 다음 각 호의 사항을 지켜야 한다.
  1. 저축의 종류·기간 및 금융기관을 근로자가 결정하고, 근로자 본인의 이름으로 저축할 것
  2. 근로자가 저축증서 등 관련 자료의 열람 또는 반환을 요구할 때에는 즉시 이에 따를 것

Ⅱ 위약예정 금지

1. 의의

위약예정계약이란 근로자가 근로계약을 향후 이행하지 아니하는 경우 사용자가 손해발생의 여부 및 실제 발생된 손해액과 상관없이 일정한 액수의 위약금이나 손해배상을 청구할 수 있도록 미리 계약에 정하여 두는 것을 말한다. 근로기준법 제20조에서는 "사용자는 근로계약 불이행에 대한 위약금 또는 손해배상액을 예정하는 계약을 체결하지 못한다."고 규정하고 있다.

2. 위약금을 예정하는 계약의 금지

위약금이라 함은 근로자의 채무불이행의 경우에 근로자가 사용자에게 실제 손해의 발생 여부 및 손해의 액수와 상관없이 일정액을 지불할 것을 미리 약정하는 것을 말한다. 이는 실제 손해의 발생 여부 및 손해액수와 상관없이 당사자 간의 계약내용에 따라 위약금이 부과되므로 일종의 벌금부과적 성격을 갖는다.

3. 손해배상액을 예정하는 계약의 금지

'손해배상액의 예정'이라 함은 근로자의 채무불이행의 경우에 실제 발생된 손해액과 관계없이 손해배상액을 미리 정하는 것을 말한다.

4. 연수비 반환과 의무재직기간

사용자가 근로자에게 일정한 금전을 지급하면서 의무근로기간을 설정하고 이를 지키지 못하면 그 전부 또는 일부를 반환받기로 약정한 경우, 이와 같은 약정의 정당성 판단과 관련하여 판례는 "의무근로기간의 설정 양상, 반환 대상인 금전의 법적 성격 및 규모·액수, 반환 약정을 체결한 목적이나 경위 등을 종합할 때 그러한 반환 약정이 해당 금전을 지급받은 근로자의 퇴직의 자유를 제한하거나 그 의사에 반하는 근로의 계속을 부당하게 강요하는 것이라고 볼 수 없다면, 이는 근로기준법 제20조가 금지하는 약정이라고 보기 어렵다."고 판시하였다(대판 2022.3.11, 2017다202272).

5. 연수비 반환의 범위

이러한 경우 의무재직기간 도중 근로자가 사직하는 경우에는 연수비 반환의무가 발생한다. 그러나 상환의 범위는 어디까지나 연수에 소요된 비용이므로, 타 회사로의 파견근무형식으로 교육훈련이 행해지면서 파견된 타 회사로부터 파견근무에 대한 대가로 수령한 금품이나 연수기간 동안에도 정상급여를 지급하도록 되어 있어 수령한 정상급여는 상환해야 할 범위에 속하지 않는다(대판 1996.12.20, 95다52222·52239).

6. 위반의 효과

근로기준법 제20조를 위반하여 위약금을 약정하고 또는 손해배상을 예정하는 계약을 체결한 사용자는 500만원 이하의 벌금에 처해진다(근로기준법 제114조).

Ⅲ 전차금 상계의 금지

1. 의의

사용자는 전차금이나 그 밖에 근로할 것을 조건으로 하는 전대채권과 임금을 상계하지 못한다(근로기준법 제21조).

2. 주요내용

(1) 전차금과 전대채권

전차금이라 함은 근로자가 근로를 제공하여 향후 임금에서 변제하기로 하고, 근로계약을 체결할 때에 사용자로부터 미리 차용한 금전을 말한다. 전대채권이란 전차금 이외에 근로자 또는 그 친권자 등에게 지급되는 금전으로서 전차금과 동일한 내용을 가지는 것이다.

(2) 상계금지의 범위 및 한계

① 근로기준법 제21조가 금지하고 있는 상계대상은 전차금 등의 대여 자체가 아니라, 전차금 기타 근로할 것을 조건으로 하는 전대채권과 임금과의 상계이다[6]. 근로자의 자발적인 의사에 의하여 상계를 하는 경우에는 상계의 원인, 기간, 금액 및 금리의 유무 등을 감안하여 상계가 근로자의 강제노동 또는 신분구속을 강요하는 수단이 될 수 있는지를 구체적으로 판단하여 예외적으로 허용된다고 보아야 한다.

② 따라서 사용자가 근로자에게 임금과의 상계를 전제로 하지 아니하고 전차금을 대여하는 것은 허용된다고 할 것이다. 예컨대, 임금을 지급일 전에 지급하는 가불, 학자금대여 또는 주택구입자금의 대부 등은 근로자의 편의를 위하여 임금의 일부를 미리 지급한 것으로 근로기준법 제21조에 위배되지 아니 한다[7].

3. 위반의 효과

사용자가 근로기준법 제21조를 위반하여 전차금 또는 전대채권을 임금과 상계하는 경우 벌금 500만원 이하의 벌금에 처해진다(근로기준법 제114조).

Ⅳ 강제저금의 금지와 저축금 관리

1. 의의

사용자는 근로계약에 덧붙여 강제저축 또는 저축금의 관리를 규정하는 계약을 체결하지 못한다(근로기준법 제22조 제1항).

2. 주요내용

(1) 강제저축의 금지

근로기준법 제22조의 '근로계약에 덧붙여'라 함은 근로계약의 체결 또는 존속조건으로서 근로계약에 명문으로 또는 묵시적으로 강제저축을 강요하는 것을 말한다. 강제저축의 범위에는 사용자 자신이 저축의 명의자가 되는 것은 물론 사용자가 지정하는 제3자, 즉 특정 은행·우체국 및 공제조합 등의 금융기관과 저축계약을 하도록 하는 것도 포함된다[8].

(2) 저축금 관리의 금지

사용자 자신이 직접 근로자의 예금을 받아 스스로 관리하는 사내예금은 물론, 사용자가 개개 근로자 명의로 은행 기타 금융기관에 예금한 후 그 통장과 인감을 보관하거나 예금의 인출을 금지·제한하는 경우도 이에 포함된다[9].

---

6) 김형배·박지순, 『노동법』
7) 하갑래, 『근로기준법』
8) 이상윤, 『노동법』
9) 하갑래, 『근로기준법』

(3) 근로자의 위탁에 의한 저축금 관리

근로자의 자유의사에 의하여 저축금을 사용자에게 관리하여 줄 것을 위탁하는 경우 사용자는 저축금을 관리할 수 있다. 다만, 이러한 경우라고 하더라도 사실상 강제저금으로 작용하거나, 사용자가 임의로 처분·유용하는 것을 방지하기 위하여 사용자는 다음 사항을 준수하여야 한다(근로기준법 제22조 제2항).

① 저축의 종류·기간 및 금융기간을 근로자가 결정하고, 근로자 본인의 이름으로 저축할 것
② 근로자가 저축증서 등 관련 자료의 열람 또는 반환을 요구할 때에는 즉시 이에 따를 것

3. 위반의 효과

사용자가 근로기준법 제22조 제1항을 위반할 경우에는 2년 이하의 징역 또는 2천만원 이하의 벌금에 처해지며(근로기준법 제110조), 또한 사용자가 근로기준법 제22조 제2항을 위반할 경우에는 500만원 이하의 벌금에 처해진다(동법 제114조).

제 7 절   채용내정

I 채용내정의 개념

채용내정이라 함은 본채용의 상당기간 전에 채용할 자를 미리 결정하여 두는 것을 의미하는데, 채용내정계약이라 하기 위해서는 졸업, 학위취득, 서류 또는 서약서의 제출, 프로젝트의 완성 등 일정한 요건 충족을 전제로 하는 특별한 조건이 붙어야 함이 일반적이다[10].

II 채용내정의 법적성격

채용내정은 통상적인 근로계약과는 달리 사용자의 채용결정과 근로제공 및 임금지급이 분리되어 있다는 점 등에서 그 법적성격에 관해 다양한 견해가 있는데, 판례는 "대기업인 피고회사가 대학졸업예정자들을 상대로 신입사원을 모집한 것은 근로계약의 청약의 유인이라 볼 것이고, 피고회사가 신입사원 채용절차로써 정하고 요구하는 서류전형 및 면접절차에 원고가 응하는 것은 근로계약의 청약에 해당한다고 보아야 하며, 이에 따라 피고회사가 서류전형과 면접 및 신체검사를 거친 후 졸업을 조건으로 1997.11월경 원고에게 최종합격통지를 한 이른바 채용내정통지는 이로써 근로계약의 승낙의 의사표시를 한 것으로 보아야 할 것이다."라고 판시하였다(대판 2002.12.10, 2000다25910).

---

10) 중노위 2010부해710, 2010.11.4

Ⅲ 채용내정과 근로관계

1. 근로계약의 성립시기

채용내정을 근로계약의 체결로 보는 견해에 의하면 사용자가 채용내정을 승낙함으로써 근로계약이 성립하는바, 근로계약의 성립시기는 '채용내정 통지를 발송한 때'라고 할 것이다[11].

2. 근로기준법의 적용범위

채용내정기간은 현실적으로 근로를 제공하지 않기 때문에 근로제공과 관련된 근로기준법상의 규정들은 적용되지 않는다.

Ⅳ 채용내정의 취소 문제

1. 의의

채용내정의 취소는 근로계약의 해지로서, 근로기준법 제23조 제1항의 규정에 의한 '해고'에 해당된다(대판 2000.11.28, 2000다51476). 따라서 사용자는 근로기준법 제23조 제1항의 '정당한 이유' 없이는 채용내정자를 해고하여서는 아니 된다.

2. 정당한 해지권 행사의 경우

'해지권의 정당한 사유'란 채용내정 제도의 취지 및 목적에 비추어 객관적으로 합리적인 사유가 존재하는 경우로서 구체적으로 졸업의 연기, 요양을 요하는 질병의 발생, 경력증명서나 이력서에서 중요한 부분의 허위기재 등이 이에 해당한다.

3. 경영상 해고 요건의 완화적용

채용내정자들에 대한 경영상 해고 시 판례는 "근로자대표와의 협의의무와 관련하여 채용내정 시부터 정식발령일까지 사이에는 사용자에게 근로계약의 해약권이 유보되어 있기 때문에 채용내정자들에게는 근로기준법 제31조 제3항이 적용되지 않는다."라고 판시하고 있으며(대판 2000.11.28, 2000다51476), 또한 서울고법 판례에서는 "채용내정자들은 현실적으로 노무를 제공하지 않은 상태로써 근로관계의 밀접도가 통상의 근로자에 비하여 떨어진다는 이유로 기존의 근로자들에 비하여 우선적인 정리해고 대상자로 선정하는 것은 합리적인 이유가 있다."라고 판시하였는바(서울고법 2000.4.28, 99나41468), 채용내정자들에 대해서는 경영상 이유에 의한 해고의 요건을 다소 완화하여 적용하고 있다.

---

11) 민법 제531조(격지자간의 계약성립시기) 격지자간의 계약은 승낙의 통지를 발송한 때에 성립한다.

4. 채용내정의 취소와 임금지급

회사가 채용내정의 통지를 하였으나, 경영악화 등으로 인해 입사예정일이 지나도록 근로자를 입사시키지 못하고 근로자를 해고한 경우, 판례는 "사용자는 근로자에게 채용내정의 통지를 함으로써 근로관계가 성립되었다고 보아 정리해고 할 때까지의 임금(취업예정일부터 채용내정 취소일까지의 임금 전액)을 지급하여야 한다."고 판시하였다(대판 2002.12.10, 2000다25910).

제 8 절 시용

Ⅰ 시용의 개념

시용이라 함은 근로계약을 체결하고 입사한 근로자를 그대로 정규사원으로 임명하지 아니하고, 시용기간 동안 근로자의 직업적성과 업무능력 등을 판단한 후 최종적으로 근로관계의 계속 여부를 결정하고자 하는 제도를 말한다.

Ⅱ 시용의 법적성격

시용의 법적성격에 관하여 견해의 대립이 있는데, 판례는 "시용기간 중에 있는 근로자를 해고하거나 시용기간 만료 시 본계약의 체결을 거부하는 것은 사용자에게 유보된 해약권의 행사로서, 당해 근로자의 업무능력, 자질, 인품, 성실성 등 업무적격성을 관찰·판단하려는 시용제도의 취지·목적에 비추어 볼 때 보통의 해고보다는 넓게 인정되나, 이 경우에도 객관적으로 합리적인 이유가 존재하여 사회통념상 상당하다고 인정되어야 한다."고 판시하였다(대판 1991.5.31, 90가합18673 ; 대판 2006.2.24, 2002다62432).

Ⅲ 시용과 근로관계

1. 근로조건 명시

시용은 근로자와 사용자 간의 근로계약이 체결되어 있는 고용형태이다. 사용자는 근로자를 시용으로 채용하는 경우 이를 근로계약에 명시하여야 하며, 이를 명시하지 아니하는 경우 일반근로자로 채용된 것으로 보아야 할 것이다(대판 1999.11.12, 99다30473).

2. 시용의 기간

시용계약을 체결하는 경우 반드시 시용기간을 정하여야 한다. 시용기간에 대하여 근로기준법은 아무런 규정도 두고 있지 아니하므로 이는 취업규칙 및 근로계약 등 당사자의 합의에 의하여 정하는 것이 원칙이다.

그러나 시용기간은 그 기간이 구체적으로 확정되어 있지 아니하거나 시용계약의 근본취지에 위배될 정도로 장기간이어서는 아니 된다.

3. 시용기간의 연장

시용기간의 연장은 근로자의 법적 지위에 중대한 영향을 미치고 근로계약의 중요한 일부를 이루는 사항이므로, 원칙적으로 근로자의 동의 없이 사용자가 임의로 연장할 수는 없다.

Ⅳ 본채용 거부와 정당한 이유

1. 시용 후 본채용 거부

시용기간 중에 근로자를 해고하거나 시용기간의 종료 후에 사용자가 근로자의 본채용을 거부하는 것은 근로기준법 제23조의 '해고'에 해당한다.

2. 정당한 이유

사용자가 시용근로자의 본채용을 거부하기 위해서는 근로기준법 제23조 제1항의 '정당한 이유'가 있어야 하는데, 여기서 '정당한 이유'라 함은 통상의 해고보다는 폭넓게 인정되나 최소한 해고 또는 본채용이 거부되기에 충분히 객관적이고 합리적인 이유가 존재하여 사회통념상 상당하다고 인정되는 경우를 의미한다(대판 2015.11.27, 2015두48136).

Ⅴ 시용기간 만료 후 효과

시용기간이 만료되었음에도 사용자가 본채용을 거부하지 않은 경우 시용근로자는 정규직 근로자로 전환되며, 시용근로자가 본채용 또는 시용기간의 경과 등으로 정규직 근로자로 전환된 경우 시용기간은 퇴직금(대판 2022.2.17, 2021다218083) 또는 연차유급휴가의 산정과 관련하여 계속근로기간에 포함된다[12].

---

12) 김유성, 『노동법 Ⅰ』, 김형배·박지순, 『노동법』

www.pmg.co.kr

Ⅰ 법규정

제93조【취업규칙의 작성ㆍ신고】 상시 10명 이상의 근로자를 사용하는 사용자는 다음 각 호의 사항에 관한 취업규칙을 작성하여 고용노동부장관에게 신고하여야 한다. 이를 변경하는 경우에도 또한 같다.
1. 업무의 시작과 종료 시각, 휴게시간, 휴일, 휴가 및 교대 근로에 관한 사항
2. 임금의 결정ㆍ계산ㆍ지급 방법, 임금의 산정기간ㆍ지급시기 및 승급(昇給)에 관한 사항
3. 가족수당의 계산ㆍ지급 방법에 관한 사항
4. 퇴직에 관한 사항
5. 「근로자퇴직급여 보장법」 제4조에 따라 설정된 퇴직급여, 상여 및 최저임금에 관한 사항
6. 근로자의 식비, 작업 용품 등의 부담에 관한 사항
7. 근로자를 위한 교육시설에 관한 사항
8. 출산전후휴가ㆍ육아휴직 등 근로자의 모성 보호 및 일ㆍ가정 양립 지원에 관한 사항
9. 안전과 보건에 관한 사항
9의2. 근로자의 성별ㆍ연령 또는 신체적 조건 등의 특성에 따른 사업장 환경의 개선에 관한 사항
10. 업무상과 업무 외의 재해부조(災害扶助)에 관한 사항
11. 직장 내 괴롭힘의 예방 및 발생 시 조치 등에 관한 사항
12. 표창과 제재에 관한 사항
13. 그 밖에 해당 사업 또는 사업장의 근로자 전체에 적용될 사항

제94조【규칙의 작성, 변경 절차】 ① 사용자는 취업규칙의 작성 또는 변경에 관하여 해당 사업 또는 사업장에 근로자의 과반수로 조직된 노동조합이 있는 경우에는 그 노동조합, 근로자의 과반수로 조직된 노동조합이 없는 경우에는 근로자의 과반수의 의견을 들어야 한다. 다만, 취업규칙을 근로자에게 불리하게 변경하는 경우에는 그 동의를 받아야 한다.
② 사용자는 제93조에 따라 취업규칙을 신고할 때에는 제1항의 의견을 적은 서면을 첨부하여야 한다.

제95조【제재 규정의 제한】 취업규칙에서 근로자에 대하여 감급(減給)의 제재를 정할 경우에 그 감액은 1회의 금액이 평균임금의 1일분의 2분의 1을, 총액이 1임금지급기의 임금 총액의 10분의 1을 초과하지 못한다.

Ⅱ 취업규칙의 개념

취업규칙이라 함은 사업장에서 근로자에게 적용되는 근로조건 또는 당사자가 준수하여야 할 경영규범에 관하여 사용자가 일방적으로 정한 통일적이고 획일적인 규칙을 말한다(대판 2004.2.12, 2001다63599).

Ⅲ 취업규칙의 법적성격

취업규칙은 사업장에서 근로자에게 적용되는 근로조건 또는 당사자가 준수하여야 할 경영규범에 관하여 사용자가 일방적으로 정한 규칙인바, 그렇다면 취업규칙의 법적성격을 어떻게 볼 수 있는지 여부에 대해 견해의 대립이 있는데, 이와 관련하여 판례는 "취업규칙은 사용자가 근로자의 복무규율이나 근로조건의 기준을 정립하기 위하여 작성한 것으로서 노사 간의 집단적인 법률관계를 규정하는 법규범의 성격을 가지는데, 이러한 취업규칙의 성격에 비추어 취업규칙은 원칙적으로 객관적인 의미에 따라 해석하여야 하고, 문언의 객관적 의미를 벗어나는 해석은 신중하고 엄격하여야 한다."라고 판시하였다(대판 2003.3.14, 2002다69631 ; 대판 2022.9.29, 2018다301527).

Ⅳ 취업규칙의 작성

1. 취업규칙의 작성의무자

취업규칙의 작성의무를 지는 사용자는 '상시 10인 이상의 근로자를 사용하는 사용자'이다(근로기준법 제93조).

2. 내용

(1) 필요적 기재사항

취업규칙의 필요적 기재사항과 관련하여 근로기준법 제93조에서는 이를 정하고 있으며, 취업규칙에 필요적 기재사항을 누락할 경우 작성의무위반에 해당한다.

(2) 임의적 기재사항

필요적 기재사항 이외의 사항을 기재할 것인가 여부는 사용자의 자유에 맡겨지지만, 일단 기재하면 취업규칙에 관한 근로기준법상의 모든 규제가 적용된다.

(3) 작성방법

필요적 기재사항을 망라하여 하나의 규칙에 포함시키는 것을 원칙으로 하지만, 특정 사항에 관하여 별도의 규칙을 작성하는 것도 무방하다(대판 2000.2.25, 98다11628). 또한 근무형태나 직종에 따라 별도의 취업규칙을 작성하는 것도 허용된다(대판 1992.2.28, 91다30828).

(4) 작성의무를 위반한 취업규칙의 효력

사용자가 작성의무를 위반하면 500만원 이하의 과태료가 부과되나(근로기준법 제116조 제1항 제2호), 취업규칙의 사법적 효력발생에 영향을 주지 않는다.

3. 작성 및 변경 절차

(1) 10인 이상 사업장에서의 작성의무

상시 10인 이상의 근로자를 사용하는 사용자는 법정사항을 기재한 취업규칙을 작성하여야 한다(근로기준법 제93조). 상시 10명 미만의 근로자를 사용하는 사용자는 취업규칙의 작성의무가 없지만, 사용자가 취업규칙을 작성한 경우 규범적 효력에 관한 규정은 적용된다(근로기준법 제97조).

(2) 근로자의 의견청취 및 동의

사용자는 취업규칙의 작성 또는 변경에 관하여 당해 사업 또는 사업장에 근로자의 과반수로 조직된 노동조합이 있는 경우에는 그 노동조합, 근로자의 과반수로 조직된 노동조합이 없는 경우에는 근로자 과반수의 의견을 들어야 한다. 다만, 취업규칙을 근로자에게 불이익하게 변경하는 경우에는 그 동의를 받아야 한다(근로기준법 제94조 제1항).

(3) 고용노동부장관에 신고 및 주지

사용자는 작성 또는 변경된 취업규칙과 근로자집단의 의견을 작성한 서면을 첨부하여 고용노동부장관에게 신고하여야 한다(근로기준법 제93조 및 제94조). 고용노동부장관은 신고한 취업규칙을 검토하여 그것이 법령 또는 단체협약에 저촉되는 경우에는 그 취업규칙의 변경을 명할 수 있다(근로기준법 제96조 제2항). 한편, 사용자는 취업규칙을 상시 각 사업장에 게시 또는 비치하여 근로자에게 주지시켜야 한다(근로기준법 제14조).

Ⅴ 취업규칙의 제한

1. 법령·단체협약에 위반한 취업규칙

취업규칙은 법령이나 해당 사업 또는 사업장에 대하여 적용되는 단체협약에 어긋나서는 안 되며, 고용노동부장관은 법령 또는 단체협약에 저촉되는 취업규칙의 변경을 명할 수 있다(근로기준법 제96조).

2. 감급의 제한

이와 관련하여 근로기준법 제95조에서는 "취업규칙에서 근로자에 대하여 감급의 제재를 정할 경우에 그 감액은 1회의 금액이 평균임금의 1일분의 2분의 1을 총액이 1임금지급기의 임금 총액의 10분의 1을 초과하지 못한다."라고 규정하고 있다.

VI 불이익하지 않은 취업규칙의 변경

1. 의의

취업규칙의 변경이 근로자에게 불리하지 아니한 경우, 사용자는 근로자집단, 즉 당해 사업장에 근로자의 과반수로 조직된 노동조합이 있는 경우에는 그 노동조합, 그러한 노동조합이 없는 경우에는 근로자의 과반수의 의견을 들어야 한다(근로기준법 제94조 제1항).

2. 의견청취의 의미

의견청취는 협의나 합의할 의무가 있는 것은 아니며, 또한 사용자의 일방적인 작성·변경권한을 절차적으로 제한하는 것은 아니므로, 사용자가 근로자의 의견을 들은 경우라면 근로자의 반대의견을 반영하지 않더라도 의견청취의무에 위반되지 않는다. 따라서 근로자집단이 취업규칙의 변경에 반대하는 경우에도 사용자가 의견청취를 했다면 취업규칙을 변경할 수 있다(대판 1991.4.9, 90다16245).

VII 불이익 변경의 판단기준

1. 의의

'불이익 변경'이란 사용자가 종전 취업규칙 규정을 개정하거나 새로운 규정을 신설하여 근로조건이나 복무규율에 관한 근로자의 기득권·기득이익을 박탈하고 근로자에게 저하된 근로조건이나 강화된 복무규율을 일방적으로 부과하는 것을 말한다(대판 1993.8.24, 93다17898 ; 대판 2022.3.11, 2018다255488).

2. 구체적 판단

(1) 2개 이상의 근로조건을 변경하는 경우

취업규칙에서 2개 이상의 근로조건을 동시에 변경하는 경우 어느 근로조건은 불이익하게 변경되는 반면, 다른 근로조건은 이익이 되게 변경된다면 변경되는 근로조건 전체를 종합적으로 고려하여 불이익 변경의 여부를 판단하여야 할 것이다(대판 1984.11.13, 84다카414 ; 대판 1992.2.28, 91다30828).

(2) 일부 근로자에게 유리하고, 일부 근로자에게 불리한 경우

취업규칙의 변경이 일부근로자에게는 유리하고, 다른 일부근로자에게는 불리한 경우에는 전체근로자 입장에서 판단하기가 객관적으로 곤란한바, 유·불리를 달리하는 근로자집단 규모를 비교할 필요 없이 불이익한 변경으로 보아야 한다(대판 1993.12.28, 92다50416 ; 대판 1997.8.26, 96다1726).

3. 불이익 변경 여부의 판단시점

취업규칙 불이익 변경 여부의 판단시점은 '취업규칙의 개정이 이루어진 시점'이다(대판 1997.8.26, 96다1726 ; 대판 2022.10.14, 2022다245518). 따라서 취업규칙 변경 이후 새로운 사정변경이 있다는 점 등은 고려하지 않는다.

VIII 불이익한 변경 시 동의의 주체 및 방법

1. 의의

사용자가 취업규칙을 불이익하게 변경하는 경우에는 당해 사업 또는 사업장에 근로자의 과반수로 조직된 노동조합이 있는 경우에는 그 노동조합, 근로자의 과반수로 조직된 노동조합이 없는 경우에는 근로자의 과반수의 동의를 받아야 한다(근로기준법 제94조 제1항).

2. 과반수 노동조합의 동의

(1) 과반수 노동조합

① 근로자의 과반수로 조직된 노동조합은 조합원 자격 유무와 관계없이 기존 취업규칙의 적용을 받고 있던 전체 근로자의 과반수로 조직된 노동조합을 의미하며, 노동조합에 가입할 수 있는 자격을 가진 근로자의 과반수로 조직된 노동조합을 의미하는 것은 아니다(대판 2009.11.12, 2009다49377).

② 과반수 노동조합의 동의는 노동조합 위원장의 대표권이 제한되었다고 볼 만한 특별한 사정이 없는 한 노동조합 대표자인 노동조합 위원장의 동의로 족하고, 조합원 과반수의 동의를 받을 필요는 없다(대판 1997.5.16, 96다2507 ; 대판 2000.9.29, 99두10902).

3. 근로자 과반수의 동의

(1) 근로자 과반수

① 모든 근로자에게 적용되는 경우 : 취업규칙 불이익 변경을 위한 근로자 과반수라 함은 기존 취업규칙의 적용을 받는 근로자집단의 과반수를 말한다(대판 2008.2.29, 2007다85997). 따라서 해당사업 또는 사업장의 모든 근로자에게 공통적으로 적용되는 취업규칙의 경우에는 과반수 노동조합이 없는 한 전체근로자 과반수의 동의를 얻어야 한다.

② 일부 근로자에게만 적용되는 경우

ㄱ 일부 직종에게만 적용되는 경우 : 이와 관련하여 판례도 "취업규칙이 사무직과 생산직으로 이원화되어 있는 경우, 사무직에게만 적용되는 취업규칙의 불이익 변경은 전체근로자의 과반수가 아니라 사무직 근로자의 과반수의 동의를 얻어야 한다."고 판시하고 있다(대판 1990.12.7, 90다카19647).

ㄴ 일부 직급에게 적용되는 경우 : 이와 관련하여 판례도 "특정 직급만이 직접적인 불이익을 받더라도 다른 하위 직급에게도 변경된 취업규칙의 적용이 예상되는 경우에는 특정 직급은 물론 장래 변경된 규정의 적용이 예상되는 근로자집단을 포함한 근로자 과반수의 동의를 얻어야 한다."고 판시하였다(대판 2009.5.28, 2009두2238).

(2) 동의 방법

① **원칙**: 근로자 과반수로 구성된 노동조합이 없는 경우, 취업규칙의 변경이 근로자에게 불이익한 경우, 사용자는 근로자 과반수의 '집단의사결정방식' 또는 '회의방식에 의한 동의'를 얻어야 한다(대판 1977.7.26, 77다355; 대판 2010.1.28, 2009다32522).

따라서 개별적 회람·서명을 통하여 과반수의 찬성을 얻었더라도 근로자집단의 동의를 얻은 것으로 볼 수 없고(대판 1994.6.24, 92다28556), 노사협의회의 의결[1](대판 1990.3.2,89나27081), 근로자대표 개인의 동의도 인정되지 않는다(대판 2000.12.22, 99다10806).

② **예외(기구별·부서별 의견 취합)**: 근로자 과반수의 동의는 회의방식이 원칙이나, 근로자가 여러 사업장에 분산되어 있는 등의 사유로 회의가 불가능한 경우에는 사용자의 개입이 없고 근로자의 자유의사가 보장된다면, 사업(장)의 기구별·부서별로 의견을 교환하여 찬반의견을 집약한 후 전체적으로 취합하는 방식도 허용된다(대판 1993.1.25, 92다39778; 대판 2003.11.14, 2001다18322).

Ⅸ 동의를 받지 못한 불이익 변경의 효력 등

1. 원칙

근로자에게 불이익하게 취업규칙을 변경하면서 근로자집단의 동의를 받지 못한 경우, 변경된 부분은 근로자 전체는 물론 동의한 근로자 개인에게도 취업규칙 변경의 효력이 발생하지 아니 한다(대판 1991.3.27, 91다3031).

2. 신규입사자에 대한 적용 문제

취업규칙의 불이익 변경에 있어 사용자가 기존 근로자 집단의 동의를 받지 못하여 취업규칙의 변경이 무효가 되었음에도 이를 신규입사자에게 따로 적용할 수 있는지 여부가 문제되는데, 이와 관련하여 판례에서는 "근로자 집단의 동의를 얻지 않고 취업규칙을 불이익하게 변경한 경우, 그 변경으로 기득이익이 침해되는 기존 근로자에게는 종전 취업규칙이 적용되지만, 그 변경 후 변경된 취업규칙을 수용하고 입사한 신규근로자에게는 변경된 취업규칙이 적용된다."고 판시하였다(대판 1992.12.22, 91다45165[전합]; 대판 2011.6.24, 2009다58364; 대판 2022.10.14, 2022다245518).

3. 단체협약에 의한 소급승인 문제

근로자집단의 동의 없이 불이익하게 변경된 취업규칙을 사후에 노동조합이 단체협약으로 소급승인하는 것을 인정할 수 있는지 여부가 문제되는데, 이와 관련하여 판례는 "근로자들의 동의를 받지 않고 불이익하게 변경된 무효의 취업규칙을 노동조합이 사후에 소급적으로 동의하는 것을 인정하고 있는데, 다만 이러한 소급승인의 효력은 노동조합이 단체협약을 체결할 당시 재직근로자에게만 한정되고, 동의 이전에 퇴직근로자에게는 적용되지 않는다."고 판시하였다(대판 1992.7.24, 91다34073).

---

1) 대판 2001.2.23, 2009도4299; 노사협의회는 원칙적으로 의견청취 대상과 동의의 주체가 아니나, 과반수 노동조합이 없고 근로자의 과반수 동의를 구함이 있어 모든 근로자가 장소적으로 한 자리에 모이는 것이 곤란한 경우에 기구별·부서별로 사용자 측의 개입이나 간섭이 배제된 상태에서 근로자 상호 간에 의견을 교환한 후 취합된 동의 의사를 노사협의회 근로자위원이 대리하여 표시한다면, 노사협의회 근로자위원의 동의도 예외적으로 근로자 과반수의 동의를 받은 것으로 볼 수 있다.

www.pmg.co.kr

제1절 임금의 의의 등

Ⅰ 법규정

> **제2조【정의】** ① 이 법에서 사용하는 용어의 뜻은 다음과 같다.
>   5. "임금"이란 사용자가 근로의 대가로 근로자에게 임금, 봉급, 그 밖에 어떠한 명칭으로든지 지급하는 모든 금품을 말한다.

Ⅱ 임금의 법적성격

임금은 근로자의 생존을 확보하기 위한 유일한 수단으로, 근로자의 근로조건 중 가장 중요한 부분인데, 이와 같은 임금의 법적성격에 대해 견해의 대립이 있는데, 이와 관련하여 판례는 "모든 임금은 근로의 대가로서 '근로자가 사용자의 지휘를 받으며 근로를 제공하는 것에 대한 보수'를 의미하므로 현실의 근로 제공을 전제로 하지 않고 단순히 근로자로서의 지위에 기하여 발생한다는 이른바 생활보장적 임금이란 있을 수 없고, 또한 우리 현행법상 임금을 사실상 근로를 제공한데 대하여 지급받는 교환적 부분과 근로자로서의 지위에 기하여 받는 생활보장적 부분으로 2분할 아무런 법적 근거도 없다."고 판시하고 있다(대판 1995.12.21, 94다26721[전합]).

Ⅲ 임금의 성립요건

1. 근로의 대가성

임금에 해당하는지 여부에 대한 판단에 있어 가장 중요한 기준은 '근로의 대가성'이다. 여기서 '근로의 대가'라 함은 사용종속관계 하에서 제공되는 근로에 대한 보상으로서, 근로자가 사용자의 지휘·명령 아래 제공한 근로에 대한 반대급부를 의미한다.

2. 사용자가 지급

임금은 사용자에게 지급의무가 있고, 사용자가 근로자에게 직접·개별적으로 지급하는 금품이어야 한다. '사용자에게 지급의무가 있다'는 것은 임금의 지급여부를 사용자가 임의적으로 결정할 수 없다는 것을 의미한다. 지급의무의 발생근거는 단체협약·취업규칙·근로계약에 의하든 사용자의 방침이나 노동관행에 의하든 무방하다.

3. 근로자가 수령

사용자가 지급하는 금품이 근로기준법상의 임금에 해당하려면 지급객체가 근로기준법상 근로자여야 하므로, 근로자가 아닌 사용자(사업주, 사업경영담당자)에게 지급하는 것은 근로기준법상 임금이 아니다.

Ⅳ 임금 여부에 대한 구체적 판단

1. 은혜적·의례적·호의적 성격의 금품

결혼축의금, 위로금, 격려금 등 사용자가 지급의무 없이 은혜적·의례적·호의적으로 지급하는 금품은 임금으로 볼 수 없다(대판 1976.1.27, 74다1588).

2. 실비변상적 성격의 금품

근로자가 특수한 근무조건이나 환경에서 직무를 수행하게 됨으로 말미암아 추가로 소요되는 비용을 변상하기 위하여 지급되는 이른바 실비변상적 성격의 금품은 근로의 대상으로 지급되는 것이라고 볼 수 없기 때문에 임금에 포함되지 않는다(대판 1992.11.9, 90다카4683).

3. 보험료 및 근로소득세

산재보험·국민연금 등 각종 사회보험제도에 따라 사용자가 부담하는 보험료 및 근로자가 받는 보험급여나 연금은 임금이 아니다. 그러나 근로소득세 등을 사용자가 대납하기로 하는 근로계약에 따라 사용자가 대납한 근로소득세 등 상당액은 임금에 해당한다(대판 2021.6.24, 2016다200200).

4. 봉사료

고객이 직접 종업원에게 주는 봉사료는 원칙적으로 임금이 아니다. 다만, 봉사료를 사용자가 고객으로부터 일괄 납부받아 종업원에게 다시 분배하는 경우[1] 또는 택시회사가 운송수입금 중 일정액의 사납금 초과부분을 운전기사의 수입으로 인정하는 경우에 그 초과부분은 임금에 해당한다[2].

5. 각종 법정수당 및 재해보상금

해고예고수당(근로기준법 제26조), 재해보상금(동법 제8장), 귀향여비(동법 제19조), 휴업수당(동법 제46조), 육아휴직 급여(고용보험법 제70조), 출산전후휴가 급여(동법 제75조) 등은 현실적 근로제공 없이 사용자로부터 지급되는 것으로서, 손해보상의 성격을 갖거나 생활권 보장을 위한 부조제도의 변형이므로 임금에 해당하지 않는다.

---

1) 대판 1992.4.28, 91다8104
2) 대판 1993.12.24, 91다36192

제 2 절 **평균임금**

▌ I ▌ 법규정

> **제2조【정의】** ① 이 법에서 사용하는 용어의 뜻은 다음과 같다.
> 6. "평균임금"이란 이를 산정하여야 할 사유가 발생한 날 이전 3개월 동안에 그 근로자에게 지급된 임금의 총액을 그 기간의 총일수로 나눈 금액을 말한다. 근로자가 취업한 후 3개월 미만인 경우도 이에 준한다.

▌ II ▌ 평균임금의 범위

1. 원칙

근로기준법 제2조 제1항 제6호에서 평균임금이라 함은 이를 산정해야 할 사유가 발생한 날 이전 3개월 동안에 그 근로자에 대하여 지급된 임금의 총액을 그 기간의 총일수로 나눈 금액을 말한다.

2. 예외

① 임시로 지불된 임금·수당과, ② 통화 이외의 것으로 지불된 임금으로서 고용노동부장관이 정하는 것 이외의 것은 산입하지 아니한다(근로기준법 시행령 제2조 제2항).

▌ III ▌ 평균임금의 산정

1. 원칙

(1) 평균임금의 산정은 원칙적으로 산정하여야 할 사유가 발생한 날 이전 3개월 동안에 그 근로자에게 지급된 임금의 총액을 그 기간의 총일수로 나눈 금액으로 한다. 근로자가 취업 후 3개월 미만인 경우에는 그 기간만을 대상으로 산정한다(근로기준법 제2조 제1항 제6호).

(2) 평균임금은 퇴직금(근로자퇴직급여보장법 제8조), 연차유급휴가(근로기준법 제60조 제5항), 휴업수당(근로기준법 제46조), 재해보상금(근로기준법 제79조, 제80조, 제82조 ~ 제85조), 감급의 한도액(근로기준법 제95조) 및 산재법이나 고용보험법상의 각종 보험급여를 산정하는 기초가 된다.

2. 예외

근로기준법 시행령 제2조 제1항에서는 수습기간, 휴업기간, 육아휴직 등의 기간의 경우 평균임금 산정 시 제외되는 기간을 열거하고 있는데, 대체로 근로자의 정당한 권리행사 또는 근로자의 귀책사유 없이 근로를 제대로 제공하지 못한 경우를 규정하고 있다.

> **근로기준법 시행령 제2조【평균임금의 계산에서 제외되는 기간과 임금】** ① 「근로기준법」 (이하 "법"이라 한
> 다) 제2조 제1항 제6호에 따른 평균임금 산정기간 중에 다음 각 호의 어느 하나에 해당하는 기간이 있는
> 경우에는 그 기간과 그 기간 중에 지급된 임금은 평균임금 산정기준이 되는 기간과 임금의 총액에서
> 각각 뺀다.
> 1. 근로계약을 체결하고 수습 중에 있는 근로자가 수습을 시작한 날부터 3개월 이내의 기간
> 2. 법 제46조에 따른 사용자의 귀책사유로 휴업한 기간
> 3. 법 제74조 제1항부터 제3항까지의 규정에 따른 출산전후휴가 및 유산·사산 휴가 기간
> 4. 법 제78조에 따라 업무상 부상 또는 질병으로 요양하기 위하여 휴업한 기간
> 5. 「남녀고용평등과 일·가정 양립 지원에 관한 법률」 제19조에 따른 육아휴직 기간
> 6. 「노동조합 및 노동관계조정법」 제2조 제6호에 따른 쟁의행위기간
> 7. 「병역법」, 「예비군법」 또는 「민방위기본법」에 따른 의무를 이행하기 위하여 휴직하거나 근로하지 못
>   한 기간. 다만, 그 기간 중 임금을 지급받은 경우에는 그러하지 아니하다.
> 8. 업무 외 부상이나 질병, 그 밖의 사유로 사용자의 승인을 받아 휴업한 기간
> ② 법 제2조 제1항 제6호에 따른 임금의 총액을 계산할 때에는 임시로 지급된 임금 및 수당과 통화 외의
> 것으로 지급된 임금을 포함하지 아니한다. 다만, 고용노동부장관이 정하는 것은 그러하지 아니하다.

3. 평균임금을 산정할 수 없는 경우

(1) 의의

평균임금의 산정방법에 의해 평균임금을 산정할 수 없는 경우에는 고용노동부장관이 정하는 바에
따른다(근로기준법 시행령 제4조). 여기서 '평균임금을 산정할 수 없는 경우'라 함은 ① 그 산정이
기술상 불가능한 경우는 물론, ② 근로기준법의 관계규정에 의하여 그 평균임금을 산정하는 것이
현저하게 불합리한 경우까지도 포함된다(대판 1995.2.28, 94다8631).

(2) 평균임금 산정이 현저하게 불합리한 경우

① 3개월간 임금총액이 현저히 적은 경우 : 이와 관련하여 판례는 "근로자가 구속되어 3개월 이상
휴직하였다가 퇴직함으로써 퇴직 전 3개월간 지급된 임금을 기초로 산정한 평균임금이 통상의
경우보다 현저하게 적은 경우, 휴직 전 3개월간의 임금을 기준으로 평균임금을 산정해야 한다."
고 판시하였다(대판 1999.11.12, 98다49357).

② 3개월간의 임금총액이 현저히 많은 경우 : 이와 관련하여 판례는 "근로자의 의도적인 행위로 인
하여 근로기준법의 관계규정에 따라 평균임금을 산정할 수 없게 된 경우에는, 그 근로자의 퇴직
금의 기초가 되는 평균임금은 특별한 사정이 없는 한, 위 평균임금의 산정기준에서 제외하여야
할 기간을 뺀 그 직전 3개월간의 임금을 기준으로 하여 근로기준법이 정하는 방식에 따라 산정
한 금액 상당이라고 할 것이다."라고 판시하였다(대판 1995.2.28, 94다8631 ; 대판 2009.10.15, 2007다72519).

4. 평균임금의 조정

재해보상을 위해 평균임금을 산정함에 있어 그 기준일을 사유발생일로 고정하게 되면, 재해보상기
간이 장기간으로 되는 경우 평균임금이 실제 재해보상을 받는 시점의 현실과 부합하지 아니할 수
있다. 이러한 문제를 해결하기 위해 같은 사업장의 동종근로자의 통상임금 변동률 등을 기준으로
평균임금을 조정할 수 있도록 하고 있다(근로기준법 시행령 제5조).

5. 평균임금의 보장

근로자의 귀책사유로 인한 직위해제·휴직기간의 임금을 평균임금의 산정기간에 포함시킴으로 인하여 평균임금액수가 낮아져 평균임금이 통상임금을 하회하게 되는 경우에는 그 통상임금을 평균임금으로 한다(근로기준법 제2조 제2항).

제 3 절　통상임금

I　법규정

근로기준법 시행령 제6조【통상임금】 ① 법과 이 영에서 "통상임금"이란 근로자에게 정기적이고 일률적으로 소정(所定)근로 또는 총 근로에 대하여 지급하기로 정한 시간급 금액, 일급 금액, 주급 금액, 월급 금액 또는 도급 금액을 말한다.

② 제1항에 따른 통상임금을 시간급 금액으로 산정할 경우에는 다음 각 호의 방법에 따라 산정된 금액으로 한다.

1. 시간급 금액으로 정한 임금은 그 금액

2. 일급 금액으로 정한 임금은 그 금액을 1일의 소정근로시간 수로 나눈 금액

3. 주급 금액으로 정한 임금은 그 금액을 1주의 통상임금 산정 기준시간 수(1주의 소정 근로시간과 소정근로시간 외에 유급으로 처리되는 시간을 합산한 시간)로 나눈 금액

4. 월급 금액으로 정한 임금은 그 금액을 월의 통상임금 산정 기준시간 수(1주의 통상 임금 산정 기준시간 수에 1년 동안의 평균 주의 수를 곱한 시간을 12로 나눈 시간)로 나눈 금액

5. 일·주·월 외의 일정한 기간으로 정한 임금은 제2호부터 제4호까지의 규정에 준하여 산정된 금액

6. 도급 금액으로 정한 임금은 그 임금 산정 기간에서 도급제에 따라 계산된 임금의 총액을 해당 임금 산정 기간(임금 마감일이 있는 경우에는 임금 마감 기간을 말한다)의 총 근로 시간 수로 나눈 금액

7. 근로자가 받는 임금이 제1호부터 제6호까지의 규정에서 정한 둘 이상의 임금으로 되어 있는 경우에는 제1호부터 제6호까지의 규정에 따라 각각 산정된 금액을 합산한 금액

③ 제1항에 따른 통상임금을 일급 금액으로 산정할 때에는 제2항에 따른 시간급 금액에 1일의 소정근로시간 수를 곱하여 계산한다.

II　통상임금의 판단기준

1. 소정근로의 대가

'소정근로의 대가'라 함은 근로자가 소정근로시간에 통상적으로 제공하기로 정한 근로에 대하여 사용자와 근로자가 지급하기로 약정한 금품을 말한다(대판 2021.11.11, 2020다224739). 소정근로의 대가로 볼 수 없는 임금은 근로자가 소정근로시간을 초과하여 근로를 제공한 경우에 지급받는 임금, 소정근로시간의 근로와 관련 없이 지급받는 임금 등이 있다.

2. 정기성

'정기성'이라 함은 임금이 일정한 간격을 두고 계속적으로 지급되는 것을 의미하는데, 정기성과 관련하여 기존 판례는 1개월이 넘는 기간으로 정해진 임금에 대해서는 통상임금의 범위에 포함시키지 않는 경향이 강했으나, 최근 판례에서는 "1임금 지급기(월급 근로자의 경우 1개월)를 초과하는 임금이더라도 그것이 정기적·일률적으로 지급되는 것이라면 통상임금의 범위에 포함될 수 있다."고 판시하였다(대판 1996.2.9, 95다19501 ; 대판 2013.12.18, 2012다94643[전합]).

3. 일률성

'일률적으로 지급하는 것'이라 함은 '모든 근로자'에게 지급되는 것뿐만 아니라 '일정한 조건 또는 기준에 달한 모든 근로자'에게 지급되는 것으로 보고 있어, 그 적용을 탄력화하고 있다(대판 2005.9.9, 2004다41217 ; 대판 2012.7.6, 2011다6106 ; 대판 2013.12.18, 2012다94643[전합]).

회사에서 지급하는 가족수당이 배우자, 자녀, 동거하는 부모가 있는 근로자에게만 일률적으로 지급되고 있는 것이라고 하더라도, 이는 근로의 양이나 질에 무관하게 지급되는 것이므로, 그 가족수당은 통상임금의 범위에 포함시킬 수 없다(대판 1994.10.28, 94다26615 ; 대판 2003.10.9, 2003다30777).

Ⅲ 산정 방법 등

통상임금은 '시간급'으로 산정함이 원칙이며, 통상임금은 ① 해고예고수당(근로기준법 제26조), ② 연장·야간 및 휴일근로에 대한 가산임금(동법 제56조), ③ 연차유급휴가수당(동법 제60조 제5항), ④ 출산전후휴가 기간 중 사용자가 지급하는 급여(동법 제74조) 등의 산정에 사용되는 임금단위이다.

Ⅳ 구체적 사례

1. 근무일수에 연동하는 임금

소정근로를 온전하게 제공하는 근로자라면 충족할 근무일수 조건, 즉 소정근로일수 이내로 정해진 근무일수 조건의 경우, 그러한 조건이 부가되어 있다는 사정만으로 그 임금의 통상임금성이 부정되지 않는다. 다만, 소정근로일수를 초과하는 근무일수 조건부 임금은 소정근로를 제공하였다고 하여 지급되는 것이 아니고 소정근로를 넘는 추가 근로의 대가이므로 통상임금이 아니다(대판 2024.12.19, 2020다247190·2023다302838[전합]).

2. 근무실적에 연동하는 임금

근로자의 근무실적을 평가하여 이를 토대로 지급여부나 지급액이 정해지는 임금(실적급, 성과급 등)은 단순히 소정근로를 제공하였다고 지급되는 것이 아니라 일정한 업무성과를 달성하거나 그에 대한 평가결과가 어떠한 기준에 이르러야 지급되므로, 일반적으로 '소정근로 대가성'을 갖추었다고 보기 어렵다. 다만, 근무실적에 관하여 최하 등급을 받더라도 일정액을 지급하는 경우와 같이 최소한도의 지급이 확정되어 있다면, 그 최소한도의 임금은 고정적 임금이라고 할 수 있다(대판 2013.12.18, 2012다89399[전합], 대판 2024.12.19, 2020다247190·2023다302838[전합]).

3. 근속기간과 연동하는 임금

근속기간은 근로자의 숙련도와 밀접한 관계가 있으므로 소정근로의 가치평가와 관련이 있는 일정한 조건 또는 기준으로 일률성이 인정되므로, 근속기간에 연동하는 임금은 통상임금에 해당한다(대판 2013.12.18, 2012다89399[전합], 대판 2018.7.12, 2013다60807).

4. 특정시점에 재직 중인 근로자에게만 지급하는 임금

특정시점에 재직 중인 근로자에게만 지급하는 임금이 통상임금인지 여부와 관련하여 판례는 "어떠한 임금을 지급받기 위하여 특정 시점에 재직 중이어야 한다는 조건이 부가되어 있다는 사정만으로 그 임금의 소정근로 대가성이나 통상임금성이 부정되지 않는다."고 판시하였다(대판 2024.12.19, 2020다247190 · 2023다302838[전합] ; 대판 2025.1.9, 2020다300626).

📁 **임금 유형별 통상임금 여부[3]**

임금 명목	임금의 특징	2013년 대법원 판결	2024년 대법원 판결
상여금	정기적인 지급이 확정되어 있는 상여금(정기상여금)	통상임금 ○	통상임금 ○
	기업실적에 따라 일시적, 부정기적, 사용자 재량에 따른 상여금(인센티브)	통상임금 × (고정성 ×)	통상임금 × (소정근로의 대가 ×)
특정 시점 재직 시에만 지급 되는 금품	특정시점에 재직 중인 근로자만 지급받는 금품	통상임금 × (고정성 ×)	통상임금 ○
	특정시점이 되기 전 퇴직 시에는 근무일수에 비례해 지급되는 금품	통상임금 ○	통상임금 ○
근무 일수 조건부 임금		통상임금 ×	소정근로일수 이내로 정해진 근무일수 조건부 임금 : 통상임금 ○ 소정근로일수를 초과하는 근무일수 조건부 임금 : 통상임금 ×

---

3) 고용노동부, 「개정 통상임금 노사지도 지침」

제 4 절 임금지급의 원칙

Ⅰ 법규정

제43조【임금 지급】 ① 임금은 통화(通貨)로 직접 근로자에게 그 전액을 지급하여야 한다. 다만, 법령 또는 단체협약에 특별한 규정이 있는 경우에는 임금의 일부를 공제하거나 통화 이외의 것으로 지급할 수 있다.
② 임금은 매월 1회 이상 일정한 날짜를 정하여 지급하여야 한다. 다만, 임시로 지급하는 임금, 수당, 그 밖에 이에 준하는 것 또는 대통령령으로 정하는 임금에 대하여는 그러하지 아니하다.

Ⅱ 통화불 원칙

1. 원칙

임금은 통화로 근로자에게 지급되어야 하는 것이 원칙으로, 여기서 '통화'라 함은 우리나라에서 강제 통용력이 있는 화폐를 말하는 것으로서 외국통화는 포함되지 않는다.

2. 예외

(1) 법령에 의한 예외

선원법에 의하여 기항지(寄港地)에서 통용되는 통화로 지급하는 경우 통화불 원칙에 위반되지 않는다(선원법 제52조 제4항).

(2) 단체협약에 의한 예외

단체협약을 체결하여 수당·상여금 등을 현물·주식 또는 상품교환권으로 지급할 수 있다. 노동조합과의 단체협약에 의한 예외만이 인정되므로 ① 취업규칙·근로계약에 의하거나, ② 노사협의회의 의결·합의 또는 근로자대표와의 서면합의에 의한 것은 인정되지 아니한다[4].

Ⅲ 직접불 원칙

1. 원칙

임금은 반드시 근로자 본인에게 지급되어야 한다. 임금의 직접불 원칙은 임금을 확실하게 근로자 본인이 직접 수령함으로써 근로자의 생활을 보호하고자 하는 데 그 취지가 있다.

---

[4] 임종률, 『노동법』

2. 예외

그러나 ① 근로자의 희망에 의하여 지정된 은행의 본인 명의로 개설된 보통예금 계좌에 예금하는 것, ② 선원법에 따라 선원의 청구에 의하여 가족 등 제3자에게 지급하는 경우(선원법 제52조 제3항), ③ 임금채권이 압류되어 사용자가 채권자인 제3자에게 압류된 금액을 지급하는 경우 등은 직접불의 원칙에 위배되지 아니한다.

3. 임금채권의 양도 문제

근로자의 임금채권은 그 양도를 금지하는 법률규정이 없으므로 이를 양도할 수 있다. 근로자가 임금채권을 제3자에게 양도한 경우에 임금채권의 양도 자체는 유효하다고 하더라도 임금지급에 관해서는 직접지급의 원칙이 지배하므로 양수인이 사용자에게 그 지급을 요구하더라도 사용자는 그 임금을 근로자에게 지급해야 한다(대판 1988.12.13, 87다카2803[전합]).

4. 임금채권의 제3자에 대한 위임 및 대리 문제

근로기준법에서 임금을 직접 지급하도록 하는 취지는 임금이 확실하게 근로자 본인에게 지급되도록 하여 그의 자유로운 처분에 맡기고 근로자의 생활을 보장하려는 데 있고, 통화 지급의 원칙이나 전액 지급의 원칙과 달리 직접 지급의 원칙은 법령 또는 단체협약에 의한 예외가 인정되지 않는바, 따라서 원칙적으로 근로자가 제3자에게 임금 수령을 위임하거나 대리하게 하는 법률행위는 무효이다(대판 2025.6.12, 2025다209645).

Ⅳ 전액불 원칙

1. 원칙

임금은 전액이 근로자에게 지급되어야 하는 것이 원칙이다. 이것은 위약예정 · 전차금 상계 및 강제저축 등을 통하여 임금의 일부만을 지급함으로써 야기될 수 있는 강제노동을 방지함과 동시에 근로자의 유일한 생존수단인 임금을 충분히 확보 · 지급하기 위한 것이다.

2. 예외

(1) 법령에 의한 예외

법령에 의하여 임금 일부의 공제가 인정되는 것에는 근로소득세, 국민연금기여금 및 의료보험료 등이 있다.

(2) 단체협약에 의한 예외

단체협약을 통한 공제가 인정되는 경우는 노동조합의 조합비를 조합원의 임금에서 사용자로 하여금 사전공제하게 하고, 사용자가 이를 노동조합에 일괄납입하게 하는 조합비 사전공제제도 및 대부금 반환 등이 있다.

3. 임금채권의 상계 문제

(1) 원칙

사용자는 임금 전액을 근로자에게 지급하여야 하므로 사용자는 근로자에 대한 채권 또는 불법행위나 채무불이행으로 인한 손해배상청구권을 가지고 일방적으로 근로자의 임금채권을 상계하는 것은 원칙적으로 할 수 없다(대판 1989.11.24, 88다카25038).

(2) 예외

다만, 근로자 본인의 자유로운 의사에 의하여 근로자 일방의 의사표시 또는 근로자의 동의에 의하여 임금채권을 상계하는 것은 허용된다 할 것이다(대판 2001.10.23, 2001다25184).

Ⅴ 정기불 원칙

1. 원칙

임금은 매월 1회 이상 일정한 기일을 정하여 지급되어야 한다. 이는 사용자가 임금지급을 부정기적으로 하거나 장기간 동안 지급하지 아니하는 경우 근로자가 생활영위에 필요한 임금을 충분히 확보할 수 없기 때문에 이를 방지하기 위한 것이다.

2. 예외

임시로 지급되는 임금·수당, 그 밖에 이에 준하는 것과 대통령령으로 정하는 임금(근로기준법 제43조 제2항 단서) 등은 정기불 원칙에 적용을 받지 아니한다. 구체적으로 ① 1개월을 초과하는 기간의 출근성적에 따라 지급하는 정근수당, ② 1개월을 초과하는 일정 기간을 계속하여 근무한 경우에 지급되는 근속수당, ③ 1개월을 초과하는 기간에 걸친 사유에 따라 산정되는 장려금·능률수당 또는 상여금, ④ 그 밖에 부정기적으로 지급되는 모든 수당 등이 이에 해당된다(근로기준법 시행령 제23조).

> **근로기준법 시행령 제23조【매월 1회 이상 지급하여야 할 임금의 예외휴일】**
> 법 제43조 제2항 단서에서 "임시로 지급하는 임금, 수당, 그 밖에 이에 준하는 것 또는 대통령령으로 정하는 임금"이란 다음 각 호의 것을 말한다.
> 1. 1개월을 초과하는 기간의 출근 성적에 따라 지급하는 정근수당
> 2. 1개월을 초과하는 일정 기간을 계속하여 근무한 경우에 지급되는 근속수당
> 3. 1개월을 초과하는 기간에 걸친 사유에 따라 산정되는 장려금, 능률수당 또는 상여금
> 4. 그 밖에 부정기적으로 지급되는 모든 수당

VI 위반의 효과

1. 벌칙

임금지급기일에 임금을 지급하지 않으면 3년 이하의 징역 또는 3천만원 이하의 벌금에 처한다(근로기준법 제109조 제1항). 근로기준법 제43조 위반에 따른 임금체불은 피해자가 처벌을 희망하지 않는다는 의사를 명백히 한 때에는 처벌할 수 없는 반의사불벌죄에 해당한다(동법 제109조 제2항 본문). 다만, 제43조의2에 따라 명단 공개된 체불사업주가 명단 공개 기간 중에 제43조 등을 위반한 경우에는 그러하지 아니하다(동법 제109조 제2항 단서).

2. 미지급 임금에 대한 지연이자 적용

사용자는 근로기준법 제43조에 따라 지급해야 하는 임금의 전부 또는 일부를 동법 제43조 제2항에 따라 정하는 날까지 지급하지 아니한 경우 그 다음 날부터 지급하는 날까지의 지연 일수에 대하여 연 100분의 40 이내의 범위에서 은행법에 따른 은행이 적용하는 연체금리 등 경제 여건을 고려하여 대통령령으로 정하는 이율에 따른 지연이자를 지급하여야 한다(근로기준법 제37조 제1항).

3. 체불사업주 명단 공개

(1) 고용노동부장관은 임금, 보상금, 수당, 퇴직급여 등, 그 밖의 모든 금품(이하 "임금등"이라 한다)을 지급하지 아니한 사업주(법인인 경우에는 그 대표자를 포함한다. 이하 "체불사업주"라 한다)가 명단 공개 기준일 이전 3년 이내 임금 등을 체불하여 2회 이상 유죄가 확정된 자로서 명단 공개 기준일 이전 1년 이내 임금 등의 체불총액이 3천만원 이상인 경우에는 그 인적사항 등을 공개할 수 있다. 다만, 체불사업주의 사망 · 폐업으로 명단 공개의 실효성이 없는 경우 등 대통령령으로 정하는 사유가 있는 경우에는 그러하지 아니하다(근로기준법 제43조의2 제1항).

(2) 고용노동부장관은 제43조의2 제1항에 따라 명단 공개를 할 경우에 체불사업주에게 3개월 이상의 기간을 정하여 소명 기회를 주어야 한다(근로기준법 제43조의2 제2항).

(3) 제43조의2 제1항에 따른 체불사업주의 인적사항 등에 대한 공개 여부 및 제43조의4에 따른 상습체불사업주에 관한 사항을 심의하기 위하여 고용노동부에 임금체불정보심의위원회를 둔다. 이 경우 임금체불정보심의위원회의 구성 · 운영 등 필요한 사항은 고용노동부령으로 정한다(근로기준법 제43조의2 제3항).

제 5 절 임금의 비상시 지급

Ⅰ 법규정

> **제45조【비상시 지급】** 사용자는 근로자가 출산, 질병, 재해, 그 밖에 대통령령으로 정하는 비상(非常)한 경우의 비용에 충당하기 위하여 임금 지급을 청구하면 지급기일 전이라도 이미 제공한 근로에 대한 임금을 지급하여야 한다.

Ⅱ 요건

1. 비상한 경우가 발생할 것

'비상한 경우'라 함은 근로자나 그의 수입에 의하여 생계를 유지하는 자가 ① 출산하거나 질병에 걸리거나 재해를 당한 경우, ② 혼인 또는 사망한 경우, ③ 부득이한 사유로 일주일 이상 귀향하게 되는 경우를 말한다(근로기준법 시행령 제25조).

> **근로기준법 시행령 제25조【지급기일 전의 임금 지급】**
> 법 제45조에서 "그 밖에 대통령령으로 정한 비상(非常)한 경우"란 근로자나 그의 수입으로 생계를 유지하는 자가 다음 각 호의 어느 하나에 해당하게 되는 경우를 말한다.
> 1. 출산하거나 질병에 걸리거나 재해를 당한 경우
> 2. 혼인 또는 사망한 경우
> 3. 부득이한 사유로 1주 이상 귀향하게 되는 경우

2. 근로자의 청구가 있을 것

비상시 지급은 근로자의 청구가 있는 때에 비로소 사용자의 의무가 발생한다.

Ⅲ 효과

근로자의 비상시 지급청구가 있으면 사용자는 임금의 지급기일 전이라도 이를 지급해야 한다.(근로기준법 제45조). 단체협약 및 취업규칙 등에 별도로 정해져 있지 아니하는 한 사용자는 이미 제공된 근로에 대한 대가만 지급하는 것이 원칙이다[5].

사용자가 근로기준법 제45조를 위반할 경우, 1천만원 이하의 벌금에 처한다(동법 제113조).

---

5) 임종률, 『노동법』; '이미 제공한 근로에 대한 임금'을 계산하여 '지급기일 전'에 미리 지급하는 것은 지급 후 근로자가 퇴직하더라도 반환의 문제가 없으므로, 비상한 사유로 청구하는 경우에 지급을 강제하는 것이다.

제6절 도급사업 및 건설업에서의 임금지급 특례규정

ㅣ 법규정

제44조【도급 사업에 대한 임금 지급】 ① 사업이 한 차례 이상의 도급에 따라 행하여지는 경우에 하수급인(下受給人)(도급이 한 차례에 걸쳐 행하여진 경우에는 수급인을 말한다)이 직상(直上) 수급인(도급이 한 차례에 걸쳐 행하여진 경우에는 도급인을 말한다)의 귀책사유로 근로자에게 임금을 지급하지 못한 경우에는 그 직상 수급인은 그 하수급인과 연대하여 책임을 진다. 다만, 직상 수급인의 귀책사유가 그 상위 수급인의 귀책사유에 의하여 발생한 경우에는 그 상위 수급인도 연대하여 책임을 진다.
② 제1항의 귀책사유 범위는 대통령령으로 정한다.

제44조의2【건설업에서의 임금 지급 연대책임】 ① 건설업에서 사업이 2차례 이상 「건설산업기본법」 제2조 제11호에 따른 도급(이하 "공사도급"이라 한다)이 이루어진 경우에 같은 법 제2조 제7호에 따른 건설사업자가 아닌 하수급인이 그가 사용한 근로자에게 임금(해당 건설공사에서 발생한 임금으로 한정한다)을 지급하지 못한 경우에는 그 직상 수급인은 하수급인과 연대하여 하수급인이 사용한 근로자의 임금을 지급할 책임을 진다.
② 제1항의 직상 수급인이 「건설산업기본법」 제2조 제7호에 따른 건설사업자가 아닌 때에는 그 상위 수급인 중에서 최하위의 같은 호에 따른 건설사업자를 직상 수급인으로 본다.

제44조의3【건설업의 공사도급에 있어서의 임금에 대한 특례】 ① 공사도급이 이루어진 경우로서 다음 각 호의 어느 하나에 해당하는 때에는 직상 수급인은 하수급인에게 지급하여야 하는 하도급 대금 채무의 부담 범위에서 그 하수급인이 사용한 근로자가 청구하면 하수급인이 지급하여야 하는 임금(해당 건설공사에서 발생한 임금으로 한정한다)에 해당하는 금액을 근로자에게 직접 지급하여야 한다.
1. 직상 수급인이 하수급인을 대신하여 하수급인이 사용한 근로자에게 지급하여야 하는 임금을 직접 지급할 수 있다는 뜻과 그 지급방법 및 절차에 관하여 직상 수급인과 하수급인이 합의한 경우
2. 「민사집행법」 제56조 제3호에 따른 확정된 지급명령, 하수급인의 근로자에게 하수급인에 대하여 임금채권이 있음을 증명하는 같은 법 제56조 제4호에 따른 집행 증서, 「소액사건심판법」 제5조의7에 따라 확정된 이행권고결정, 그 밖에 이에 준하는 집행권원이 있는 경우
3. 하수급인이 그가 사용한 근로자에 대하여 지급하여야 할 임금채무가 있음을 직상 수급인에게 알려주고, 직상 수급인이 파산 등의 사유로 하수급인이 임금을 지급할 수 없는 명백한 사유가 있다고 인정하는 경우
② 「건설산업기본법」 제2조 제10호에 따른 발주자의 수급인(이하 "원수급인"이라 한다)으로부터 공사도급이 2차례 이상 이루어진 경우로서 하수급인(도급받은 하수급인으로부터 재하도급 받은 하수급인을 포함한다. 이하 이 항에서 같다)이 사용한 근로자에게 그 하수급인에 대한 제1항 제2호에 따른 집행권원이 있는 경우에는 근로자는 하수급인이 지급하여야 하는 임금(해당 건설공사에서 발생한 임금으로 한정한다)에 해당하는 금액을 원수급인에게 직접 지급할 것을 요구할 수 있다. 원수급인은 근로자가 자신에 대하여 「민법」 제404조에 따른 채권자대위권을 행사할 수 있는 금액의 범위에서 이에 따라야 한다.
③ 직상 수급인 또는 원수급인이 제1항 및 제2항에 따라 하수급인이 사용한 근로자에게 임금에 해당하는 금액을 지급한 경우에는 하수급인에 대한 하도급 대금 채무는 그 범위에서 소멸한 것으로 본다.

Ⅱ 도급사업에서의 임금지급 연대책임

1. 의의

(1) 사업이 한 차례 이상의 도급에 따라 행하여지는 경우에 하수급인(도급이 한 차례에 걸쳐 행하여진 경우에는 수급인을 말한다)이 직상(直上) 수급인(도급이 한 차례에 걸쳐 행하여진 경우에는 도급인을 말한다)의 귀책사유로 근로자에게 임금을 지급하지 못한 경우에는 그 직상 수급인은 그 하수급인과 연대하여 책임을 진다(근로기준법 제44조 제1항 본문).

(2) 하수급인은 대부분의 경우 도급인 또는 직상수급인에 대한 종속도가 높고 그 사업의 규모가 영세하므로 근로자에게 임금을 주지 못할 위험성이 상대적으로 크기 때문에 직상수급인의 연대책임을 규정하고 있는 것이다.

2. 요건

(1) 사업이 한 차례 이상 도급에 의할 것

'한 차례 이상 도급'이라 함은 수급인이 다시 도급인으로서 타인과 도급계약을 체결하는 경우를 말한다. 그리고 직상수급인이라 함은 하수급인에게 직접 도급을 의뢰한 도급인을 말한다.

(2) 직상수급인의 귀책사유가 있을 것

연대책임을 지는 직상수급인의 귀책사유의 범위는 ① 정당한 사유 없이 도급계약에서 정한 도급금액 지급일에 도급금액을 지급하지 아니한 경우, ② 정당한 사유 없이 도급계약에서 정한 원자재공급을 지연하거나 공급을 하지 아니한 경우, ③ 정당한 사유 없이 도급계약의 조건을 이행하지 아니하여 하수급인이 도급사업을 정상적으로 수행하지 못한 경우에 인정된다(근로기준법 시행령 제24조).

(3) 직상수급인의 귀책사유로 하수급인이 임금을 지급하지 못하였을 것

직상수급인의 귀책사유와 하수급인의 근로자들에 대한 임금체불 사이에 '인과관계'가 있어야 한다.

3. 효과

귀책사유가 있는 직상수급인은 하수급인의 근로자에 대한 임금채무 불이행에 대해서 그 사용자인 하수급인과 연대하여 책임을 진다[6]. 따라서 근로자는 하수급인은 물론 직상수급인에게도 임금지급을 청구할 수 있다.

---

6) 임종률, 『노동법』 ; 직상수급인 또는 그 상위수급인이 사용자는 아니지만 체불된 임금을 지급할 의무를 진다는 것을 말한다. 그 의무는 이들과 하수급인의 연대채무로 해석된다. 따라서 직상수급인 또는 그 상위수급인과 하수급인은 체불임금을 각자 지급(변제)해야 하고, 이들 중 어느 1인이 지급하면 다른 사람의 채무는 면제된다.

III 건설업에서의 임금지급 연대책임

1. 의의

건설업에서 사업이 2차례 이상 건설산업기본법 제2조 제11호에 따른 도급(이하 "공사도급"이라 한다)이 이루어진 경우에 같은 법 제2조 제7호에 따른 건설사업자가 아닌 하수급인이 그가 사용한 근로자에게 임금(해당 건설공사에서 발생한 임금으로 한정한다)을 지급하지 못한 경우에는 그 직상수급인은 하수급인과 연대하여 하수급인이 사용한 근로자의 임금을 지급할 책임을 진다(근로기준법 제44조의2 제1항).

2. 요건

건설업에서 ① 사업이 2차례 이상 건설산업기본법에 따른 공사도급이 이루어진 경우에, ② 건설산업기본법에 따른 건설업자가 아닌 하수급인이 그가 사용한 근로자에게 임금을 지급하지 못한 경우 그 직상수급인은 하수급인과 근로자의 임금을 지급할 연대책임을 부담한다(근로기준법 제44조의2 제1항).

3. 효과

건설산업기본법에 따른 건설업자가 아닌 하수급인과 도급계약을 맺은 직상수급인은 하수급인의 근로자에 대한 임금채무 불이행에 대해 그 사용자인 하수급인과 연대하여 책임을 진다. 임금을 지급하지 못한 경우가 발생하면 충분하며, 직상수급인의 귀책사유가 있는지 여부는 문제되지 아니한다. 일반 도급사업의 경우 직상수급인의 귀책사유를 요건으로 하고 있으나, 건설업의 경우 이를 배제하여 건설근로자의 법적보호를 강화하고 있다.

4. 직상수급인이 건설업자가 아닌 경우

직상수급인은 건설산업기본법에 따른 건설업자이어야 한다. 직상수급인이 건설산업기본법에 따른 건설업자가 아닌 때에는 그 상위수급인 중에서 최하위의 건설업자를 직상수급인으로 본다(근로기준법 제44조의2 제2항).

IV 건설업의 공사도급에 있어서 직상수급인의 직접지급의무

1. 의의

공사도급이 이루어진 경우로서 다음 각 호의 어느 하나에 해당하는 때에는 직상 수급인은 하수급인에게 지급하여야 하는 하도급 대금 채무의 부담 범위에서 그 하수급인이 사용한 근로자가 청구하면 하수급인이 지급하여야 하는 임금(해당 건설공사에서 발생한 임금으로 한정한다)에 해당하는 금액을 근로자에게 직접 지급하여야 한다(근로기준법 제44조의3 제1항).

2. 요건

(1) 건설업에서 사업이 2차례 이상 건설산업기본법에 따른 공사도급이 이루어진 경우

(2) 다음 중 어느 하나에 해당할 것

① 직상수급인이 하수급인을 대신하여 하수급인이 사용한 근로자에게 지급하여야 하는 임금을 직접 지급할 수 있다는 뜻과 그 지급방법 및 절차에 관하여 직상수급인과 하수급인이 합의한 경우

② 민사집행법 제56조 제3호에 따른 확정된 지급명령, 하수급인의 근로자에게 하수급인에 대하여
   임금채권이 있음을 증명하는 같은 법 제56조 제4호에 따른 집행증서, 소액사건심판법 제5조의7
   에 따라 확정된 이행권고결정, 그 밖에 이에 준하는 집행권원이 있는 경우
③ 하수급인이 그가 사용한 근로자에 대하여 지급하여야 할 임금채무가 있음을 직상수급인에게 알
   려주고, 직상수급인이 파산 등의 사유로 하수급인이 임금을 지급할 수 없는 명백한 사유가 있다
   고 인정하는 경우

(3) 하도급 대금채무의 부담범위에서 하수급인의 근로자가 직상수급인에게 직접 임금을 청구할 것

3. 효과

직상수급인은 하수급인과 연대하여 하수급인이 사용한 근로자의 임금을 지급할 책임을 부담한다.
직상수급인이 하수급인이 사용한 근로자에게 임금 해당액을 지급한 경우에는 하수급인에 대한 하
도급 대금채무는 그 범위 내에서 소멸한다(근로기준법 제44조의3 제3항).

제 7 절　휴업수당

Ⅰ　법규정

> **제46조【휴업수당】** ① 사용자의 귀책사유로 휴업하는 경우에 사용자는 휴업기간 동안 그 근로자에게 평균임금
> 의 100분의 70 이상의 수당을 지급하여야 한다. 다만, 평균임금의 100분의 70에 해당하는 금액이 통상임금을
> 초과하는 경우에는 통상임금을 휴업수당으로 지급할 수 있다.
> ② 제1항에도 불구하고 부득이한 사유로 사업을 계속하는 것이 불가능하여 노동위원회의 승인을 받은 경우에
> 는 제1항의 기준에 못 미치는 휴업수당을 지급할 수 있다.

Ⅱ　요건

1. 사용자의 귀책사유가 있을 것

(1) 사용자 귀책사유의 범위

사용자의 귀책사유로 휴업하는 경우 사용자는 근로자에게 휴업수당을 지급하여야 한다. 휴업수당
제도상의 귀책사유의 개념은 민법상의 고의·과실 등 귀책사유를 포함함은 물론 사용자의 고의·과
실이 없는 경우에도 사용자의 세력범위 안에서 발생한 경영장애는 사용자의 귀책사유에 해당한다[7].

---

7) 임종률, 『노동법』, 김형배·박지순, 『노동법』, 하갑래, 『근로기준법』

(2) 구체적 사례

① 예컨대 ㉠ 공장의 화재·파괴, ㉡ 주문 감소 내지 판매부진, 작업량 감소, 원자재의 부족, ㉢ 원청의 공사 중단에 따른 하도급업체의 조업중단 등은 사용자의 귀책사유로 인정된다[8].

② 그러나 천재지변 및 그 밖에 이에 준하는 사유, 징계처분으로서의 정직·출근정지, 질병 등에 따른 결근이나 휴직 등의 경우는 휴업수당이 지급사유인 사용자의 귀책사유에 해당되지 아니한다[9].

2. 휴업을 할 것

휴업이라 함은 근로자가 근로의 능력과 의사를 갖추고 있음에도 불구하고, 경영상의 이유로 근로의 제공이 불가능하거나 사용자가 근로를 수령하지 아니하는 경우를 말한다.

Ⅲ 휴업수당의 지급수준

1. 휴업수당액

근로기준법 제46조 규정에 의해 휴업수당액은 평균임금의 70% 이상이다. 다만, 평균임금의 100분의 70에 상당하는 금액이 통상임금을 초과하는 경우에는 통상임금을 휴업수당으로 지급할 수 있다(근로기준법 제46조 제1항 단서).

2. 휴업기간 중 임금의 일부를 지급받은 경우

(1) 평균임금으로 지급하는 경우

사용자의 귀책사유로 인한 휴업기간 중 근로자가 임금의 일부를 받은 경우에는 사용자는 근로기준법 제46조 제1항 본문에 따라 그 근로자에게 평균임금에서 그 지급받은 임금을 뺀 금액을 계산하여 그 금액의 100분의 70 이상에 해당하는 수당을 지급하여야 한다(근로기준법 시행령 제26조 본문).

(2) 통상임금으로 지급하는 경우

통상임금을 휴업수당으로 지급하는 경우에는 통상임금과 휴업한 기간 중에 지급받은 임금과의 차액을 지급하여야 한다(근로기준법 시행령 제26조 단서).

Ⅳ 휴업수당의 감액

1. 의의

사용자가 귀책사유가 있다 하더라도 부득이한 사유로 사업계속이 불가능하여 노동위원회의 승인을 받은 경우, 사용자는 평균임금의 100분의 70 이하의 휴업수당을 지급할 수 있다(근로기준법 제46조 제2항).

---

8) 임종률, 『노동법』
9) 임종률, 『노동법』

2. 요건

(1) 부득이한 사유로 사업 계속이 불가능할 것

① '부득이한 사유'라 함은 천재지변·전쟁 등과 같은 불가항력적인 사유 외에도 사용자로서 최대의 주의를 기울였으나 사회통념에 비추어 피할 수 없는 사고 등이 이에 포함된다고 할 수 있다. 예컨대, ㉠ 수도 및 전력공급의 장기중단, ㉡ 홍수·산사태 및 지진 등으로 인한 작업불능, 또는 ㉢ 전시 중의 생산설비 징발 등이 이에 해당될 것이다.

② 대법원 판례에서는 "정당성이 상실된 파업으로 인하여 정상조업이 불가능한 경우 이는 부득이한 사유에 해당한다."고 판시하였다(대판 2000.11.24, 99두4280).

(2) 노동위원회의 승인이 있을 것

부득이한 사유로 사업계속이 불가능하다고 하더라도 노동위원회의 승인을 받지 못하면 휴업수당을 지급하여야 한다. 구체적으로 불가항력 등 부득이한 사유로 사업계속이 불가능하다는 것에 대한 입증책임은 휴업수당 지급의 책임을 면제받고자 하는 사용자에게 있다(대판 1970.2.24, 69다1568).

3. 휴업수당 감액의 정도

휴업수당의 감액의 정도와 관련한 별도의 규정을 두고 있지 않아 견해의 대립이 있는데, 이와 관련하여 판례는 소위 <현대자동차(주) 사건>에서 "근로기준법 제46조 제2항은 사용자의 휴업지불의무의 예외를 정한 것이고, 그러한 예외의 경우에 휴업지불의 하한이 별도로 정해져 있지 않은 이상, 사정에 따라서는 사용자가 휴업지불을 전혀 하지 않는 것도 가능하다."라고 판시하여 전액면제도 가능하다는 입장을 취하고 있다(대판 2000.11.24, 99두4280).

제 8 절 임금채권 우선변제

Ⅰ 법규정

제38조【임금채권의 우선변제】 ① 임금, 재해보상금, 그 밖에 근로관계로 인한 채권은 사용자의 총재산에 대하여 질권(質權)·저당권 또는「동산·채권 등의 담보에 관한 법률」에 따른 담보권에 따라 담보된 채권 외에는 조세·공과금 및 다른 채권에 우선하여 변제되어야 한다. 다만, 질권·저당권 또는「동산·채권 등의 담보에 관한 법률」에 따른 담보권에 우선하는 조세·공과금에 대하여는 그러하지 아니하다.

② 제1항에도 불구하고 다음 각 호의 어느 하나에 해당하는 채권은 사용자의 총재산에 대하여 질권·저당권 또는「동산·채권 등의 담보에 관한 법률」에 따른 담보권에 따라 담보된 채권, 조세·공과금 및 다른 채권에 우선하여 변제되어야 한다.

1. 최종 3개월분의 임금

2. 재해보상금

Ⅱ 임금채권과 사용자 총재산의 개념

1. 임금채권

임금채권이라 함은 임금·퇴직금·재해보상금 그 밖의 근로관계로 인한 채권을 말한다. 여기서 임금이란 근로기준법상의 임금에 해당하는 일체의 금품 중 지급받지 못한 임금을 말하며, 재해보상금은 근로기준법 제8장에 규정된 각종 보상을 말한다.

(1) 최종 3개월분의 임금

최종 3개월분의 임금이라 함은 사용자가 지급하지 못한 임금 중 최종 3개월에 대한 임금을 말하며, 기타 근로관계로 인한 채권은 임금에 포함되지 아니한다.

(2) 최종 3년간의 퇴직금

최우선 변제되는 3년간의 퇴직금은 계속근로연수 1년에 대해 30일분의 평균임금으로 계산한 금액으로 한다(근로자퇴직급여보장법 제12조 제2항).

(3) 재해보상금

재해보상금이란 업무상의 재해에 대하여 사용자가 지급하지 못한 근로기준법상의 보상금을 말한다.

2. 사용자의 총재산

임금채권은 사용자의 총재산에 우선하여 변제된다. 여기서 사용자라 함은 근로기준법 제2조 제1항 제2호에 의한 사용자 중에서 '사업주'만 해당된다. 따라서 개인인 경우에는 사업주, 회사인 경우에는 회사가 사용자가 된다. 회사가 법인인 경우 총재산은 법인 그 자체 재산 총액을 의미하므로 대표이사인 사장의 개인재산은 이에 포함되지 아니한다(대판 1996.2.9, 95다719).
그러나 개인회사의 사업주의 개인재산은 사용자의 총재산에 해당된다(대판 1996.2.9, 95다719).

Ⅲ 임금채권의 우선변제 순위

1. 일반적 우선변제 순위

사용자의 총재산에 대한 일반적인 변제순위는 다음과 같다.
① 임금, 재해보상금, 퇴직금, 그 밖에 근로관계로 인한 채권
② 질권(質權)·저당권 또는 「동산·채권 등의 담보에 관한 법률」에 따른 담보권에 우선하는 조세·공과금
③ 질권(質權)·저당권 또는 「동산·채권 등의 담보에 관한 법률」에 따라 담보된 채권
④ ①에 해당하지 않는 임금 재해보상금, 퇴직금, 그 밖에 근로관계로 인한 채권
⑤ 조세·공과금 및 다른 채권

2. 최우선 변제

최종 3월분의 임금, 최종 3년간의 퇴직금, 재해보상금은 다른 모든 채권에 대해서 최우선 변제된다(근로기준법 제38조 제2항 및 근로자퇴직급여보장법 제12조 제2항).

제 9 절 임금대장 및 임금명세서와 임금채권의 시효

I 법규정

제48조【임금대장 및 임금명세서】 ① 사용자는 각 사업장별로 임금대장을 작성하고 임금과 가족수당 계산의 기초가 되는 사항, 임금액, 그 밖에 대통령령으로 정하는 사항을 임금을 지급할 때마다 적어야 한다.
② 사용자는 임금을 지급하는 때에는 근로자에게 임금의 구성항목·계산방법, 제43조 제1항 단서에 따라 임금의 일부를 공제한 경우의 내역 등 대통령령으로 정하는 사항을 적은 임금명세서를 서면(「전자문서 및 전자거래 기본법」 제2조 제1호에 따른 전자문서를 포함한다)으로 교부하여야 한다.
제49조【임금의 시효】 이 법에 따른 임금채권은 3년간 행사하지 아니하면 시효로 소멸한다.

II 임금대장 및 임금명세서

1. 임금대장의 작성

(1) 의의

사용자는 각 사업장별로 임금대장을 작성하고 임금과 가족수당 계산의 기초가 되는 사항, 임금액, 그 밖에 대통령령으로 정하는 사항을 임금을 지급할 때마다 적어야 한다(근로기준법 제48조 제1항).

(2) 위반의 효과

사용자가 근로기준법 제48조 제1항을 위반할 경우, 500만원 이하의 과태료가 부과된다(근로기준법 제116조 제2항 제2호).

2. 임금명세서의 교부

(1) 의의

사용자는 임금을 지급하는 때에는 근로자에게 임금의 구성항목·계산방법, 제43조 제1항 단서에 따라 임금의 일부를 공제한 경우의 내역 등 대통령령으로 정하는 사항을 적은 임금명세서를 서면(「전자문서 및 전자거래 기본법 제2조 제1호에 따른 전자문서를 포함한다)으로 교부하여야 한다(근로기준법 제48조 제2항).

(2) 위반의 효과

사용자가 근로기준법 제48조 제2항을 위반할 경우, 500만원 이하의 과태료가 부과된다(근로기준법 제116조 제2항 제2호).

III 임금채권의 시효

임금채권은 3년간 행사하지 아니하면 시효로 소멸한다(근로기준법 제49조).

근로시간과 휴식

제1절 근로시간

I 법규정

제2조【정의】 ① 이 법에서 사용하는 용어의 뜻은 다음과 같다.

8. "소정(所定)근로시간"이란 제50조, 제69조 본문 또는 산업안전보건법 제139조 제1항에 다른 근로시간의 범위에서 근로자와 사용자 사이에 정한 근로시간을 말한다.

제50조【근로시간】 ① 1주 간의 근로시간은 휴게시간을 제외하고 40시간을 초과할 수 없다.

② 1일의 근로시간은 휴게시간을 제외하고 8시간을 초과할 수 없다.

③ 제1항 및 제2항에 따라 근로시간을 산정하는 경우 작업을 위하여 근로자가 사용자의 지휘·감독 아래에 있는 대기시간 등은 근로시간으로 본다.

II 근로시간의 개념

근로시간이란 일반적으로 근로자가 사용자의 지휘·감독 아래 근로계약상의 근로를 제공하는 시간을 말한다(대판 2017.12.13., 2016다243078). 즉, 작업의 개시부터 종료까지의 시간에서 휴게시간을 제외한 시간인 실근로시간을 말한다.

III 근로시간의 구체적 판단

1. 실근로에 부수된 시간

실근로에 부수된 작업이 단체협약·취업규칙 및 근로계약 등에 의무화되어 있거나, 사용자의 지휘·감독하에 행하여지는 경우 또는 업무수행에 필수불가결한 경우 등에는 이에 소요되는 시간은 근로시간에 포함된다(대판 1993.3.9, 92다22770). 예를 들어 복장을 갈아입는 시간, 작업도구 준비시간, 작업종료 후 정돈시간, 참가가 의무화되어 있는 조회·연수·교육 등은 근로시간에 포함된다.

2. 대기시간

근로시간을 산정하는 경우 작업을 위하여 근로자가 사용자의 지휘·감독하에 있는 대기시간 등은 근로시간으로 본다(근로기준법 제50조 제3항). 예를 들어 간호사나 의사의 대기시간, 식당종업원의 대기시간, 노선버스운전기사의 배차를 위한 대기시간 등은 근로시간으로 본다.

3. 일·숙직시간

일·숙직근무는 주기적 순찰, 전화·문서의 접수, 비상사태 대응 등 임무를 가지고 사업장 안에서 대기하는 특수한 근무로서, 노동강도가 약하고 감시·단속적 성격도 갖는다. 따라서 그 근무의 내용 및 방법 등이 통상적인 업무와 동일하다고 인정되는 경우에 한하여 근로시간으로 인정된다(대판 1990.12.26, 90다카13465 ; 대판 2024.11.14, 2021다220062).

제 2 절　탄력적 근로시간제 및 선택적 근로시간제

Ⅰ　법규정

제51조【3개월 이내의 탄력적 근로시간제】 ① 사용자는 취업규칙(취업규칙에 준하는 것을 포함한다)에서 정하는 바에 따라 2주 이내의 일정한 단위기간을 평균하여 1주간의 근로시간이 제50조 제1항의 근로시간을 초과하지 아니하는 범위에서 특정한 주에 제50조 제1항의 근로시간을, 특정한 날에 제50조 제2항의 근로시간을 초과하여 근로하게 할 수 있다. 다만, 특정한 주의 근로시간은 48시간을 초과할 수 없다.

② 사용자는 근로자대표와의 서면 합의에 따라 다음 각 호의 사항을 정하면 3개월 이내의 단위기간을 평균하여 1주간의 근로시간이 제50조 제1항의 근로시간을 초과하지 아니하는 범위에서 특정한 주에 제50조 제1항의 근로시간을, 특정한 날에 제50조 제2항의 근로시간을 초과하여 근로하게 할 수 있다. 다만, 특정한 주의 근로시간은 52시간을, 특정한 날의 근로시간은 12시간을 초과할 수 없다.

1. 대상 근로자의 범위
2. 단위기간(3개월 이내의 일정한 기간으로 정하여야 한다)
3. 단위기간의 근로일과 그 근로일별 근로시간
4. 그 밖에 대통령령으로 정하는 사항

③ 제1항과 제2항은 15세 이상 18세 미만의 근로자와 임신 중인 여성 근로자에 대하여는 적용하지 아니한다.

④ 사용자는 제1항 및 제2항에 따라 근로자를 근로시킬 경우에는 기존의 임금 수준이 낮아지지 아니하도록 임금보전방안(賃金補塡方案)을 강구하여야 한다.

제51조의2【3개월을 초과하는 탄력적 근로시간제】 ① 사용자는 근로자대표와의 서면 합의에 따라 다음 각 호의 사항을 정하면 3개월을 초과하고 6개월 이내의 단위기간을 평균하여 1주간의 근로시간이 제50조 제1항의 근로시간을 초과하지 아니하는 범위에서 특정한 주에 제50조 제1항의 근로시간을, 특정한 날에 제50조 제2항의 근로시간을 초과하여 근로하게 할 수 있다. 다만, 특정한 주의 근로시간은 52시간을, 특정한 날의 근로시간은 12시간을 초과할 수 없다.

1. 대상 근로자의 범위
2. 단위기간(3개월을 초과하고 6개월 이내의 일정한 기간으로 정하여야 한다)
3. 단위기간의 주별 근로시간
4. 그 밖에 대통령령으로 정하는 사항

② 사용자는 제1항에 따라 근로자를 근로시킬 경우에는 근로일 종료 후 다음 근로일 개시 전까지 근로자에게 연속하여 11시간 이상의 휴식 시간을 주어야 한다. 다만, 천재지변 등 대통령령으로 정하는 불가피한 경우에는 근로자대표와의 서면 합의가 있으면 이에 따른다.

③ 사용자는 제1항 제3호에 따른 각 주의 근로일이 시작되기 2주 전까지 근로자에게 해당 주의 근로일별 근로시간을 통보하여야 한다.

④ 사용자는 제1항에 따른 근로자대표와의 서면 합의 당시에는 예측하지 못한 천재지변, 기계 고장, 업무량 급증 등 불가피한 사유가 발생한 때에는 제1항 제2호에 따른 단위기간 내에서 평균하여 1주간의 근로시간이 유지되는 범위에서 근로자대표와의 협의를 거쳐 제1항 제3호의 사항을 변경할 수 있다. 이 경우 해당 근로자에게 변경된 근로일이 개시되기 전에 변경된 근로일별 근로시간을 통보하여야 한다.

⑤ 사용자는 제1항에 따라 근로자를 근로시킬 경우에는 기존의 임금 수준이 낮아지지 아니하도록 임금항목을 조정 또는 신설하거나 가산임금 지급 등의 임금보전방안(賃金補塡方案)을 마련하여 고용노동부장관에게 신고하여야 한다. 다만, 근로자대표와의 서면합의로 임금보전방안을 마련한 경우에는 그러하지 아니하다.

⑥ 제1항부터 제5항까지의 규정은 15세 이상 18세 미만의 근로자와 임신 중인 여성 근로자에 대해서는 적용하지 아니 한다.

제52조【선택적 근로시간제】 ① 사용자는 취업규칙(취업규칙에 준하는 것을 포함한다)에 따라 업무의 시작 및 종료 시각을 근로자의 결정에 맡기기로 한 근로자에 대하여 근로자대표와의 서면 합의에 따라 다음 각 호의 사항을 정하면 1개월(신상품 또는 신기술의 연구개발 업무의 경우에는 3개월로 한다) 이내의 정산기간을 평균하여 1주간의 근로시간이 제50조 제1항의 근로시간을 초과하지 아니하는 범위에서 1주 간에 제50조 제1항의 근로시간을, 1일에 제50조 제2항의 근로시간을 초과하여 근로하게 할 수 있다.

1. 대상 근로자의 범위(15세 이상 18세 미만의 근로자는 제외한다)

2. 정산기간

3. 정산기간의 총 근로시간

4. 반드시 근로하여야 할 시간대를 정하는 경우에는 그 시작 및 종료 시각

5. 근로자가 그의 결정에 따라 근로할 수 있는 시간대를 정하는 경우에는 그 시작 및 종료 시각

6. 그 밖에 대통령령으로 정하는 사항

② 사용자는 제1항에 따라 1개월을 초과하는 정산기간을 정하는 경우에는 다음 각 호의 조치를 하여야 한다.

1. 근로일 종료 후 다음 근로일 시작 전까지 근로자에게 연속하여 11시간 이상의 휴식 시간을 줄 것. 다만, 천재지변 등 대통령령으로 정하는 불가피한 경우에는 근로자대표와의 서면 합의가 있으면 이에 따른다.

2. 매 1개월마다 평균하여 1주간의 근로시간이 제50조 제1항의 근로시간을 초과한 시간에 대해서는 통상임금의 100분의 50 이상을 가산하여 근로자에게 지급할 것. 이 경우 제56조 제1항은 적용하지 아니한다.

‖ 탄력적 근로시간제

1. 의의

'탄력적 근로시간제'라 함은 수주 또는 수개월간의 일정 근로시간을 기준근로시간으로 정하고, 수주 간 또는 수개월간의 근로시간을 평균하여 1일 또는 1주의 평균 근로시간이 기준근로시간을 초과하지 아니하는 경우 특정 일, 특정 주 또는 특정 월의 근로시간이 기준근로시간을 초과하여도 무방한 제도를 말한다.

2. 탄력적 근로시간제의 유형

(1) 2주 단위 탄력적 근로시간제

① 요건

　㉠ **사용자가 취업규칙 또는 취업규칙에 준하는 것으로 정할 것** : 10인 이상 근로자를 사용하는 사용자는 취업규칙 작성의무가 취업규칙 작성 및 변경을 통하여 정하고, 10인 미만 근로자를 사용하는 사용자는 취업규칙 작성의무가 없으므로 취업규칙에 준하는 것으로 정할 수 있다. '취업규칙에 준하는 것'이라 함은 특정한 명칭·형식 등에 구애됨이 없이 당사자 간의 서면합의에 의한 것이면 충분한 것으로 보아야 할 것이다[1].

　㉡ **단위기간 중 평균근로시간 및 최장근로시간의 제한** : 2주 이내의 단위기간을 평균하여 1주의 평균근로시간이 40시간을 초과하지 아니하고, 어느 주라도 1주의 최장근로시간이 48시간을 초과할 수 없다(근로기준법 제51조 제1항).

② **효과** : 특정한 주에 40시간을, 특정한 날에 8시간을 초과하여 근로하더라도, 단위기간을 평균하여 1주간의 근로시간이 40시간을 초과하지 않고 특정한 주에 48시간을 초과하지 않는 이상, 법정근로시간을 준수한 것으로 인정되고 연장근로(가산임금 지급)가 적용되지 않는다.
또한 1일 최장근로시간을 규정하고 있지 아니하므로 1일 근로시간의 한도는 없는 것으로 해석되어야 할 것이다[2].

(2) 3개월 단위 탄력적 근로시간제

① 요건

　㉠ **근로자대표와의 서면합의** : 사용자는 근로자대표와의 서면합의에 따라 ⓐ 대상근로자의 범위, ⓑ 3개월 이내의 단위기간, ⓒ 단위기간의 근로일과 그 근로일별 근로시간, ⓓ 서면합의의 유효기간 등을 정해야 한다(근로기준법 제51조 제2항 제1호 내지 제4호).
2주 단위 탄력적 근로시간제가 취업규칙에 정하는 반면, 3개월 단위 탄력적 근로시간제는 근로자대표와의 서면합의에 따라 정해야 한다.

　㉡ **단위기간 중 평균근로시간 및 최장근로시간의 제한** : 3개월 이내의 단위기간을 평균하여 1주의 평균근로시간이 40시간을 초과하지 아니하고, 어느 주라도 1주의 최장근로시간이 52시간을, 1일의 근로시간은 12시간을 초과할 수 없다(근로기준법 제51조 제2항).

② 효과

　㉠ 근로자대표와의 서면합의를 정하는 바에 따라 특정한 주에 40시간을, 특정한 날에 8시간을 초과하여 근로하더라도, 단위기간을 평균하여 1주간의 근로시간이 40시간을 초과하지 않고 특정한 주에 52시간·특정한 날에 12시간을 초과하지 않는 이상, 법정근로시간을 준수한 것으로 인정되고 연장근로(가산임금 지급)가 적용되지 않는다.

　㉡ 사용자는 제51조에 따른 단위기간 중 근로자가 근로한 기간이 그 단위기간보다 짧은 경우에는 그 단위기간 중 해당 근로자가 근로한 기간을 평균하여 1주간에 40시간을 초과하여 근로한 시간 전부에 대하여 제56조 제1항에 따른 가산임금을 지급하여야 한다(근로기준법 제51조의3).

---

1) 이상윤, 『노동법』
2) 이상윤, 『노동법』

(3) 3개월 초과 6개월 이내 단위 탄력적 근로시간제

① 요건

ㄱ 근로자대표와의 서면합의 : 사용자는 근로자대표와의 서면합의에 따라 ⓐ 대상 근로자의 범위, ⓑ 3개월을 초과하고 6개월 이내의 단위기간, ⓒ 단위기간의 주별 근로시간, ⓓ 그 밖에 대통령령으로 정하는 사항 등을 정해야 한다(근로기준법 제51조의2 제1항 제1호 내지 제4호).

ㄴ 단위기간 중 평균근로시간 및 최장근로시간의 제한 : 3개월을 초과하고 6개월 이내의 단위기간을 평균하여 1주간의 근로시간이 제50조 제1항의 근로시간을 초과하지 아니하는 범위에서 특정한 주에 제50조 제1항의 근로시간을, 특정한 날에 제50조 제2항의 근로시간을 초과하여 근로하게 할 수 있다. 다만, 특정한 주의 근로시간은 52시간을, 특정한 날의 근로시간은 12시간을 초과할 수 없다(근로기준법 제51조의2 제1항).

② 효과

ㄱ 근로자대표와의 서면합의를 정하는 바에 따라 특정한 주에 40시간을, 특정한 날에 8시간을 초과하여 근로하더라도, 단위기간을 평균하여 1주간의 근로시간이 40시간을 초과하지 않고 특정한 주에 52시간·특정한 날에 12시간을 초과하지 않는 이상, 법정근로시간을 준수한 것으로 인정되고 연장근로(가산임금 지급)가 적용되지 않는다.

ㄴ 사용자는 제51조의2에 따른 단위기간 중 근로자가 근로한 기간이 그 단위기간보다 짧은 경우에는 그 단위기간 중 해당 근로자가 근로한 기간을 평균하여 1주간에 40시간을 초과하여 근로한 시간 전부에 대하여 제56조 제1항에 따른 가산임금을 지급하여야 한다(근로기준법 제51조의3).

3. 휴식시간의 부여 및 근로일별 근로시간 통보·변경

(1) 3개월 초과 6개월 이내 단위 탄력적 근로시간제를 시행하는 경우 사용자는 제1항에 따라 근로자를 근로시킬 경우에는 근로일 종료 후 다음 근로일 개시 전까지 근로자에게 연속하여 11시간 이상의 휴식 시간을 주어야 한다. 다만, 천재지변 등 대통령령으로 정하는 불가피한 경우에는 근로자대표와의 서면합의가 있으면 이에 따른다(근로기준법 제51조의2 제2항).

(2) 사용자는 제1항 제3호에 따른 각 주의 근로일이 시작되기 2주 전까지 근로자에게 해당 주의 근로일별 근로시간을 통보하여야 한다(동법 제51조의2 제3항). 사용자는 제1항에 따른 근로자대표와의 서면합의 당시에는 예측하지 못한 천재지변, 기계 고장, 업무량 급증 등 불가피한 사유가 발생한 때에는 제1항 제2호에 따른 단위기간 내에서 평균하여 1주간의 근로시간이 유지되는 범위에서 근로자대표와의 협의를 거쳐 제1항 제3호의 사항을 변경할 수 있다. 이 경우 해당 근로자에게 변경된 근로일이 개시되기 전에 변경된 근로일별 근로시간을 통보하여야 한다(동법 제51조의2 제4항).

4. 적용제외 및 임금보전방안 강구

(1) 적용제외

탄력적 근로시간제는 생활규칙의 불안이 크기 때문에 15세 이상 18세 미만의 근로자와 임신 중인 여성근로자에 대하여는 적용하지 아니한다(근로기준법 제51조 제3항 및 동법 제51조의2 제6항).

(2) 임금보전방안 강구

① 2주 단위 및 3개월 단위 탄력적 근로시간제를 시행하는 경우 연장근로수당 감소에 따른 임금이 저하될 우려가 있으므로, 사용자는 기존의 임금 수준이 낮아지지 아니하도록 임금보전방안을 강구하여야 한다(근로기준법 제51조 제4항).

② 3개월 초과 6개월 이내 단위 탄력적 근로시간제를 시행하는 경우 사용자는 기존의 임금 수준이 낮아지지 아니하도록 임금항목을 조정 또는 신설하거나 가산임금 지급 등의 임금보전방안을 마련하여 고용노동부장관에게 신고하여야 한다. 다만, 근로자대표와의 서면합의로 임금보전방안을 마련한 경우에는 그러하지 아니하다(동법 제51조의2 제5항).

Ⅲ 선택적 근로시간제

1. 의의

'선택적 근로시간제'라 함은 당사자가 일정한 정산기간 동안의 총근로시간을 결정한 다음, 근로자가 자신의 근로제공 시간을 일정한 시간대에서 자유로이 선택할 수 있는 근로시간제도를 말한다.

2. 요건

(1) 취업규칙에 의하여 업무의 시작 및 종료시각을 근로자의 결정에 맡기기로 할 것

(2) 근로자대표와의 서면합의에 따라 다음의 사항을 정할 것

① 대상근로자의 범위

② 정산기간

③ 정산기간의 총근로시간

④ 반드시 근로하여야 할 시간대를 정하는 경우에는 그 시작 및 종료시각(의무근로시간대)

⑤ 근로자가 그의 결정에 의하여 근로할 수 있는 시간대를 정하는 경우에는 그 시작 및 종료시각(선택적 근로시간대)

⑥ 그 밖에 대통령령으로 정하는 사항[3]

(3) 1개월(신상품 또는 신기술의 연구개발 업무의 경우에는 3개월로 한다) 이내의 정산기간을 평균하여 1주의 평균근로시간이 40시간을 초과하지 아니할 것

---

[3] '그 밖에 대통령령으로 정하는 사항'이라 함은 표준근로시간(유급휴가 등의 계산기준으로 사용자와 근로자대표가 합의하여 정한 1일의 근로시간)을 말한다.

3. 효과

근로자의 선택에 따라 1주간에 40시간을, 1일에 8시간을 초과하여 근로하더라도, 정산기간을 평균하여 1주간의 근로시간이 40시간을 초과하지 않으면, 법정근로시간을 준수한 것으로 인정하고, 연장근로(가산임금 지급)가 적용되지 않는다. 그리고 사용자가 1개월을 초과하는 정산기간을 정하는 경우, 매 1개월마다 평균하여 1주간의 근로시간이 제50조 제1항의 근로시간을 초과한 시간에 대해서는 통상임금의 100분의 50 이상을 가산하여 근로자에게 지급하는 등의 조치를 하여야 한다(근로기준법 제52조 제2항 제2호).

4. 휴식시간의 부여

사용자가 1개월을 초과하는 정산기간을 정하는 경우, 근로일 종료 후 다음 근로일 시작 전까지 근로자에게 연속하여 11시간 이상의 휴식 시간을 부여해야 하는데, 다만 천재지변 등 대통령령으로 정하는 불가피한 경우에는 근로자대표와의 서면합의가 있으면 이에 따른다(근로기준법 제52조 제2항 제1호).

5. 적용제외

선택적 근로시간제는 15세 이상 18세 미만의 근로자에 대하여 적용하지 아니한다(근로기준법 제52조 제1호).

제 3 절 연장근로

I 법규정

제53조【연장근로의 제한】 ① 당사자 간에 합의하면 1주 간에 12시간을 한도로 제50조의 근로시간을 연장할 수 있다.

② 당사자 간에 합의하면 1주 간에 12시간을 한도로 제51조 및 제51조의2의 근로시간을 연장할 수 있고, 제52조 제1항 제2호의 정산기간을 평균하여 1주 간에 12시간을 초과하지 아니하는 범위에서 제52조 제1항의 근로시간을 연장할 수 있다.

③ 상시 30명 미만의 근로자를 사용하는 사용자는 다음 각 호에 대하여 근로자대표와 서면으로 합의한 경우 제1항 또는 제2항에 따라 연장된 근로시간에 더하여 1주 간에 8시간을 초과하지 아니하는 범위에서 근로시간을 연장할 수 있다.

1. 제1항 또는 제2항에 따라 연장된 근로시간을 초과할 필요가 있는 사유 및 그 기간

2. 대상 근로자의 범위

④ 사용자는 특별한 사정이 있으면 고용노동부장관의 인가와 근로자의 동의를 받아 제1항과 제2항의 근로시간을 연장할 수 있다. 다만, 사태가 급박하여 고용노동부장관의 인가를 받을 시간이 없는 경우에는 사후에 지체 없이 승인을 받아야 한다.

⑤ 고용노동부장관은 제4항에 따른 근로시간의 연장이 부적당하다고 인정하면 그 후 연장시간에 상당하는 휴게시간이나 휴일을 줄 것을 명할 수 있다.

⑥ 제3항은 15세 이상 18세 미만의 근로자에 대하여는 적용하지 아니한다.

⑦ 사용자는 제4항에 따라 연장 근로를 하는 근로자의 건강 보호를 위하여 건강검진 실시 또는 휴식시간 부여 등 고용노동부장관이 정하는 바에 따라 적절한 조치를 하여야 한다.

[법률 제15513호(2018.3.20.) 제53조 제3항, 제53조 제6항의 개정규정은 같은 법 부칙 제2조의 규정에 의하여 2022년 12월 31일까지 유효함]

제59조【근로시간 및 휴게시간의 특례】 ① 「통계법」 제22조 제1항에 따라 국가데이터처장이 고시하는 산업에 관한 표준의 중분류 또는 소분류 중 다음 각 호의 어느 하나에 해당하는 사업에 대하여 사용자가 근로자대표와 서면으로 합의한 경우에는 제53조 제1항에 따른 주(週) 12시간을 초과하여 연장근로를 하게 하거나 제54조에 따른 휴게시간을 변경할 수 있다.

1. 육상운송 및 파이프라인 운송업. 다만, 「여객자동차 운수사업법」 제3조 제1항 제1호에 따른 노선(路線) 여객자동차운송사업은 제외한다.
2. 수상운송업
3. 항공운송업
4. 기타 운송관련 서비스업
5. 보건업

② 제1항의 경우 사용자는 근로일 종료 후 다음 근로일 개시 전까지 근로자에게 연속하여 11시간 이상의 휴식시간을 주어야 한다.

Ⅱ 연장근로의 개념

연장근로라 함은 근로기준법에 정하여진 기준근로시간 이외의 시간에 근로를 하는 것을 말한다. 연장근로를 무제한 허용하는 것은 근로자의 건강과 문화적 생활을 위협하게 되므로 근로기준법은 연장근로를 일정한 요건하에서 제한적으로 허용하고 있다[4].

Ⅲ 합의 연장근로

1. 의의

당사자 간에 합의하면, 1주간에 12시간을 한도로 1주 40시간, 1일 8시간의 근로시간을 연장할 수 있다(근로기준법 제53조 제1항).

---

4) 임종률, 『노동법』

2. 합의의 주체

합의 주체와 관련하여 판례에서는 "근로자 개인의 개별적인 합의가 원칙이고, 단체협약 등 근로자 단체의 집단적 합의가 허용되는 경우에도 근로자 개인의 합의권을 제한하지 아니하는 범위 내에서만 인정된다."고 판시하고 있다(대판 1993.12.21, 93누5796).

3. 위반의 효과

사용자가 근로기준법 제53조 제1항의 합의 연장근로를 위반할 경우, 2년 이하의 징역 또는 2천만원 이하의 벌금에 처한다(근로기준법 제110조).

Ⅳ 탄력적 근로시간제 및 선택적 근로시간제하에서의 연장근로[5]

1. 탄력적 근로시간제와 연장근로

탄력적 근로시간제하에서는 당사자 간의 합의가 있는 경우에 1주간에 12시간을 한도로 근로시간을 연장할 수 있다(근로기준법 제53조 제2항 전단). 이미 탄력적 근로시간제가 실시되고 있는 중에 40시간을 한도로 근로시간을 정한 특정 주에서 당사자들은 다시 합의에 의하여 12시간을 연장근로 할 수 있다. 이 경우에 당해 12시간의 연장근로에 대해서는 가산임금이 지급되어야 한다.

2. 선택적 근로시간제와 연장근로

선택적 근로시간제하에서 당해 정산기간을 평균하여 1주간에 12시간을 초과하지 아니하는 범위 안에서 근로시간을 연장할 수 있다(근로기준법 제53조 제2항 후단). 연장근로의 한도는 1주간에 12시간이 아니라, '정산기간을 평균하여 1주간에 12시간'이다.

Ⅴ 특별(응급) 연장근로

1. 의의

사용자는 특별한 사정이 있는 경우에는 고용노동부장관의 인가와 근로자의 동의를 얻어 1주에 12시간 연장된 근로시간을 추가로 연장할 수 있다(근로기준법 제53조 제4항).

---

5) 김형배·박지순, 『노동법』

2. 요건

(1) 특별한 사정이 존재할 것

'특별한 사정'이란 당해 사업 또는 사업장에서 자연재해, 재난 및 안전관리 기본법상의 재난 또는 이에 준하는 사고, 갑작스런 시설·설비의 장애·고장 등 돌발적인 상황이 발생하여 이를 수습하기 위한 긴급한 조치가 필요한 경우, 통상적인 경우에 비해 업무량이 대폭적으로 증가한 경우로서 이를 단기간 내에 처리하지 않으면 사업에 중대한 지장이 초래되거나 손해가 발생되는 경우 등이 발생하여 이의 수습을 위하여 연장근로가 불가피한 경우라고 할 수 있다[6].

(2) 고용노동부장관의 인가 또는 사후 승인을 받을 것

특별한 사유가 존재하여 연장근로를 하기 위해서는 고용노동부장관의 인가를 받아야 한다. 다만, 사태가 급박하여 고용노동부장관의 인가를 받을 시간이 없는 경우에는 근로시간의 연장 이후 지체 없이 승인을 얻어야 한다(근로기준법 제53조 제4항 단서).

(3) 근로자의 동의를 받을 것

특별한 사유가 존재하여 연장근로를 하기 위해 고용노동부장관의 인가를 받은 경우에도 연장근로를 시키기 위해서는 근로자 본인의 동의를 받아야 한다. 이때 동의는 개별근로자의 동의를 받아야 하므로, 노동조합이나 노사협의회 대표를 통한 합의로 근로자 동의를 대신할 수 없다고 보아야 한다[7].

3. 효과

상기 요건을 충족하는 경우, 사용자는 1주 12시간을 초과하여 근로를 시키더라도 벌칙의 적용을 받지 않는다. 그러나 특별연장근로는 합의연장근로에 대한 예외 규정인바, 연소근로자와 임산부인 여성근로자에게 적용되지 않는다.

4. 대휴명령

고용노동부장관은 특별연장근로가 부적당하다고 인정하면 그 후 연장시간에 상당하는 휴게시간이나 휴일을 줄 것을 명할 수 있다(근로기준법 제53조 제5항).

5. 건강검진 실시 등

사용자는 특별연장근로를 하는 근로자의 건강 보호를 위하여 건강검진 실시 또는 휴식시간 부여 등 고용노동부장관이 정하는 바에 따라 적절한 조치를 하여야 한다(근로기준법 제53조 제7항).

---

6) 2024.1.5. 근로기준법 시행규칙 제9조 제1항이 개정되어, ① 통상적인 경우에 비해 업무량이 대폭적으로 증가한 경우로서 이를 단기간 내에 처리하지 않으면 사업에 중대한 지장이 초래되거나 손해가 발생하는 경우, ② 「소재·부품전문기업 등의 육성에 관한 특별조치법」 제2조 제1호 및 제1호의2에 따른 소재·부품 및 소재·부품 생산설비의 연구개발 등 연구개발을 하는 경우로서 고용노동부장관이 국가경쟁력 강화 및 국민경제 발전을 위하여 필요하다고 인정하는 경우에도 특별한 사정의 범위에 포함되었다.

7) 김영기, 「노동법 주요 쟁점 실무」

VI 특례사업 연장근로

1. 의의

육상운송 등의 사업에 있어서 사용자가 근로자대표와의 서면합의를 한 때에는 근로기준법 제53조 제1항에 의한 1주 12시간을 초과하여 연장근로를 하게 할 수 있다(근로기준법 제59조 제1항).

2. 요건

(1) **법정된 특례사업**: 근로시간 및 휴게의 특례가 인정되기 위해서는 다음 사업에 해당되어야 한다 (근로기준법 제59조 제1항).

① 육상운송 및 파이프라인 운송업[다만, 「여객자동차 운수사업법」 제3조 제1항 제1호에 따른 노선 (路線) 여객자동차운송사업은 제외한다.]
② 수상운송업
③ 항공운송업
④ 기타 운송관련 서비스업
⑤ 보건업

(2) **근로자대표와의 서면합의**

근로자대표와의 서면합의로 족하고, 이와 별도로 개별 근로자의 동의를 요하지 않는다.

3. 효과

상기의 요건을 충족하는 경우, 사용자는 1주 12시간을 초과하여 근로하게 할 수 있다. 그러나 탄력적 근로시간제 및 선택적 근로시간제에서는 적용되지 않는다. 법문에서 허용하는 연장근로가 '제53조 제1항에 따른 주 12시간', 즉 규칙적 근로형태에 대한 1주 12시간을 초과하는 것으로 한정되어 있기 때문이다.

제 4 절 휴게

I 법규정

> **제54조【휴게】** ① 사용자는 근로시간이 4시간인 경우에는 30분 이상, 8시간인 경우에는 1시간 이상의 휴게시간을 근로시간 도중에 주어야 한다.
> ② 휴게시간은 근로자가 자유롭게 이용할 수 있다.

II 휴게시간의 개념

휴게시간이란 근로자가 작업시간 중에 실제로 작업에 종사하지 않는 휴식·수면시간 등으로 사용자의 지휘·감독 없이 근로자의 자유로운 이용이 보장된 시간을 말한다(대판 2006.11.23, 2006다41990). 이와 관련하여 근로기준법 제54조 제1항에서 "사용자는 근로시간이 4시간인 경우에는 30분 이상, 8시간인 경우에는 1시간 이상의 휴게시간을 근로시간 도중에 주어야 한다."고 규정하고 있다.

III 휴게시간의 길이 및 부여방법

1. 휴게시간의 길이

사용자는 근로자에게 근로시간 4시간에 대하여 30분 이상, 8시간에 대하여 1시간 이상의 휴게시간을 근로시간 도중에 주어야 한다(근로기준법 제54조 제1항).

2. 휴게시간의 부여방법

근로기준법 제54조는 근로시간 도중에 휴게시간을 부여하도록 규정하고 있으므로 업무의 개시 전 또는 업무의 종료 후에 휴게시간을 부여하는 것은 허용되지 아니한다.

IV 자유이용의 원칙

휴게시간은 근로자가 자유롭게 이용할 수 있다(근로기준법 제54조 제2항). 휴게시간은 사용자의 지휘·감독으로부터 완전히 이탈하는 자유로운 시간이므로, 근로자는 휴게시간을 마음대로 사용할 수 있는 것이 원칙이다.

Ⅴ 휴게시간의 변경 및 적용제외

1. 휴게시간의 변경

근로기준법 제59조 제1항에서는 통계법에 따른 표준산업분류(중분류 또는 소분류) 중 육상운송 및 파이프라인 운송업(노선여객자동차운송사업은 제외), 수상운송업, 항공운송업, 기타 운송관련 서비스업, 보건업 중 어느 하나에 해당하는 사업에 대하여 근로자대표와 서면합의를 한 경우에는 휴게시간을 변경할 수 있다고 규정하고 있다.

2. 적용제외

근로기준법 제63조에서는 농림수산업종사자 또는 감시·단속적으로 근로에 종사하는 사람 및 대통령령으로 정하는 업무에 종사하는 근로자 등에 대해서는 휴게·휴일에 관한 규정이 적용되지 않는다고 규정하고 있다.

제 5 절 휴일

Ⅰ 법규정

> **제55조【휴일】** ① 사용자는 근로자에게 1주에 평균 1회 이상의 유급휴일을 보장하여야 한다.
> ② 사용자는 근로자에게 대통령령으로 정하는 휴일을 유급으로 보장하여야 한다. 다만, 근로자대표와 서면으로 합의한 경우 특정한 근로일로 대체할 수 있다.

Ⅱ 휴일의 개념

휴일이란 근로자가 사용자의 지휘·명령으로부터 완전히 벗어나 근로를 제공하지 아니하는 날을 말한다. 즉, 근로의 의무가 없는 날을 말한다.

Ⅲ 휴일의 유형

휴일은 법정휴일과 약정휴일로 나눌 수 있다. 법정휴일은 주휴일, 노동절, 관공서의 공휴일에 관한 규정 제2조의 공휴일로, 법률규정에 의하여 반드시 의무적으로 부여하여야 하는 휴일을 말하며, 약정휴일은 회사창립일 등 부여여부·부여조건 및 부여일수에 대하여 단체협약 및 취업규칙 등을 통하여 당사자가 임의로 결정하는 휴일을 말한다.

IV 주휴일

1. 의의

사용자는 근로자에게 1주일에 평균 1회 이상의 유급휴일을 보장하여야 한다(근로기준법 제55조 제1항). 이러한 유급휴일은 1주 동안의 소정근로일수를 개근한 자에게 주어야 한다(동법 시행령 제30조 제1항).

> **근로기준법 시행령 제30조【휴일】** ① 법 제55조 제1항에 따른 유급휴일은 1주 동안의 소정근로일을 개근한 자에게 주어야 한다.
> ② 법 제55조 제2항 본문에서 "대통령령으로 정하는 휴일"이란 「관공서의 공휴일에 관한 규정」 제2조 각 호(제1호는 제외한다)에 따른 공휴일 및 같은 영 제3조에 따른 대체공휴일을 말한다.

2. 요건

사용자는 1주간의 소정근로일수를 개근한 근로자에 대하여 1주일에 평균 1회 이상의 유급휴일을 부여하여야 한다(근로기준법 제55조 및 동법 시행령 제30조 제1항). 여기서 '소정근로일수'라 함은 법정근로일 내에서 당사자가 근로하기로 정한 날을 말하므로, 근로의무가 없는 날은 소정근로일수에서 제외된다. 또한 '개근'이라 함은 결근이 없는 것을 말하며, 조퇴·지각 등이 있는 경우에도 개근에 해당된다.

4. 부여 대상자

(1) 원칙

근로기준법은 주휴일을 부여받을 수 있는 근로자에 대하여 아무런 제한을 두고 있지 않다. 따라서 격일제 근무[8], 교대제 근무[9], 일용직 및 시간제 근로 등 근로형태나 근로자의 종류를 불문하고 주휴일부여의 요건이 충족되면 당연히 부여하여야 한다.

(2) 주휴일의 적용제외

근로기준법 제63조(적용의 제외)에 명시된 적용제외 근로자에게는 주휴일이 적용되지 않으므로, 1주일에 1회 이상의 휴일을 부여하지 않아도 법 위반이 아니며, 4주 동안을 평균하여 1주 동안의 소정근로시간이 15시간 미만인 근로자에 대하여는 근로기준법 제55조 주휴일 규정이 적용되지 않는다(근로기준법 제18조 제3항).

5. 부여방법

사용자는 1주간의 소정근로일수를 개근한 근로자에 대하여 1주일에 평균 1회 이상의 유급휴일을 부여하여야 한다(근로기준법 제55조 및 동법 시행령 제30조 제1항). 여기서 '1회의 휴일'이라 함은 원칙적으로 오전 0시부터 오후 24시까지의 역일을 의미한다.

---

8) 대판 1989.11.28, 88다카1145
9) 대판 1992.1.8, 90다카21633

V 노동절

노동절은 '노동절 제정에 관한 법률'[10]에 의하여 매년 5월 1일로 정해져 있으며, 근로기준법에 의한 유급휴일로 규정하고 있다. 이는 근로자들의 노고를 위로하고 근무의욕을 높이기 위한 것이다.

VI 공휴일

사용자는 근로자에게 '관공서의 공휴일에 관한 규정' 제2조의 공휴일 및 대체공휴일을 유급으로 보장하여야 한다. 다만, 근로자대표와 서면으로 합의한 경우 특정한 근로일로 대체할 수 있다(근로기준법 제55조 제2항 및 동법 시행령 제30조 제2항).

제 6 절 가산임금

I 법규정

제56조【연장·야간 및 휴일근로】 ① 사용자는 연장근로(제53조·제59조 및 제69조 단서에 따라 연장된 시간의 근로를 말한다)에 대하여는 통상임금의 100분의 50 이상을 가산하여 근로자에게 지급하여야 한다.
② 제1항에도 불구하고 사용자는 휴일근로에 대하여는 다음 각 호의 기준에 따른 금액 이상을 가산하여 근로자에게 지급하여야 한다.
  1. 8시간 이내의 휴일근로 : 통상임금의 100분의 50
  2. 8시간을 초과한 휴일근로 : 통상임금의 100분의 100
③ 사용자는 야간근로(오후 10시부터 다음 날 오전 6시 사이의 근로를 말한다)에 대하여는 통상임금의 100분의 50 이상을 가산하여 근로자에게 지급하여야 한다.
제57조【보상 휴가제】 사용자는 근로자대표와의 서면 합의에 따라 제51조의3, 제52조제2항 제2호 및 제56조에 따른 연장근로·야간근로 및 휴일근로 등에 대하여 임금을 지급하는 것을 갈음하여 휴가를 줄 수 있다.

II 가산임금의 개념

가산임금이란 연장근로, 야간근로 또는 휴일근로에 대하여 통상임금의 50% 이상을 가산하여 지급하는 임금을 말한다(근로기준법 제56조).

---

10) 2025년 11월 11일부터 '근로자의 날'을 '노동절'로 변경 시행

Ⅲ **가산임금의 지급사유**

1. 연장근로

(1) 지급대상

① **지급되는 경우**: 근로기준법은 다음과 같은 경우에는 모두 연장된 근로시간에 대하여 연장근로 수당을 지급하여야 한다고 규정하고 있다.

    ㉠ 당사자의 합의에 의하여 1주일에 12시간 한도 내에서 근로시간을 연장한 경우(근로기준법 제53조 제1항 및 제2항)

    ㉡ 특별한 사정이 있는 경우에 고용노동부장관의 인가와 본인의 동의를 얻어 근로시간을 연장한 경우(동법 제53조 제4항)

    ㉢ 특별한 사업에 대하여 근로자대표와의 서면합의를 통하여 근로시간을 연장한 경우(동법 제59조)

    ㉣ 연소근로자의 연장근로(동법 제69조 단서)의 경우

② **지급되지 아니하는 경우**: 탄력적 근로시간제도 및 선택적 근로시간제도 등을 채택하는 경우, 1일 8시간을 초과하여 근무하여도 연장근로수당이 지급되지 아니한다.

그러나 예외적으로 단시간근로자의 경우 소정근로시간을 초과하는 근로에 대하여 기준근로시간을 초과하지 않더라도 통상임금의 50퍼센트 이상을 가산하여 지급하여야 한다(기간제법 제6조 제3항).

2. 휴일근로

(1) 의의

근로자가 휴일근로를 한 경우 이에 대하여 휴일근로수당을 지급하여야 한다(근로기준법 제56조).

(2) 휴일근로에서의 휴일의 개념

근로기준법 제56조의 휴일근로에서의 휴일이란 ① 근로기준법 제55조의 주휴일, ② 법정휴일, ③ 단체협약이나 취업규칙에 의하여 휴일로 정해져 있어서 근로자가 근로할 의무가 없는 약정휴일을 말한다(대판 1991.5.14, 90다14089).

(3) 지급액

① ㉠ 유급휴일에 근무하는 경우 본래 근무를 하지 아니하여도 당연히 지급되는 임금 100퍼센트 및 휴일근로 한 임금 100퍼센트를 합하여 200퍼센트의 임금이, ㉡ 무급휴일에 근무하는 경우 휴일에 근로한 임금 100퍼센트가 임금으로 지급된다.

② 여기에 추가하여 사용자는 ㉠ 8시간 이내의 휴일근로에 대하여 통상임금의 100분의 50을, ㉡ 8시간을 초과한 휴일근로에 대하여 통상임금의 100분의 100 이상을 가산하여 근로자에게 지급하여야 한다. ㉡의 경우 휴일근로수당과 연장근로수당이 중복적으로 지급됨을 의미한다.

3. 야간근로

(1) 지급대상

오후 10시부터 오전 6시까지의 근로를 야간근로라고 한다. 야간근로에는 야간근로수당을 지급하여야 한다(근로기준법 제56조).

(2) 지급액

야간근로에 대한 지급액은 야간근로 임금으로서 통상임금의 100퍼센트와 야간근로수당으로서 통상임금의 50퍼센트를 합한 통상임금의 총 150퍼센트를 지급하여야 한다. 연장근로·휴일근로가 야간근로에 해당하는 경우 연장근로수당 및 휴일근로수당에 야간근로수당이 추가로 지급된다.

Ⅳ 대체휴가제도(보상휴가제)

1. 의의

대체휴가란 휴일의 사전대체를 하지 않은 채 정상적인 휴일근로를 실시하고 휴일근로수당을 지급하는 대신 휴가를 부여하는 것의 의미한다. 이와 관련하여 근로기준법 제57조에서 "사용자는 근로자대표와의 서면 합의에 따라 제51조의3, 제52조 제2항 제2호 및 제56조에 따른 연장근로·야간근로 및 휴일근로 등에 대하여 임금을 지급하는 것을 갈음하여 휴가를 줄 수 있다."고 규정하고 있다.

2. 요건

대체휴가제도를 도입하기 위해서는 '사용자와 근로자대표의 서면합의'가 있어야 한다.

3. 효과

사용자는 근로자대표와의 서면 합의에 따라 연장근로·야간근로 및 휴일근로 등에 대하여 임금을 지급하는 것을 갈음하여 휴가를 줄 수 있다.

제 7 절 포괄임금제

I 포괄임금제의 개념

포괄임금제라 함은 기본임금을 미리 산정하지 아니한 채 연장근로수당, 야간근로수당, 휴일근로수당 등의 각종 수당을 합한 금액을 월급여액으로 정하거나 또는 기본임금을 정하고 매월 일정액을 각종 수당으로 지급하는 임금산정방식을 말한다.

II 포괄임금제의 성립의 유효요건

포괄임금제가 유효하게 성립하기 위해서는 ① 근로자에게 불이익이 없고, 제반사정에 비추어 정당하다고 인정될 것(대판 1997.4.25, 95다4056), ② 근로시간의 산정이 어려운 경우일 것(대판 2016.10.13, 2016도1060), ③ 근로자의 동의가 있을 것(대판 2016.10.13, 2016도1060)을 요건으로 하고 있다.

III 포괄임금에 포함되는 임금의 지급 관련 쟁점

1. 근로시간 산정이 가능한 경우

근로시간의 산정이 어려운 경우가 아니라면, 근로기준법상의 근로시간에 관한 규정을 그대로 적용할 수 없다고 볼 만한 특별한 사정이 없는 한 근로기준법상의 근로시간에 따른 임금지급의 원칙이 적용되어야 하므로, 포괄임금에 포함된 법정수당이 근로기준법에 정한 기준에 따라 산정된 법정수당에 미달한다면 그에 해당하는 포괄임금제에 의한 임금 지급계약 부분은 근로자에게 불이익하여 무효라 할 것이다(대판 2016.9.8, 2014도8873).

2. 근로시간 산정이 어려운 경우[11]

근로시간, 근로형태와 업무의 성질 등에 비추어 근로시간의 산정이 어려운 경우에는 포괄임금제는 유효하며, 근로시간의 산정이 가능한 것을 전제로 한 근로기준법상의 법정수당과의 차액을 청구하는 것은 받아들일 수 없다(대판 2010.5.13, 2008다6052).

---

11) 포괄임금제 대상업무(근로시간 측정이 불가능한 업무)
　　① 근로기준법 제63조에 따른 기후나 기상 때문에 근로시간이나 휴게시간이 불규칙적인 업무, 감시·단속적 근로
　　② 근로기준법 제58조 제1항에 따른 사업장 밖 업무
　　③ 근로기준법 제58조 제2항에 따른 재량근로업무

Part 02

제 8 절 | 근로시간 계산의 특례(간주근로시간제 등)

Ⅰ 법규정

제58조【근로시간 계산의 특례】 ① 근로자가 출장이나 그 밖의 사유로 근로시간의 전부 또는 일부를 사업장 밖에서 근로하여 근로시간을 산정하기 어려운 경우에는 소정근로시간을 근로한 것으로 본다. 다만, 그 업무를 수행하기 위하여 통상적으로 소정근로시간을 초과하여 근로할 필요가 있는 경우에는 그 업무의 수행에 통상 필요한 시간을 근로한 것으로 본다.
② 제1항 단서에도 불구하고 그 업무에 관하여 근로자대표와의 서면 합의를 한 경우에는 그 합의에서 정하는 시간을 그 업무의 수행에 통상 필요한 시간으로 본다.
③ 업무의 성질에 비추어 업무 수행 방법을 근로자의 재량에 위임할 필요가 있는 업무로서 대통령령으로 정하는 업무는 사용자가 근로자대표와 서면 합의로 정한 시간을 근로한 것으로 본다. 이 경우 그 서면 합의에는 다음 각 호의 사항을 명시하여야 한다.
　1. 대상 업무
　2. 사용자가 업무의 수행 수단 및 시간 배분 등에 관하여 근로자에게 구체적인 지시를 하지 아니한다는 내용
　3. 근로시간의 산정은 그 서면 합의로 정하는 바에 따른다는 내용
④ 제1항과 제3항의 시행에 필요한 사항은 대통령령으로 정한다.

Ⅱ 사업장 밖 근로시간제도

1. 의의

근로자가 외근 등으로 인하여 근로시간 산정이 어려운 경우에는 소정근로시간이나 업무수행에 통상 필요한 시간 또는 노사 간 합의한 근로시간을 근로한 것으로 본다(근로기준법 제58조 제1항 및 제2항).

2. 요건

(1) 사업장 밖에서 근로시간의 전부 또는 일부를 근로할 것

'사업장 밖 근로'란 본래 소속 사업장에서 사용자의 직접적인 지휘·감독으로부터 장소적으로 벗어나서 다른 어떠한 관리조직으로부터도 구체적인 근로시간 관리 등 지휘·감독을 받지 않고 근로를 제공하는 것을 말한다.

(2) 근로시간 산정이 어려운 경우일 것

사업장 밖 근로라 하더라도 근로시간을 산정하기 어려운 경우여야 근로시간 간주가 가능하다. 따라서 근로제공과 관련하여 휴대폰이나 무전기·호출기 등에 의해 수시로 사용자의 지시를 받으며 근로를 하는 등 사용자의 지휘·감독권이 미치는 경우에는 근로시간 산정이 가능하므로 적용대상에서 제외된다[12].

---

12) 김영기, 『노동법 주요쟁점 실무』

3. 효과

(1) 원칙

근로자가 출장 기타의 사유로 근로시간의 전부 또는 일부를 사업장 밖에서 근로하여 근로시간을 산정하기 어려운 때에는 소정근로시간을 근로한 것으로 본다(근로기준법 제58조 제1항).

(2) 업무수행에 통상 필요한 시간

당해 업무를 수행하기 위하여 통상적으로 소요되는 실제 근로시간이 소정근로시간을 초과하는 경우에는 그 업무의 수행에 통상 필요한 시간을 근로한 것으로 본다(근로기준법 제58조 제1항 단서). 여기서 '업무수행에 통상 필요한 시간'이란 그 업무의 수행을 위하여 그 근로자가 사용한 시간이 아니라 '평균인'이 통상의 상태에서 객관적으로 필요로 하는 시간을 말한다.

(3) 근로자대표와 서면합의로 정한 시간

당해 업무에 관하여 근로자대표와 서면합의가 있는 때에는 그 합의에서 정한 시간을 그 업무 수행에 통상 필요한 근로시간으로 본다(근로기준법 제58조 제2항).

Ⅲ 재량적 근로시간제도

1. 의의

'재량적 근로시간제도'라 함은 고도의 전문적 업무에 종사하는 근로자에 대하여 실제 근로시간을 당사자 간의 약정에 의하여 결정하게 되는 근로시간 제도를 말한다.

2. 요건

(1) 재량적 근로시간제도의 대상업무에 해당할 것

업무의 성질에 비추어 업무 수행 방법을 근로자의 재량에 위임할 필요가 있는 업무로서 다음의 업무가 이에 해당한다(근로기준법 시행령 제31조).

① 신상품 또는 신기술의 연구개발

② 정보처리시스템의 설계 또는 분석업무

③ 신문·방송 또는 출판사업에 있어서 기사의 취재, 편성 또는 편집업무 등

> **근로기준법 시행령 제31조【재량근로의 대상업무】**
> 법 제58조 제3항 전단에서 "대통령령으로 정하는 업무"란 다음 각 호의 어느 하나에 해당하는 업무를 말한다.
> 1. 신상품 또는 신기술의 연구개발이나 인문사회과학 또는 자연과학분야의 연구 업무
> 2. 정보처리시스템의 설계 또는 분석 업무
> 3. 신문, 방송 또는 출판 사업에서의 기사의 취재, 편성 또는 편집 업무
> 4. 의복·실내장식·공업제품·광고 등의 디자인 또는 고안 업무
> 5. 방송 프로그램·영화 등의 제작 사업에서의 프로듀서나 감독 업무
> 6. 그 밖에 고용노동부장관이 정하는 업무

⑵ 근로자대표와의 서면합의가 있을 것

사용자는 근로자대표와의 서면합의에 의하여 ① 대상업무, ② 사용자가 업무의 수행수단 및 시간배분 등에 관하여 구체적인 지시를 하지 아니하는 내용, ③ 근로시간의 산정은 당해 서면합의로 정하는 바에 따른다는 내용을 명시하여야 한다(근로기준법 제58조 제3항).

3. 효과

상기의 요건을 충족시키는 경우에는 사용자와 근로자대표와 합의한 시간을 근로시간으로 본다(근로기준법 제58조 제3항). 당사자가 합의한 재량적 근로시간이 법정근로시간을 초과하는 경우에는 연장근로수당이 지급된다.

제 9 절   연차유급휴가

Ⅰ 법규정

제60조【연차유급휴가】 ① 사용자는 1년간 80퍼센트 이상 출근한 근로자에게 15일의 유급휴가를 주어야 한다.
② 사용자는 계속하여 근로한 기간이 1년 미만인 근로자 또는 1년간 80퍼센트 미만 출근한 근로자에게 1개월 개근 시 1일의 유급휴가를 주어야 한다.
③ <삭제>
④ 사용자는 3년 이상 계속하여 근로한 근로자에게는 제1항에 따른 휴가에 최초 1년을 초과하는 계속 근로연수 매 2년에 대하여 1일을 가산한 유급휴가를 주어야 한다. 이 경우 가산휴가를 포함한 총 휴가 일수는 25일을 한도로 한다.
⑤ 사용자는 제1항부터 제4항까지의 규정에 따른 휴가를 근로자가 청구한 시기에 주어야 하고, 그 기간에 대하여는 취업규칙 등에서 정하는 통상임금 또는 평균임금을 지급하여야 한다. 다만, 근로자가 청구한 시기에 휴가를 주는 것이 사업 운영에 막대한 지장이 있는 경우에는 그 시기를 변경할 수 있다.
⑥ 제1항 및 제2항을 적용하는 경우 다음 각 호의 어느 하나에 해당하는 기간은 출근한 것으로 본다.
  1. 근로자가 업무상의 부상 또는 질병으로 휴업한 기간
  2. 임신 중의 여성이 제74조 제1항부터 제3항까지의 규정에 따른 휴가로 휴업한 기간
  3. 「남녀고용평등과 일·가정 양립 지원에 관한 법률」 제19조 제1항에 따른 육아휴직으로 휴업한 기간
  4. 「남녀고용평등과 일·가정 양립 지원에 관한 법률」 제19조의2 제1항에 따른 육아기 근로시간 단축을 사용하여 단축된 근로시간
  5. 제74조 제7항에 따른 임신기 근로시간 단축을 사용하여 단축된 근로시간
⑦ 제1항·제2항 및 제4항에 따른 휴가는 1년간(계속하여 근로한 기간이 1년 미만인 근로자의 제2항에 따른 유급휴가는 최초 1년의 근로가 끝날 때까지의 기간을 말한다) 행사하지 아니하면 소멸된다. 다만, 사용자의 귀책사유로 사용하지 못한 경우에는 그러하지 아니하다.

제61조【연차 유급휴가의 사용 촉진】 ① 사용자가 제60조 제1항·제2항 및 제4항에 따른 유급휴가(계속하여 근로한 기간이 1년 미만인 근로자의 제60조 제2항에 따른 유급휴가는 제외한다)의 사용을 촉진하기 위하여 다음 각 호의 조치를 하였음에도 불구하고 근로자가 휴가를 사용하지 아니하여 제60조 제7항 본문에 따라 소멸된 경우에는 사용자는 그 사용하지 아니한 휴가에 대하여 보상할 의무가 없고, 제60조 제7항 단서에 따른 사용자의 귀책사유에 해당하지 아니하는 것으로 본다.

1. 제60조 제7항 본문에 따른 기간이 끝나기 6개월 전을 기준으로 10일 이내에 사용자가 근로자별로 사용하지 아니한 휴가 일수를 알려주고, 근로자가 그 사용 시기를 정하여 사용자에게 통보하도록 서면으로 촉구할 것

2. 제1호에 따른 촉구에도 불구하고 근로자가 촉구를 받은 때부터 10일 이내에 사용하지 아니한 휴가의 전부 또는 일부의 사용 시기를 정하여 사용자에게 통보하지 아니하면 제60조 제7항 본문에 따른 기간이 끝나기 2개월 전까지 사용자가 사용하지 아니한 휴가의 사용 시기를 정하여 근로자에게 서면으로 통보할 것

② 사용자가 계속하여 근로한 기간이 1년 미만인 근로자의 제60조 제2항에 따른 유급휴가의 사용을 촉진하기 위하여 다음 각 호의 조치를 하였음에도 불구하고 근로자가 휴가를 사용하지 아니하여 제60조 제7항 본문에 따라 소멸된 경우에는 사용자는 그 사용하지 아니한 휴가에 대하여 보상할 의무가 없고, 같은 항 단서에 따른 사용자의 귀책사유에 해당하지 아니하는 것으로 본다.

1. 최초 1년의 근로기간이 끝나기 3개월 전을 기준으로 10일 이내에 사용자가 근로자별로 사용하지 아니한 휴가 일수를 알려주고, 근로자가 그 사용 시기를 정하여 사용자에게 통보하도록 서면으로 촉구할 것. 다만, 사용자가 서면 촉구한 후 발생한 휴가에 대해서는 최초 1년의 근로기간이 끝나기 1개월 전을 기준으로 5일 이내에 촉구하여야 한다.

2. 제1호에 따른 촉구에도 불구하고 근로자가 촉구를 받은 때부터 10일 이내에 사용하지 아니한 휴가의 전부 또는 일부의 사용 시기를 정하여 사용자에게 통보하지 아니하면 최초 1년의 근로기간이 끝나기 1개월 전까지 사용자가 사용하지 아니한 휴가의 사용 시기를 정하여 근로자에게 서면으로 통보할 것. 다만, 제1호 단서에 따라 촉구한 휴가에 대해서는 최초 1년의 근로기간이 끝나기 10일 전까지 서면으로 통보하여야 한다.

제62조【유급휴가의 대체】 사용자는 근로자대표와의 서면 합의에 따라 제60조에 따른 연차 유급휴가일을 갈음하여 특정한 근로일에 근로자를 휴무시킬 수 있다.

Ⅱ 연차유급휴가의 개념

연차유급휴가라 함은 근로자가 일정한 출근율을 갖춘 경우 근로자에게 일정기간 근로의무를 면제함으로써 정신적·육체적 휴양의 기회를 제공하고, 문화적 생활의 향상을 기하기 위해 보장된 법정휴가제도이다(대판 2008.10.9, 2008다41666).

III 연차유급휴가의 발생 요건

1. 의의

연차유급휴가는 일정한 출근율에 따라 발생여부가 결정된다. 즉, 1년간의 소정근로일수 중에서 80% 이상을 출근해야 부여된다(근로기준법 제60조 제1항).

2. 1년간 계속근로의 기산일

1년간의 계속근로의 기산일은 당해 근로자의 채용일이 되는 것이 원칙이다. 이 경우 근로자 개인의 채용일은 각기 다른 것이 일반적이므로 동일한 사업장 내에서 기산일의 통일을 기하기 위하여 모든 근로자에게 획일적으로 적용되는 기산일을 정하여도 무방하다[13].

3. 소정근로일에서 제외되는 기간

주휴일 · 노동절 기타 단체협약이나 취업규칙상의 약정휴일 등은 모두 유 · 무급을 불문하고 근로일에서 제외된다[14]. 또한 사용자의 귀책사유에 의한 휴업기간, 적법한 쟁의행위기간 등 근로제공의무가 정지되는 날 또는 기간은 소정근로일수에서 제외된다[15].

4. 출근으로 간주되는 기간

(1) 의의

업무상 부상 또는 질병으로 휴업한 기간, 출산전후휴가기간, 육아휴직기간, 「남녀고용평등과 일 · 가정 양립 지원에 관한 법률」 제19조의2 제1항에 따른 육아기 근로시간 단축을 사용하여 단축된 근로시간, 임신기 근로시간 단축을 사용하여 단축된 근로시간 등은 출근한 것으로 본다(근로기준법 제60조 제6항).

(2) 부당해고 기간

또한, 근로자가 부당해고로 인하여 지급받지 못한 연차유급휴가수당을 산정할 때 부당해고로 근로자가 출근하지 못한 기간은 연간 소정근로일수 및 출근일수에 모두 산입해야 한다(대판 2014.3.13, 2011다95519).

(3) 정직 또는 직위해제 등의 징계기간

다만, 취업규칙에서 정직 또는 직위해제 등의 징계기간을 소정근로일수에는 포함시키되, 출근일수에는 포함시키지 아니하기로 규정하고 있는 경우, 이는 근로기준법 위반에 해당하지 아니한다(대판 2008.10.9, 2008다41666).

---

13) 근기 01254-96, 1987.6.15 ; 근기 01254-1448, 1989.1.28
14) 근기 68207-709, 1997.5.3
15) 근기 68207-709, 1997.5.3

Ⅳ 연차유급휴가일수

1. 원칙

1년간 8할 이상 출근한 근로자에게 부여되는 연차유급휴가일수는 15일이다(근로기준법 제60조 제1항).

2. 1년 미만인 근로자

계속근로연수 1년 미만인 근로자에 대하여는 1개월간 개근 시 1일의 연차유급휴가를 주어야 한다 (근로기준법 제60조 제2항). 1년 기간제 근로계약을 체결하여 1년만 근무한 근로자의 경우에는 최대 11일의 연차유급휴가만 받을 수 있다(대판 2021.10.14, 2021다227100)[16].

3. 가산휴가제

(1) 의의

근로기준법은 공로보상적 차원에서 3년 이상 계속 근로한 근로자에 대하여는 제1항의 규정에 의한 휴가에 최초 1년을 초과하는 계속근로연수 매 2년에 대하여 1일을 가산한 유급휴가를 주어야 한다 (근로기준법 제60조 제4항).

(2) 요건

① 3년 이상 계속 근로할 것, ② 휴가산정 대상기간 중에 8할 이상 출근하여야 할 것을 그 요건으로 하고 있다. 가산휴가는 80퍼센트 이상 출근자에게만 부여되며, 80퍼센트 미만 출근자의 경우에는 1월 개근 시 1일의 유급휴가가 부여되고 가산휴가는 발생하지 아니한다.

(3) 가산휴가의 최대한도

가산일수를 포함한 총 휴가일수는 25일을 한도로 한다(근로기준법 제60조 제4항).

Ⅴ 연차유급휴가의 부여시기 등

1. 의의

사용자는 연차유급휴가를 근로자의 청구가 있는 시기에 주어야 한다. 다만, 근로자가 청구한 시기에 휴가를 주는 것이 사업운영에 막대한 지장이 있는 경우에는 그 시기를 변경할 수 있다(근로기준법 제60조 제5항).

2. 근로자의 시기지정권

사용자는 근로자가 청구하는 시기에 연차유급휴가를 부여하여야 하는데(근로기준법 제60조 제5항), 이를 '시기지정권'이라고 한다.

---

16) 임종률, 『노동법』; 연차유급휴가를 사용할 권리는 전년도 1년간의 근로를 마친 다음 날 발생하는 점 등에 비추어 그렇다.

3. 사용자의 시기변경권

(1) 사용자는 근로자의 청구가 있는 시기에 연차유급휴가를 부여하여야 하나 사업운영에 막대한 지장이 있는 경우에는 그 시기를 변경할 수 있는데(근로기준법 제60조 제5항), 이를 사용자의 시기변경권이라고 한다.

(2) '근로자가 청구한 시기에 휴가를 주는 것이 사업 운영에 막대한 지장이 있는 경우'에 해당하는지 여부는 근로자가 담당하는 업무의 내용과 성격, 근로자가 지정한 휴가 시기의 예상 근무인원과 업무량, 근로자의 휴가 청구 시점, 대체근로자 확보의 필요성 및 그 확보에 필요한 시간 등 여러 사정을 종합적으로 고려하여 판단하되(대판 2025.7.17, 2021도11886),

VI 연차유급휴가의 소멸과 수당

1. 연차유급휴가의 소멸

연차유급휴가는 1년간(계속하여 근로한 기간이 1년 미만인 근로자의 연차유급휴가는 최초 1년의 근로가 끝날 때까지의 기간을 말한다) 행사하지 아니한 때에는 소멸된다(근로기준법 제60조 제7항 본문). 근로자가 1년간 연차유급휴가를 행사하지 아니한 경우 연차유급휴가는 소멸되지만 사용자의 귀책사유로 근로자가 휴가를 사용하지 못한 경우에는 휴가청구권 발생일로부터 1년이 지나더라도 휴가청구권은 소멸되지 아니하고 이월된다(동법 제60조 제7항 단서).

2. 연차유급휴가와 임금

연차유급휴가는 유급휴가이므로 사용자는 연차휴가 기간에 대하여 취업규칙 등에서 정하는 통상임금 또는 평균임금을 지급해야 한다(근로기준법 제60조 제5항). 이 경우 연차유급휴가 임금은 유급휴가를 주기 전 또는 준 직후의 임금지급일에 지급하여야 한다(동법 시행령 제33조).

3. 연차유급휴가 미사용 휴가수당

(1) 연차유급휴가를 1년간 사용하지 아니하여 휴가청구권이 소멸되었다 할지라도 임금청구권은 소멸하지 아니 한다[17].

(2) 연차유급휴가 미사용 휴가수당도 그 성질상 임금이므로, 근로기준법 제49조에 근거하여 연차유급휴가 미사용 수당 청구권에는 3년의 소멸시효가 적용된다(대판 2023.11.16, 2022다231403·231410).

---

17) 근기 01254-22722, 1985.12.17

VII 연차유급휴가의 사용촉진

1. 1년 이상 근로한 근로자의 연차유급휴가의 사용촉진

(1) **요건**: 사용자가 연차유급휴가의 사용촉진을 위하여 다음과 같이 일정한 조치를 취하였음에도 불구하고 근로자가 휴가를 사용하지 아니한 경우 휴가는 소멸된다(근로기준법 제61조 제1항).

① 근로자가 연차유급휴가를 1년간 행사하지 아니하여 휴가가 소멸하는 기간이 끝나기 6개월 전을 기준으로 10일 이내에 사용자가 근로자별로 사용하지 아니한 휴가일수를 알려주고, 근로자가 그 사용시기를 정하여 사용자에게 통보하도록 서면[18]으로 촉구할 것.

② 상기 촉구에도 불구하고 근로자가 촉구를 받은 때부터 10일 이내에 사용하지 아니한 휴가의 전부 또는 일부의 사용시기를 정하여 사용자에게 통보하지 아니한 경우에는 휴가가 소멸하는 기간이 끝나기 2개월 전까지 사용자가 사용하지 아니한 휴가의 사용시기를 정하여 근로자에게 서면으로 통보할 것.

(2) **효과**

사용자의 상기 사용촉진조치에 불구하고 근로자가 휴가를 사용하지 아니하였을 경우에는 ① 연차유급휴가가 소멸하며, ② 사용자는 사용하지 아니한 휴가에 대하여 보상할 의무를 부담하지 아니하며, ③ 사용자의 귀책사유로 연차유급휴가를 사용하지 못한 경우(근로기준법 제60조 제7항 단서)에 해당되지 아니한다.

2. 1년 미만 근로한 근로자의 연차유급휴가의 사용촉진

(1) **요건**: 사용자가 계속하여 근로한 기간이 1년 미만인 근로자의 제60조 제2항에 따른 유급휴가의 사용을 촉진하기 위하여 다음 각 호의 조치를 하였음에도 불구하고 근로자가 휴가를 사용하지 아니한 경우 휴가는 소멸된다(근로기준법 제61조 제2항).

① 최초 1년의 근로기간이 끝나기 3개월 전을 기준으로 10일 이내에 사용자가 근로자별로 사용하지 아니한 휴가 일수를 알려주고, 근로자가 그 사용 시기를 정하여 사용자에게 통보하도록 서면으로 촉구할 것. 다만, 사용자가 서면 촉구한 후 발생한 휴가에 대해서는 최초 1년의 근로기간이 끝나기 1개월 전을 기준으로 5일 이내에 촉구하여야 한다.

② 제1호에 따른 촉구에도 불구하고 근로자가 촉구를 받은 때부터 10일 이내에 사용하지 아니한 휴가의 전부 또는 일부의 사용 시기를 정하여 사용자에게 통보하지 아니하면 최초 1년의 근로기간이 끝나기 1개월 전까지 사용자가 사용하지 아니한 휴가의 사용 시기를 정하여 근로자에게 서면으로 통보할 것. 다만, 제1호 단서에 따라 촉구한 휴가에 대해서는 최초 1년의 근로기간이 끝나기 10일 전까지 서면으로 통보하여야 한다.

---

18) 대판 2015.9.10, 2015두41401 ; 근로기준법 제61조는 불명확한 연차유급휴가 사용촉진조치로 인한 당사자 간의 분쟁을 방지하고자 근로자별로 '서면'으로 통보하도록 규정하고 있으나, 이메일에 의한 통보의 경우에도 근로자가 이를 수신하여 사용촉진에 대한 내용을 알고 있다면 유효한 통보로 볼 수 있다.

(2) 효과

사용자의 상기 사용촉진조치에 불구하고 근로자가 휴가를 사용하지 아니하였을 경우에는 ① 연차유급휴가가 소멸하며, ② 사용자는 사용하지 아니한 휴가에 대하여 보상할 의무를 부담하지 아니하며, ③ 사용자의 귀책사유로 연차유급휴가를 사용하지 못한 경우(근로기준법 제60조 제7항 단서)에 해당되지 아니한다.

VIII 연차유급휴가의 대체

1. 의의

사용자는 근로자대표와의 서면합의에 따라 연차유급휴가일에 갈음하여 특정한 근로일에 근로자를 휴무시킬 수 있다(근로기준법 제62조).

2. 요건

연차유급휴가를 대체하기 위해서는 '근로자대표와의 서면합의'를 필요로 한다. 휴가일의 대체는 근로자의 시기지정권을 제약하는 측면이 있으므로 사용자가 이를 일방적 의사로 할 수 없도록 한 것이다.

3. 효과

근로자대표와의 서면합의를 체결하는 경우에는 근로자의 휴가에 대한 시기지정권은 그 범위에서 배제되므로, 근로자는 그 날에 근로하는 대신 다른 날을 휴가일로 지정할 수는 없다고 보아야 할 것이다. 따라서 근로자가 서면합의에 따른 휴가 실시일에 휴가를 취득하는 것을 거부하더라도 휴가는 유효하게 성립하고 당해 휴가일수에 해당하는 휴가권이 소멸한다.

제 10 절   근로시간제도의 적용 제외

I   법규정

> **제63조【적용의 제외】** 이 장과 제5장에서 정한 근로시간, 휴게와 휴일에 관한 규정은 다음 각 호의 어느 하나에 해당하는 근로자에 대하여는 적용하지 아니한다.
> 1. 토지의 경작·개간, 식물의 식재(植栽)·재배·채취 사업, 그 밖의 농림 사업
> 2. 동물의 사육, 수산 동식물의 채취·포획·양식 사업, 그 밖의 축산, 양잠, 수산 사업
> 3. 감시(監視) 또는 단속적(斷續的)으로 근로에 종사하는 사람으로서 사용자가 고용노동부장관의 승인을 받은 사람
> 4. 대통령령으로 정하는 업무에 종사하는 근로자

II   적용제외 근로자

근로시간·휴게 및 휴일에 관한 규정은 다음의 어느 하나에 해당하는 근로자에 대하여는 적용되지 아니한다.

① 토지의 경작·개간, 식물의 식재(植栽)·재배·채취 사업, 그 밖의 농림 사업, ② 동물의 사육, 수산 동식물의 채취·포획·양식 사업, 그 밖의 축산, 양잠, 수산 사업, ③ 감시(監視) 또는 단속적(斷續的)으로 근로에 종사하는 자로서 사용자가 고용노동부장관의 승인을 받은 자[19], ④ 대통령령으로 정하는 업무에 종사하는 근로자(근로기준법 제63조). 이 경우 대통령령이 정한 업무라 함은 사업의 종류에 불구하고 관리·감독업무 또는 기밀을 취급하는 업무를 말한다(동법 시행령 제34조).

III   적용범위

1. 적용되지 않는 규정

근로기준법 제4장(근로시간과 휴식)과 제5장(여성과 소년) 중 근로시간·휴게·휴일에 관한 규정은 위 특수근로자 등에게는 적용되지 아니한다.

2. 적용되는 규정

근로기준법 제56조의 규정 중 야간근로에 대한 야간근로수당, 동법 제70조의 여성과 소년의 야간근로금지에 관한 규정은 위 특수근로자 등에게도 적용된다[20]. 또한 휴가는 휴일과 성질을 달리하므로 연차유급휴가, 생리휴가, 출산전후휴가 및 유·사산휴가에 관한 규정도 적용이 배제되지 않는다고 보아야 한다[21].

---

19) 임종률, 『노동법』; 감시·단속적 근로에 종사하는 자는 근로하면서 휴식을 충분히 취하기 때문에 근로시간을 엄격히 규제할 필요가 높지 않다는 점에서 적용제외 대상으로 설정한 것이다.

20) 근기 01254-4823, 1987.3.25

21) 김형배·박지순, 『노동법』, 김유성, 『노동법 I』

여성과 소년

제1절 미성년자의 노동법상 보호

I 법규정

제67조【근로계약】 ① 친권자나 후견인은 미성년자의 근로계약을 대리할 수 없다.
② 친권자, 후견인 또는 고용노동부장관은 근로계약이 미성년자에게 불리하다고 인정하는 경우에는 이를 해지할 수 있다.
③ 사용자는 18세 미만인 사람과 근로계약을 체결하는 경우에는 제17조에 따른 근로조건을 서면(「전자문서 및 전자거래 기본법」 제2조 제1호에 따른 전자문서를 포함한다)으로 명시하여 교부하여야 한다.
제68조【임금의 청구】 미성년자는 독자적으로 임금을 청구할 수 있다.

II 근로계약 대리체결 금지

친권자나 후견인은 미성년자의 근로계약을 대리할 수 없다(근로기준법 제67조 제1항)[1]. 따라서 사용자가 미성년자를 고용할 때에는 미성년자 본인과 직접 근로계약을 체결해야 한다.

III 근로계약의 해지

친권자·후견인 또는 고용노동부장관은 근로계약이 미성년자에게 불리하다고 인정될 때에는 향후 이를 해지할 수 있다(근로기준법 제67조 제2항). 고용노동부장관에게도 근로계약의 해지권이 부여한 이유는 친권자 또는 후견인이 자신의 이익을 위하여 미성년자에게 불리한 근로계약을 해지하지 아니하는 경우 이들을 대신하여 근로계약을 해지하기 위한 것이다.

IV 미성년자의 임금청구

미성년자는 독자적으로 임금을 청구할 수 있다(근로기준법 제68조). 이는 민법상 행위능력이 없는 미성년자에게 법정대리인의 동의 없이 단독으로 임금을 청구할 수 있는 권리를 인정한 규정이다.

---

1) 임종률, 『노동법』; 법정대리인이 미성년자를 대신하여 근로계약을 체결할 수 없도록 규정한 것은 친권 남용의 가능성으로부터 임금 수입으로 살아가야 할 미성년 근로자를 보호하기 위한 것이다.

제 2 절 　연소근로자의 노동법상 보호

I　법규정

제64조【최저 연령과 취직인허증】 ① 15세 미만인 사람(「초·중등교육법」에 따른 중학교에 재학 중인 18세 미만인 사람을 포함한다)은 근로자로 사용하지 못한다. 다만, 대통령령으로 정하는 기준에 따라 고용노동부장관이 발급한 취직인허증(就職認許證)을 지닌 사람은 근로자로 사용할 수 있다.

② 제1항의 취직인허증은 본인의 신청에 따라 의무교육에 지장이 없는 경우에는 직종(職種)을 지정하여서만 발행할 수 있다.

③ 고용노동부장관은 거짓이나 그 밖의 부정한 방법으로 제1항 단서의 취직인허증을 발급받은 사람에게는 그 인허를 취소하여야 한다.

제65조【사용 금지】 ① 사용자는 임신 중이거나 산후 1년이 지나지 아니한 여성(이하 "임산부"라 한다)과 18세 미만자를 도덕상 또는 보건상 유해·위험한 사업에 사용하지 못한다.

② 사용자는 임산부가 아닌 18세 이상의 여성을 제1항에 따른 보건상 유해·위험한 사업 중 임신 또는 출산에 관한 기능에 유해·위험한 사업에 사용하지 못한다.

③ 제1항 및 제2항에 따른 금지 직종은 대통령령으로 정한다.

제66조【연소자 증명서】 사용자는 18세 미만인 사람에 대하여는 그 연령을 증명하는 가족관계기록사항에 관한 증명서와 친권자 또는 후견인의 동의서를 사업장에 갖추어 두어야 한다.

제67조【근로계약】 ① 친권자나 후견인은 미성년자의 근로계약을 대리할 수 없다.

② 친권자, 후견인 또는 고용노동부장관은 근로계약이 미성년자에게 불리하다고 인정하는 경우에는 이를 해지할 수 있다.

③ 사용자는 18세 미만인 사람과 근로계약을 체결하는 경우에는 제17조에 따른 근로조건을 서면(「전자문서 및 전자거래 기본법」 제2조 제1호에 따른 전자문서를 포함한다)으로 명시하여 교부하여야 한다.

제70조【야간근로와 휴일근로의 제한】 ① 사용자는 18세 이상의 여성을 오후 10시부터 오전 6시까지의 시간 및 휴일에 근로시키려면 그 근로자의 동의를 받아야 한다.

② 사용자는 임산부와 18세 미만자를 오후 10시부터 오전 6시까지의 시간 및 휴일에 근로시키지 못한다. 다만, 다음 각 호의 어느 하나에 해당하는 경우로서 고용노동부장관의 인가를 받으면 그러하지 아니하다.

　1. 18세 미만자의 동의가 있는 경우

　2. 산후 1년이 지나지 아니한 여성의 동의가 있는 경우

　3. 임신 중의 여성이 명시적으로 청구하는 경우

③ 사용자는 제2항의 경우 고용노동부장관의 인가를 받기 전에 근로자의 건강 및 모성 보호를 위하여 그 시행 여부와 방법 등에 관하여 그 사업 또는 사업장의 근로자대표와 성실하게 협의하여야 한다.

제72조【갱내근로의 금지】 사용자는 여성과 18세 미만인 사람을 갱내(坑內)에서 근로시키지 못한다. 다만, 보건·의료, 보도·취재 등 대통령령으로 정하는 업무를 수행하기 위하여 일시적으로 필요한 경우에는 그러하지 아니하다.

▌II ▌ 최저취업연령의 보호[2]

1. 의의

15세 미만인 자(초・중등교육법에 따른 중학교에 재학 중인 18세 미만인 자를 포함한다)는 근로자로 사용하지 못한다. 다만, 대통령령이 정하는 기준에 따라 고용노동부장관이 발급한 취직인허증을 지닌 자는 근로자로 사용할 수 있다(근로기준법 제64조 제1항).

2. 연소근로자의 사용

(1) 원칙

사용자는 원칙적으로 15세 미만의 자를 근로자로 사용하여서는 아니 된다(근로기준법 제64조). 사용자는 18세 미만자에 대하여 그 연령 및 가족관계를 증명하는 서류를 사업장에 비치하여야 할 의무가 있으므로(동법 제66조), 근로자의 연령이 만 15세에 달하였는가의 여부를 확인할 의무는 사용자에게 있다고 할 것이다[3].

(2) 예외

15세 미만자라 할지라도 대통령령이 정하는 기준에 따라 고용노동부장관이 발급한 취직인허증을 지닌 자는 근로자로 사용할 수 있다(근로기준법 제64조 단서). 13세 미만인 자는 취직인허증을 받을 수 없으나, 예술공연 참가를 위한 경우에는 예외적으로 받을 수 있다(동법 시행령 제35조 제1항).

▌III ▌ 18세 미만 연소자증명서의 비치

1. 의의

사용자는 18세 미만자의 연령을 증명하는 가족관계 기록사항에 관한 증명서와 친권자 또는 후견인의 동의서를 사업장에 갖추어 두어야 한다(근로기준법 제66조). 다만, 15세 미만자의 경우 취직인허증으로서 가족관계 기록사항에 관한 증명서[4] 및 동의서를 대신할 수 있다(동법 시행령 제36조 제1항).

2. 동의서

동의서라 함은 미성년자의 근로계약 체결에 관한 동의서를 말한다. 즉, 미성년자의 근로계약 체결에 대하여 친권자 또는 후견인이 이를 대리할 수 없으나(근로기준법 제67조 제1항), 이에 대한 동의는 필요한 것을 의미한다.

---

2) 이상윤, 『노동법』
3) 김형배・박지순, 『노동법』
4) '가족관계의 등록 등에 관한 법률'(법률 제8435호 2007.5.17)의 제정에 따른 것이다.

Ⅳ 연소근로자의 근로계약

사용자는 18세 미만인 자와 근로계약을 체결하는 경우에는 근로기준법 제17조(근로조건의 명시)에 따른 근로조건을 서면(전자문서 및 전자거래기본법 제2조 제1호에 따른 전자문서를 포함한다)으로 명시하여 교부하여야 한다(근로기준법 제67조 제3항).

Ⅴ 연소근로자의 근로시간 제한

1. 근로시간 제한

(1) 원칙

15세 이상 18세 미만 근로자의 근로시간은 1일 7시간, 1주 35시간을 원칙으로 한다(근로기준법 제67조 본문). 근로기준법은 15세 미만자의 근로시간에 대하여는 아무런 규정도 두고 있지 않다. 15세 미만자를 사용하는 경우에도 당연히 1일 7시간, 1주 35시간의 원칙이 적용되는 것으로 해석하여야 할 것이다[5].

(2) 예외

당사자의 합의에 의하여 1일에 1시간, 1주에 5시간의 한도로, 연장근로를 시킬 수 있다(근로기준법 제69조 단서). 이 경우 미성년 근로자의 근로시간은 최장 1일에 8시간, 1주에 40시간이 될 것이다.

2. 탄력적 및 선택적 근로시간제 금지

탄력적 근로시간제는 15세 이상 18세 미만의 근로자와 임신 중인 여성근로자에 대하여는 이를 적용하지 아니하고(근로기준법 제51조 제3항 및 동법 제51조의2 제6항), 선택적 근로시간제는 15세 이상 18세 미만의 근로자에게만 적용되지 아니한다(동법 제52조 제1호).

3. 야간 및 휴일근로의 제한

사용자는 임산부와 18세 미만인 자를 야간 및 휴일에 근로시키지 못하는데, 다만, 18세 미만인 자의 동의가 있는 경우로서 고용노동부장관의 인가를 얻은 경우에는 예외적으로 근로가 가능하도록 하고 있다(근로기준법 제70조).

---

5) 이상윤, 『노동법』

VI 연소근로자의 사용금지

1. 유해 · 위험 사업에의 사용금지

사용자는 18세 미만인 자를 도덕상 또는 보건상 유해 · 위험한 사업에 사용하지 못한다(근로기준법 제65조 제1항).

2. 갱내근로의 금지

사용자는 18세 미만인 자를 갱내에서 근로시키지 못한다. 다만, 보건 · 의료, 보도 · 취재 등 대통령령이 정하는 업무를 수행하기 위하여 일시적으로 필요한 경우에는 그러하지 아니하다(근로기준법 제72조).

제 3 절 여성근로자의 노동법상 보호

I 법규정

제65조【사용 금지】 ① 사용자는 임신 중이거나 산후 1년이 지나지 아니한 여성(이하 "임산부"라 한다)과 18세 미만자를 도덕상 또는 보건상 유해 · 위험한 사업에 사용하지 못한다.
② 사용자는 임산부가 아닌 18세 이상의 여성을 제1항에 따른 보건상 유해 · 위험한 사업 중 임신 또는 출산에 관한 기능에 유해 · 위험한 사업에 사용하지 못한다.
③ 제1항 및 제2항에 따른 금지 직종은 대통령령으로 정한다.

제70조【야간근로와 휴일근로의 제한】 ① 사용자는 18세 이상의 여성을 오후 10시부터 오전 6시까지의 시간 및 휴일에 근로시키려면 그 근로자의 동의를 받아야 한다.
② 사용자는 임산부와 18세 미만자를 오후 10시부터 오전 6시까지의 시간 및 휴일에 근로시키지 못한다. 다만, 다음 각 호의 어느 하나에 해당하는 경우로서 고용노동부장관의 인가를 받으면 그러하지 아니하다.
　1. 18세 미만자의 동의가 있는 경우
　2. 산후 1년이 지나지 아니한 여성의 동의가 있는 경우
　3. 임신 중의 여성이 명시적으로 청구하는 경우
③ 사용자는 제2항의 경우 고용노동부장관의 인가를 받기 전에 근로자의 건강 및 모성 보호를 위하여 그 시행 여부와 방법 등에 관하여 그 사업 또는 사업장의 근로자대표와 성실하게 협의하여야 한다.

제71조【시간외근로】 사용자는 산후 1년이 지나지 아니한 여성에 대하여는 단체협약이 있는 경우라도 1일에 2시간, 1주에 6시간, 1년에 150시간을 초과하는 시간외근로를 시키지 못한다.

제72조【갱내근로의 금지】 사용자는 여성과 18세 미만인 사람을 갱내(坑內)에서 근로시키지 못한다. 다만, 보건 · 의료, 보도 · 취재 등 대통령령으로 정하는 업무를 수행하기 위하여 일시적으로 필요한 경우에는 그러하지 아니하다.

제73조【생리휴가】 사용자는 여성 근로자가 청구하면 월 1일의 생리휴가를 주어야 한다.

제74조【임산부의 보호】 ① 사용자는 임신 중의 여성에게 출산 전과 출산 후를 통하여 90일(미숙아를 출산한 경우에는 100일, 한 번에 둘 이상 자녀를 임신한 경우에는 120일)의 출산전후휴가를 주어야 한다. 이 경우 휴가 기간의 배정은 출산 후에 45일(한 번에 둘 이상 자녀를 임신한 경우에는 60일) 이상이 되어야 하고, 미숙아의 범위, 휴가 부여 절차 등에 필요한 사항은 고용노동부령으로 정한다.

② 사용자는 임신 중인 여성 근로자가 유산의 경험 등 대통령령으로 정하는 사유로 제1항의 휴가를 청구하는 경우 출산 전 어느 때 라도 휴가를 나누어 사용할 수 있도록 하여야 한다. 이 경우 출산 후의 휴가 기간은 연속하여 45일(한 번에 둘 이상 자녀를 임신한 경우에는 60일) 이상이 되어야 한다.

③ 사용자는 임신 중인 여성이 유산 또는 사산한 경우로서 그 근로자가 청구하면 대통령령으로 정하는 바에 따라 유산·사산 휴가를 주어야 한다. 다만, 인공 임신중절 수술(「모자보건법」 제14조 제1항에 따른 경우는 제외한다)에 따른 유산의 경우는 그러하지 아니하다.

④ 제1항부터 제3항까지의 규정에 따른 휴가 중 최초 60일(한 번에 둘 이상 자녀를 임신한 경우에는 75일)은 유급으로 한다. 다만, 「남녀고용평등과 일·가정 양립 지원에 관한 법률」 제18조에 따라 출산전후휴가급여 등이 지급된 경우에는 그 금액의 한도에서 지급의 책임을 면한다.

⑤ 사용자는 임신 중의 여성 근로자에게 시간외근로를 하게 하여서는 아니 되며, 그 근로자의 요구가 있는 경우에는 쉬운 종류의 근로로 전환하여야 한다.

⑥ 사업주는 제1항에 따른 출산전후휴가 종료 후에는 휴가 전과 동일한 업무 또는 동등한 수준의 임금을 지급하는 직무에 복귀시켜야 한다.

⑦ 사용자는 임신 후 12주 이내 또는 32주 이후에 있는 여성 근로자(고용노동부령으로 정하는 유산, 조산 등 위험이 있는 여성 근로자의 경우 임신 전 기간)가 1일 2시간의 근로시간 단축을 신청하는 경우 이를 허용하여야 한다. 다만, 1일 근로시간이 8시간 미만인 근로자에 대하여는 1일 근로시간이 6시간이 되도록 근로시간 단축을 허용할 수 있다.

⑧ 사용자는 제7항에 따른 근로시간 단축을 이유로 해당 근로자의 임금을 삭감하여서는 아니 된다.

⑨ 사용자는 임신 중인 여성 근로자가 1일 소정근로시간을 유지하면서 업무의 시작 및 종료 시각의 변경을 신청하는 경우 이를 허용하여야 한다. 다만, 정상적인 사업 운영에 중대한 지장을 초래하는 경우 등 대통령령으로 정하는 경우에는 그러하지 아니하다.

⑩ 제7항에 따른 근로시간 단축의 신청방법 및 절차, 제9항에 따른 업무의 시작 및 종료 시각 변경의 신청방법 및 절차 등에 관하여 필요한 사항은 대통령령으로 정한다.

제74조의2【태아검진 시간의 허용 등】 ① 사용자는 임신한 여성근로자가 「모자보건법」 제10조에 따른 임산부 정기건강진단을 받는 데 필요한 시간을 청구하는 경우 이를 허용하여 주어야 한다.

② 사용자는 제1항에 따른 건강진단 시간을 이유로 그 근로자의 임금을 삭감하여서는 아니 된다.

제75조【육아 시간】 생후 1년 미만의 유아(乳兒)를 가진 여성 근로자가 청구하면 1일 2회 각각 30분 이상의 유급 수유 시간을 주어야 한다.

II 근로기준법상 여성근로자 보호

1. 일반 여성근로자의 보호

(1) 야간 및 휴일근로의 제한

사용자는 18세 이상의 여성을 야간 및 휴일에 근로시키고자 할 경우에는 당해 근로자의 동의를 얻어야 한다(근로기준법 제70조 제1항).

(2) 유해·위험사업에의 사용금지

사용자는 임산부가 아닌 18세 이상의 여성을 보건상 유해·위험한 사업 중 임신 또는 출산에 관한 기능에 유해·위험한 사업에 사용하지 못한다(근로기준법 제65조 제2항).

(3) 갱내근로의 금지

사용자는 여성을 갱내에서 근로시키지 못한다. 다만, 보건·의료, 보도·취재 등 대통령령이 정하는 업무를 수행하기 위하여 일시적으로 필요한 경우에는 그러하지 아니한다(근로기준법 제72조).

> **근로기준법 시행령 제42조【갱내근로 허용업무】**
> 법 제72조에 따라 여성과 18세 미만인 자를 일시적으로 갱내에서 근로시킬 수 있는 업무는 다음 각 호와 같다.
> 1. 보건, 의료 또는 복지 업무
> 2. 신문·출판·방송프로그램 제작 등을 위한 보도·취재업무
> 3. 학술연구를 위한 조사 업무
> 4. 관리·감독 업무
> 5. 제1호부터 제4호까지의 규정의 업무와 관련된 분야에서 하는 실습 업무

(4) 생리휴가

사용자는 여성인 근로자가 청구하는 경우에는 월 1일의 생리휴가를 주어야 한다(근로기준법 제73조).

2. 임산부에 대한 특별보호

(1) 유해·위험사업에의 사용금지

사용자는 임신 중이거나 산후 1년이 경과되지 아니한 여성을 도덕상 또는 보건상 유해·위험한 사업에 사용하지 못한다(근로기준법 제65조 제1항).

(2) 근로시간의 제한

① 탄력적 근로시간제의 적용금지 : 탄력적 근로시간제는 임신 중인 여성근로자에 대하여는 이를 적용하지 아니한다(근로기준법 제51조 제3항).

② 시간 외 근로의 제한

　㉠ 임신 중인 여성 : 사용자는 임신 중의 여성근로자에 대하여 시간 외 근로를 하게 하여서는 아니 된다(근로기준법 제74조 제5항).

ⓛ **산후 1년이 경과되지 않은 여성**: 사용자는 산후 1년이 경과되지 아니한 여성에 대하여는 단체협약이 있는 경우라도 1일에 2시간, 1주에 6시간, 1년에 150시간을 초과하는 시간 외 근로를 시키지 못한다(근로기준법 제71조).

③ **야간 및 휴일근로의 제한**: 사용자는 임산부를 야간 및 휴일에 근로시키고자 할 경우에는 고용노동부장관의 인가와 당해 근로자의 동의 또는 명시적인 청구가 있어야 한다(근로기준법 제70조).

(3) 출산전후휴가

사용자는 임신 중의 여성에게 출산 전과 출산 후를 통하여 90일(미숙아를 출산한 경우에는 100일, 한 번에 둘 이상 자녀를 임신한 경우에는 120일)의 출산전후휴가를 주어야 한다. 이 경우 휴가기간의 배정은 출산 후에 45일(한 번에 둘 이상 자녀를 임신한 경우에는 60일) 이상이 되어야 하고, 미숙아의 범위, 휴가 부여 절차 등에 필요한 사항은 고용노동부령으로 정한다(근로기준법 제74조 제1항).

(4) 쉬운 종류의 근로로 전환

사용자는 임신 중의 여성근로자 요구가 있는 경우에는 쉬운 종류의 근로로 전환하여야 한다(근로기준법 제74조 제4항). 여기서 '쉬운 종류의 근로'란 임신 여성 본인이 그 신체적 조건에서 감당할 수 있는 업무로서, 원칙적으로 본인이 요구한 업무를 말한다.

(5) 임신기 근로시간 단축

사용자는 임신 후 12주 이내 또는 32주 이후에 있는 여성 근로자(고용노동부령으로 정하는 유산, 조산 등 위험이 있는 여성 근로자의 경우 임신 전 기간)가 1일 2시간의 근로시간 단축을 신청하는 경우 이를 허용해야 하고, 다만 1일 근로시간이 8시간 미만인 근로자에 대해서는 1일 근로시간이 6시간이 되도록 근로시간 단축을 허용할 수 있다(근로기준법 제74조 제7항). 사용자는 임신기 근로시간 단축을 이유로 해당 근로자의 임금을 삭감해서는 안 된다(동법 제74조 제8항).

(6) 업무의 시작 및 종료시각의 변경

사용자는 임신 중인 여성근로자가 1일 소정근로시간을 유지하면서 업무의 시작 및 종료 시각의 변경을 신청하는 경우 이를 허용하여야 한다. 다만, 정상적인 사업 운영에 중대한 지장을 초래하는 경우 등 대통령령으로 정하는 경우에는 그러하지 아니하다(근로기준법 제74조 제9항).

(7) 태아검진 시간의 허용

사용자는 임신한 여성근로자가 임산부 정기건강진단을 받는 데 필요한 시간을 청구하는 경우 이를 허용하여야 한다(근로기준법 제74조의2 제1항). 사용자는 상기 건강진단 시간을 이유로 그 근로자의 임금을 삭감하여서는 아니 된다(동법 제74조의2 제2항).

(8) 육아시간

생후 1년 미만의 유아를 가진 여성근로자가 청구하면 1일 2회 각각 30분 이상의 유급수유 시간을 주어야 한다(근로기준법 제75조).

직장 내 괴롭힘의 금지

I 법규정

제76조의2【직장 내 괴롭힘의 금지】 사용자 또는 근로자는 직장에서의 지위 또는 관계 등의 우위를 이용하여 업무상 적정범위를 넘어 다른 근로자에게 신체적·정신적 고통을 주거나 근무환경을 악화시키는 행위(이하 "직장 내 괴롭힘"이라 한다)를 하여서는 아니 된다.

제76조의3【직장 내 괴롭힘 발생 시 조치】 ① 누구든지 직장 내 괴롭힘 발생 사실을 알게 된 경우 그 사실을 사용자에게 신고할 수 있다.

② 사용자는 제1항에 따른 신고를 접수하거나 직장 내 괴롭힘 발생 사실을 인지한 경우에는 지체 없이 당사자 등을 대상으로 그 사실 확인을 위하여 객관적으로 조사를 실시하여야 한다.

③ 사용자는 제2항에 따른 조사 기간 동안 직장 내 괴롭힘과 관련하여 피해를 입은 근로자 또는 피해를 입었다고 주장하는 근로자(이하 "피해근로자등"이라 한다)를 보호하기 위하여 필요한 경우 해당 피해근로자등에 대하여 근무장소의 변경, 유급휴가 명령 등 적절한 조치를 하여야 한다. 이 경우 사용자는 피해근로자등의 의사에 반하는 조치를 하여서는 아니 된다.

④ 사용자는 제2항에 따른 조사 결과 직장 내 괴롭힘 발생 사실이 확인된 때에는 피해근로자가 요청하면 근무장소의 변경, 배치전환, 유급휴가 명령 등 적절한 조치를 하여야 한다.

⑤ 사용자는 제2항에 따른 조사 결과 직장 내 괴롭힘 발생 사실이 확인된 때에는 지체 없이 행위자에 대하여 징계, 근무장소의 변경 등 필요한 조치를 하여야 한다. 이 경우 사용자는 징계 등의 조치를 하기 전에 그 조치에 대하여 피해근로자의 의견을 들어야 한다.

⑥ 사용자는 직장 내 괴롭힘 발생 사실을 신고한 근로자 및 피해근로자등에게 해고나 그 밖의 불리한 처우를 하여서는 아니 된다.

⑦ 제2항에 따라 직장 내 괴롭힘 발생 사실을 조사한 사람, 조사 내용을 보고받은 사람 및 그 밖에 조사 과정에 참여한 사람은 해당 조사 과정에서 알게 된 비밀을 피해근로자등의 의사에 반하여 다른 사람에게 누설하여서는 아니 된다. 다만, 조사와 관련된 내용을 사용자에게 보고하거나 관계 기관의 요청에 따라 필요한 정보를 제공하는 경우는 제외한다.

II 직장 내 괴롭힘의 판단

1. 의의

'직장 내 괴롭힘'이라 함은 사용자 또는 근로자가 직장에서의 지위 또는 관계 등의 우위를 이용하여 업무상 적정범위를 넘어 다른 근로자에게 신체적·정신적 고통을 주거나 근무환경을 악화시키는 행위를 말한다.

2. 구체적 판단 요소

(1) 행위자

직장 내 괴롭힘의 행위자는 근로자 또는 근로기준법 제2조 제1항 제2호에 따른 사용자, 즉 사업주, 사업경영담당자, 그 밖에 근로자에 관한 사항에 대하여 사업주를 위하여 행위하는 자를 말한다.

(2) 피해자

직장 내 괴롭힘의 피해자는 근로기준법 제2조 제1항 제1호에 따른 근로자, 즉 사용자와 사용종속관계 하에서 근로관계를 맺고 있는 근로자를 말한다. 피해자인 근로자의 고용형태 또는 근로계약기간 등은 불문한다.

(3) 행위장소

행위장소는 반드시 사업장 내일 필요는 없는바, 따라서 외근·출장지 등 업무수행 과정 등의 장소, 회식이나 기업 행사 등의 장소뿐 아니라 사적 공간에서 발생한 경우라도 직장 내 괴롭힘으로 인정될 수 있으며, 또한 사내 메신저·SNS 등 온라인상에서 발생한 경우에도 직장 내 괴롭힘에 해당될 수 있다.

(4) 행위요건

① 직장에서의 지위 또는 관계 등의 우위를 이용할 것 : 피해근로자가 저항 또는 거절하기 어려울 개연성이 높은 상태가 인정되어야 하며, 행위자가 이러한 상태를 이용하여야 한다. 또한 기본적으로 지휘·명령 관계에서 상위에 있는 경우를 말하나, 직접적인 지휘·명령 관계에 놓여 있지 않더라도 회사 내 직위·직급 체계상 상위에 있음을 이용한다면 지위의 우위성이 인정될 수 있다.

② 업무의 적정범위를 넘을 것 : 행위자가 피해자에 비하여 우위성이 인정되더라도 문제된 행위가 업무관련성이 있는 상황에서 발생한 것이어야 한다.

③ 신체적·정신적 고통을 주거나 근무환경을 악화시키는 행위일 것 : '근무환경을 악화시키는 행위' 란 그 행위로 인하여 피해자가 능력을 발휘하는데 간과할 수 없을 정도의 지장이 발생하는 것을 의미한다.

Ⅲ 직장 내 괴롭힘 발생 시 조치

1. 사용자에 대한 신고 및 조사

누구든지 직장 내 괴롭힘 발생 사실을 알게 된 경우 그 사실을 사용자에게 신고할 수 있다(근로기준법 제76조의3 제1항). 사용자는 제1항에 따른 신고를 접수하거나 직장 내 괴롭힘 발생 사실을 인지한 경우에는 지체 없이 당사자 등을 대상으로 그 사실 확인을 위하여 객관적으로 조사를 실시하여야 한다(동법 제76조의3 제2항).

2. 피해근로자의 보호

사용자는 제2항에 따른 조사 기간 동안 직장 내 괴롭힘과 관련하여 피해를 입은 근로자 또는 피해를 입었다고 주장하는 근로자(이하 "피해근로자 등"이라 한다)를 보호하기 위하여 필요한 경우 해당 피해근로자 등에 대하여 근무장소의 변경, 유급휴가 명령 등 적절한 조치를 하여야 한다. 이 경우 사용자는 피해근로자 등의 의사에 반하는 조치를 하여서는 아니 된다(근로기준법 제76조의3 제3항). 사용자는 제2항에 따른 조사 결과 직장 내 괴롭힘 발생 사실이 확인된 때에는 피해근로자가 요청하면 근무장소의 변경, 배치전환, 유급휴가 명령 등 적절한 조치를 하여야 한다(동법 제76조의3 제4항). 따라서 사용자가 직장 내 괴롭힘을 신고한 피해근로자를 원거리 전보조치 한 것은 불리한 조치로서 위법하다(대판 2022.7.12, 2022도4925).

3. 행위자에 대한 징계조치

사용자는 제2항에 따른 조사 결과 직장 내 괴롭힘 발생 사실이 확인된 때에는 지체 없이 행위자에 대하여 징계, 근무장소의 변경 등 필요한 조치를 하여야 한다. 이 경우 사용자는 징계 등의 조치를 하기 전에 그 조치에 대하여 피해근로자의 의견을 들어야 한다(근로기준법 제76조의3 제5항).

4. 불리한 처우의 금지

사용자는 직장 내 괴롭힘 발생 사실을 신고한 근로자 및 피해근로자 등에게 해고나 그 밖의 불리한 처우를 하여서는 아니 된다(근로기준법 제76조의3 제6항).

5. 비밀 누설 금지

직장 내 괴롭힘 발생 사실을 조사한 사람, 조사 내용을 보고받은 사람 및 그 밖에 조사 과정에 참여한 사람은 해당 조사 과정에서 알게 된 비밀을 피해근로자 등의 의사에 반하여 다른 사람에게 누설하여서는 아니 된다. 다만, 조사와 관련된 내용을 사용자에게 보고하거나 관계 기관의 요청에 따라 필요한 정보를 제공하는 경우는 제외한다(근로기준법 제76조의3 제7항).

제1절 **전직 및 전보**(기업 내 인사이동)

I **전직 및 전보**(기업 내 인사이동)**의 개념**

전직 및 전보(기업 내 인사이동)이라 함은 근로자의 직무내용 또는 근무장소가 상당히 장기간에 걸쳐 변경되는 것을 말한다.

II **인사권의 법적근거**

근로계약에서 구체적으로 근로의 내용과 근무장소를 특정하지 않은 경우, 사용자가 어떠한 범위 내에서 인사명령권을 행사할 수 있는지 여부 등과 관련하여 사용자의 인사명령권의 근거에 대해 견해의 대립이 있는데, 이와 관련하여 판례는 "근로자에 대한 전직이나 전보처분은 근로자가 제공하여야 할 근로의 종류·내용·장소 등에 변경을 가져온다는 점에서 근로자에게 불이익한 처분이 될 수 있으나, 원칙적으로 인사권자인 사용자의 권한에 속하므로 업무상 필요한 범위 내에서는 상당한 재량을 인정하여야 하는 것으로서, 그것이 근로기준법에 위반되거나 권리남용에 해당하는 등의 특별한 사정이 없는 한 무효라고 할 수 없다."고 판시하였다(대판 2007.10.11, 2007두11566; 대판 2018.10.25, 2016두44162; 대판 2023.7.13, 2020다253744).

III **전직 및 전보**(기업 내 인사이동)**명령의 제한**

1. 직무내용 및 근무지의 제한이 없는 경우

(1) 업무상 필요성

'업무상 필요'라 함은 인원배치를 변경할 필요성이 있고 그 변경에 어떠한 근로자를 포함시키는 것이 적절할 것인가 하는 인원 선택의 합리성을 의미하는데, 여기에는 업무능률의 증진, 직장질서의 유지나 회복, 근로자 간의 인화 등의 사정도 포함된다(대판 2018.10.25, 2016두44162; 대판 2023.7.13, 2020다253744).

(2) 생활상 불이익과의 비교·교량

전직 및 전보(기업 내 인사이동)에 따른 생활상의 불이익은 근로자가 통상적으로 감수하여야 할 정도를 현저히 벗어나지 않아야 한다. 그리고 생활상 불이익은 경제적인 것에 국한되지 않으며 육체적인 불이익, 가족·사회생활상의 불이익이나 조합활동상의 불이익을 포함한다(대판 1995.5.9, 93다51623).

(3) 해당 근로자와의 협의절차

전직 및 전보(기업 내 인사이동)을 함에 있어서 근로자 본인과 성실한 협의 등 신의칙상 요구되는 절차를 거쳤는지도 정당한 인사권의 행사여부를 판단하는 하나의 요소가 된다. 그러나 그러한 절차를 거치지 아니하였다는 사정만으로 전직 및 전보명령(기업 내 인사이동) 등이 권리남용에 해당하여 당연히 무효가 되는 것은 아니다(대판 2018.10.25, 2016두44162; 대판 2023.7.13, 2020다253744).

2. 직무내용 및 근무장소의 제한이 있는 경우

(1) 직무내용의 제한

근로계약을 체결할 때 또는 그 이행 과정에서 근로의 내용이나 종류가 특정된 경우라면 그 일방적인 변경은 허용되지 않으며, '근로자의 동의'가 있어야 한다(서울행판 2013.9.13, 2013구합52346; 서울고법 2015.3.13, 2014누45538).

(2) 근무장소의 제한

근로계약상 근무장소가 특정되어 있는 경우 사용자의 일방적인 전직 및 전보(기업 내 인사이동)명령은 정당하지 않고, '근로자의 동의'가 있어야 한다(대판 1992.1.21, 91누5204; 서울행판 2013.9.13, 2013구합52346).

Ⅳ 위반의 효과

사용자가 근로자에게 정당한 이유 없이 전직 및 전보(기업 내 인사이동)을 한 경우에 대한 벌칙은 없으나, 해당 근로자는 노동위원회에 부당전직 구제신청 또는 부당전보 구제신청을 제기하여 구제를 받을 수 있으며(근로기준법 제28조), 또한 법원에 제소하여 사법적 구제를 받을 수도 있다.

제 2 절 전출

Ⅰ 전출의 개념

전출이라 함은 근로자가 사용자와 기본적인 근로계약관계를 유지하면서 상당기간 동안 다른 기업에서 근로를 제공하는 것을 말한다.

Ⅱ 전출의 성립요건

1. 원기업과 전출기업 간의 합의가 있을 것

전출은 기업 외부로의 인사이동이므로, 원기업의 사용자가 근로자에 대하여 전출명령권을 가지려면 원기업과 전출기업 사이에 근로자를 보내고 받는다는 합의, 즉 전출계약이 필요하다.

2. 전출근로자의 동의가 있을 것

사용자는 근로자의 동의 없이 그 권리를 제3자에게 양도할 수 없다(민법 제657조 제1항[1]). 따라서 전출은 사용자가 근로자의 노무제공 상대방을 제3자로 변경하는 것이므로 '근로자의 동의'가 필요하다.

III 전출의 제한

전출은 근로기준법 제23조 제1항에 근거하여 '정당한 이유'가 있는 경우에 한하여 인정된다. 여기서 '정당한 이유'에 관하여 단체협약 및 취업규칙 등에 이를 구체적으로 정하는 것이 일반적이나, 규정되지 않은 경우 업무상 필요성, 생활상 불이익과의 비교·교량, 해당 근로자와의 동의절차 등의 절차를 거쳐야 할 것이다.

IV 위반의 효과

사용자가 근로자에게 정당한 이유 없이 전출을 한 경우에 대한 벌칙은 없다. 그러나 해당 근로자는 노동위원회에 부당전출 구제신청을 제기하여 구제받을 수 있으며(근로기준법 제28조), 또한 법원에 제소하여 사법적 구제를 받을 수도 있다.

제 3 절 | 전적

I 전적의 개념

전적이라 함은 본래의 소속기업과의 근로계약관계를 종료하고, 다른 기업과 근로계약관계를 새로이 체결하는 것을 말한다.

II 전적의 성립요건

1. 원기업과 전적기업 간의 합의가 있을 것

전적은 기업 외부로의 인사이동이므로, 원기업의 사용자가 근로자에 대하여 전적명령권을 가지려면 원기업과 근로자 사이에 존재하는 근로계약을 합의해지하고, 근로자는 전적기업과 새로 근로계약을 체결한다는 합의, 즉 전적계약이 필요하다.

---

1) **민법 제657조(권리의무의 전속성)** ① 사용자는 노무자의 동의 없이 그 권리를 제3자에게 양도하지 못한다.
② 노무자는 사용자의 동의 없이 제삼자로 하여금 자기에 갈음하여 노무를 제공하게 하지 못한다.
③ 당사자 일방이 전2항의 규정에 위반한 때에는 상대방은 계약을 해지할 수 있다.

2. 근로자의 동의가 있을 것

(1) 의의

전적은 근로제공 상대방의 변경이 뒤따르기 때문에 기업 내 인사이동인 전직 및 전보의 정당성 요건과는 별도로 민법 제657조[2]와 관련하여 근로자의 동의여부가 중요한 문제가 되는데, 사용자가 고용계약상 노무제공청구권 내지 노무처분권을 제3자에게 양도하여야 할 경우에는 당해 근로자의 동의가 필요하다(대판 2006.1.12, 2005두9873).

(2) 동의 방식여부

① **근로자의 개별적·구체적 동의**: 전적은 전적하게 될 기업과 새로운 근로계약을 체결하고 근로계약상의 사용자의 지위를 양도하는 것이므로, 특별한 사정이 없는 한 근로자의 동의를 받아야 한다(대판 1993.1.26, 92다11695).

② **포괄적 사전 동의**: 근로자의 동의가 해당 전적처분에 대한 구체적인 동의여야 하는지, 아니면 포괄적 사전 동의도 가능한지 여부가 문제되는데, 판례는 소위 <현대건설(주) 사건>에서 "미리 전적할 계약기업을 특정하고 그 기업에서 종사하여야 할 업무에 관한 사항 등 기본적인 근로조건을 명시하여 사전 동의를 얻은 경우"라고 하여 제한적으로 포괄적 사전 동의를 인정하고 있다(대판 1993.1.26, 92누8200).

③ **근로자의 동의 없는 전적 관행에 의한 규범적 승인 내지 사실상의 제도화**: 이와 관련하여 판례는 소위 <(주)한진해운 사건>에서 "그와 같은 관행이 해당기업에서 일반적으로 근로관계를 규율하는 규범적 사실로서 명확히 승인되거나 기업구성원이 이에 대한 이의를 제기함이 없이 당연한 것으로 받아들여 사실상의 제도로서 확립되어 있지 않으면 아니 된다."라고 판시하였다(대판 1996.12.23, 95다29970 ; 서울고법 2012.5.4, 2011누9432).

III 전적의 제한

사용자는 근로자를 정당한 이유 없이 전적할 수 없는데(근로기준법 제23조 제1항), 여기서 '정당한 이유'라 함은 인사권 행사의 업무상 필요성과 그로 인해 근로자가 입게 될 생활상 불이익을 비교·교량하고, 근로자와의 동의절차 등 인사권 행사에 신의칙상 요구되는 절차를 거쳐야 할 것이다.

IV 위반의 효과

사용자가 근로자에게 정당한 이유 없이 전적을 한 경우에 대한 벌칙은 없다. 그러나 해당 근로자는 노동위원회에 부당전적 구제신청을 제기하여 구제를 받을 수 있으며(근로기준법 제28조), 또한 법원에 제소하여 사법적 구제를 받을 수 있다.

---

2) **민법 제657조(권리의무의 전속성)** ① 사용자는 노무자의 동의없이 그 권리를 제3자에게 양도하지 못한다.
　② 노무자는 사용자의 동의없이 제3자로 하여금 자기에 갈음하여 노무를 제공하게 하지 못한다.
　③ 당사자 일방이 전2항의 규정에 위반한 때에는 상대방은 계약을 해지할 수 있다.

제 4 절 | 휴직

▮ I 휴직의 개념

(1) 휴직이라 함은 근로자를 직무에 종사하게 하는 것이 곤란하거나 또는 적당하지 아니한 사유가 발생한 때에 근로계약관계를 유지하면서 일정한 기간 동안 근로제공을 면제 또는 금지시키는 사용자의 처분을 말한다(대판 2009.9.10, 2007두10440)[3].

(2) 휴직은 그 사유나 목적 등이 다양하지만, 그 방식에 따라 사용자의 일방적 의사표시에 따른 '직권휴직'과 근로자의 신청과 사용자의 승낙에 따른 '의원휴직'으로 구분된다.

▮ II 휴직의 제한

1. 직권휴직의 경우

직권휴직이란 근로자가 휴직을 신청하지 않았음에도 불구하고 사용자가 일정한 사유로 근로자에게 휴직을 명하는 것을 말한다. 직권휴직으로는 주로 업무 외의 사유로 인한 부상이나 질병으로 인한 질병휴직, 형사사건으로 구속 기소된 경우의 기소휴직, 회사의 경영상 사정으로 인한 휴직 등이 있는데, 직권휴직의 정당성 판단과 관련하여 ① 근로기준법 제23조 제1항 등 법령에 위반되지 않을 것, ② 업무상 필요성이 있을 것, ③ 근로자의 생활상 불이익이 통상적으로 감수하여야 할 범위를 넘지 않을 것, ④ 명문의 규정이 있는 경우에는 그 절차를 거쳐야 하고, 명문의 규정이 없더라도 신의칙상 요구되는 절차를 거쳐야 한다[4].

2. 의원휴직의 경우

의원휴직이란 근로자 본인의 사정으로 근로자가 휴직을 신청하고 사용자가 승낙하여 실시하는 휴직을 말한다. 의원휴직의 사유로는 주로 학업이나 자격취득을 위한 연수, 본인이나 가족의 요양, 군입대로 인한 휴직, 공직 취임으로 인한 휴직 등이 있다.

---

3) 대판 2009.9.10, 2007두10440 ; 사용자가 그의 귀책사유에 해당하는 경영상의 필요에 따라 개별 근로자들에 대하여 구 근로기준법 제45조 제1항에 의한 휴업을 실시한 경우, 이러한 휴업 역시 구 근로기준법 제30조 제1항에서 정하는 "휴직"에 해당하는 불이익한 처분에 해당한다.

4) 중앙노동위원회, 「2020 주제별 판례 분석집」

III 휴직과 근로관계

1. 휴직 중 근로관계

(1) 휴직과 임금

휴직기간 중인 근로자에 대한 임금지급은 원칙적으로 단체협약이나 취업규칙 등에 정한 바에 따른다(대판 1992.3.31, 90다8763). 만약 근로자의 휴직이 사용자 측의 경영상의 귀책사유로 인하여 발생하는 것이면, 근로기준법 제46조의 휴업수당을 지급하여야 한다.

(2) 휴직과 계속근로기간의 산정

휴직기간도 계속근로연수에 산입된다. 다만, 군복무로 인한 휴직의 경우 퇴직금산정의 기준이 되는 계속근로연수에는 산입할 수 없다(근로기준법 시행령 제2조 제7호, 대판 1993.1.15, 92다41986).

2. 휴직사유의 소멸과 근로관계

휴직에 의해 일정기간 근로계약상의 권리의무관계는 정지되는 것에 불과하기 때문에 휴직기간이 만료되거나 휴직사유가 소멸하는 경우 사용자는 근로자를 원직에 복직시켜야 한다. 단체협약이나 취업규칙에 복직절차를 규정하고 있는 경우에는 그에 따라야 한다.

IV 위반의 효과

사용자가 근로자에게 정당한 이유 없이 휴직을 한 경우에 대한 벌칙은 없다. 그러나 해당 근로자는 노동위원회에 부당휴직 구제신청을 제기하여 구제를 받을 수 있으며(근로기준법 제28조), 또한 법원에 제소하여 사법적 구제를 받을 수 있다.

제 5 절 | 징계

I 징계의 개념

(1) 징계라 함은 사용자가 기업의 질서와 규율을 위하여 직장의 규율을 위반한 근로자에게 일정한 불이익을 주는 조치를 말한다.

(2) 사용자가 징계권을 남용할 경우 근로자에게 불이익의 우려가 있고, 근로자의 생존권을 박탈할 위험이 있는바, 따라서 근로기준법 제23조의 정당한 이유, 동법 제95조의 취업규칙에 기재 또는 감급의 제한, 동법 제28조의 부당해고 등에 대한 구제 규정을 두어 사용자의 징계권을 제한하고 있다.

❚❚ 징계권의 법적근거

사용자가 평등한 계약당사자인 근로자에게 징계의 제재를 할 수 있는 법적근거가 무엇인지에 대해 견해의 대립이 있는데, 판례는 "근로자에게 징계사유가 있어 징계처분을 하는 경우 어떠한 처분을 할 것인가는 원칙적으로 징계권자의 재량에 맡겨져 있는 것이므로, 그 징계처분이 위법하다고 하기 위하여서는 징계권자가 재량권을 행사하여 한 징계처분이 사회통념상 현저하게 타당성을 잃어 징계권자에게 맡겨진 재량권을 남용한 것이라고 인정되는 경우에 한하고, 그 징계처분이 사회통념상 현저하게 타당성을 잃은 처분이라고 하려면 구체적인 사례에 따라 직무의 특성, 징계의 사유가 된 비위사실의 내용과 성질 및 징계에 의하여 달성하려는 목적과 그에 수반되는 제반 사정을 참작하여 객관적으로 명백히 부당하다고 인정되는 경우라야 한다."라고 판시하였다(대판 2007.12.28, 2006다33999).

❚❚❚ 징계권의 제한

1. 징계사유의 정당성

(1) 정당한 이유의 존재

근로기준법은 사용자가 근로자에 대하여 정당한 이유 없이 해고, 휴직, 정직, 전직, 감봉 기타 징벌을 하지 못하도록 규정하고 있다(근로기준법 제23조 제1항). 징계의 구체적 사유에 관하여는 이를 단체협약 및 취업규칙 등에 규정하는 것이 일반적이다.

(2) 징계사유의 구체적 정당성 판단

① 근로계약상 채무불이행(근무태만, 업무명령 위반 등) : 무단결근, 지각, 조퇴, 근무성적 불량, 직장이탈 등 근무태만이나 연장근로 명령, 경위서 제출 거부 등 업무명령 위반은 그 자체로서는 단순한 채무불이행이지만, 그것이 다른 근로자의 근무태도에 악영향을 주는 등 근무규율 내지 직장질서를 위반한다고 인정되어야 비로소 정당한 징계사유가 된다고 보아야 할 것이다.

② 근무규율 및 직장질서 위반 : 사용자는 직장질서를 유지하기 위하여 사업장 내 음주, 흡연, 수면, 도박, 횡령, 배임, 회사물품의 절도·손괴, 동료·상사에 대한 폭행 등 근로자가 근무규율 내지 직장질서를 위반한 경우 징계할 수 있다.

③ 반성의 내용이 담긴 시말서 제출명령 위반 : 취업규칙에서 비위행위 등을 저지른 근로자에게 대한 시말서 제출명령을 규정하고 있는 경우, 시말서를 제출하지 않는 행위는 사용자의 업무상 정당한 명령을 거부한 것으로서 징계사유가 될 수 있다(대판 1991.12.24, 90다12991).

그러나 시말서가 사건 경위 보고에 그치지 않고 사죄문 또는 반성문의 내용이 포함된 것이라면, 이는 헌법 제19조에서 보장하고 있는 양심의 자유를 침해하는 것이므로, 이러한 시말서 제출명령을 규정한 취업규칙의 규정은 무효이다(대판 2010.1.14, 2009두6605).

④ **노동조합 내부문제**: 노동조합 내부문제라 하더라도 그로 인하여 회사의 손실 등이 초래되는 경우에는 회사 취업규칙 등에서 규정하는 징계사유에 해당할 수 있다(대판 2009.4.9, 2008두22211).

⑤ **직장 외 비행**: 근로자가 사용자 또는 기업의 명예와 신용을 실추시키거나 근로자로서의 품위를 해치는 행위를 한 경우 징계사유가 되는지 여부가 문제되는데, 근로자의 사생활상의 언동은 기업활동에 직접 관련되고 기업의 사회적 평가에 훼손을 초래하는 경우에만 정당한 징계사유로 인정된다(대판 1994.12.13, 93누23275).

2. 징계수단(양정)의 정당성

(1) 과잉금지의 원칙(상당성의 원칙)

근로자의 비위사실에 대하여 적절한 징계수단을 확정하는 것을 징계수단(양정)이라고 한다. 징계를 어떠한 수단으로 할 것인가는 징계권자의 재량에 맡겨진 것이나, 징계권자가 행한 징계수단이 사회통념상 현저하게 타당성을 잃어 징계권자의 재량을 남용한 것으로 인정되는 경우에는 그 수단은 위법한 것이라고 할 수 있다(대판 1999.9.3, 97누2528 ; 대판 2005.11.25, 2005두9019).

(2) 형평성의 원칙

같은 비위행위에 대하여 종전에 또는 다른 근로자에게 과한 징계수단과 동등하거나 비슷한 수단이어야 한다. 다만, 비위행위에 대한 반성의 정도, 해당 근로자의 지위 및 담당 직무의 내용, 비위행위가 직장질서에 미치는 영향, 해당 근로자의 과거 근무태도 등을 종합적으로 고려하여 징계수단(양정)을 달리할 수 있다.

3. 징계절차의 정당성

(1) 징계절차의 정당성 판단

① **징계절차가 있는 경우**: 징계는 권한 있는 기관에 의해 공정하게 행사되어야 한다. 징계절차에 관하여 근로기준법은 해고절차 이외에는 어떠한 규정도 두고 있지 아니하고, 단체협약 및 취업규칙에 정하는 것이 일반적이다. 단체협약 및 취업규칙에 규정된 징계절차를 위반하는 경우 당해 징계는 원칙적으로 무효가 된다(대판 1991.7.9, 90다8077).

② **징계절차가 없는 경우**: 징계위원회를 개최하거나 소명기회를 부여하도록 하는 등의 절차규정이 없는 경우에는 그러한 절차 없이 근로자에게 일방적으로 징계처분을 통보하더라도, 절차상의 위법은 없는 것으로 본다. 이와 관련하여 판례에서도 "징계절차가 규정되어 있지 않은 경우 징계절차를 거치지 아니한 경우에도 징계가 당연히 무효로 되는 것은 아니다."라고 판시하고 있다(대판 2000.6.23, 99두4235).

제 6 절 직위해제(대기발령)

I 직위해제(대기발령)의 개념

직위해제란 근로자가 직무수행능력이 부족하거나 근무성적 또는 근무태도 등이 불량한 경우, 근로자에 대한 징계절차가 진행 중인 경우, 근로자가 형사사건으로 기소된 경우 등과 같이 당해 근로자가 계속 직무를 담당하게 될 경우 예상되는 업무상의 장애 등을 예방하기 위하여 일시적으로 당해 근로자에게 직위를 부여하지 아니하는 잠정적인 조치로서의 보직의 해제를 의미한다(대판 2005.11.25, 2003두8210).

II 직위해제(대기발령)의 근거

직위해제(대기발령)의 근거와 관련하여 판례는 "기업이 그 활동을 계속적으로 유지하기 위해서는 노동력을 재배치하거나 그 수급을 조절하는 것이 필요불가결하므로, 대기발령을 포함한 인사명령은 원칙적으로 인사권자인 사용자의 고유권한에 속한다고 할 것이다. 따라서 이러한 인사명령에 대하여는 업무상 필요한 범위 안에서 사용자에게 상당한 재량을 인정하여야 하고, 이것이 근로기준법 등에 위반되거나 권리남용에 해당하는 등의 특별한 사정이 없는 한 위법하다고 할 수 없다."고 판시하였다(대판 2002.12.26, 2000두8011 ; 대판 2022.9.15, 2018다251486).

III 직위해제(대기발령)의 정당성 판단

1. 실체적 정당성

(1) 직위해제(대기발령)의 사유가 존재할 것

직위해제(대기발령)은 특별한 규정이 없는 이상 사용자에게 업무상 필요한 범위 안에서 상당한 재량이 인정되나, 직위해제(대기발령) 사유 존재 자체의 입증책임은 사용자에게 있다. 한편 인사규정에 직위해제(대기발령) 사유가 한정되어 있는 경우에는 그 이외의 사유를 직위해제(대기발령)의 사유로 삼을 수 없다(대판 2000.6.23, 98다54960).

(2) 직위해제(대기발령)이 정당할 것

직위해제(대기발령)은 직위해제(대기발령)의 사유가 인정된다 하더라도 근로기준법 등에 위반되거나 권리남용에 해당하는 등의 특별한 사정이 없어야 하고, 직위해제(대기발령)이 사용자의 정당한 인사권의 범위 내에 속하는지 여부는 ① 직위해제(대기발령)의 업무상 필요성, ② 그에 따른 근로자의 생활상 불이익과의 비교·교량 등에 의하여 결정되어야 한다(대판 2002.12.26, 2000두8011 ; 대판 2022.9.15, 2018다251486).

(3) 부당하게 장기간 행하여지지 아니할 것

직위해제(대기발령)의 사유가 인정되고 재량권 범위 내에서 행하여진 직위해제(대기발령)이라 하더라도, 부당하게 장기간 직위해제(대기발령)을 하는 경우는 정당성이 부인된다(대판 2007.2.23, 2005다3991).

2. 절차적 정당성

직위해제(대기발령)은 근로자에게 여러 가지 불이익(승진·승급 제한, 급여 감액 등)을 주는 것이므로, 해당 직위해제(대기발령) 사유가 존재해야 할 뿐만 아니라, 직위해제(대기발령)에 관한 절차규정 등을 위반하지 않아야 한다(대판 2005.11.25, 2003두8210).

다만, 판례는 '근로자와의 협의'와 관련하여 "신의칙상 요구되는 절차 중 하나로, 이러한 절차를 거치지 아니하였다는 사정만으로 직위해제 또는 대기발령이 권리남용에 해당되어 당연히 무효가 되는 것은 아니다."라고 판시하고 있다(대판 2002.12.26, 2000두8011).

IV 직위해제(대기발령)에 따른 당연퇴직 문제

취업규칙, 인사규정 등에 직위해제(대기발령)을 받은 다음 일정기간이 경과되어 직위를 부여받지 못할 경우에 "당연퇴직 처리한다."는 규정이 있는 경우, 당연퇴직의 법적성격 및 그 정당성 여부가 문제된다. 직위해제(대기발령)에 따른 당연퇴직은 근로관계의 자동종료사유(정년도달, 당사자의 사망 등)가 아니고, 근로자의 의사에 반하여 사용자의 일방적인 의사에 따라 근로관계를 종료시킨 것으로 '해고'에 해당한다(대판 1995.12.5, 94다43351). 따라서 이 경우 근로기준법 제23조 제1항에서의 정당한 이유가 존재하여야 한다.

V 직위해제기간(대기발령기간) 중의 근로관계

1. 출근의무

근로자가 직위해제(대기발령) 처분을 받은 경우 이는 단순히 직위의 부여가 금지된 것일 뿐이고, 근로자와 사용자의 근로관계가 당연히 종료되는 것은 아니라 할 것이어서 출근의무가 있다고 할 것이다(대판 2003.5.16, 2002두8138).

2. 직위해제기간(대기발령기간) 중의 임금

회사대기의 경우 근로자는 계속 출근 및 대기상태를 유지해야 하므로, 정상적인 출근을 전제로 한 임금을 지급해야 할 것이다. 그러나 회사대기의 경우라도 직위해제(대기발령)으로 인하여 현실적인 근로제공이 없는 경우에는 본봉은 지급하되, 직무관련수당의 지급이 제한될 수 있고, 자택대기 중이라면 현실적인 출근을 전제로 한 교통비나 식대보조비를 지급하지 않아도 될 것이다[5].

---

5) 최영우, 『개별노동법 실무』

3. 근속기간 포함 여부

근로자의 귀책사유에 의한 출근이 정지된 기간이라도 사용종속관계가 유지되는 한 퇴직금 산정을 위한 근속년수에 포함된다(대판 2003.7.25, 2001다12669).

Ⅵ 관련문제 – 대기발령과 휴업수당 문제

만약 사용자의 귀책사유에 의해 대기발령을 하는 경우, 그 기간에 대해 사용자가 근로자에게 임금을 지급해야 하는지 여부가 문제되는데, 이와 관련하여 판례는 "사용자의 귀책사유에 해당하는 경영상 필요에 따라 개별 근로자들에게 대기발령을 하였다면, 이는 근로기준법 제46조 제1항의 휴업을 실시한 경우에 해당하므로 사용자는 그 근로자에게 휴업수당을 지급할 의무가 있다."고 판시하였다(대판 2013.10.11, 2012다12870).

제 7 절　영업양도

Ⅰ 영업양도의 개념

영업양도라 함은 당사자 간의 계약에 의하여 영업조직체, 즉 인적·물적 조직을 그 동일성은 유지하면서 일체로서 이전하는 것을 의미한다(대판 2001.7.27, 99두2680 ; 대판 2003.5.30, 2002다23826). 이 경우 양도의 대상으로 되는 영업조직체라 함은 영업의 목적에 따라 조직된 유기적 일체로서의 기능적 재산, 즉 영업용 재산을 비롯하여 영업비밀, 고객관계, 경영조직 등의 사실관계를 포함하는 유기적 조직체를 말한다(대판 1989.12.26, 88다카10128).

Ⅱ 영업양도와 근로관계

1. 영업양도 시 근로관계 승계 여부

(1) 합병의 경우 상법 제235조[6] 및 판례 등에 근거하여 근로관계의 승계를 인정하고 있는데, 상법에서는 영업양도의 경우 합병의 경우와 달리 권리 및 의무의 포괄적 승계를 인정하지 않고 있어 영업양도 시 근로관계의 승계여부가 문제된다.

---

6) 상법 제235조(합병의 효과) 합병 후 존속한 회사 또는 합병으로 인하여 설립된 회사는 합병으로 인하여 소멸된 회사의 권리의무를 승계한다.

(2) 이와 관련하여 판례는 "영업양도가 이루어진 경우에는 원칙적으로 해당 근로자들의 근로관계가 양수하는 기업에 포괄적으로 승계되는 것"이라고 하여 원칙승계설의 입장을 취하고 있으며, 또한 판례는 "영업양도 당사자 사이에 근로관계의 일부를 승계의 대상에서 제외하기로 하는 특약이 있는 경우에는 그에 따라 근로관계의 승계가 이루어지지 않을 수 있으나, 그러한 특약은 실질적으로 해고나 다름이 없다 할 것이므로 근로기준법 제23조 제1항 소정의 정당한 이유가 있어야 유효할 것이다."라고 판시하였다(대판 1994.6.28, 93다33173).

2. 승계되는 근로관계의 범위

(1) 원칙

영업양도 시 승계되는 근로관계의 범위는 영업양도계약 체결일 현재 해당 사업부문에 근무하고 있던 근로자의 근로관계로 한정되므로, 계약체결일 이전에 해고된 자로서 해고의 효력을 다투고 있는 근로자와의 근로관계까지 승계되는 것은 아니다(대판 1993.5.25, 91다41750).

(2) 사업이 전부 양도된 경우

근로자가 영업양도일 이전에 정당한 이유 없이 해고된 후 영업 전부의 양도가 이루어진 경우, 영업 전부를 이전받은 양수인이 양도인으로부터 정당한 이유 없이 해고된 근로자와의 근로관계를 승계하는지 여부와 관련하여 판례는 "근로자가 영업양도일 이전에 정당한 이유 없이 해고된 경우 양도인과 근로자 사이의 근로관계는 여전히 유효하고, 해고 이후 영업 전부의 양도가 이루어진 경우라면 해고된 근로자로서는 양도인과의 사이에서 원직 복직도 사실상 불가능하게 되므로, 영업양도 계약에 따라 영업 전부를 동일성을 유지하면서 이전받는 양수인으로서는 양도인으로부터 정당한 이유 없이 해고된 근로자와의 근로관계를 원칙적으로 승계한다. 영업 전부의 양도가 이루어진 경우 영업양도 당사자 사이에 정당한 이유 없이 해고된 근로자를 승계의 대상에서 제외하기로 하는 특약이 있는 경우에는 그에 따라 근로관계의 승계가 이루어지지 않을 수 있으나, 그러한 특약은 실질적으로 또 다른 해고나 다름이 없으므로, 근로기준법 제23조 제1항에서 정한 정당한 이유가 있어야 유효하고, 영업양도 그 자체만으로 정당한 이유를 인정할 수 없다."고 판시하였다(대판 2020.11.5, 2018두54705).

III 영업양도와 개별적 근로관계

1. 근로관계의 승계

영업이 포괄적으로 양도됨으로써 근로관계를 승계하는 경우, 그 영업의 양수인은 근로자에 대하여 종전과 동일한 조건으로 승계하여야 한다.

2. 계속근로기간

퇴직금이나 연차휴가 산정을 위한 계속근로기간은 영업양도 전후를 통산해야 한다. 근로관계의 포괄적 합의에서 퇴직금 산정기간에 한하여 종전의 근속기간은 양수인 회사의 근속연수에 산입 하지 않기로 하였다 하더라도 근로자의 동의가 없으면 무효이다(대판 1991.11.12, 91다12806).

3. 취업규칙의 승계 문제

영업양도로 인해 기존의 양도인 회사의 취업규칙 등이 그대로 승계되므로, 그 결과 양수인의 사업에는 복수의 취업규칙이 존재하게 된다.

또한 양도인과 양수인의 퇴직금 규정이 다른 경우, 이것이 퇴직금차등금지원칙에 위배되는지 여부가 문제되는데, 판례는 "영업양도라는 기업변동의 결과로 인해 발생한 것이므로 퇴직금차등금지원칙에 위배되지 않는다."고 판시하였다(대판 1995.12.26, 95다41659).

Ⅳ 영업양도와 집단적 노사관계

1. 노동조합의 승계 문제

노동조합의 승계 문제와 관련하여 판례는 "영업양도 시 이미 설립된 노동조합은 영업양도에 의하여 그 존립에 영향을 받지 않고 양수인 사업장의 노동조합으로 존속한다."고 판시하였다(대판 2002.3.26, 2000다3347).

2. 초기업 노동조합의 지위

산업별 노동조합과 같은 초기업적 노동조합으로 조직되어 있는 경우, 그 조직대상이 되는 특정한 기업에 다른 기업으로 양도되더라도 노동조합의 조직에는 영향을 미치지 않는다[7].

3. 단체협약의 승계 문제

당사자 간의 별도의 특약이 없는 한 양도 회사의 채권 및 채무관계가 양수인 회사로 승계되므로 단체협약의 효력도 그대로 이전되는바, 양수인은 사용자로서 단체협약을 이행할 의무가 있다. 판례도 "복수의 회사가 합병되더라도 피합병회사와 그 근로자 사이의 집단적인 근로관계나 근로조건 등은 합병회사와 합병 후 전체 근로자들을 대표하는 노동조합과 사이에 단체협약의 체결 등을 통하여 합병 후 근로자들의 근로관계 내용을 단일화하기로 변경·조정하는 새로운 합의가 있을 때까지는 피합병회사의 근로자들과 합병회사 사이에 그대로 승계되는 것이다."라고 판시하였다(대판 2004.5.14, 2002다23185·23192).

---

7) 김유성, 『노동법 Ⅰ』

제 8 절 | 합병과 근로관계

I 합병의 개념

합병이란 2개 이상의 기업이 하나의 기업으로 합쳐지는 것으로, 모든 회사가 해산하고 새로운 회사로 합쳐지는 신설합병과 한 회사가 다른 회사를 흡수하는 흡수합병으로 구분된다.

II 합병과 근로관계의 승계

합병의 경우, 그 성질상 근로자의 근로관계는 당연히 합병회사에 포괄적으로 승계된다고 해석하는 것이 일반적이다(대판 1980.3.25, 77누265). 따라서 합병에 있어서 근로자의 전부 또는 일부를 승계대상에서 제외한다는 당사자 간의 합의는 합병의 성질상 무효로 볼 수 있다(대판 1994.3.8, 93다1589).

III 합병과 근로관계의 변경

1. 합병과 개별적 근로관계

합병에 의하여 피합병회사의 근로계약은 포괄적으로 합병회사에 승계되고, 근로자는 임금 및 근로시간 등의 모든 근로조건에 있어서 종전의 동일한 대우를 받는다. 단, 경영악화를 방지하기 위한 합병을 하는 경우 경영상 해고가 인정된다(근로기준법 제24조 제1항).

합병 후 근로조건을 동일하게 하기 위한 취업규칙의 불이익 변경 시 근로자들의 집단적 의사에 의한 과반수 동의가 필요하고, 계속근로연수는 소멸회사의 근속기간을 포함하여 산정한다(대판 1994.3.8, 93다1589).

2. 합병과 집단적 노사관계

합병의 경우 ① 흡수합병의 경우에는 피합병회사의 노동조합이 합병회사의 노동조합으로 흡수되거나 두 개의 노동조합이 합병절차를 밟는 것이 일반적이며, ② 신설합병의 경우에는 피합병회사의 노동조합이 해산되고 새로운 노동조합으로 신설되는 것이 일반적이다. 어떠한 경우에도 기존의 조합이 체결한 단체협약상의 권리·의무는 새로운 합병회사와 노동조합에 포괄적으로 승계되므로, 근로자는 불이익을 받지 아니한다고 보아야 할 것이다.

근로관계의 종료

제1절 해고제한의 의의 및 정당한 이유 없는 해고금지

Ⅰ 법규정

> **제23조【해고 등의 제한】** ① 사용자는 근로자에게 정당한 이유 없이 해고, 휴직, 정직, 전직, 감봉, 그 밖의 징벌(懲罰)(이하 "부당해고등"이라 한다)을 하지 못한다.
> ② 사용자는 근로자가 업무상 부상 또는 질병의 요양을 위하여 휴업한 기간과 그 후 30일 동안 또는 산전(産前)·산후(産後)의 여성이 이 법에 따라 휴업한 기간과 그 후 30일 동안은 해고하지 못한다. 다만, 사용자가 제84조에 따라 일시보상을 하였을 경우 또는 사업을 계속할 수 없게 된 경우에는 그러하지 아니하다.

Ⅱ 해고제한의 개념

해고라 함은 근로자의 의사에 반하여 사용자의 일방적 의사에 의해 이루어지는 일체의 근로계약관계의 종료를 의미한다(대판 1993.10.26, 92다54210). 근로기준법 제23조 제1항은 '정당한 이유'가 있는 경우에 한하여 해고할 수 있다고 규정하고 있다. 여기서 '정당한 이유'라 함은 근로자의 기업질서 위반행위가 사회통념상 더 이상 근로관계를 유지할 수 없을 정도로 근로자에게 책임 있는 사유가 있는 경우에 한하여 그 정당성을 인정한다(대판 2003.7.8, 2001두8018; 대판 2017.3.15, 2013두26750).

Ⅲ 해고의 구분

1. 근로자의 사유에 의한 해고

(1) **통상해고**(일신상의 사유)

① **의의**: 통상해고라 함은 사용자가 근로자의 근로계약상 근로제공 의무의 전부 또는 일부를 이행하지 못함을 이유로 근로자를 해고하는 것을 말한다. 통상해고는 '일반해고'라고도 하며, '근로자의 일신상의 사유로 인한 해고'라고도 한다.

② **구체적 사례**
㉠ 근로자의 부상 또는 질병 등 그 밖의 건강상태로 인하여 근로제공의 어려움을 이유로 한 해고, ㉡ 형사소추(구속), 유죄판결 등으로 근로제공 의무의 이행불능에 따른 해고, ㉢ 업무능력 결여, 근무성적 부진 등을 이유로 한 해고 등이 이에 해당한다.

(2) 징계해고(행태상의 사유)

① 의의 : 징계해고라 함은 근로자가 유책하게 근로계약상의 의무위반행위를 한 경우를 비롯하여 다른 동료 근로자와의 관계, 기타 단체협약 및 취업규칙 등에 규정된 의무를 위반하는 경우 이를 이유로 하는 해고를 말한다.

② 구체적 사례

㉠ 무단결근, 조퇴 · 지각의 반복, ㉡ 근로계약상의 근로제공 거부, ㉢ 회사의 명예훼손, ㉣ 직장 내 성희롱 및 직장 내 괴롭힘, ㉤ 상사의 지시 불복종, ㉥ 회사 기밀의 유출 등이 징계해고의 사유에 해당한다.

2. 사용자의 경영상의 사유에 의한 해고(경영상 해고)

(1) 의의

경영상 해고라 함은 사용자가 긴박한 경영상의 필요로 인하여 근로자와의 근로관계의 존속이 불가능한 것을 이유로 하는 해고처분을 말한다.

(2) 경영상 해고의 요건

사용자가 경영상 해고를 하기 위해서는 ① 긴박한 경영상의 필요가 있어야 하고, ② 사용자는 해고를 피하기 위한 노력을 다하여야 하며, ③ 합리적이고 공정한 해고의 기준을 정하고 이에 따라 그 대상자를 선정하여야 하며, ④ 해고를 피하기 위한 방법과 해고의 기준 등을 근로자의 과반수로 조직된 노동조합 또는 근로자대표에게 해고를 하려는 날의 50일 전까지 통보하고 성실하게 협의하여야 한다(근로기준법 제24조).

Ⅳ 해고의 절차적 제한

1. 의의

해고가 정당하기 위해서는 실체적 요건으로서 정당한 이유뿐만 아니라, 근로기준법 및 노사자치규범에서 정한 절차적 규정도 준수하여야 한다.

2. 해고예고

사용자는 근로자를 해고(경영상 이유에 의한 해고를 포함한다)하려면 적어도 30일 전에 예고를 하여야 하고, 30일 전에 예고를 하지 아니하였을 때에는 30일분 이상의 통상임금을 지급하여야 한다. 다만, ① 근로자가 계속 근로한 기간이 3개월 미만인 경우, ② 천재 · 사변, 그 밖의 부득이한 사유로 사업을 계속하는 것이 불가능한 경우, ③ 근로자가 고의로 사업에 막대한 지장을 초래하거나 재산상 손해를 끼친 경우로서 고용노동부령으로 정하는 사유에 해당하는 경우에는 그러하지 아니하다(근로기준법 제26조).

3. 해고사유 및 시기의 서면통지

사용자는 근로자를 해고하려면 해고사유와 시기를 서면으로 통지하여야 한다(근로기준법 제27조 제1항). 이는 사용자로 하여금 근로자를 해고하는데 신중을 기하게 함과 아울러, 해고의 존부 및 시기와 그 사유를 명확하게 하여 사후에 이를 둘러싼 분쟁이 적정하고 용이하게 해결될 수 있도록 하고, 근로자에게도 해고에 적절히 대응할 수 있게 하기 위한 취지이다.

4. 경영상 해고 시 근로자대표와의 협의

사용자는 경영상 이유에 의하여 해고를 하는 경우 해고를 피하기 위한 방법과 해고의 기준 등에 관하여 그 사업 또는 사업장에 근로자의 과반수로 조직된 노동조합이 있는 경우에는 그 노동조합(근로자의 과반수로 조직된 노동조합이 없는 경우에는 근로자의 과반수를 대표하는 자를 말한다. 이하 "근로자대표"라 한다)에 해고를 하려는 날의 50일 전까지 통보하고 성실하게 협의하여야 한다(근로기준법 제24조 제3항).

5. 단체협약 및 취업규칙상의 해고절차

단체협약이나 취업규칙 등에 해고의 절차적 규정을 두고 있는 경우 이를 위반하면 해고의 정당성은 부정된다(대판 1994.10.25, 94다25889). 그러나 이러한 절차적 규정이 없는 경우에는 해당 근로자에게 이를 사전에 통지하거나 변명의 기회를 부여하는 등 절차적 제한을 따르지 아니하고 해고하더라도 그 해고는 유효하다(대판 1996.2.27, 95누15698).

제 2 절 　경영상 해고의 제한

I 　법규정

제24조【경영상 이유에 의한 해고의 제한】 ① 사용자가 경영상 이유에 의하여 근로자를 해고하려면 긴박한 경영 상의 필요가 있어야 한다. 이 경우 경영 악화를 방지하기 위한 사업의 양도·인수·합병은 긴박한 경영상의 필요가 있는 것으로 본다.

② 제1항의 경우에 사용자는 해고를 피하기 위한 노력을 다하여야 하며, 합리적이고 공정한 해고의 기준을 정하고 이에 따라 그 대상자를 선정하여야 한다. 이 경우 남녀의 성을 이유로 차별하여서는 아니 된다.

③ 사용자는 제2항에 따른 해고를 피하기 위한 방법과 해고의 기준 등에 관하여 그 사업 또는 사업장에 근로자의 과반수로 조직된 노동조합이 있는 경우에는 그 노동조합(근로자의 과반수로 조직된 노동조합이 없는 경우에는 근로자의 과반수를 대표하는 자를 말한다. 이하 "근로자대표"라 한다)에 해고를 하려는 날의 50일 전까지 통보하고 성실하게 협의하여야 한다.

④ 사용자는 제1항에 따라 대통령령으로 정하는 일정한 규모 이상의 인원을 해고하려면 대통령령으로 정하는 바에 따라 고용노동부장관에게 신고하여야 한다.

⑤ 사용자가 제1항부터 제3항까지의 규정에 따른 요건을 갖추어 근로자를 해고한 경우에는 제23조 제1항에 따른 정당한 이유가 있는 해고를 한 것으로 본다.

II 　경영상 해고의 개념

'경영상 해고(정리해고)'라 함은 사용자가 긴박한 경영상의 필요로 인하여 근로자와의 근로관계의 존속이 불가능한 것을 이유로 하는 해고처분을 말한다.

III 　경영상 해고의 요건

1. 긴박한 경영상의 필요성

(1) 의의

사용자가 경영상 이유에 의하여 근로자를 해고하려면 긴박한 경영상의 필요가 있어야 한다(근로기준법 제24조 제1항). 여기서 '긴박한 경영상의 필요'란 반드시 기업의 도산을 회피하기 위한 경우에 한정되지 않고, 장래에 올 수도 있는 위기에 미리 대처하기 위하여 인원 감축이 필요한 경우도 포함되지만, 그러한 인원 감축은 객관적으로 보아 합리성이 있다고 인정되는 경우를 말하는데[1](대판 2017.6.29, 2016두52194 ; 대판 2022.6.9, 2017두71604). 이와 같은 긴박한 경영상의 필요가 있는지는 '경영상 해고를 할 당시의 사정을 기준'으로 판단해야 한다(대판 2022.6.9, 2017두71604).

---

1) 임종률, 『노동법』

그리고 '긴박한 경영상의 필요가 있는지 여부'를 판단할 때에는 어느 사업부문이 다른 사업부문과 인적·물적·장소적으로 분리되고 재무·회계가 분리되어 있으며, 경영여건도 서로 달리하는 예외적인 경우가 아닌 이상, 기업의 일부 사업부문의 수지만 기준으로 할 것이 아니라 기업전체의 경영사정을 종합적으로 검토하여 결정해야 한다(대판 2015.5.28, 2012두25873 ; 대판 2021.7.29, 2016두64876).

(2) 긴박한 경영상의 정도

① **도산회피설** : 긴박한 경영상의 필요를 기업이 도산되거나 존속유지가 위태롭게 될 것이 객관적으로 인정되는 경우에 한하여 경영상 해고가 인정된다고 보는 견해이다.

② **합리적 필요설** : 경영상 해고가 사회통념에 비추어 생산성 향상·구조조정 및 기술혁신 등 객관적이고 합리적이라고 인정되는 경우에는 도산회피까지 이르지 아니할지라도 경영상 해고가 인정된다고 보는 견해이다[2].

③ **감량경영설** : 장래에 올 수 있는 위기에 미리 대처하기 위하여 인원삭감이 객관적으로 보아 합리성이 인정되면, 경영상 해고가 가능하다고 보는 견해이다[3].

④ **구체적 사례** : ㉠ 계속되는 경영악화, ㉡ 생산성 향상, ㉢ 경영악화 방지를 위한 사업의 양도·인수·합병, ㉣ 장래의 경영상 위기(대판 2003.9.26, 2001두10776·10783).

2. 해고회피노력

(1) 의의

경영상 해고를 하기 위해서 사용자는 경영상 해고를 행하기 전에 해고회피를 위한 노력을 다하여야 한다(근로기준법 제24조 제2항). 여기서 '해고회피를 위한 노력을 다하여야 한다는 것'은 경영방침이나 작업방식의 합리화, 신규채용의 금지, 일시휴직 및 희망퇴직의 활용, 전근 등 사용자가 해고범위를 최소화하기 위하여 가능한 모든 조치를 취하는 것을 의미한다[4]. 즉, 경영상의 필요가 긴박한 정도에 이르러 해고 이외의 다른 조치로는 이를 회피할 수 있는 가능성이 없어야 한다. 따라서 근로자를 해고하지 않고 다른 적절한 조치 취할 수 있는 가능성이 있는 한 경영상의 필요에 의한 해고는 정당하지 않다[5].

(2) 해고회피노력의 시점

사용자가 해고회피노력을 다하였는지 여부는 '경영상 해고가 이루어지기 이전의 시점'을 기준으로 판단되어야 한다. 따라서 경영상 해고가 이루어진 이후의 조업단축, 희망퇴직 등은 고려대상이 아니다(대판 2002.7.9, 2001다29452).

---

2) 대판 1991.12.10, 91다8647 ; 대판 1993.1.26, 92누3076

3) 대판 2012.6.28, 2010다38007

4) 대판 2017.6.29, 2016두52194 ; 대판 2021.7.29, 2016두64876

5) 김형배·박지순, 『노동법』

3. 합리적이고 공정한 해고기준의 설정

(1) 의의

사용자가 경영상 해고를 하기 위해서는 합리적이고 공정한 기준을 정하고 이에 따라 해고대상자를 선정하여야 한다(근로기준법 제24조 제2항).

(2) 합리적이고 공정한 해고대상자의 선정

합리적이고 공정한 기준이 확정적·고정적인 것은 아니고 당해 사용자가 직면한 경영위기의 강도와 경영상 해고를 실시해야 하는 경영상의 이유, 경영상 해고를 실시한 사업부문의 내용과 근로자의 구성, 경영상 해고 실시 당시의 사회·경제 상황 등에 따라 달라지는 것이기는 하지만, 객관적 합리성과 사회적 상당성을 가진 구체적인 기준이 마련되어야 하고, 그 기준을 실질적으로 공정하게 적용하여 정당한 해고대상자의 선정이 이루어져야 한다(대판 2012.5.24, 2011두11310).

(3) 근로자대표와의 합의

이와 관련하여 판례는 "사용자가 해고의 기준에 관하여 노동조합 또는 근로자대표와 성실하게 협의하여 해고의 기준에 관한 합의에 도달하였다면 이러한 사정도 해고의 기준이 합리적이고 공정한 기준인지의 판단에 참작되어야 한다."고 판시하였다(대판 2002.7.9, 2001다29452).

(4) 구체적 사례

① 성규직 근로자보다 일용직 근로자를 우선해고 대상으로 삼은 경우, ② 상용직 근로자보다 단시간 근로자를 우선해고 대상으로 삼은 경우, ③ 연령이 낮거나 근속연수가 낮은 근로자를 우선해고 대상으로 삼은 경우, ④ 근무성적 불량자를 우선해고 대상으로 삼은 경우 등은 합리적이고 공정한 기준에 해당된다.

4. 근로자대표와 50일 전 사전협의

(1) 의의

사용자는 해고를 피하기 위한 방법과 해고의 기준 등에 관하여 그 사업 또는 사업장에 근로자의 과반수로 조직된 노동조합이 있는 경우에는 그 노동조합(근로자의 과반수로 조직된 노동조합이 없는 경우에는 근로자의 과반수를 대표하는 자를 말한다. 이하 "근로자대표"라 한다)에 해고를 하려는 날의 50일 전까지 통보하고 성실하게 협의하여야 한다(근로기준법 제24조 제3항). 이는 경영상 해고의 실질적 요건의 충족을 담보함과 아울러 비록 불가피한 경영상 해고라 하더라도 협의과정을 통한 쌍방의 이해 속에서 실시되는 것이 바람직하다는 이유에서 규정한 것이다(대판 2003.11.13, 2003두4119 ; 대판 2006.1.26, 2003다69393).

(2) '50일 전 사전협의'의 성격

사전통보기간 내에 근로자대표에게 통보하지 않았을 때 경영상 해고의 유효성 여부는 사전통보기간의 성격을 단속규정으로 볼 것인지 아니면 강행규정으로 볼 것인지에 따라 달라지는데, 이에 대해 판례는 단속규정으로 보아 사전통보기간의 준수는 경영상 해고의 효력요건이 아니므로, 구체적 사안에서 통보 후 경영상 해고 실시까지의 기간이 그와 같은 행위를 하는데 소요되는 시간으로 부족하였다는 등의 특별한 사정이 없으며, 경영상 해고의 그 밖의 요건은 충족되었다면 그 경영상 해고는 유효하다고 본다(대판 2003.11.13, 2003두4119).

Ⅳ 경영상 해고의 신고

사용자는 대통령령으로 정하는 일정한 규모 이상의 인원을 해고하려면 대통령령으로 정하는 바에 따라 고용노동부장관에게 신고하여야 한다(근기준법 제24조 제4항). 사용자에게 이러한 신고의무를 부여한 것은 대량 해고에 대한 행정적 감독 및 지도를 하고 고용안정을 지원하기 위한 것이다[6].
그리고 근로기준법 제24조 제4항에 따라 사용자는 1개월 동안에 다음 중 어느 하나에 해당하는 인원을 해고하려면 최초로 해고하려는 날의 30일 전까지 고용노동부장관에게 신고하여야 한다(근로기준법 시행령 제10조).

(1) **상시 근로자수가 99명 이하인 사업 또는 사업장**: 10명 이상

(2) **상시 근로자수가 100명 이상 999명 이하인 사업 또는 사업장**: 상시 근로자수의 10퍼센트 이상

(3) **상시 근로자수가 1,000명 이상 사업 또는 사업장**: 100명 이상

또한 신고서에는 다음 사항을 포함하여야 한다.
① 해고 사유
② 해고 예정 인원
③ 근로자대표와 협의한 내용
④ 해고일정

---

6) 임종률, 『노동법』

제 3 절 **경영상 해고 후의 조치**

I 법규정

> **제25조【우선재고용 등】** ① 제24조에 따라 근로자를 해고한 사용자는 근로자를 해고한 날부터 3년 이내에 해고된 근로자가 해고 당시 담당하였던 업무와 같은 업무를 할 근로자를 채용하려고 할 경우 제24조에 따라 해고된 근로자가 원하면 그 근로자를 우선적으로 고용하여야 한다.
> ② 정부는 제24조에 따라 해고된 근로자에 대하여 생계안정, 재취업, 직업훈련 등 필요한 조치를 우선적으로 취하여야 한다.

II 사용자의 우선 재고용의무

1. 의의

근로기준법 제24조에 따라 근로자를 해고한 사용자는 근로자를 해고한 날부터 3년 이내에 해고된 근로자가 해고 당시 담당하였던 업무와 같은 업무를 할 근로자를 채용하려고 할 경우 제24조에 따라 해고된 근로자가 원하면 그 근로자를 우선적으로 고용하여야 한다(근로기준법 제25조 제1항). 우선 재고용은 당해 근로자가 원하는 경우에 인정되며, 또한 근로자가 원하는 경우에도 사용자가 반드시 재고용하여야 하는 법적의무를 부담하는 것은 아니다[7]. 우선 재고용하는 경우 근로자의 해고 전에 담당하였던 업무와 동일한 업무에 근로자를 채용하는 경우에 한하여 인정된다. 따라서 해고된 근로자가 재고용에 반대하는 의사를 표시하거나, 근로계약 체결을 기대하기 어려운 객관적 사유가 있는 경우에는 우선 재고용의무가 없다고 보아야 한다(대판 2020.11.26, 2016다13437).

2. 근로기준법 제25조 제1항 위반에 따른 임금 상당 손해배상금의 청구 여부

근로기준법 제25조 제1항에 따라 사용자는 해고 근로자를 우선 재고용할 의무가 있으므로, 해고 근로자는 사용자가 위와 같은 우선 재고용 의무를 이행하지 아니하는 경우 해고 근로자는 사용자가 위 규정을 위반하여 우선 재고용 의무를 이행하지 않은 것에 대하여 우선 재고용 의무가 발생한 때부터 고용관계가 성립할 때까지의 임금 상당 손해배상금을 청구할 수 있다(대판 2020.11.26, 2016다13437).

3. 국가의 고용보장의무

정부는 근로기준법 제24조에 따라 해고된 근로자에 대하여 생계안정, 재취업, 직업훈련 등 필요한 조치를 우선적으로 취하여야 한다(근로기준법 제25조 제2항). 근로기준법 제25조 제2항에 의하여 해고된 근로자가 우선적으로 고용보험법상 실업급여 등의 지급을 받을 수 있는 법적근거가 마련되었다고 해석된다[8].

---

7) 즉, 신규채용을 하는 경우 무조건 경영상 해고된 자를 우선적으로 재고용하여야 한다는 것이 아니라, 채용하고자 하는 직책에 맞는 경영상 해고자가 있을 경우 이를 우선적으로 고용하라는 취지이다(대판 2006.1.26, 2003다69393).

8) 김형배·박지순, 『노동법』

제 **4** 절 해고 시기의 제한

Ⅰ 법규정

> **제23조【해고 등의 제한】** ② 사용자는 근로자가 업무상 부상 또는 질병의 요양을 위하여 휴업한 기간과 그 후 30일 동안 또는 산전(産前)·산후(産後)의 여성이 이 법에 따라 휴업한 기간과 그 후 30일 동안은 해고하지 못한다. 다만, 사용자가 제84조에 따라 일시보상을 하였을 경우 또는 사업을 계속할 수 없게 된 경우에는 그러하지 아니하다.

Ⅱ 근로기준법상 해고 시기의 제한

1. 원칙

(1) 사용자는 근로자가 업무상 부상 또는 질병의 요양을 위하여 휴업한 기간과 그 후 30일 동안 또는 산전(産前)·산후(産後)의 여성이 이 법에 따라 휴업한 기간과 그 후 30일 동안은 해고하지 못한다(근로기준법 제23조 제2항). 상당기간 계속하여 병원에 입원하여 치료를 받는 기간은 물론, 집에서 통원치료하면서 취업하지 못한 기간도 요양을 위한 휴업기간에 해당한다.

(2) 이와 관련하여 판례는 "업무상 재해로 노동력을 상실하고 있는 기간과 노동력을 회복하기에 상당한 그 후의 30일간은 정당한 해고 사유가 있더라도 근로자의 실직의 위험으로부터 절대적으로 보호하기 위한 것이다."라고 판시하였다(대판 1991.8.27, 91누3321).

2. 예외

(1) 일시보상을 한 경우

① 업무상 부상 또는 질병기간이라 하더라도 근로기준법 제84조에 규정된 일시보상을 한 경우에는 해고를 할 수 있다(근로기준법 제23조 제2항 단서). 근로기준법 제84조는 요양보상을 받고 있는 자가 2년을 경과하여도 부상 또는 질병이 완치되지 아니하는 경우에는 평균임금의 1,340일분의 일시보상을 행하여 근로기준법상의 모든 보상책임을 면할 수 있다고 규정하고 있다.

② 한편, 산업재해보상보험법상의 요양급여를 받는 자가 요양개시 후 3년이 경과한 날 이후에 상병연금을 받고 있는 경우에는 근로기준법 제23조 제2항 단서의 일시보상을 지급한 것이 되므로(산업재해보상보험법 제80조 제4항), 이와 같은 경우에도 해고를 할 수 있다.

⑵ 사업을 계속할 수 없게 된 경우

사업을 계속할 수 없게 된 경우에는 업무상 부상 또는 질병기간과 그 후 30일간이나 출산전·출산후휴가기간과 그 후 30일간이라 하더라도 정당한 사유가 있으면 해고할 수 있다(근로기준법 제23조 제2항). '사업을 계속할 수 없게 된 경우'라 함은 ① 천재·사변 기타 부득이한 사유 등으로 인하여 사업이 중단되는 일시적 사유는 물론, ② 회사의 파산·소멸 등 사업이 종료되는 영구적 사유가 모두 해당되는 것으로 보아야 할 것이다[9].

III 위반의 효과

사용자가 근로기준법 제23조 제2항을 위반한 경우, 5년 이하의 징역 또는 5천만원 이하의 벌금에 처한다(근로기준법 제107조).

제 5 절 해고 절차의 제한(해고예고, 해고의 서면통지)

I 법규정

제26조【해고의 예고】 사용자는 근로자를 해고(경영상 이유에 의한 해고를 포함한다)하려면 적어도 30일 전에 예고를 하여야 하고, 30일 전에 예고를 하지 아니하였을 때에는 30일분 이상의 통상임금을 지급하여야 한다. 다만, 다음 각 호의 어느 하나에 해당하는 경우에는 그러하지 아니하다.

1. 근로자가 계속 근로한 기간이 3개월 미만인 경우
2. 천재·사변, 그 밖의 부득이한 사유로 사업을 계속하는 것이 불가능한 경우
3. 근로자가 고의로 사업에 막대한 지장을 초래하거나 재산상 손해를 끼친 경우로서 고용노동부령으로 정하는 사유에 해당하는 경우

제27조【해고사유 등의 서면통지】 ① 사용자는 근로자를 해고하려면 해고사유와 해고시기를 서면으로 통지하여야 한다.

② 근로자에 대한 해고는 제1항에 따라 서면으로 통지하여야 효력이 있다.

③ 사용자가 제26조에 따른 해고의 예고를 해고사유와 해고시기를 명시하여 서면으로 한 경우에는 제1항에 따른 통지를 한 것으로 본다.

---

9) 근기 01254-17779, 1991.12.6

Ⅱ 해고예고제도

1. 의의

사용자는 근로자를 해고(경영상 이유에 의한 해고를 포함한다)하려면 적어도 30일 전에 예고를 하여야 하고, 30일 전에 예고를 하지 아니하였을 때에는 30일분 이상의 통상임금을 지급하여야 한다(근로기준법 제26조).

2. 해고예고의 방법

해고의 예고는 적어도 30일 전에 하여야 한다. '적어도 30일 전'으로 규정되어 있으므로, 사용자와 근로자의 개별적 합의·취업규칙 및 단체협약 등에 의하여 해고예고기간을 단축할 수 없으나, 이를 연장할 수 있음은 물론이다. 해고예고는 특별한 형식을 요하지 아니하며 당해 근로자에게 전달할 수 있는 적절한 방법으로 예고할 수 있다[10]. 다만, 해고의 효력발생일을 명시하여야 하고, 불확정기한이나 조건을 붙인 예고는 효력이 인정되지 아니한다(대판 2010.4.15, 2009도13833).

3. 해고예고의 적용제외

근로자를 해고하고자 하는 경우 해고예고를 하는 것이 원칙이다. 그러나 사용자는 ① 근로자가 계속 근로한 기간이 3개월 미만인 경우, ② 천재·사변, 그 밖의 부득이한 사유로 사업을 계속하는 것이 불가능한 경우, ③ 근로자가 고의로 사업에 막대한 지장을 초래하거나 재산상 손해를 끼친 경우로서 고용노동부령으로 정하는 사유에 해당하는 경우에는 해고의 예고를 하지 아니하여도 무방하다(근로기준법 제26조 단서).

4. 근로관계의 성질상 적용제외

해고예고제도는 근로자의 의사에 반하여 사용자가 일방적으로 근로관계를 종료시키는 해고에 적용되는 제도이므로, ① 퇴직, ② 정년도달, ③ 근로자의 사망, ④ 기간의 정함이 있는 근로계약 등의 경우에는 적용되지 않는다.

5. 해고가 부당해고에 해당하여 효력이 없는 경우, 근로자가 해고예고수당 상당액을 부당이득으로 반환해야 하는지 여부

이와 관련하여 판례는 "근로기준법 제26조 본문에 따라 사용자가 근로자를 해고하면서 30일 전에 예고를 하지 아니하였을 때 근로자에게 지급하는 해고예고수당은 해고가 유효한지 여부와 관계없이 지급되어야 하는 돈이고, 그 해고가 부당해고에 해당하여 효력이 없다고 하더라도 근로자가 해고예고수당을 지급받을 법률상 원인이 없다고 볼 수 없다."고 판시하였다(대판 2018.9.13, 2017다16778).

---

10) 법무 1979.6.22, 811-14939

6. 위반의 효과

사용자가 근로기준법 제26조를 위반한 경우, 2년 이하의 징역 또는 2천만원 이하의 벌금에 처한다(근로기준법 제110조).

III 해고의 서면통지 제도

1. 의의

사용자는 근로자를 해고하려면 해고사유와 해고시기를 서면으로 통지하여야 한다(근로기준법 제27조 제1항).

2. 서면통지의 대상

해고의 서면통지 대상은 통상해고, 징계해고, 경영상 해고는 물론 근로관계 종료 합의해지, 직권면직 및 유기계약 근로자의 갱신거부 등의 형식을 취하더라도 실질적으로는 해고에 해당하는 경우에는 서면통지 의무가 있다. 사용자가 시용근로자의 본채용 거부 등을 해고로 보지 않아 서면통지를 하지 않았다면, 근로기준법 제27조의 서면통지 의무 위반에 해당한다(대판 2011.4.14, 2007두1729 ; 대판 2015.11.27, 2015두48136).

3. 서면통지의 방법

(1) 해고사유

해고사유를 어느 정도 구체적으로 명시해야 되는지 여부에 대해 명확한 기준이 없다. 그러나 근로자의 입장에서 해고사유가 무엇인지를 구체적으로 알 수 있어야 하고, 특히 징계해고의 경우에는 해고의 실질적 사유가 되는 구체적 사실 또는 비위내용을 기재하여야 하며 징계대상자가 위반한 단체협약이나 취업규칙의 조문만 나열하는 것으로는 충분하다고 볼 수 없다(대판 2011.10.27, 2011다42324). 이 경우 해고사유를 입증할 정도의 상세한 내용은 필요하지 아니하나, '회사의 명예실추', '공금횡령', '불법파업' 또는 '무단결근' 등의 해고사유의 최소한 개요는 제시하여야 한다.

(2) 해고의 효력발생시기

해고시기는 서면에 명시된 해고일부터 효력을 발생한다. 다만, 서면통지는 근로자에게 도달한 날부터 효력을 발생하게 된다(민법 제111조). 여기서 '도달'이란 근로자가 직접 수령한 것뿐만 아니라, 근로자가 사회통념상 통지내용을 알 수 있는 객관적 상태에 놓인 것도 포함한다. 따라서 근로자가 상당한 사유 없이 고의적으로 수령을 거절하거나 통지내용을 알 수 있는 객관적 상태에 놓여 있었다면 도달한 것으로 볼 수 있다(대판 2012.8.13, 2012두11126).

(3) 서면통지

서면이란 일정한 내용을 종이에 적은 문서를 의미하므로, 이메일이나 휴대폰 메시지, 전송이나 복사 등을 이용한 통지는 원칙적으로 서면통지로 볼 수 없다. 다만, 전자결재체계를 완비하여 전자문서로 모든 업무의 기안·결재·시행과정 등을 관리하는 경우, 근로자가 원거리에 있는 등의 사정으로 이메일을 통하여 모든 업무를 처리한 경우와 같이 장소적·기술적으로 이메일 외의 의사연락수단이 마땅히 없는 등의 특별한 사정이 있는 경우에는 이메일 등 전자문서를 이용한 해고의 서면통지를 인정할 수 있다(대판 2015.9.10, 2015두4141).

4. 서면통지의 시기

서면통지의 시기와 관련하여 특별한 제한이 없으나, 서면통지가 해고시기보다 30일 전에 행하여지는 경우 해고예고의 요건도 함께 갖추고 있는 것으로 판단해야 할 것이다(근로기준법 제27조 제3항).

5. 위반의 효과

사용자가 근로기준법 제27조를 위반할 경우 벌칙은 없다. 그러나 해고사유와 해고시기를 서면으로 통지하지 않으면 해고는 절차상 하자로 인해 무효가 된다(근로기준법 제27조 제2항).

제 6 절 ｜ 부당해고 등의 구제

Ⅰ 법규정

제28조【부당해고 등의 구제신청】 ① 사용자가 근로자에게 부당해고 등을 하면 근로자는 노동위원회에 구제를 신청할 수 있다.

② 제1항에 따른 구제신청은 부당해고 등이 있었던 날부터 3개월 이내에 하여야 한다.

제29조【조사 등】 ① 노동위원회는 제28조에 따른 구제신청을 받으면 지체 없이 필요한 조사를 하여야 하며 관계 당사자를 심문하여야 한다.

② 노동위원회는 제1항에 따라 심문을 할 때에는 관계 당사자의 신청이나 직권으로 증인을 출석하게 하여 필요한 사항을 질문할 수 있다.

③ 노동위원회는 제1항에 따라 심문을 할 때에는 관계 당사자에게 증거 제출과 증인에 대한 반대심문을 할 수 있는 충분한 기회를 주어야 한다.

④ 제1항에 따른 노동위원회의 조사와 심문에 관한 세부절차는 「노동위원회법」에 따른 중앙노동위원회(이하 "중앙노동위원회"라 한다)가 정하는 바에 따른다.

제30조【구제명령 등】 ① 노동위원회는 제29조에 따른 심문을 끝내고 부당해고 등이 성립한다고 판정하면 사용자에게 구제명령을 하여야 하며, 부당해고 등이 성립하지 아니한다고 판정하면 구제신청을 기각하는 결정을 하여야 한다.

② 제1항에 따른 판정, 구제명령 및 기각결정은 사용자와 근로자에게 각각 서면으로 통지하여야 한다.

③ 노동위원회는 제1항에 따른 구제명령(해고에 대한 구제명령만을 말한다)을 할 때에 근로자가 원직복직(原職復職)을 원하지 아니하면 원직복직을 명하는 대신 근로자가 해고기간 동안 근로를 제공하였더라면 받을 수 있었던 임금 상당액 이상의 금품을 근로자에게 지급하도록 명할 수 있다.

④ 노동위원회는 근로계약기간의 만료, 정년의 도래 등으로 근로자가 원직복직(해고 이외의 경우는 원상회복을 말한다)이 불가능한 경우에도 제1항에 따른 구제명령이나 기각결정을 하여야 한다. 이 경우 노동위원회는 부당해고 등이 성립한다고 판정하면 근로자가 해고기간 동안 근로를 제공하였더라면 받을 수 있었던 임금 상당액에 해당하는 금품(해고 이외의 경우에는 원상회복에 준하는 금품을 말한다)을 사업주가 근로자에게 지급하도록 명할 수 있다.

제31조【구제명령 등의 확정】 ① 「노동위원회법」에 따른 지방노동위원회의 구제명령이나 기각결정에 불복하는 사용자나 근로자는 구제명령서나 기각결정서를 통지받은 날부터 10일 이내에 중앙노동위원회에 재심을 신청할 수 있다.

② 제1항에 따른 중앙노동위원회의 재심판정에 대하여 사용자나 근로자는 재심판정서를 송달받은 날부터 15일 이내에 「행정소송법」의 규정에 따라 소(訴)를 제기할 수 있다.

③ 제1항과 제2항에 따른 기간 이내에 재심을 신청하지 아니하거나 행정소송을 제기하지 아니하면 그 구제명령, 기각결정 또는 재심판정은 확정된다.

제32조【구제명령 등의 효력】 노동위원회의 구제명령, 기각결정 또는 재심판정은 제31조에 따른 중앙노동위원회에 대한 재심 신청이나 행정소송 제기에 의하여 그 효력이 정지되지 아니한다.

제33조【구제명령 등의 효력】 ① 노동위원회는 구제명령(구제명령을 내용으로 하는 재심판정을 포함한다. 이하 이 조에서 같다)을 받은 후 이행기한까지 구제명령을 이행하지 아니한 사용자에게 3천만원 이하의 이행강제금을 부과한다.

② 노동위원회는 제1항에 따른 이행강제금을 부과하기 30일 전까지 이행강제금을 부과·징수한다는 뜻을 사용자에게 미리 문서로써 알려 주어야 한다.

③ 제1항에 따른 이행강제금을 부과할 때에는 이행강제금의 액수, 부과 사유, 납부기한, 수납기관, 이의제기방법 및 이의제기기관 등을 명시한 문서로써 하여야 한다.

④ 제1항에 따라 이행강제금을 부과하는 위반행위의 종류와 위반 정도에 따른 금액, 부과·징수된 이행강제금의 반환절차, 그 밖에 필요한 사항은 대통령령으로 정한다.

⑤ 노동위원회는 최초의 구제명령을 한 날을 기준으로 매년 2회의 범위에서 구제명령이 이행될 때까지 반복하여 제1항에 따른 이행강제금을 부과·징수할 수 있다. 이 경우 이행강제금은 2년을 초과하여 부과·징수하지 못한다.

⑥ 노동위원회는 구제명령을 받은 자가 구제명령을 이행하면 새로운 이행강제금을 부과하지 아니하되, 구제명령을 이행하기 전에 이미 부과된 이행강제금은 징수하여야 한다.

⑦ 노동위원회는 이행강제금 납부의무자가 납부기한까지 이행강제금을 내지 아니하면 기간을 정하여 독촉을 하고 지정된 기간에 제1항에 따른 이행강제금을 내지 아니하면 국세 체납처분의 예에 따라 징수할 수 있다.

⑧ 근로자는 구제명령을 받은 사용자가 이행기한까지 구제명령을 이행하지 아니하면 이행기한이 지난 때부터 15일 이내에 그 사실을 노동위원회에 알려줄 수 있다.

▌II▐ 노동위원회를 통한 행정적 구제

1. 의의

사용자가 근로자에 대하여 부당해고 등을 한 경우에 그 근로자는 노동위원회에 구제를 신청할 수 있다(근로기준법 제28조 제1항). 노동위원회에 의한 부당해고의 구제는 사용자의 부당한 해고처분으로부터 근로자를 보호하기 위하여 국가가 마련한 공법상의 제도로서, 근로자의 신속한 권리구제를 주된 목적으로 한다.

2. 당사자

(1) 신청인

사용자의 부당해고 등으로 인해 권리를 침해당한 근로자는 노동위원회에 구제신청을 할 수 있다(근로기준법 제28조 제1항).

(2) 피신청인

피신청인은 원칙적으로 사용자이다. 근로기준법 제2조 제1항 제2호의 사용자 중 사업주만이 피신청인이 되는 것이다.

3. 초심절차

(1) 구제의 신청

초심절차는 부당해고 등이 발생한 사업장의 소재지를 관할하는 지방노동위원회에 부당해고 등이 있은 날로부터 3개월 이내에 그 구제를 신청해야 한다(근로기준법 제28조 제2항). 구제신청 기간은 제척기간으로, 그 기간이 경과하면 구제신청을 할 수 없다(대판 1997.2.14, 96누5926).

(2) 조사 및 심문

노동위원회는 부당해고 등의 구제신청을 받은 때에는 지체 없이 필요한 조사를 하여야 하며, 조사가 종료된 후에는 부당해고 등에 대한 판정을 내리기 이전에 반드시 관계당사자에 대하여 필요한 심문을 하여야 한다(근로기준법 제29조 제1항).

(3) 화해

노동위원회는 부당해고 등 구제신청에 따른 판정 또는 결정이 있기 전까지 관계당사자의 신청 또는 직권에 의하여 화해를 권고하거나 화해안을 제시할 수 있다(노동위원회법 제16조의3 제1항). 작성된 화해조서는 민사소송법에 따른 재판상 화해의 효력을 갖는다(동법 제16조의3 제5항).

(4) 판정

노동위원회는 심문을 끝내고 부당해고가 인정된다고 판정하면 사용자에게 구제명령을 하여야 하며, 부당해고가 인정되지 않으면 구제신청을 기각하는 결정을 하여야 한다(근로기준법 제30조 제1항).

(5) 구제명령

노동위원회는 근로기준법 제29조에 따른 심문을 끝내고 부당해고 등이 성립한다고 판정하면 사용자에게 구제명령을 하여야 하며, 부당해고 등이 성립하지 아니한다고 판정하면 구제신청을 기각하는 결정을 하여야 한다(근로기준법 제30조 제1항). 노동위원회는 제1항에 따른 구제명령(해고에 대한 구제명령만을 말한다)을 할 때에 근로자가 원직복직(原職復職)을 원하지 아니하면 원직복직을 명하는 대신 근로자가 해고기간 동안 근로를 제공하였더라면 받을 수 있었던 임금 상당액 이상의 금품을 근로자에게 지급하도록 명할 수 있다(동법 제30조 제3항). 노동위원회는 근로계약기간의 만료, 정년의 도래 등으로 근로자가 원직복직(해고 이외의 경우는 원상회복을 말한다)이 불가능한 경우11)에도 제1항에 따른 구제명령이나 기각결정을 하여야 한다. 이 경우 노동위원회는 부당해고 등이 성립한다고 판정하면 근로자가 해고기간 동안 근로를 제공하였더라면 받을 수 있었던 임금 상당액에 해당하는 금품(해고 이외의 경우에는 원상회복에 준하는 금품을 말한다)을 사업주가 근로자에게 지급하도록 명할 수 있다.(동법 제30조 제4항).

(6) 불복절차 및 구제명령 등의 확정

지방노동위원회의 구제명령이나 기각결정에 불복하는 사용자나 근로자는 판정서를 송달받은 날로부터 10일 이내에 중앙노동위원회에 재심을 신청할 수 있으며(근로기준법 제31조 제1항), 중앙노동위원회의 재심판정에 대하여 사용자 또는 근로자는 재심판정서를 송달받은 날로부터 15일 이내에 행정소송법의 규정에 따라 소를 제기할 수 있다(동법 제31조 제2항).

상기 기간 내에 재심을 신청하지 않거나 행정소송을 제기하지 아니하는 때에는 그 구제명령·기각결정 또는 재심판정은 확정된다(동법 제31조 제3항).

노동위원회의 확정된 구제명령 또는 구제명령을 내용으로 하는 재심판정을 이행하지 않는 자는 1년 이하의 징역 또는 1천만원 이하의 벌금에 처한다(동법 제111조). 이는 구제명령의 실효성을 확보하기 위함이다.

(7) 구제명령 등의 효력

노동위원회의 구제명령, 기각결정 또는 재심판정은 중앙노동위원회에 대한 재심신청이나 행정소송 제기에 의하여 그 효력이 정지되지 아니한다(근로기준법 제32조).

(8) 이행강제금

노동위원회는 구제명령을 받은 후 이행기한까지 구제명령을 이행하지 아니한 사용자에게 3천만원 이하의 이행강제금을 부과한다(근로기준법 제33조 제1항). 노동위원회는 이행강제금을 부과할 경우 3천만원을 한도로 1년에 2회의 범위 안에서 구제명령이 이행될 때까지 부과할 수 있으며, 부과기간은 2년을 초과할 수 없다(동법 제33조 제1항 및 제5항).

---

11) 임종률, 『노동법』; 근로자가 해고되어 구제절차가 진행되는 중에 근로계약기간이 만료하는 등의 사유로 노동관계가 종료되어 원직복직이 불가능하게 된 경우에 신청의 이익이 있는지 여부가 문제되는데, 이에 관하여 최근 대법원 전원합의체는 근로자가 해고 이후 노동관계 종료 시까지의 기간에 지급받지 못한 임금상당액을 지급받을 필요가 있는 이상 임금상당액 지급의 구제명령을 받을 이익이 유지된다고 판시했다(대판 2020.2.20, 2019두52386[전합]).

4. 재심절차

(1) 재심신청

지방노동위원회의 구제명령이나 기각결정에 불복하는 사용자나 근로자는 판정서를 송달받은 날로부터 10일 이내에 중앙노동위원회에 재심을 신청할 수 있다(근로기준법 제31조 제1항).

(2) 재심범위

재심범위는 초심에서 청구한 범위를 벗어나지 아니하는 한도 내에서만 재심을 할 수 있다(노동위원회 규칙 제89조). 재심신청의 대상은 초심에서 구제를 신청한 것에 국한되며, 그 범위 내에서 구제의 내용을 변경·취소할 수 있다.

(3) 재심절차

초심절차에 관한 규정은 그 성질에 반하지 아니하는 한 재심절차에도 그대로 준용된다.

(4) 재심판정

중앙노동위원회는 재심 결과 그 신청이 이유 없다고 인정하는 경우에는 이를 기각하고, 이유 있다고 인정할 때에는 지방노동위원회의 처분을 취소·변경하여야 한다(노동위원회 규칙 제94조 제1항).

5. 행정소송

중앙노동위원회의 재심판정에 대하여 관계당사자는 재심판정서를 송달받은 날로부터 15일 이내에 행정소송법이 정하는 바에 의하여 행정소송을 제기할 수 있다(근로기준법 제31조 제2항).

▮▮▮ 부당해고에 대한 노동위원회의 구제명령

1. 원직복직 및 임금상당액의 지급명령

(1) 원직복직

부당해고에 대한 노동위원회의 구제명령이 내려지면 사용자는 해고된 근로자가 종사하였던 원직에 복직시켜야 한다. 그러나 직제개편 등으로 원직이 없어진 경우에는 동일하거나 실질적으로 유사한 책임과 권한이 있고 유사한 보수를 지급받는 직책으로 복귀시켜야 한다. 그러나 해고기간 중 근로자가 구속되어 근로제공이 사실상 불가능한 상태에 있었던 경우에는 임금을 청구할 수 없다(대판 1995.1.24, 94다40987).

(2) 임금상당액 지급

① 의의 : 부당해고 기간은 사용자의 귀책사유로 근로자가 근로제공을 이행할 수 없었던 것에 해당하므로, 근로자는 해고되지 않았더라면 받을 수 있었던 임금 전액을 청구할 수 있다(민법 제538조 제1항).

② 임금상당액의 범위 : 부당해고인 경우 근로자가 청구할 수 있는 임금은 평균임금 산정의 기초가 되는 임금총액에 포함되는 모든 임금이다(대판 1993.12.21, 93다11463). 그러므로 시간외근로수당이나 상여금 등도 당해 근로자가 해고되지 않았더라면 받을 수 있었을 것이라고 기대되면 모두 포함된다(대판 1992.12.8, 92다39860).

2. 금전보상명령

(1) 의의

노동위원회는 사용자에 대하여 부당해고에 대한 구제명령을 하는 때에 근로자가 원직복직을 원하지 아니하는 경우에는 원직복직을 명하는 대신 근로자가 해고기간 동안 근로를 제공하였더라면 지급받을 수 있었던 임금상당액 이상의 금품을 그 근로자에게 지급하도록 명할 수 있다(근로기준법 제30조 제3항).

(2) 주요내용

노동위원회는 부당해고에 대한 구제방법으로 근로자가 원직복직을 희망하지 않는 경우에는 원직복직 이외에 구제명령으로 임금상당액 이상의 금품을 지급하고 근로관계를 종료할 수 있는 명령을 할 수 있다[12].

임금상당액 이상의 금품은 해고기간 동안의 임금상당액과 위로금을 포함하여 원직복직을 대신하여 지급되는 것으로, 노동위원회가 근로자의 귀책사유 및 해고의 부당성 정도 등을 고려하여 결정한다.

Ⅳ 노동위원회 구제명령의 이행확보수단

1. 이행강제금

(1) 의의

근로기준법에서는 부당해고 등에 대한 노동위원회의 구제명령을 사용자가 정당한 이유 없이 이행하지 않는 경우, 이행하지 않은 사용자에 대하여 3천만원 이하의 이행강제금을 부과하도록 규정하고 있다(근로기준법 제33조 제1항).

(2) 이행강제금의 대상이 되는 구제명령

이행강제금의 대상은 지방노동위원회와 중앙노동위원회의 구제명령이다. 이행강제금은 확정된 구제명령이라는 요건이 없기 때문에 당사자가 이의를 제기하여 중앙노동위원회의 재심신청 또는 행정소송을 제기한 경우라도 노동위원회의 구제명령을 이행하지 않으면 이행강제금을 부과할 수 있다.

(3) 이행강제금의 부과권자

이행강제금은 노동위원회가 부과한다(근로기준법 제33조 제1항).

(4) 이행강제금 부과금액 및 횟수

노동위원회는 3천만원을 한도로 하여 1년에 2회의 범위 안에서 구제명령이 이행될 때까지 부과할 수 있으며, 부과기간은 2년을 초과할 수 없다(근로기준법 제33조 제1항 및 제5항).

---

12) 따라서 부당해고 이외의 부당전직, 부당전보, 부당징계 등의 경우에는 금전보상명령이 적용되지 않는다.

2. 확정된 구제명령 불이행 시 벌칙

(1) 벌칙

노동위원회의 확정된 구제명령 또는 구제명령을 내용으로 하는 재심판정을 이행하지 않는 자는 1년 이하의 징역 또는 1천만원 이하의 벌금에 처한다(근로기준법 제111조).

(2) 고발권

확정된 구제명령 불이행에 대한 처벌은 노동위원회의 고발이 있어야 공소를 제기할 수 있다(근로기준법 제112조 제1항). 또한 검사는 확정된 구제명령 불이행에 따른 죄에 해당하는 위반행위가 있음을 노동위원회에 통보하여 고발을 요청할 수 있다(동법 제112조 제2항).

ⅤⅤ 법원에 의한 사법적 구제

1. 의의

사용자의 부당해고 등에 대하여는 노동위원회에 의한 부당해고 등 구제신청 외에도 법원에 해고무효확인의 소, 종업원지위확인의 소 또는 손해배상청구 등을 제기할 수 있다.

2. 사법적 구제의 내용

(1) 부당해고 기간의 임금문제

부당해고 기간 중 근로자가 다른 직장에서 근무하여 얻은 이른바 중간수익이 있는 경우에는 근로기준법 제46조에서 정한 휴업수당을 초과하는 금액의 범위 내에서만 공제할 수 있다(대판 1991.12.13, 90다18999). 만약 근로자가 부당해고로 퇴직금을 받은 경우 이는 부당이득이 되는바, 따라서 근로자는 부당해고판결 확정 후 사용자에게 퇴직금을 반환해야 하는데, 이 경우 이자나 그 밖의 손해를 배상할 책임은 없다(대판 1995.11.21, 94다45753).

(2) 부당하게 해고한 근로자를 원직이 아닌 업무에 복직시켜 근로를 제공한 경우

근로자는 계속 근로하였을 경우 받을 수 있는 임금 전액을 청구할 수 있다. 또한 사용자가 부당하게 해고한 근로자를 원직(종전의 일과 다소 다르더라도 원직에 복직시킨 것으로 볼 수 있는 경우를 포함한다)이 아닌 업무에 복직시켜 근로를 제공하게 하였다면 근로자는 사용자에게 원직에서 지급받을 수 있는 임금 상당액을 청구할 수 있는데, 이 경우 근로자가 복직하여 실제 근로를 제공한 이상 휴업하였다고 볼 수는 없으므로 근로자가 원직이 아닌 업무를 수행하여 지급받은 임금은 그 전액을 청구액에서 공제해야 한다(대판 2024.4.12, 2023다300559).

제 7 절 금품청산

I 법규정

제36조【금품 청산】 사용자는 근로자가 사망 또는 퇴직한 경우에는 그 지급 사유가 발생한 때부터 14일 이내에 임금, 보상금, 그 밖의 모든 금품을 지급하여야 한다. 다만, 특별한 사정이 있을 경우에는 당사자 사이의 합의에 의하여 기일을 연장할 수 있다.

제43조의2【체불사업주 명단 공개】 ① 고용노동부장관은 제36조, 제43조, 제51조의3, 제52조 제2항 제2호, 제56조에 따른 임금, 보상금, 수당, 「근로자퇴직급여 보장법」 제12조 제1항에 따른 퇴직급여등, 그 밖의 모든 금품(이하 "임금등"이라 한다)을 지급하지 아니한 사업주(법인인 경우에는 그 대표자를 포함한다. 이하 "체불사업주"라 한다)가 명단 공개 기준일 이전 3년 이내 임금등을 체불하여 2회 이상 유죄가 확정된 자로서 명단 공개 기준일 이전 1년 이내 임금등의 체불총액이 3천만원 이상인 경우에는 그 인적사항 등을 공개할 수 있다. 다만, 체불사업주의 사망ㆍ폐업으로 명단 공개의 실효성이 없는 경우 등 대통령령으로 정하는 사유가 있는 경우에는 그러하지 아니하다.
② 고용노동부장관은 제1항에 따라 명단 공개를 할 경우에 체불사업주에게 3개월 이상의 기간을 정하여 소명 기회를 주어야 한다.
③ 제1항에 따른 체불사업주의 인적사항 등에 대한 공개 여부 및 제43조의4에 따른 상습체불사업주에 관한 사항을 심의하기 위하여 고용노동부에 임금체불정보심의위원회(이하 이 조 및 제43조의4에서 "위원회"라 한다)를 둔다. 이 경우 위원회의 구성ㆍ운영 등 필요한 사항은 고용노동부령으로 정한다.
④ 위원회 위원 중 공무원이 아닌 사람은 「형법」 제127조 및 제129조부터 제132조까지를 적용할 때에는 공무원으로 본다.
⑤ 제1항에 따른 명단 공개의 구체적인 내용, 기간 및 방법 등 명단 공개에 필요한 사항은 대통령령으로 정한다.

제43조의3【임금등 체불자료의 제공】 ① 고용노동부장관은 「신용정보의 이용 및 보호에 관한 법률」 제25조 제2항 제1호에 따른 종합신용정보집중기관이 다음 각 호의 어느 하나에 해당하는 체불사업주의 인적사항과 체불액 등에 관한 자료(이하 "임금등 체불자료"라 한다)를 요구할 때에는 임금등의 체불을 예방하기 위하여 필요하다고 인정하는 경우에 그 자료를 제공할 수 있다. 다만, 체불사업주의 사망ㆍ폐업으로 임금등 체불자료 제공의 실효성이 없는 경우 등 대통령령으로 정하는 사유가 있는 경우에는 그러하지 아니하다.
   1. 임금등 체불자료 제공일 이전 3년 이내 임금등을 체불하여 2회 이상 유죄가 확정된 자로서 임금등 체불자료 제공일 이전 1년 이내 임금등의 체불총액이 2천만원 이상인 체불사업주
   2. 제43조의4에 따른 상습체불사업주
② 제1항에 따라 임금등 체불자료를 받은 자는 이를 체불사업주의 신용도ㆍ신용거래능력 판단과 관련한 업무 외의 목적으로 이용하거나 누설하여서는 아니 된다.
③ 제1항에 따른 임금등 체불자료의 제공 절차 및 방법 등 임금등 체불자료의 제공에 필요한 사항은 대통령령으로 정한다.

제43조의4【상습체불사업주에 대한 보조ㆍ지원 제한 등】 ① 고용노동부장관은 위원회의 심의를 거쳐 다음 각 호의 어느 하나에 해당하는 자(법인인 경우에는 그 대표자를 포함한다)를 상습체불사업주(이하 "상습체불사업주"라 한다)로 정할 수 있다.
   1. 임금등 체불자료 제공일이 속하는 연도의 직전 연도 1년간 근로자에게 임금등(「근로자퇴직급여 보장법」 제12조 제1항에 따른 퇴직급여등은 제외한다)을 3개월분 임금 이상 체불한 사업주
   2. 임금등 체불자료 제공일이 속하는 연도의 직전 연도 1년간 근로자에게 5회 이상 임금등을 체불하고, 체불총액이 3천만원 이상인 사업주

② 고용노동부장관은 제1항에 따라 상습체불사업주로 정할 경우에 해당 사업주에게 3개월 이상의 기간을 정하여 소명 기회를 주어야 한다.

③ 고용노동부장관은 중앙행정기관의 장, 지방자치단체의 장 또는 대통령령으로 정하는 공공기관의 장(이하 "중앙행정기관장등"이라 한다)에게 상습체불사업주에 대하여 다음 각 호의 조치를 하도록 요청하고 임금등 체불자료를 제공할 수 있으며, 중앙행정기관장등이 다음 각 호의 조치를 목적으로 상습체불사업주의 임금 등 체불자료를 요청하는 경우 해당 자료를 제공할 수 있다.

1. 「보조금 관리에 관한 법률」, 「지방자치단체 보조금 관리에 관한 법률」 또는 개별 법률에 따른 각종 보조·지원사업의 참여 배제나 수급 제한

2. 「국가를 당사자로 하는 계약에 관한 법률」 또는 「지방자치단체를 당사자로 하는 계약에 관한 법률」에 따른 입찰참가자격 사전심사나 낙찰자 심사·결정 시 감점 등 불이익 조치

④ 제3항에 따라 상습체불사업주의 임금등 체불자료를 제공받은 자는 제공받은 자료를 제3항 각 호에서 정한 목적 외의 목적으로 이용하거나 누설하여서는 아니 된다.

⑤ 제3항에 따른 임금등 체불자료의 제공 절차 및 방법은 제43조의3 제1항 단서 및 같은 조 제3항을 준용한다.

⑥ 그 밖에 제1항 제1호에 따른 3개월분 임금의 산정, 같은 항 제2호에 따른 임금등의 체불횟수 산정, 제2항에 따른 소명 기회 제공 및 제3항에 따라 제공되는 임금등 체불자료의 제공기간 등에 필요한 사항은 대통령령으로 정한다.

제43조의5【업무위탁 등】 ① 고용노동부장관은 제43조의2부터 제43조의4까지에 관한 업무를 효율적으로 하기 위하여 대통령령으로 정하는 바에 따라 업무 중 일부를 「산업재해보상보험법」 제10조에 따른 근로복지공단(이하 "근로복지공단"이라 한다)이나 전문성을 갖춘 연구기관·법인·단체에 위탁할 수 있다.

② 제1항에 따라 위탁받은 기관의 임직원은 「형법」 제129조부터 제132조까지를 적용할 때에는 공무원으로 본다.

제43조의6【체불사업주 명단공개 등을 위한 자료제공 등의 요청】 ① 고용노동부장관은 제43조의2에 따른 체불사업주 명단 공개, 제43조의3에 따른 임금등 체불자료의 제공, 제43조의4에 따른 상습체불사업주에 대한 중앙행정기관장등의 보조 및 지원 제한 등에 관한 업무를 수행하기 위하여 다음 각 호의 어느 하나에 해당하는 자료의 제공 또는 관계 전산망의 이용(이하 "자료제공등"이라 한다)을 해당 각 호의 자에게 각각 요청할 수 있다.

1. 법원행정처장에게 체불사업주의 법인등기사항증명서

2. 국세청장에게 체불사업주의 「소득세법」 제4조 제1항 제1호에 따른 종합소득에 관한 자료, 「법인세법」 제4조 제1항 제1호에 따른 소득에 관한 자료, 「부가가치세법」 제8조, 「법인세법」 제111조 및 「소득세법」 제168조에 따른 사업자등록에 관한 자료

3. 국세청장에게 임금등이 체불된 근로자의 「소득세법」 제4조 제1항 제1호에 따른 종합소득에 관한 자료

4. 근로복지공단에 임금등이 체불된 근로자의 「고용보험 및 산업재해보상보험의 보험료징수 등에 관한 법률」 제16조의3에 따른 월평균보수에 관한 자료, 「고용보험법」 제13조 및 제15조에 따른 피보험자격 취득에 관한 자료 및 체불사업주의 「임금채권보장법」 제7조, 제7조의2 및 제8조에 따른 대지급금에 관한 자료

② 고용노동부장관은 제1항 제4호에 따른 월평균보수 및 피보험자격 취득에 관한 자료를 제공받기 위하여 해당 근로자의 임금, 근로제공기간 등 대통령령으로 정하는 정보를 근로복지공단에 제공할 수 있다.

③ 제1항에 따라 자료제공등을 요청받은 자는 정당한 사유가 없으면 그 요청에 따라야 한다.

제43조의7【출국금지】 ① 고용노동부장관은 제43조의2에 따라 명단이 공개된 체불사업주에 대하여 법무부장관에게 「출입국관리법」 제4조 제3항에 따라 출국금지를 요청할 수 있다.

② 법무부장관은 제1항의 요청에 따라 출국금지를 한 경우 고용노동부장관에게 그 결과를 정보통신망 등을 통하여 통보하여야 한다.

③ 고용노동부장관은 체불임금의 지급 등으로 출국금지 사유가 없어진 경우 즉시 법무부장관에게 출국금지의 해제를 요청하여야 한다.

④ 제1항부터 제3항까지에서 규정한 사항 외에 출국금지 및 그 해제의 요청 등의 절차에 필요한 사항은 대통령령으로 정한다.

제43조의8【체불 임금등에 대한 손해배상 청구】 ① 근로자는 사업주가 다음 각 호의 어느 하나에 해당하는 경우 법원에 사업주가 지급하여야 하는 임금등의 3배 이내의 금액을 지급할 것을 청구할 수 있다.

1. 명백한 고의로 임금등(「근로자퇴직급여 보장법」 제2조 제5호의 급여는 제외한다. 이하 이 조에서 같다)의 전부 또는 일부를 지급하지 아니한 경우
2. 1년 동안 임금등의 전부 또는 일부를 지급하지 아니한 개월 수가 총 3개월 이상인 경우
3. 지급하지 아니한 임금등의 총액이 3개월 이상의 통상임금에 해당하는 경우

② 법원은 제1항에 따른 금액을 결정할 때에 다음 각 호의 사항을 고려하여야 한다.

1. 임금등의 체불 기간·경위·횟수 및 체불된 임금등의 규모
2. 사업주가 임금등을 지급하기 위하여 노력한 정도
3. 제37조에 따른 지연이자 지급액
4. 사업주의 재산상태

Ⅱ 금품청산의 내용

1. 근로자의 사망 또는 퇴직

근로자가 사망 또는 퇴직한 경우에 사용자는 14일 이내에 일체의 금품을 지급해야 한다(근로기준법 제36조 본문). 근로관계가 종료되면 그 사유를 불문하고 사용자에게 금품지급의무가 발생한다.

2. 금품청산의 대상

청산되어야 할 금품은 임금·퇴직금 및 재해보상금 기타 모든 금품이다. 임금·퇴직금 및 재해보상금은 예시적인 것에 불과하며, 사용자가 근로관계의 존재로 인하여 근로자에게 지급의무가 있는 모든 금품을 청산하여야 한다.

3. 금품청산의 시기

(1) 기본 원칙

금품청산은 그 지급사유가 발생한 때부터 14일 이내에 지급되어야 하는 것이 원칙이다(근로기준법 제36조 본문). 금품청산의 기산점은 '지급사유가 발생한 때'이다. 즉, 근로자의 퇴직·해고 및 사망 등 근로관계가 종료한 때가 금품청산 기간산정의 기산점이 된다.

(2) 예외

특별한 사정이 있는 경우에는 당사자 사이의 합의에 의하여 기일을 연장할 수 있다(근로기준법 제36조 단서). 여기서 '특별한 사정'이란 천재·사변 기타 경영부진으로 인한 자금사정 등으로 지급기일 내에 지급할 수 없었던 불가피한 사정이 사회통념에 비추어 인정되는 사정으로 인하여 사용자가 최선을 다하였음에도 불구하고 금품지급의 의무를 이행할 수 없는 경우를 말한다[13].

---

13) 임종률, 『노동법』

Ⅲ 임금체불에 대한 실효성 확보

1. 지연이자제

퇴직 또는 사망으로 인하여 근로관계가 종료된 근로자에 대하여 사용자가 임금·퇴직금 등의 전부 또는 일부를 지급사유가 발생한 날부터 14일이 되는 날까지 지급하지 않았을 경우, 사용자는 그 다음 날부터 지급하는 날까지의 지연 일수에 대하여 연 100분의 40 이내의 범위에서 은행법에 따른 은행이 적용하는 연체금리 등 경제 여건을 고려하여 대통령령으로 정하는 이율에 따른 지연이자를 지급하여야 한다(근로기준법 제37조 제1항).

2. 반의사불벌죄

반의사불벌죄라 함은 피해자가 처벌을 희망하지 않는다는 의사표시를 명백히 한 때에는 처벌할 수 없는 죄를 말한다. 근로기준법에서는 임금지급과 관련된 규정(근로기준법 제36조, 동법 제44조, 동법 제46조, 동법 제56조 등)을 위반한 자에 대하여 반의사불벌죄를 적용하고 있다(동법 제109조 제2항 본문). 다만, 제43조의2에 따라 명단 공개된 체불사업주가 명단 공개 기간 중에 제36조, 제43조, 제44조, 제44조의2, 제46조, 제51조의3, 제52조 제2항 제2호 또는 제56조를 위반한 경우에는 그러하지 아니하다(동법 제109조 제2항 단서).

3. 체불사업주의 명단 공개 등

(1) 체불사업주의 명단 공개

고용노동부장관은 제36조, 제43조, 제51조의3, 제52조 제2항 제2호, 제56조에 따른 임금, 보상금, 수당, 「근로자퇴직급여보장법」 제12조 제1항에 따른 퇴직급여 등, 그 밖의 모든 금품(이하 "임금 등"이라 한다)을 지급하지 아니한 사업주(법인인 경우에는 그 대표자를 포함한다. 이하 "체불사업주"라 한다)가 명단 공개 기준일 이전 3년 이내 임금 등을 체불하여 2회 이상 유죄가 확정된 자로서 명단 공개 기준일 이전 1년 이내 임금 등의 체불총액이 3천만원 이상인 경우에는 그 인적사항 등을 공개할 수 있다. 다만, 체불사업주의 사망·폐업으로 명단 공개의 실효성이 없는 경우 등 대통령령으로 정하는 사유가 있는 경우에는 그러하지 아니하다(근로기준법 제43조의2 제1항).

(2) 임금 등 체불자료의 제공

고용노동부장관은 「신용정보의 이용 및 보호에 관한 법률」 제25조 제2항 제1호에 따른 종합신용정보집중기관이 임금 등 체불자료 제공일 이전 3년 이내 임금 등을 체불하여 2회 이상 유죄가 확정된 자로서 임금 등 체불자료 제공일 이전 1년 이내 임금 등의 체불총액이 2천만원 이상인 체불사업주 또는 상습체불사업주의 인적사항과 체불액 등에 관한 자료(이하 "임금 등 체불자료"라 한다)를 요구할 때에는 임금 등의 체불을 예방하기 위하여 필요하다고 인정하는 경우에 그 자료를 제공할 수 있다. 다만, 체불사업주의 사망·폐업으로 임금 등 체불자료 제공의 실효성이 없는 경우 등 대통령령으로 정하는 사유가 있는 경우에는 그러하지 아니하다(근로기준법 제43조의3 제1항).

(3) **상습체불사업주에 대한 보조·지원 제한 등**

① **상습체불사업주의 지정**: 고용노동부장관은 위원회의 심의를 거쳐 다음 중 어느 하나에 해당하는 자(법인인 경우에는 그 대표자를 포함한다)를 상습체불사업주(이하 "상습체불사업주"라 한다)로 정할 수 있다(근로기준법 제43조의4 제1항).

  ㉠ 임금 등 체불자료 제공일이 속하는 연도의 직전 연도 1년간 근로자에게 임금 등(「근로자퇴직급여보장법」 제12조 제1항에 따른 퇴직급여 등은 제외한다)을 3개월분 임금 이상 체불한 사업주

  ㉡ 임금 등 체불자료 제공일이 속하는 연도의 직전 연도 1년간 근로자에게 5회 이상 임금 등을 체불하고, 체불총액이 3천만원 이상인 사업주

② **상습체불사업주에 대한 보조·지원 제한**: 또한 고용노동부장관은 중앙행정기관의 장, 지방자치단체의 장 또는 대통령령으로 정하는 공공기관의 장(이하 "중앙행정기관장등"이라 한다)에게 상습체불사업주에 대하여 다음의 조치를 하도록 요청하고 임금 등 체불자료를 제공할 수 있으며, 중앙행정기관장등이 다음의 조치를 목적으로 상습체불사업주의 임금 등 체불자료를 요청하는 경우 해당 자료를 제공할 수 있다(근로기준법 제43조의6 제1항).

  ㉠ 「보조금 관리에 관한 법률」, 「지방자치단체 보조금 관리에 관한 법률」 또는 개별 법률에 따른 각종 보조·지원사업의 참여 배제나 수급 제한

  ㉡ 「국가를 당사자로 하는 계약에 관한 법률」 또는 「지방자치단체를 당사자로 하는 계약에 관한 법률」에 따른 입찰참가자격 사전심사나 낙찰자 심사·결정 시 감점 등 불이익 조치

(4) **체불사업주에 대한 출국금지**

고용노동부장관은 제43조의2에 따라 명단이 공개된 체불사업주에 대하여 법무부장관에게 「출입국관리법」 제4조 제3항에 따라 출국금지를 요청할 수 있다(근로기준법 제43조의7 제1항).

(5) **체불임금 등에 대한 손해배상청구**

근로자는 사업주가 다음 각 호의 어느 하나에 해당하는 경우 법원에 사업주가 지급하여야 하는 임금 등의 3배 이내의 금액을 지급할 것을 청구할 수 있다(근로기준법 제43조의8 제1항).

① 명백한 고의로 임금 등 (「근로자퇴직급여보장법」 제2조 제5호의 급여는 제외한다. 이하 이 조에서 같다)의 전부 또는 일부를 지급하지 아니한 경우

② 1년 동안 임금 등의 전부 또는 일부를 지급하지 아니한 개월 수가 총 3개월 이상인 경우

③ 지급하지 아니한 임금 등의 총액이 3개월 이상의 통상임금에 해당하는 경우

Ⅳ 위반의 효과

근로기준법 제36조 금품청산을 위반할 경우 3년 이하의 징역 또는 3천만원 이하의 벌금에 처한다(근로기준법 제109조 제1항).

제 8 절 사용증명서 및 취업 방해의 금지

I 법규정

제39조【사용증명서】 ① 사용자는 근로자가 퇴직한 후라도 사용 기간, 업무 종류, 지위와 임금, 그 밖에 필요한 사항에 관한 증명서를 청구하면 사실대로 적은 증명서를 즉시 내주어야 한다.
② 제1항의 증명서에는 근로자가 요구한 사항만을 적어야 한다.

제40조【취업 방해의 금지】 누구든지 근로자의 취업을 방해할 목적으로 비밀 기호 또는 명부를 작성·사용하거나 통신을 하여서는 아니 된다.

II 사용증명서

사용자는 근로자가 퇴직한 후라도 사용 기간, 업무 종류, 지위와 임금, 그 밖에 필요한 사항에 관한 증명서를 청구하면 사실대로 적은 증명서를 즉시 내주어야 한다(근로기준법 제39조 제1항). 사용증명서에는 근로자가 요구한 사항만을 적어야 한다(동법 제39조 제1항).
사용증명서를 청구할 수 있는 자는 계속하여 30일 이상 근무한 근로자로 하되, 청구할 수 있는 기한은 퇴직 후 3년 이내로 한다(동법 시행령 제19조).

근로기준법 시행령 제19조【사용증명서의 청구】
　법 제39조 제1항에 따라 사용증명서를 청구할 수 있는 자는 계속하여 30일 이상 근무한 근로자로 하되, 청구할 수 있는 기한은 퇴직 후 3년 이내로 한다.

III 취업 방해의 금지

누구든지 근로자의 취업을 방해할 목적으로 비밀 기호 또는 명부를 작성·사용하거나 통신을 하여서는 아니 된다(근로기준법 제40조). 만약 이를 위반한 자는 5년 이하의 징역 또는 5천만원 이하의 벌금에 처한다(동법 제107조).

근로기준법상 재해보상

제1절　재해보상의 종류 등

Ⅰ　법규정

제78조【요양보상】 ① 근로자가 업무상 부상 또는 질병에 걸리면 사용자는 그 비용으로 필요한 요양을 행하거나 필요한 요양비를 부담하여야 한다.

② 제1항에 따른 업무상 질병과 요양의 범위 및 요양보상의 시기는 대통령령으로 정한다.

제79조【휴업보상】 ① 사용자는 제78조에 따라 요양 중에 있는 근로자에게 그 근로자의 요양 중 평균임금의 100분의 60의 휴업보상을 하여야 한다.

② 제1항에 따른 휴업보상을 받을 기간에 그 보상을 받을 사람이 임금의 일부를 지급받은 경우에는 사용자는 평균임금에서 그 지급받은 금액을 뺀 금액의 100분의 60의 휴업보상을 하여야 한다.

③ 휴업보상의 시기는 대통령령으로 정한다.

제80조【장해보상】 ① 근로자가 업무상 부상 또는 질병에 걸리고, 완치된 후 신체에 장해가 있으면 사용자는 그 장해 정도에 따라 평균임금에 별표에서 정한 일수를 곱한 금액의 장해보상을 하여야 한다.

② 이미 신체에 장해가 있는 사람이 부상 또는 질병으로 인하여 같은 부위에 장해가 더 심해진 경우에 그 장해에 대한 장해보상 금액은 장해 정도가 더 심해진 장해등급에 해당하는 장해보상의 일수에서 기존의 장해등급에 해당하는 장해보상의 일수를 뺀 일수에 보상청구사유 발생 당시의 평균임금을 곱하여 산정한 금액으로 한다.

③ 장해보상을 하여야 하는 신체장해 등급의 결정 기준과 장해보상의 시기는 대통령령으로 정한다.

제81조【휴업보상과 장해보상의 예외】 근로자가 중대한 과실로 업무상 부상 또는 질병에 걸리고 또한 사용자가 그 과실에 대하여 노동위원회의 인정을 받으면 휴업보상이나 장해보상을 하지 아니하여도 된다.

제82조【유족보상】 ① 근로자가 업무상 사망한 경우에는 사용자는 근로자가 사망한 후 지체 없이 그 유족에게 평균임금 1,000일분의 유족보상을 하여야 한다.

② 제1항에서의 유족의 범위, 유족보상의 순위 및 보상을 받기로 확정된 사람이 사망한 경우의 유족보상의 순위는 대통령령으로 정한다.

제83조【장례비】 근로자가 업무상 사망한 경우에는 사용자는 근로자가 사망한 후 지체 없이 평균임금 90일분의 장례비를 지급하여야 한다.

제84조【일시보상】 제78조에 따라 보상을 받는 근로자가 요양을 시작한 지 2년이 지나도 부상 또는 질병이 완치되지 아니하는 경우에는 사용자는 그 근로자에게 평균임금 1,340일분의 일시보상을 하여 그 후의 이 법에 따른 모든 보상책임을 면할 수 있다.

제85조【분할보상】 사용자는 지급 능력이 있는 것을 증명하고 보상을 받는 사람의 동의를 받으면 제80조, 제82조 또는 제84조에 따른 보상금을 1년에 걸쳐 분할보상을 할 수 있다.

▮ Ⅱ ▮ 근로기준법상 재해보상의 개념

근로기준법 제8장에서는 근로자가 업무 수행 과정에서 부상을 입거나 질병에 걸린 경우 또는 그 부상 또는 질병으로 사망한 경우에 사용자가 근로자나 그 유족을 보호하기 위하여 적정한 보상을 해 주도록 규정하고 있는데, 근로자가 입은 재해가 「산재보험법」에 따라 보상을 받지 못한다고 하더라도 그로 인해 「근로기준법」상 재해보상 책임까지 소멸하는 것은 아니므로, 근로자는 여전히 같은 사유로 사용자에게 「근로기준법」상 재해보상금을 청구할 수 있다(대법원 1986.8.19, 83다카1670).

▮ Ⅲ ▮ 근로기준법상 재해보상의 종류

1. 요양보상

근로자가 업무상 부상 또는 질병에 걸리면 사용자는 그 비용으로 필요한 요양을 행하거나 필요한 요양비를 부담하여야 한다(근로기준법 제78조 제1항). 업무상 질병과 요양의 범위 및 요양보상의 시기는 대통령령으로 정한다(동법 제78조 제2항).

2. 휴업보상

사용자는 제78조에 따라 요양 중에 있는 근로자에게 그 근로자의 요양 중 평균임금의 100분의 60의 휴업보상을 하여야 한다(근로기준법 제79조 제1항). 제1항에 따른 휴업보상을 받을 기간에 그 보상을 받을 사람이 임금의 일부를 지급받은 경우에는 사용자는 평균임금에서 그 지급받은 금액을 뺀 금액의 100분의 60의 휴업보상을 하여야 한다(동법 제79조 제2항).

3. 장해보상

근로자가 업무상 부상 또는 질병에 걸리고, 완치된 후 신체에 장해가 있으면 사용자는 그 장해 정도에 따라 평균임금에 별표에서 정한 일수를 곱한 금액의 장해보상을 하여야 한다(근로기준법 제80조 제1항).

이미 신체에 장해가 있는 사람이 부상 또는 질병으로 인하여 같은 부위에 장해가 더 심해진 경우에 그 장해에 대한 장해보상 금액은 장해 정도가 더 심해진 장해등급에 해당하는 장해보상의 일수에서 기존의 장해등급에 해당하는 장해보상의 일수를 뺀 일수에 보상청구사유 발생 당시의 평균임금을 곱하여 산정한 금액으로 한다(동법 제80조 제2항).

4. 유족보상

근로자가 업무상 사망한 경우에는 사용자는 근로자가 사망한 후 지체 없이 그 유족에게 평균임금 1,000일분의 유족보상을 하여야 한다(근로기준법 제82조 제1항). 제1항에서의 유족의 범위, 유족보상의 순위 및 보상을 받기로 확정된 사람이 사망한 경우의 유족보상의 순위는 대통령령으로 정한다(동법 제82조 제2항).

5. 장례비

근로자가 업무상 사망한 경우에는 사용자는 근로자가 사망한 후 지체 없이 평균임금 90일분의 장례비를 지급하여야 한다(근로기준법 제83조).

Ⅳ 휴업보상과 장해보상의 예외

근로자가 중대한 과실로 업무상 부상 또는 질병에 걸리고 또한 사용자가 그 과실에 대하여 노동위원회의 인정을 받으면 휴업보상이나 장해보상을 하지 아니하여도 된다(근로기준법 제81조).

Ⅴ 보상의 예외 및 보상 청구권

1. 보상의 예외

(1) 일시보상

제78조에 따라 보상을 받는 근로자가 요양을 시작한 지 2년이 지나도 부상 또는 질병이 완치되지 아니하는 경우에는 사용자는 그 근로자에게 평균임금 1,340일분의 일시보상을 하여 그 후의 이 법에 따른 모든 보상책임을 면할 수 있다(근로기준법 제84조).

(2) 분할보상

사용자는 지급 능력이 있는 것을 증명하고 보상을 받는 사람의 동의를 받으면 제80조, 제82조 또는 제84조에 따른 보상금을 1년에 걸쳐 분할보상을 할 수 있다(근로기준법 제85조).

2. 보상 청구권

보상을 받을 권리는 퇴직으로 인하여 변경되지 아니하고, 양도나 압류하지 못한다(근로기준법 제86조).

Ⅵ 다른 손해배상과의 관계

보상을 받게 될 사람이 동일한 사유에 대하여 「민법」이나 그 밖의 법령에 따라 이 법의 재해보상에 상당한 금품을 받으면 그 가액(價額)의 한도에서 사용자는 보상의 책임을 면한다(근로기준법 제87조).

제 2 절 재해보상의 심사와 중재 등

I 법규정

제88조【고용노동부장관의 심사와 중재】 ① 업무상의 부상, 질병 또는 사망의 인정, 요양의 방법, 보상금액의 결정, 그 밖에 보상의 실시에 관하여 이의가 있는 자는 고용노동부장관에게 심사나 사건의 중재를 청구할 수 있다.
② 제1항의 청구가 있으면 고용노동부장관은 1개월 이내에 심사나 중재를 하여야 한다.
③ 고용노동부장관은 필요에 따라 직권으로 심사나 사건의 중재를 할 수 있다.
④ 고용노동부장관은 심사나 중재를 위하여 필요하다고 인정하면 의사에게 진단이나 검안을 시킬 수 있다.
⑤ 제1항에 따른 심사나 중재의 청구와 제2항에 따른 심사나 중재의 시작은 시효의 중단에 관하여는 재판상의 청구로 본다.

제89조【노동위원회의 심사와 중재】 ① 고용노동부장관이 제88조 제2항의 기간에 심사 또는 중재를 하지 아니하거나 심사와 중재의 결과에 불복하는 자는 노동위원회에 심사나 중재를 청구할 수 있다.
② 제1항의 청구가 있으면 노동위원회는 1개월 이내에 심사나 중재를 하여야 한다.

제90조【도급 사업에 대한 예외】 ① 사업이 여러 차례의 도급에 따라 행하여지는 경우의 재해보상에 대하여는 원수급인(元受給人)을 사용자로 본다.
② 제1항의 경우에 원수급인이 서면상 계약으로 하수급인에게 보상을 담당하게 하는 경우에는 그 수급인도 사용자로 본다. 다만, 2명 이상의 하수급인에게 똑같은 사업에 대하여 중복하여 보상을 담당하게 하지 못한다.
③ 제2항의 경우에 원수급인이 보상의 청구를 받으면 보상을 담당한 하수급인에게 우선 최고(催告)할 것을 청구할 수 있다. 다만, 그 하수급인이 파산의 선고를 받거나 행방이 알려지지 아니하는 경우에는 그러하지 아니하다.

제91조【서류의 보존】 사용자는 재해보상에 관한 중요한 서류를 재해보상이 끝나지 아니하거나 제92조에 따라 재해보상 청구권이 시효로 소멸되기 전에 폐기하여서는 아니 된다.

제92조【시효】 이 법의 규정에 따른 재해보상 청구권은 3년간 행사하지 아니하면 시효로 소멸한다.

II 재해보상의 심사와 중재

1. 고용노동부장관의 심사와 중재

업무상의 부상, 질병 또는 사망의 인정, 요양의 방법, 보상금액의 결정, 그 밖에 보상의 실시에 관하여 이의가 있는 자는 고용노동부장관에게 심사나 사건의 중재를 청구할 수 있다(근로기준법 제88조 제1항). 제1항의 청구가 있으면 고용노동부장관은 1개월 이내에 심사나 중재를 하여야 한다(동법 제88조 제2항).

고용노동부장관은 필요에 따라 직권으로 심사나 사건의 중재를 할 수 있다(동법 제88조 제3항). 고용노동부장관은 심사나 중재를 위하여 필요하다고 인정하면 의사에게 진단이나 검안을 시킬 수 있다(동법 제88조 제4항).

제1항에 따른 심사나 중재의 청구와 제2항에 따른 심사나 중재의 시작은 시효의 중단에 관하여는 재판상의 청구로 본다(동법 제88조 제5항).

2. 노동위원회의 심사와 중재

고용노동부장관이 제88조 제2항의 기간에 심사 또는 중재를 하지 아니하거나 심사와 중재의 결과에 불복하는 자는 노동위원회에 심사나 중재를 청구할 수 있다(근로기준법 제89조 제1항). 제1항의 청구가 있으면 노동위원회는 1개월 이내에 심사나 중재를 하여야 한다(동법 제89조 제2항).

Ⅲ 도급사업에 대한 예외

사업이 여러 차례의 도급에 따라 행하여지는 경우의 재해보상에 대하여는 원수급인(元受給人)을 사용자로 본다(근로기준법 제90조 제1항).

제1항의 경우에 원수급인이 서면상 계약으로 하수급인에게 보상을 담당하게 하는 경우에는 그 수급인도 사용자로 보는데, 다만 2명 이상의 하수급인에게 똑같은 사업에 대하여 중복하여 보상을 담당하게 하지 못한다(동법 제90조 제2항).

제2항의 경우에 원수급인이 보상의 청구를 받으면 보상을 담당한 하수급인에게 우선 최고(催告)할 것을 청구할 수 있다. 다만, 그 하수급인이 파산의 선고를 받거나 행방이 알려지지 아니하는 경우에는 그러하지 아니하다(동법 제90조 제3항).

Ⅳ 서류의 보존 및 시효

1. 서류의 보존

사용자는 재해보상에 관한 중요한 서류를 재해보상이 끝나지 아니하거나 제92조에 따라 재해보상 청구권이 시효로 소멸되기 전에 폐기하여서는 아니 된다(근로기준법 제91조).

2. 시효

이 법의 규정에 따른 재해보상 청구권은 3년간 행사하지 아니하면 시효로 소멸한다(근로기준법 제92조).

기숙사

I 법규정

제98조【기숙사 생활의 보장】 ① 사용자는 사업 또는 사업장의 부속 기숙사에 기숙하는 근로자의 사생활의 자유를 침해하지 못한다.

② 사용자는 기숙사 생활의 자치에 필요한 임원 선거에 간섭하지 못한다.

제99조【규칙의 작성과 변경】 ① 부속 기숙사에 근로자를 기숙시키는 사용자는 다음 각 호의 사항에 관하여 기숙사규칙을 작성하여야 한다.

  1. 기상(起床), 취침, 외출과 외박에 관한 사항

  2. 행사에 관한 사항

  3. 식사에 관한 사항

  4. 안전과 보건에 관한 사항

  5. 건설물과 설비의 관리에 관한 사항

  6. 그 밖에 기숙사에 기숙하는 근로자 전체에 적용될 사항

② 사용자는 제1항에 따른 규칙의 작성 또는 변경에 관하여 기숙사에 기숙하는 근로자의 과반수를 대표하는 자의 동의를 받아야 한다.

③ 사용자와 기숙사에 기숙하는 근로자는 기숙사규칙을 지켜야 한다.

제100조【부속 기숙사의 설치·운영 기준】 사용자는 부속 기숙사를 설치·운영할 때 다음 각 호의 사항에 관하여 대통령령으로 정하는 기준을 충족하도록 하여야 한다.

  1. 기숙사의 구조와 설비

  2. 기숙사의 설치 장소

  3. 기숙사의 주거 환경 조성

  4. 기숙사의 면적

  5. 그 밖에 근로자의 안전하고 쾌적한 주거를 위하여 필요한 사항

제100조의2【부속기숙사의 유지관리 의무】 사용자는 제100조에 따라 설치한 부속 기숙사에 대하여 근로자의 건강 유지, 사생활 보호 등을 위한 조치를 하여야 한다.

II 기숙사 생활의 보장

사용자는 사업 또는 사업장의 부속 기숙사에 기숙하는 근로자의 사생활의 자유를 침해하지 못한다(근로기준법 제98조 제1항). 사용자는 기숙사 생활의 자치에 필요한 임원 선거에 간섭하지 못한다(동법 제98조 제2항).

■III■ 기숙사 규칙의 작성과 변경

1. 기숙사 규칙의 작성 및 내용

부속 기숙사에 근로자를 기숙시키는 사용자는 다음의 사항에 관하여 기숙사규칙을 작성하여야 한다(근로기준법 제99조 제1항).

(1) 기상(起床), 취침, 외출과 외박에 관한 사항

(2) 행사에 관한 사항

(3) 식사에 관한 사항

(4) 안전과 보건에 관한 사항

(5) 건설물과 설비의 관리에 관한 사항

(6) 그 밖에 기숙사에 기숙하는 근로자 전체에 적용될 사항

2. 기숙사 규칙의 작성 및 변경 방법

사용자는 제1항에 따른 규칙의 작성 또는 변경에 관하여 기숙사에 기숙하는 근로자의 과반수를 대표하는 자의 동의를 받아야 한다(근로기준법 제99조 제2항).

3. 기숙사 규칙의 준수

사용자와 기숙사에 기숙하는 근로자는 기숙사규칙을 지켜야 한다(근로기준법 제99조 제3항).

■IV■ 설치 및 운영기준

사용자는 부속 기숙사를 설치·운영할 때 다음의 사항에 관하여 대통령령으로 정하는 기준을 충족하도록 하여야 한다(근로기준법 제100조).

(1) 기숙사의 구조와 설비

(2) 기숙사의 설치 장소

(3) 기숙사의 주거 환경 조성

(4) 기숙사의 면적

(5) 그 밖에 근로자의 안전하고 쾌적한 주거를 위하여 필요한 사항

근로기준법 시행령 제55조【기숙사의 구조와 설비】 사용자는 기숙사를 설치하는 경우 법 제100조에 따라 기숙사의 구조와 설비에 관하여 다음 각 호의 기준을 모두 충족해야 한다.

1. 침실 하나에 8명 이하의 인원이 거주할 수 있는 구조일 것
2. 화장실과 세면·목욕시설을 적절하게 갖출 것
3. 채광과 환기를 위한 적절한 설비 등을 갖출 것
4. 적절한 냉·난방 설비 또는 기구를 갖출 것
5. 화재 예방 및 화재 발생 시 안전조치를 위한 설비 또는 장치를 갖출 것

제56조【기숙사의 설치 장소】 사용자는 소음이나 진동이 심한 장소, 산사태나 눈사태 등 자연재해의 우려가 현저한 장소, 습기가 많거나 침수의 위험이 있는 장소, 오물이나 폐기물로 인한 오염의 우려가 현저한 장소 등 근로자의 안전하고 쾌적한 거주가 어려운 환경의 장소에 기숙사를 설치해서는 안 된다.

제57조【기숙사의 주거 환경 조성】 사용자는 기숙사를 운영하는 경우 법 제100조에 따라 기숙사의 주거 환경 조성에 관하여 다음 각 호의 기준을 충족해야 한다.

1. 남성과 여성이 기숙사의 같은 방에 거주하지 않도록 할 것
2. 작업 시간대가 다른 근로자들이 같은 침실에 거주하지 않도록 할 것. 다만, 근로자들의 작업 시간대가 다르더라도 근로자들의 수면 시간대가 완전히 구분되는 등 수면에 방해가 되지 않는 경우에는 같은 침실에 거주하도록 할 수 있다.
3. 기숙사에 기숙하는 근로자가 「감염병의 예방 및 관리에 관한 법률」 제2조 제1호에 따른 감염병에 걸린 경우에는 다음 각 목의 장소 또는 물건에 대하여 소독 등 필요한 조치를 취할 것
   가. 해당 근로자의 침실
   나. 해당 근로자가 사용한 침구, 식기, 옷 등 개인용품 및 그 밖의 물건
   다. 기숙사 내 근로자가 공동으로 이용하는 장소

제58조【기숙사의 면적】 기숙사 침실의 넓이는 1인당 2.5제곱미터 이상으로 한다.

제58조의2【근로자의 사생활 보호 등】 사용자는 기숙사에 기숙하는 근로자의 사생활 보호 등을 위하여 다음 각 호의 사항을 준수해야 한다.

1. 기숙사의 침실, 화장실 및 목욕시설 등에 적절한 잠금장치를 설치할 것
2. 근로자의 개인용품을 정돈하여 두기 위한 적절한 수납공간을 갖출 것

Ⅴ 유지관리 의무

사용자는 제100조에 따라 설치한 부속 기숙사에 대하여 근로자의 건강 유지, 사생활 보호 등을 위한 조치를 하여야 한다(근로기준법 제100조의2).

기간제근로자

I 법규정

제2조【정의】 이 법에서 사용하는 용어의 정의는 다음과 같다.

1. "기간제근로자"라 함은 기간의 정함이 있는 근로계약(이하 "기간제 근로계약"이라 한다)을 체결한 근로자를 말한다.

제4조【기간제근로자의 사용】 ① 사용자는 2년을 초과하지 아니하는 범위 안에서(기간제 근로계약의 반복갱신 등의 경우에는 그 계속근로한 총기간이 2년을 초과하지 아니하는 범위 안에서) 기간제근로자를 사용할 수 있다. 다만, 다음 각 호의 어느 하나에 해당하는 경우에는 2년을 초과하여 기간제근로자로 사용할 수 있다.

1. 사업의 완료 또는 특정한 업무의 완성에 필요한 기간을 정한 경우
2. 휴직·파견 등으로 결원이 발생하여 해당 근로자가 복귀할 때까지 그 업무를 대신 할 필요가 있는 경우
3. 근로자가 학업, 직업훈련 등을 이수함에 따라 그 이수에 필요한 기간을 정한 경우
4. 「고령자고용촉진법」 제2조 제1호의 고령자와 근로계약을 체결하는 경우
5. 전문적 지식·기술의 활용이 필요한 경우와 정부의 복지정책·실업대책 등에 따라 일자리를 제공하는 경우로서 대통령령으로 정하는 경우
6. 그밖에 제1호부터 제5호까지에 준하는 합리적인 사유가 있는 경우로서 대통령령으로 정하는 경우

② 사용자가 제1항 단서의 사유가 없거나 소멸되었음에도 불구하고 2년을 초과하여 기간제근로자로 사용하는 경우에는 그 기간제근로자는 기간의 정함이 없는 근로계약을 체결한 근로자로 본다.

제5조【기간의 정함이 없는 근로자로의 전환】 사용자는 기간의 정함이 없는 근로계약을 체결하고자 하는 경우에 해당 사업 또는 사업장의 동종 또는 유사한 업무에 종사하는 기간제근로자를 우선적으로 고용하도록 노력하여야 한다.

제8조【차별적 처우의 금지】 ① 사용자는 기간제근로자임을 이유로 해당 사업 또는 사업장에서 동종 또는 유사한 업무에 종사하는 기간의 정함이 없는 근로계약을 체결한 근로자에 비하여 차별적 처우를 하여서는 아니 된다.

제17조【근로조건의 서면명시】 사용자는 기간제근로자 또는 단시간근로자와 근로계약을 체결하는 때에는 다음 각 호의 모든 사항을 서면으로 명시하여야 한다. 다만, 제6호는 단시간근로자에 한정한다.

1. 근로계약기간에 관한 사항
2. 근로시간·휴게에 관한 사항
3. 임금의 구성항목·계산방법 및 지불방법에 관한 사항
4. 휴일·휴가에 관한 사항
5. 취업의 장소와 종사하여야 할 업무에 관한 사항
6. 근로일 및 근로일별 근로시간

Ⅱ 기간제근로자의 보호

1. 기간제근로자의 사용

(1) 원칙

사용자는 2년을 초과하지 아니하는 범위 안에서(기간제근로계약의 반복갱신 등의 경우에는 그 계속근로한 총기간이 2년을 초과하지 아니하는 범위 안에서) 기간제근로자를 사용할 수 있다(기간제법 제4조 제1항 본문). 사용자가 제1항 단서의 사유가 없거나 소멸되었음에도 불구하고 2년을 초과하여 기간제근로자로 사용하는 경우에는 그 기간제근로자는 기간의 정함이 없는 근로계약(무기근로계약)을 체결한 근로자로 본다(동법 제4조 제2항). 기간제근로자의 육아휴직 기간은 사용기간에 포함되지 아니한다(남녀고용평등법 제19조 제5항).

(2) 예외[1]

합리적인 사유가 있는 경우 2년을 초과하여 기간제근로자로 사용할 수 있도록 예외를 두고 있다(기간제법 제4조 제1항 단서 및 동법 시행령 제3조).

① 사업의 완료 또는 특정한 업무의 완성에 필요한 기간을 정한 경우

② 휴직·파견 등으로 결원이 발생하여 당해 근로자가 복귀할 때까지 그 업무를 대신할 필요가 있는 경우

③ 근로자가 학업, 직업훈련 등을 이수함에 따라 그 이수에 필요한 기간을 정한 경우

④ 「고령자고용촉진법」 제2조 제1호의 고령자와 근로계약을 체결하는 경우

⑤ 전문적 지식·기술의 활용이 필요한 경우와 정부의 복지정책·실업대책 등에 따라 일자리를 제공하는 경우로서 대통령령이 정하는 경우

⑥ 그 밖에 제1호 내지 제5호에 준하는 합리적인 사유가 있는 경우로서 대통령령이 정하는 경우

2. 기간제근로자의 우선 고용

사용자는 기간의 정함이 없는 근로계약을 체결하고자 하는 경우에는 당해 사업 또는 사업장의 동종 또는 유사한 업무에 종사하는 기간제근로자를 우선적으로 고용하도록 노력하여야 한다(기간제법 제5조).

3. 근로조건의 서면명시

(1) 서면명시의 내용

사용자는 기간제근로자와 근로계약을 체결하는 때에는 다음의 모든 사항을 서면으로 명시하여야 한다(기간제법 제17조). 사용자는 기간제근로자와 근로계약을 체결할 때에는 ① 근로계약기간에 관한 사항, ② 근로시간·휴게에 관한 사항, ③ 임금의 구성항목·계산방법 및 지불방법에 관한 사항, ④ 휴일·휴가에 관한 사항, ⑤ 취업의 장소와 종사하여야 할 업무에 관한 사항 등을 서면으로 명시하여야 한다.

---

1) 임종률, 『노동법』; 2년을 넘어 상당한 기간 동안 기간제근로자를 사용하는 것이 불가피하거나 사용기간을 제한하지 않아도 다시 취업할 가능성이 높다는 등의 특성을 고려하여 예외를 둔 것이다.

⑵ 서면명시의 방법

서면명시의 방법은 ① 근로계약서에 명시하거나, ② 주요 근로조건이 취업규칙에 명시되어 있을 경우 근로계약서는 개별 근로자에 해당하는 것만 기재하고 그 외 사항은 취업규칙의 내용을 주지시키는 방법 등이 있다.

⑶ 위반의 효과

근로조건 서면명시 규정을 위반한 자에 대하여는 500만원 이하의 과태료가 부과된다(기간제법 제24조 제2항 제2호).

4. 차별적 처우의 금지

사용자는 기간제근로자임을 이유로 해당 사업 또는 사업장에서 동종 또는 유사한 업무에 종사하는 기간의 정함이 없는 근로계약을 체결한 근로자에 비하여 차별적 처우를 하여서는 아니된다(기간제법 제8조 제1항).

단시간근로자

I 법규정

> **제2조【정의】** 이 법에서 사용하는 용어의 정의는 다음과 같다.
> 2. "단시간근로자"라 함은 「근로기준법」 제2조의 단시간근로자를 말한다.
>
> **제6조【단시간근로자의 초과근로의 제한】** ① 사용자는 단시간근로자에 대하여 「근로기준법」 제2조의 소정근로시간을 초과하여 근로하게 하는 경우에는 해당 근로자의 동의를 얻어야 한다. 이 경우 1주간에 12시간을 초과하여 근로하게 할 수 없다.
> ② 단시간근로자는 사용자가 제1항의 규정에 따른 동의를 얻지 아니하고 초과근로를 하게 하는 경우에는 이를 거부할 수 있다.
> ③ 사용자는 제1항에 따른 초과근로에 대하여 통상임금의 100분의 50 이상을 가산하여 지급하여야 한다.
>
> **제7조【통상근로자로의 전환 등】** ① 사용자는 통상근로자를 채용하고자 하는 경우에는 해당 사업 또는 사업장의 동종 또는 유사한 업무에 종사하는 단시간근로자를 우선적으로 고용하도록 노력하여야 한다.
> ② 사용자는 가사, 학업 그밖의 이유로 근로자가 단시간근로를 신청하는 때에는 해당 근로자를 단시간근로자로 전환하도록 노력하여야 한다.
>
> **제8조【차별적 처우의 금지】** ② 사용자는 단시간근로자임을 이유로 해당 사업 또는 사업장의 동종 또는 유사한 업무에 종사하는 통상근로자에 비하여 차별적 처우를 하여서는 아니된다.
>
> **제17조【근로조건의 서면명시】** 사용자는 기간제근로자 또는 단시간근로자와 근로계약을 체결하는 때에는 다음 각 호의 모든 사항을 서면으로 명시하여야 한다. 다만, 제6호는 단시간근로자에 한정한다.
> 1. 근로계약기간에 관한 사항
> 2. 근로시간 · 휴게에 관한 사항
> 3. 임금의 구성항목 · 계산방법 및 지불방법에 관한 사항
> 4. 휴일 · 휴가에 관한 사항
> 5. 취업의 장소와 종사하여야 할 업무에 관한 사항
> 6. 근로일 및 근로일별 근로시간

II 단시간 근로자의 근로조건 등

1. 근로계약의 체결

(1) 사용자가 단시간 근로자를 고용할 경우에는 임금 · 근로시간, 그 밖의 근로조건을 명확히 기재한 근로계약서를 작성하여 근로자에게 교부하여야 한다(기간제법 제17조).

(2) 단시간 근로자의 근로계약서에는 ① 근로계약기간에 관한 사항, ② 근로시간 · 휴게에 관한 사항, ③ 임금의 구성항목 · 계산방법 및 지불방법에 관한 사항, ④ 휴일 · 휴가에 관한 사항, ⑤ 취업의 장소와 종사하여야 할 업무에 관한 사항, ⑥ 근로일 및 근로일별 근로시간 등의 사항을 명시하여야 한다.

2. 초과근로

사용자는 단시간 근로자에 대하여 근로기준법 제2조의 소정근로시간을 초과하여 근로하게 하는 경우에는 당해 근로자의 동의를 얻어야 한다. 이 경우 1주간에 12시간을 초과하여 근로하게 할 수 없다(기간제법 제6조 제1항). 사용자는 초과근로에 대하여 통상임금의 100분의 50 이상을 가산하여 지급하여야 한다(동법 제6조 제3항).

3. 임금의 계산

단시간 근로자의 임금산정 단위는 '시간급'을 원칙으로 한다.

Ⅲ 단시간 근로자의 우선 고용 및 전환

사용자는 통상근로자를 채용하고자 하는 경우에는 해당 사업 또는 사업장의 동종 또는 유사한 업무에 종사하는 단시간 근로자를 우선적으로 고용하도록 노력하여야 한다(기간제법 제7조 제1항). 사용자는 가사, 학업 그 밖의 이유로 근로자가 단시간 근로를 신청하는 때에는 해당 근로자를 단시간 근로자로 전환하도록 노력하여야 한다(동법 제7조 제2항).

Ⅳ 초단시간 근로자에 대한 적용배제

1. 적용배제 대상자

4주 동안(4주 미만으로 근로하는 경우에는 그 기간)을 평균하여 1주간의 소정근로시간이 15시간 미만인 근로자를 말한다(근로기준법 제18조 제3항).

2. 적용배제 규정

상기 근로자에 대하여는 유급주휴일 및 연차유급휴가를 적용하지 아니한다(근로기준법 제18조 제3항). 또한 퇴직금 규정도 적용하지 아니한다(근로자퇴직급여보장법 제4조 제1항).

Ⅴ 차별적 처우의 금지

사용자는 단시간 근로자임을 이유로 당해 사업 또는 사업장에서 동종 또는 유사한 업무에 종사하는 통상근로자에 비하여 차별적 처우를 하여서는 아니 되며(기간제법 제8조 제1항), 차별적 처우를 받은 단시간 근로자는 노동위원회에 그 시정을 신청할 수 있다(동법 제9조 제1항).

파견근로자

I 법규정

제2조【정의】 이 법에서 사용하는 용어의 뜻은 다음과 같다.

1. "근로자파견"이란 파견사업주가 근로자를 고용한 후 그 고용관계를 유지하면서 근로자파견계약의 내용에 따라 사용사업주의 지휘·명령을 받아 사용사업주를 위한 근로에 종사하게 하는 것을 말한다.
2. "근로자파견사업"이란 근로자파견을 업(業)으로 하는 것을 말한다.
3. "파견사업주"란 근로자파견사업을 하는 자를 말한다.
4. "사용사업주"란 근로자파견계약에 따라 파견근로자를 사용하는 자를 말한다.
5. "파견근로자"란 파견사업주가 고용한 근로자로서 근로자파견의 대상이 되는 사람을 말한다.
6. "근로자파견계약"이란 파견사업주와 사용사업주 간에 근로자파견을 약정하는 계약을 말한다.
7. "차별적 처우"란 다음 각 목의 사항에서 합리적인 이유 없이 불리하게 처우하는 것을 말한다.
    가. 「근로기준법」 제2조 제1항 제5호의 임금
    나. 정기상여금, 명절상여금 등 정기적으로 지급되는 상여금
    다. 경영성과에 따른 성과금
    라. 그 밖에 근로조건 및 복리후생 등에 관한 사항

제5조【근로자파견의 대상 업무 등】 ① 근로자파견사업은 제조업의 직접생산공정업무를 제외하고 전문지식·기술·경험 또는 업무의 성질 등을 고려하여 적합하다고 판단되는 업무로서 대통령령으로 정하는 업무를 대상으로 한다.

② 제1항에도 불구하고 출산·질병·부상 등으로 결원이 생긴 경우 또는 일시적·간헐적으로 인력을 확보하여야 할 필요가 있는 경우에는 근로자파견사업을 할 수 있다.

③ 제1항 및 제2항에도 불구하고 다음 각 호의 어느 하나에 해당하는 업무에 대하여는 근로자파견사업을 하여서는 아니 된다.

1. 건설공사현장에서 이루어지는 업무
2. 「항만운송사업법」 제3조 제1호, 「한국철도공사법」 제9조 제1항 제1호, 「농수산물 유통 및 가격안정에 관한 법률」 제40조, 「물류정책기본법」 제2조 제1항 제1호의 하역(荷役)업무로서 「직업안정법」 제33조에 따라 근로자공급사업 허가를 받은 지역의 업무
3. 「선원법」 제2조 제1호의 선원의 업무
4. 「산업안전보건법」 제58조에 따른 유해하거나 위험한 업무
5. 그 밖에 근로자 보호 등의 이유로 근로자파견사업의 대상으로는 적절하지 못하다고 인정하여 대통령령으로 정하는 업무

④ 제2항에 따라 파견근로자를 사용하려는 경우 사용사업주는 해당 사업 또는 사업장에 근로자의 과반수로 조직된 노동조합이 있는 경우에는 그 노동조합, 근로자의 과반수로 조직된 노동조합이 없는 경우에는 근로자의 과반수를 대표하는 자와 사전에 성실하게 협의하여야 한다.

⑤ 누구든지 제1항부터 제4항까지의 규정을 위반하여 근로자파견사업을 하거나 그 근로자파견사업을 하는 자로부터 근로자파견의 역무(役務)를 제공받아서는 아니 된다.

제6조【파견기간】 ① 근로자파견의 기간은 제5조 제2항에 해당하는 경우를 제외하고는 1년을 초과하여서는 아니 된다.

② 제1항에도 불구하고 파견사업주, 사용사업주, 파견근로자 간의 합의가 있는 경우에는 파견기간을 연장할 수 있다. 이 경우 1회를 연장할 때에는 그 연장기간은 1년을 초과하여서는 아니 되며, 연장된 기간을 포함한 총 파견기간은 2년을 초과하여서는 아니 된다.

③ 제2항 후단에도 불구하고 「고용상 연령차별금지 및 고령자고용촉진에 관한 법률」 제2조 제1호의 고령자인 파견근로자에 대하여는 2년을 초과하여 근로자파견기간을 연장할 수 있다.

④ 제5조 제2항에 따른 근로자파견의 기간은 다음 각 호의 구분에 따른다.

1. 출산·질병·부상 등 그 사유가 객관적으로 명백한 경우: 해당 사유가 없어지는 데 필요한 기간
2. 일시적·간헐적으로 인력을 확보할 필요가 있는 경우: 3개월 이내의 기간. 다만, 해당 사유가 없어지지 아니하고 파견사업주, 사용사업주, 파견근로자 간의 합의가 있는 경우에는 3개월의 범위에서 한 차례만 그 기간을 연장할 수 있다.

제6조의2【고용의무】 ① 사용사업주가 다음 각 호의 어느 하나에 해당하는 경우에는 해당 파견근로자를 직접 고용하여야 한다.

1. 제5조 제1항의 근로자파견 대상 업무에 해당하지 아니하는 업무에서 파견근로자를 사용하는 경우(제5조 제2항에 따라 근로자파견사업을 한 경우는 제외한다)
2. 제5조 제3항을 위반하여 파견근로자를 사용하는 경우
3. 제6조 제2항을 위반하여 2년을 초과하여 계속적으로 파견근로자를 사용하는 경우
4. 제6조 제4항을 위반하여 파견근로자를 사용하는 경우
5. 제7조 제3항을 위반하여 근로자파견의 역무를 제공받은 경우

② 제1항은 해당 파견근로자가 명시적으로 반대의사를 표시하거나 대통령령으로 정하는 정당한 이유가 있는 경우에는 적용하지 아니한다.

③ 제1항에 따라 사용사업주가 파견근로자를 직접 고용하는 경우의 파견근로자의 근로조건은 다음 각 호의 구분에 따른다.

1. 사용사업주의 근로자 중 해당 파견근로자와 같은 종류의 업무 또는 유사한 업무를 수행하는 근로자가 있는 경우: 해당 근로자에게 적용되는 취업규칙 등에서 정하는 근로조건에 따를 것
2. 사용사업주의 근로자 중 해당 파견근로자와 같은 종류의 업무 또는 유사한 업무를 수행하는 근로자가 없는 경우: 해당 파견근로자의 기존 근로조건의 수준보다 낮아져서는 아니 될 것

④ 사용사업주는 파견근로자를 사용하고 있는 업무에 근로자를 직접 고용하려는 경우에는 해당 파견근로자를 우선적으로 고용하도록 노력하여야 한다.

제7조【근로자파견사업의 허가】 ① 근로자파견사업을 하려는 자는 고용노동부령으로 정하는 바에 따라 고용노동부장관의 허가를 받아야 한다. 허가받은 사항 중 고용노동부령으로 정하는 중요사항을 변경하는 경우에도 또한 같다.

② 제1항 전단에 따라 근로자파견사업의 허가를 받은 자가 허가받은 사항 중 같은 항 후단에 따른 중요사항 외의 사항을 변경하려는 경우에는 고용노동부령으로 정하는 바에 따라 고용노동부장관에게 신고하여야 한다.

③ 사용사업주는 제1항을 위반하여 근로자파견사업을 하는 자로부터 근로자파견의 역무를 제공받아서는 아니 된다.

④ 고용노동부장관은 제2항에 따른 신고를 받은 경우 그 내용을 검토하여 이 법에 적합하면 신고를 수리하여야 한다.

제8조【허가의 결격사유】 다음 각 호의 어느 하나에 해당하는 자는 제7조에 따른 근로자파견사업의 허가를 받을 수 없다.

1. 미성년자, 피성년후견인, 피한정후견인 또는 파산선고를 받고 복권(復權)되지 아니한 사람
2. 금고 이상의 형(집행유예는 제외한다)을 선고받고 그 집행이 끝나거나 집행을 받지 아니하기로 확정된 후 2년이 지나지 아니한 사람
3. 이 법, 「직업안정법」, 「근로기준법」 제7조, 제9조, 제20조부터 제22조까지, 제36조, 제43조, 제44조, 제44조의2, 제45조, 제46조, 제56조 및 제64조, 「최저임금법」 제6조, 「선원법」 제110조를 위반하여 벌금 이상의 형(집행유예는 제외한다)을 선고받고 그 집행이 끝나거나 집행을 받지 아니하기로 확정된 후 3년이 지나지 아니한 자
4. 금고 이상의 형의 집행유예를 선고받고 그 유예기간 중에 있는 사람
5. 제12조에 따라 해당 사업의 허가가 취소(이 조 제1호에 해당하여 허가가 취소된 경우는 제외한다)된 후 3년이 지나지 아니한 자
6. 임원 중 제1호부터 제5호까지의 어느 하나에 해당하는 사람이 있는 법인

제10조【허가의 유효기간 등】 ① 근로자파견사업 허가의 유효기간은 3년으로 한다.

② 제1항에 따른 허가의 유효기간이 끝난 후 계속하여 근로자파견사업을 하려는 자는 고용노동부령으로 정하는 바에 따라 갱신허가를 받아야 한다.

③ 제2항에 따른 갱신허가의 유효기간은 그 갱신 전의 허가의 유효기간이 끝나는 날의 다음 날부터 기산(起算)하여 3년으로 한다.

④ 제2항에 따른 갱신허가에 관하여는 제7조부터 제9조까지의 규정을 준용한다.

제16조【근로자파견의 제한】 ① 파견사업주는 쟁의행위 중인 사업장에 그 쟁의행위로 중단된 업무의 수행을 위하여 근로자를 파견하여서는 아니 된다.

② 누구든지 「근로기준법」 제24조에 따른 경영상 이유에 의한 해고를 한 후 대통령령으로 정하는 기간이 지나기 전에는 해당 업무에 파견근로자를 사용하여서는 아니 된다.

제20조【계약의 내용 등】 ① 근로자파견계약의 당사자는 고용노동부령으로 정하는 바에 따라 다음 각 호의 사항을 포함하는 근로자파견계약을 서면으로 체결하여야 한다.

1. 파견근로자의 수
2. 파견근로자가 종사할 업무의 내용
3. 파견 사유(제5조 제2항에 따라 근로자파견을 하는 경우만 해당한다)
4. 파견근로자가 파견되어 근로할 사업장의 명칭 및 소재지, 그 밖에 파견근로자의 근로 장소
5. 파견근로 중인 파견근로자를 직접 지휘·명령할 사람에 관한 사항
6. 근로자파견기간 및 파견근로 시작일에 관한 사항
7. 업무 시작 및 업무 종료의 시각과 휴게시간에 관한 사항
8. 휴일·휴가에 관한 사항
9. 연장·야간·휴일근로에 관한 사항
10. 안전 및 보건에 관한 사항
11. 근로자파견의 대가
12. 그 밖에 고용노동부령으로 정하는 사항

② 사용사업주는 제1항에 따라 근로자파견계약을 체결할 때에는 파견사업주에게 제21조 제1항을 준수하도록 하기 위하여 필요한 정보를 제공하여야 한다. 이 경우 제공하여야 하는 정보의 범위와 제공방법 등에 관한 사항은 대통령령으로 정한다.

제21조【차별적 처우의 금지 및 시정 등】 ① 파견사업주와 사용사업주는 파견근로자라는 이유로 사용사업주의 사업 내의 같은 종류의 업무 또는 유사한 업무를 수행하는 근로자에 비하여 파견근로자에게 차별적 처우를 하여서는 아니 된다.

② 파견근로자는 차별적 처우를 받은 경우 「노동위원회법」에 따른 노동위원회(이하 "노동위원회"라 한다)에 그 시정을 신청할 수 있다.

③ 제2항에 따른 시정신청, 그 밖의 시정절차 등에 관하여는 「기간제 및 단시간근로자 보호 등에 관한 법률」 제9조부터 제15조까지 및 제16조 제2호·제3호를 준용한다. 이 경우 "기간제근로자 또는 단시간근로자"는 "파견근로자"로, "사용자"는 "파견사업주 또는 사용사업주"로 본다.

④ 제1항부터 제3항까지의 규정은 사용사업주가 상시 4명 이하의 근로자를 사용하는 경우에는 적용하지 아니 한다.

제21조의2【고용노동부장관의 차별적 처우 시정요구 등】 ① 고용노동부장관은 파견사업주와 사용사업주가 제21 조 제1항을 위반하여 차별적 처우를 한 경우에는 그 시정을 요구할 수 있다.

② 고용노동부장관은 파견사업주와 사용사업주가 제1항에 따른 시정요구에 따르지 아니한 경우에는 차별적 처우의 내용을 구체적으로 명시하여 노동위원회에 통보하여야 한다. 이 경우 고용노동부장관은 해당 파견사업주 또는 사용사업주 및 근로자에게 그 사실을 통지하여야 한다.

③ 노동위원회는 제2항에 따라 고용노동부장관의 통보를 받은 경우에는 지체 없이 차별적 처우가 있는지 여부를 심리하여야 한다. 이 경우 노동위원회는 해당 파견사업주 또는 사용사업주 및 근로자에게 의견을 진술할 수 있는 기회를 주어야 한다.

④ 제3항에 따른 노동위원회의 심리, 그 밖의 시정절차 등에 관하여는 「기간제 및 단시간근로자 보호 등에 관한 법률」 제15조의2 제4항에 따라 준용되는 같은 법 제9조 제4항, 제11조부터 제15조까지 및 제15조의2 제5항을 준용한다. 이 경우 "시정신청을 한 날"은 "통지를 받은 날"로, "기각결정"은 "차별적 처우가 없다는 결정"으로, "관계 당사자"는 "해당 파견사업주 또는 사용사업주 및 근로자"로, "시정신청을 한 근로자"는 "해당 근로자"로 본다.

제21조의3【확정된 시정명령의 효력 확대】 ① 고용노동부장관은 제21조 제3항 또는제21조의2 제4항에 따라 준용되는 「기간제 및 단시간근로자 보호 등에 관한 법률」 제14조에 따라 확정된 시정명령을 이행할 의무가 있는 파견사업주 또는 사용사업주의 사업 또는 사업장에서 해당 시정명령의 효력이 미치는 근로자 이외의 파견근로자에 대하여 차별적 처우가 있는지를 조사하여 차별적 처우가 있는 경우에는 그 시정을 요구할 수 있다.

② 파견사업주 또는 사용사업주가 제1항에 따른 시정요구에 따르지 아니할 경우에는 제21조의2 제2항부터 제4항까지의 규정을 준용한다.

제24조【파견근로자에 대한 고지 의무】 ① 파견사업주는 근로자를 파견근로자로서 고용하려는 경우에는 미리 해당 근로자에게 그 취지를 서면으로 알려 주어야 한다.

② 파견사업주는 그가 고용한 근로자 중 파견근로자로 고용하지 아니한 사람을 근로자파견의 대상으로 하려는 경우에는 미리 해당 근로자에게 그 취지를 서면으로 알리고 그의 동의를 받아야 한다.

제25조【파견근로자에 대한 고용제한의 금지】 ① 파견사업주는 파견근로자 또는 파견근로자로 고용되려는 사람과 그 고용관계가 끝난 후 그가 사용사업주에게 고용되는 것을 정당한 이유 없이 금지하는 내용의 근로계약을 체결하여서는 아니 된다.

② 파견사업주는 파견근로자의 고용관계가 끝난 후 사용사업주가 그 파견근로자를 고용하는 것을 정당한 이유 없이 금지하는 내용의 근로자파견계약을 체결하여서는 아니 된다.

제26조【취업조건의 고지】 ① 파견사업주는 근로자파견을 하려는 경우에는 미리 해당 파견근로자에게 제20조 제1항 각 호의 사항과 그 밖에 고용노동부령으로 정하는 사항을 서면으로 알려 주어야 한다.

② 파견근로자는 파견사업주에게 제20조 제1항 제11호에 따른 해당 근로자파견의 대가에 관하여 그 내역을 제시할 것을 요구할 수 있다.

③ 파견사업주는 제2항에 따라 그 내역의 제시를 요구받았을 때에는 지체 없이 그 내역을 서면으로 제시하여야 한다.

제27조【사용사업주에 대한 통지】 파견사업주는 근로자파견을 할 경우에는 파견근로자의 성명 등 고용노동부령으로 정하는 사항을 사용사업주에게 통지하여야 한다.

제28조【파견사업관리책임자】 ① 파견사업주는 파견근로자의 적절한 고용관리를 위하여 제8조 제1호부터 제5호까지에 따른 결격사유에 해당하지 아니하는 사람 중에서 파견사업관리책임자를 선임하여야 한다.

② 파견사업관리책임자의 임무 등에 필요한 사항은 고용노동부령으로 정한다.

제29조【파견사업관리대장】 ① 파견사업주는 파견사업관리대장을 작성·보존하여야 한다.

② 제1항에 따른 파견사업관리대장의 기재사항 및 그 보존기간은 고용노동부령으로 정한다.

제30조【근로자파견계약에 관한 조치】 사용사업주는 제20조에 따른 근로자파견계약에 위반되지 아니하도록 필요한 조치를 마련하여야 한다.

제31조【적정한 파견근로의 확보】 ① 사용사업주는 파견근로자가 파견근로에 관한 고충을 제시한 경우에는 그 고충의 내용을 파견사업주에게 통지하고 신속하고 적절하게 고충을 처리하도록 하여야 한다.

② 제1항에 따른 고충의 처리 외에 사용사업주는 파견근로가 적정하게 이루어지도록 필요한 조치를 마련하여야 한다.

제32조【사용사업관리책임자】 ① 사용사업주는 파견근로자의 적절한 파견근로를 위하여 사용사업관리책임자를 선임하여야 한다.

② 사용사업관리책임자의 임무 등에 필요한 사항은 고용노동부령으로 정한다.

제33조【사용사업관리대장】 ① 사용사업주는 사용사업관리대장을 작성·보존하여야 한다.

② 제1항에 따른 사용사업관리대장의 기재사항 및 그 보존기간은 고용노동부령으로 정한다.

Ⅱ 근로자파견사업의 허가 및 제한

1. 근로자파견사업의 허가

근로자파견사업을 하고자 하는 자는 고용노동부장관의 허가를 받아야 하며, 허가받은 사항 중 고용노동부령으로 정하는 중요사항을 변경하는 경우에도 또한 같다(파견법 제7조 제1항). 근로자파견사업 허가의 유효기간은 3년으로 한다(동법 제10조 제1항). 허가의 유효기간이 끝난 후 계속하여 근로자파견사업을 하려는 자는 고용노동부령으로 정하는 바에 따라 갱신허가를 받아야 한다(동법 제10조 제2항).

2. 근로자파견사업의 제한

근로자파견사업의 제한과 관련하여 ① 식품위생법 제36조 제1항 제3호의 식품접객업, ② 공중위생관리법 제2조 제1항 제2호의 숙박업 및 ③ 결혼중개업의 관리에 관한 법률 제2조 제2호의 결혼중개업, ④ 그 밖에 대통령령으로 정하는 사업을 하는 자는 근로자파견사업을 할 수 없다(파견법 제14조). 파견사업주는 쟁의행위 중인 사업장에 그 쟁의행위로 중단된 업무의 수행을 위하여 근로자를 파견하여서는 아니 된다(동법 제16조 제1항). 누구든지 근로기준법 제24조에 따른 경영상 이유에 의한 해고를 한 후 대통령령으로 정하는 기간이 지나기 전에는 해당 업무에 파견근로자를 사용하여서는 아니 된다(동법 제16조 제2항).

Ⅲ 근로자파견의 대상업무 및 기간

1. 원칙

(1) 대상업무

근로자파견사업은 ① 제조업의 직접생산공정 업무를 제외하고, ② 전문지식, 기술 또는 경험 등을 필요로 하는 업무로서, ③ 대통령령으로 정하는 업무를 대상으로 한다(파견법 제5조 제1항). 제조업의 직접생산공정업무를 제외한 것은 파견대상업무가 확대되어 일반 정규근로자의 고용불안이 확대될 우려가 있기 때문이다(헌재 2017.12.28, 2016헌바316).

(2) 파견기간

근로자파견의 기간은 1년을 초과하여서는 아니 된다(파견법 제6조 제1항). 파견사업주, 사용사업주, 파견근로자 간의 합의가 있는 경우에는 파견기간을 연장할 수 있다. 이 경우 1회를 연장할 때에는 그 연장기간은 1년을 초과하여서는 아니 되며, 연장된 기간을 포함한 총 파견기간은 2년을 초과하여서는 아니 된다(동법 제6조 제2항). 파견근로자의 육아휴직기간은 파견기간에 산입하지 아니한다(남녀고용평등법 제19조 제5항). 고령자고용촉진법에 의한 고령자인 파견근로자에 대하여는 2년을 초과하여 근로자파견기간을 연장할 수 있다(파견법 제5조 제3항).

2. 예외

(1) 대상업무

① ㉠ 출산·질병·부상 등으로 결원이 생긴 경우, ㉡ 일시적·간헐적으로 인력을 확보하여야 할 필요가 있는 경우에는 상기 대상업무에 해당되지 아니하는 경우에도 근로자파견사업을 할 수 있다(파견법 제5조 제2항). 상기 파견근로자를 사용하려는 경우 사용사업주는 해당 사업 또는 사업장에 근로자의 과반수로 조직된 노동조합이 있는 경우에는 그 노동조합, 근로자의 과반수로 조직된 노동조합이 없는 경우에는 근로자의 과반수를 대표하는 자와 사전에 성실하게 협의하여야 한다(동법 제5조 제4항).

② 그러나 상기 예외적인 요건에 해당하는 경우에도 다음의 업무에 대하여는 근로자파견사업을 행할 수 없다(동법 제5조 제3항).

   ㉠ 건설공사현장에서 이루어지는 업무

   ㉡ 항만운송사업법 제3조 제1호, 한국철도공사법 제9조 제1항 제1호, 농수산물 유통 및 가격안정에 관한 법률 제40조, 물류정책기본법 제2조 제1항 제1호의 하역(荷役) 업무로서 직업안정법 제33조에 따라 근로자공급사업 허가를 받은 지역의 업무

   ㉢ 선원법 제2조 제1호의 선원의 업무

   ㉣ 산업안전보건법 제58조에 따른 유해하거나 위험한 업무

   ㉤ 그 밖에 근로자 보호 등의 이유로 근로자파견사업의 대상으로는 적절하지 못하다고 인정하여 대통령령으로 정하는 업무

(2) 파견기간

아래 근로자의 파견기간은 다음과 같다(파견법 제6조 제4항).

① 출산·질병·부상 등 그 사유가 객관적으로 명백한 경우: 해당 사유의 해소에 필요한 기간

② 일시적·간헐적으로 인력을 확보할 필요가 있는 경우: 3개월 이내의 기간. 다만, 해당 사유가 해소되지 아니하고 파견사업주, 사용사업주, 파견근로자 간의 합의가 있는 경우에는 3개월의 범위에서 한 차례만 그 기간을 연장할 수 있다.

Ⅳ 불법파견과 직접고용의무

1. 사용사업주의 직접고용의무

(1) 원칙

사용사업주가 다음의 어느 하나에 해당하는 경우에는 해당 파견근로자를 직접 고용하여야 한다(파견법 제6조의2 제1항). ① 근로자파견 대상 업무에 해당하지 아니하는 업무에서 파견근로자를 사용하는 경우(파견법 제5조 제2항에 따라 근로자파견사업을 한 경우는 제외한다), ② 파견금지업무를 위반하여 파견근로자를 사용하는 경우, ③ 2년을 초과하여 계속적으로 파견근로자를 사용하는 경우, ④ 파견법 제6조 제4항을 위반하여 파견근로자를 사용하는 경우, ⑤ 제7조 제3항을 위반하여 근로자파견의 역무를 제공받은 경우에는 즉시 고용의무가 발생한다.

(2) 예외

해당 파견근로자가 명시적으로 반대의사를 표시하거나, 대통령령[1]으로 정하는 정당한 이유가 있는 경우에는 적용하지 아니 한다(파견법 제6조의2 제2항).

---

1) 파견법 시행령 제2조의2(고용의무 예외) 법 제6조의2 제2항에서 "대통령령으로 정하는 정당한 이유가 있는 경우"란 다음 각 호의 어느 하나에 해당하는 경우를 말한다.
   1. 「임금채권보장법」 제7조 제1항 제1호부터 제3호까지의 어느 하나에 해당하는 경우
   2. 천재·사변 그 밖의 부득이한 사유로 사업의 계속이 불가능한 경우

2. 직접고용의무 불이행 시 제재

파견근로자를 직접 고용하지 아니한 자에게는 3천만원 이하의 과태료를 부과한다(파견법 제46조 제2항).

3. 직접고용 시 근로조건의 기준

사용사업주가 파견근로자를 직접고용 하는 경우의 파견근로자의 근로조건은 다음의 구분에 따른다 (파견법 제6조의2 제3항).

① 사용사업주의 근로자 중 해당 파견근로자와 같은 종류의 업무 또는 유사한 업무를 수행하는 근로자가 있는 경우에는 해당 근로자에게 적용되는 취업규칙 등에서 정하는 근로조건에 따를 것

② 사용사업주의 근로자 중 해당 파견근로자와 같은 종류의 업무 또는 유사한 업무를 수행하는 근로자가 없는 경우에는 해당 파견근로자의 기존 근로조건의 수준보다 낮아져서는 아니 될 것

4. 직접고용 시 고용형태 여부

(1) 사용사업자가 파견근로자를 직접고용 시 고용형태 여부와 관련하여 판례는 "직접고용의무 규정의 입법취지 및 목적에 비추어 볼 때 특별한 사정이 없는 한 사용사업주는 직접고용의무 규정에 따라 근로계약을 체결할 때 기간을 정하지 않은 근로계약을 체결하여야 함이 원칙이다.

(2) 다만, 파견법 제6조의2 제2항에서 파견근로자가 명시적으로 반대의사를 표시하는 경우에는 직접고용의무의 예외가 인정되는 점을 고려할 때 파견근로자가 사용사업주를 상대로 직접고용의무의 이행을 구할 수 있다는 점을 알면서도 기간제 근로계약을 희망하였다거나, 사용사업주의 근로자 중 해당 파견근로자와 같은 종류의 업무 또는 유사한 업무를 수행하는 근로자가 대부분 기간제 근로계약을 체결하고 근무하고 있어 파견근로자로서도 애초에 기간을 정하지 않은 근로계약 체결을 기대하기 어려웠던 경우 등과 같이 직접고용관계에 계약기간을 정한 것이 직접고용의무 규정의 입법취지 및 목적을 잠탈한다고 보기 어려운 특별한 사정이 존재하는 경우에는 사용사업주가 파견근로자와 기간제 근로계약을 체결할 수 있을 것이다."고 판시하였다(대판 2022.1.27, 2018다207847).

5. 파견근로자의 우선 고용

사용사업주는 파견근로자를 사용하고 있는 업무에 근로자를 직접 고용하려는 경우에는 해당 파견근로자를 우선적으로 고용하도록 노력하여야 한다(파견법 제6조의2 제4항).

Ⅴ 당사자의 법률관계

1. 파견사업주와 사용사업주의 관계

(1) 근로자파견계약의 체결

파견사업주는 근로자를 파견할 채무를 부담하고, 사용사업주는 약정된 파견보수를 지급할 채무를 지는 쌍무계약이다. 파견법에서는 파견근로자 보호를 위해 근로자파견계약을 서면으로 체결할 것과 일정한 사항을 기재할 것을 규정하고 있다(파견법 제20조).

(2) 근로자파견계약의 해지

사용사업주는 파견근로자의 성별, 종교, 사회적 신분, 파견근로자의 정당한 노동조합의 활동 등을 이유로 근로자파견계약을 해지하여서는 아니 된다(파견법 제22조 제1항). 파견사업주는 사용사업주가 파견근로에 관하여 이 법 또는 이 법에 따른 명령, 근로기준법 또는 같은 법에 따른 명령, 산업안전보건법 또는 같은 법에 따른 명령을 위반하는 경우에는 근로자파견을 정지하거나 근로자파견계약을 해지할 수 있다(동법 제22조 제2항).

(3) 사용사업주에 대한 통지

파견사업주는 근로자파견을 할 경우에는 파견근로자의 성명 등 고용노동부령으로 정하는 사항을 사용사업주에게 통지하여야 한다(파견법 제27조).

2. 파견사업주와 파견근로자와의 관계

(1) 기본관계

파견사업주와 파견근로자 사이에는 근로계약이 체결되고, 그 관계는 원칙적으로 근로계약관계이다.

(2) 파견사업주가 마련하여야 할 조치

① 파견근로자의 복지증진 : 파견사업주는 파견근로자의 희망과 능력에 적합한 취업 및 교육훈련 기회의 확보, 근로조건의 향상, 그 밖에 고용 안정을 도모하기 위하여 필요한 조치를 마련함으로써 파견근로자의 복지 증진에 노력하여야 한다(파견법 제23조).

② 파견근로자에 대한 고지의무

   ㉠ 파견근로자 고용 시의 고지의무 : 파견사업주는 근로자를 파견근로자로서 고용하려는 경우에는 미리 해당 근로자에게 그 취지를 서면으로 알려 주어야 한다(파견법 제24조 제1항).

   ㉡ 파견근로자 이외의 자 파견 시의 고지의무 : 파견사업주는 그가 고용한 근로자 중 파견근로자로 고용하지 아니한 사람을 근로자파견의 대상으로 하려는 경우에는 미리 해당 근로자에게 그 취지를 서면으로 알리고 그의 동의를 받아야 한다(파견법 제24조 제2항).

③ 파견근로자에 대한 고용제한의 금지 : 파견사업주는 파견근로자 또는 파견근로자로 고용되려는 사람과 그 고용관계가 끝난 후 그가 사용사업주에게 고용되는 것을 정당한 이유 없이 금지하는 내용의 근로계약을 체결하여서는 아니 된다(파견법 제25조 제1항). 파견사업주는 파견근로자의 고용관계가 끝난 후 사용사업주가 그 파견근로자를 고용하는 것을 정당한 이유 없이 금지하는 내용의 근로자파견계약을 체결하여서는 아니 된다(동법 제25조 제2항).

④ **취업조건의 고지** : 파견사업주는 근로자파견을 하려는 경우에는 미리 해당 파견근로자에게 제20조 제1항 각 호의 사항과 그 밖에 고용노동부령으로 정하는 사항을 서면으로 알려 주어야 한다(파견법 제26조 제1항). 파견근로자는 파견사업주에게 제20조 제1항 제11호에 따른 해당 근로자파견의 대가에 관하여 그 내역을 제시할 것을 요구할 수 있다(동법 제26조 제2항). 파견사업주는 제2항에 따라 그 내역의 제시를 요구받았을 때에는 지체 없이 그 내역을 서면으로 제시하여야 한다(동법 제26조 제3항).

3. 사용사업주와 파견근로자와의 관계

(1) 기본관계

사용사업주와 파견근로자 간에는 사용관계가 성립한다. 사용관계는 파견근로자가 사용사업주의 지휘·명령을 받아 근로를 제공하는 관계이다. 파견근로자는 고용관계의 종료 후 사용사업주와 자유로이 근로계약을 체결할 수 있다.

(2) 사용사업주가 마련하여야 할 조치

① **근로자파견계약에 관한 조치** : 사용사업주는 제20조에 따른 근로자파견계약에 위반되지 아니하도록 필요한 조치를 마련하여야 한다(파견법 제30조).

② **적정한 파견근로의 확보** : 사용사업주는 파견근로자가 파견근로에 관한 고충을 제시한 경우에는 그 고충의 내용을 파견사업주에게 통지하고 신속하고 적절하게 고충을 처리하도록 하여야 한다(파견법 제31조 제1항). 제1항에 따른 고충의 처리 외에 사용사업주는 파견근로가 적정하게 이루어지도록 필요한 조치를 마련하여야 한다(동법 제31조 제2항).

Ⅵ 사용자 책임 여부

1. 파견사업주와 사용사업주 공동책임

(1) 원칙

파견 중인 근로자의 파견근로에 관하여는 파견사업주 및 사용사업주를 근로기준법 제2조 제1항 제2호의 사용자로 보아 같은 법을 적용한다(파견법 제34조 제1항).

(2) 임금지급 연대책임

파견사업주가 대통령령으로 정하는 사용사업주의 귀책사유로 근로자의 임금을 지급하지 못한 경우에는 사용사업주는 그 파견사업주와 연대하여 책임을 진다(파견법 제34조 제2항).

⑶ 근로자파견계약의 제한

파견사업주는 파견근로자의 고용관계가 끝난 후 사용사업주가 그 파견근로자를 고용하는 것을 정당한 이유 없이 금지하는 내용의 근로자파견계약을 체결하여서는 아니 된다(파견법 제25조 제2항). 파견사업주와 사용사업주가 근로기준법 또는 산업안전보건법을 위반하는 내용을 포함한 근로자파견계약을 체결하고 그 계약에 따라 파견근로자를 근로하게 함으로써 같은 법을 위반한 경우에는 그 계약당사자 모두를 같은 법 제2조 제4호의 사업주로 보아 해당 벌칙규정을 적용한다(파견법 제34조 제4항 및 동법 제35조 제5항).

⑷ 근로자파견의 제한

파견사업주는 쟁의행위 중인 사업장에 그 쟁의행위로 중단된 업무의 수행을 위하여 근로자를 파견하여서는 아니 된다(파견법 제16조 제1항). 누구든지 근로기준법 제24조에 따른 경영상 이유에 의한 해고를 한 후 대통령령으로 정하는 기간이 지나기 전에는 해당 업무에 파견근로자를 사용하여서는 아니 된다(동법 제16조 제2항).

2. 파견사업주의 책임

⑴ 근로기준법상 사용자책임

파견근로자와 근로계약관계를 맺고 있는 파견사업주는 주로 근로계약의 체결 · 해고 · 임금 등과 관련하여 사용자로서 책임을 진다. 파견사업주는 근로조건의 명시, 해고 등의 제한, 해고예고, 임금지급, 퇴직금, 휴업수당, 가산임금, 연차유급휴가, 재해보상 등에 대하여 사용자책임을 부담한다(파견법 제34조 제1항 단서).

⑵ 유급휴일 및 휴가의 임금

사용사업주가 파견근로자에게 유급휴일 또는 유급휴가를 주는 경우 그 휴일 또는 휴가에 대하여 유급으로 지급되는 임금은 파견사업주가 지급하여야 한다(파견법 제34조 제3항).

3. 사용사업주의 책임

⑴ 근로기준법상 사용자책임

파견근로자로부터 직접 근로를 제공받는 사용사업주는 주로 근로시간, 휴일, 휴가 등과 관련하여 사용자로서 책임을 진다. 사용사업주는 법정근로시간, 연장근로 제한, 휴게, 휴일, 연차휴가, 생리휴가, 출산전후휴가 등에 대하여 사용자책임을 부담한다(파견법 제34조 제1항 단서).

⑵ 산업안전보건법상의 사용자책임

파견 중인 근로자의 파견근로에 관하여는 사용사업주를 산업안전보건법 제2조 제4호의 사업주로 보아 같은 법을 적용한다(파견법 제35조 제1항).

4. 양자를 모두 사용자로 보는 경우

파견법 제34조 제1항에서는 근로기준법 제1장 총칙 중 균등처우, 강제근로의 금지, 폭행의 금지, 중간착취의 배제, 공민권 행사의 보장, 제7장 기능습득, 제9장 취업규칙, 제10장 기숙사 등에 관하여는 파견사업주 및 사용사업주를 근로기준법 제2조의 규정에 의한 사용자로 보고 있다. 이는 파견근로자에 대한 사용자책임은 원칙적으로 파견사업주에게 있으나, 고용과 사용의 분리라는 파견근로의 특성을 고려하여 파견근로자 보호의 실효를 거두기 위해 사용사업주에게도 사용자 책임을 부담시키는 것이 필요하다고 판단하여 규정된 것이다.

Ⅶ 차별적 처우의 금지

1. 차별적 처우의 금지

파견사업주와 사용사업주는 파견근로자라는 이유로 사용사업주의 사업 내의 같은 종류의 업무 또는 유사한 업무를 수행하는 근로자에 비하여 파견근로자에게 차별적 처우를 하여서는 아니 된다(파견법 제21조 제1항).

2. 차별적 처우의 시정절차

파견근로자는 차별적 처우를 받은 경우 노동위원회법에 따른 노동위원회에 그 시정을 신청할 수 있다(파견법 제21조 제2항). 시정신청, 그 밖의 시정절차 등에 관하여는 기간제 및 단시간 근로자 보호 등에 관한 법률의 절차를 준용한다(동법 제21조 제3항). 따라서 차별적 처우를 받은 파견근로자는 파견사업주 또는 사용사업주를 상대로 차별시정을 신청할 수 있다.

3. 적용범위

사용사업주가 상시 4명 이하의 근로자를 사용하는 경우에는 적용하지 아니한다(파견법 제21조 제4항).

Ⅷ 위반의 효과

1. 파견법 위반에 따른 벌칙

파견대상업무 또는 파견기간 위반, 무허가 파견 등 파견법을 위반하여 근로자파견사업을 행한 자와 근로자파견의 역무를 제공받은 자에 대해서는 3년 이하의 징역 또는 3천만원 이하의 벌금에 처한다(파견법 제43조).

2. 차별신청 등을 이유로 불리한 처우 금지 위반 시 벌칙

파견근로자에 대하여 차별신청 등을 이유로 해고 그 밖의 불리한 처우를 한 자는 2년 이하의 징역 또는 1천만원 이하의 벌금에 처한다(파견법 제43조의2).

차별적 처우의 금지 및 시정

www.pmg.co.kr

I 법규정

제2조【정의】 이 법에서 사용하는 용어의 정의는 다음과 같다.

3. "차별적 처우"라 함은 다음 각 목의 사항에서 합리적인 이유없이 불리하게 처우하는 것을 말한다.

　가. 「근로기준법」 제2조 제1항 제5호에 따른 임금

　나. 정기상여금, 명절상여금 등 정기적으로 지급되는 상여금

　다. 경영성과에 따른 성과금

　라. 그 밖에 근로조건 및 복리후생 등에 관한 사항

제8조【차별적 처우의 금지】 ① 사용자는 기간제근로자임을 이유로 해당 사업 또는 사업장에서 동종 또는 유사한 업무에 종사하는 기간의 정함이 없는 근로계약을 체결한 근로자에 비하여 차별적 처우를 하여서는 아니된다.

② 사용자는 단시간근로자임을 이유로 해당 사업 또는 사업장의 동종 또는 유사한 업무에 종사하는 통상근로자에 비하여 차별적 처우를 하여서는 아니된다.

제9조【차별적 처우의 시정신청】 ① 기간제근로자 또는 단시간근로자는 차별적 처우를 받은 경우 「노동위원회법」 제1조의 규정에 따른 노동위원회(이하 "노동위원회"라 한다)에 그 시정을 신청할 수 있다. 다만, 차별적 처우가 있은 날(계속되는 차별적 처우는 그 종료일)부터 6개월이 지난 때에는 그러하지 아니하다.

② 기간제근로자 또는 단시간근로자가 제1항의 규정에 따른 시정신청을 하는 때에는 차별적 처우의 내용을 구체적으로 명시하여야 한다.

③ 제1항 및 제2항의 규정에 따른 시정신청의 절차·방법 등에 관하여 필요한 사항은 「노동위원회법」 제2조 제1항의 규정에 따른 중앙노동위원회(이하 "중앙노동위원회"라 한다)가 따로 정한다.

④ 제8조 및 제1항부터 제3항까지의 규정과 관련한 분쟁에서 입증책임은 사용자가 부담한다.

제10조【조사·심문 등】 ① 노동위원회는 제9조의 규정에 따른 시정신청을 받은 때에는 지체 없이 필요한 조사와 관계 당사자에 대한 심문을 하여야 한다.

② 노동위원회는 제1항의 규정에 따른 심문을 하는 때에는 관계당사자의 신청 또는 직권으로 증인을 출석하게 하여 필요한 사항을 질문할 수 있다.

③ 노동위원회는 제1항 및 제2항의 규정에 따른 심문을 할 때에는 관계 당사자에게 증거의 제출과 증인에 대한 반대심문을 할 수 있는 충분한 기회를 주어야 한다.

④ 제1항부터 제3항까지의 규정에 따른 조사·심문의 방법 및 절차 등에 관하여 필요한 사항은 중앙노동위원회가 따로 정한다.

⑤ 노동위원회는 차별시정사무에 관한 전문적인 조사·연구업무를 수행하기 위하여 전문위원을 둘 수 있다. 이 경우 전문위원의 수·자격 및 보수 등에 관하여 필요한 사항은 대통령령으로 정한다.

제11조【조정·중재】 ① 노동위원회는 제10조의 규정에 따른 심문의 과정에서 관계 당사자 쌍방 또는 일방의 신청 또는 직권에 의하여 조정(調停)절차를 개시할 수 있고, 관계 당사자가 미리 노동위원회의 중재(仲裁)결정에 따르기로 합의하여 중재를 신청한 경우에는 중재를 할 수 있다.

② 제1항의 규정에 따라 조정 또는 중재를 신청하는 경우에는 제9조의 규정에 따른 차별적 처우의 시정신청을 한 날부터 14일 이내에 하여야 한다. 다만, 노동위원회의 승낙이 있는 경우에는 14일 후에도 신청할 수 있다.

③ 노동위원회는 조정 또는 중재를 하는 경우 관계 당사자의 의견을 충분히 들어야 한다.

④ 노동위원회는 특별한 사유가 없으면 조정절차를 개시하거나 중재신청을 받은 때부터 60일 이내에 조정안을 제시하거나 중재결정을 하여야 한다.

⑤ 노동위원회는 관계 당사자 쌍방이 조정안을 수락한 경우에는 조정조서를 작성하고 중재결정을 한 경우에는 중재결정서를 작성하여야 한다.

⑥ 조정조서에는 관계 당사자와 조정에 관여한 위원전원이 서명·날인하여야 하고, 중재결정서에는 관여한 위원전원이 서명·날인하여야 한다.

⑦ 제5항 및 제6항의 규정에 따른 조정 또는 중재결정은 「민사소송법」의 규정에 따른 재판상 화해와 동일한 효력을 갖는다.

⑧ 제1항부터 제7항까지의 규정에 따른 조정·중재의 방법, 조정조서·중재결정서의 작성 등에 관한 사항은 중앙노동위원회가 따로 정한다.

제12조【시정명령 등】 ① 노동위원회는 제10조의 규정에 따른 조사·심문을 종료하고 차별적 처우에 해당된다고 판정한 때에는 사용자에게 시정명령을 내려야 하고, 차별적 처우에 해당하지 아니한다고 판정한 때에는 그 시정신청을 기각하는 결정을 하여야 한다.

② 제1항의 규정에 따른 판정·시정명령 또는 기각결정은 서면으로 하되 그 이유를 구체적으로 명시하여 관계 당사자에게 각각 교부하여야 한다. 이 경우 시정명령을 내리는 때에는 시정명령의 내용 및 이행기한 등을 구체적으로 기재하여야 한다.

제13조【조정·중재 또는 시정명령의 내용】 ① 제11조의 규정에 따른 조정·중재 또는 제12조의 규정에 따른 시정명령의 내용에는 차별적 행위의 중지, 임금 등 근로조건의 개선(취업규칙, 단체협약 등의 제도개선 명령을 포함한다) 또는 적절한 배상 등이 포함될 수 있다.

② 제1항에 따른 배상액은 차별적 처우로 인하여 기간제근로자 또는 단시간근로자에게 발생한 손해액을 기준으로 정한다. 다만, 노동위원회는 사용자의 차별적 처우에 명백한 고의가 인정되거나 차별적 처우가 반복되는 경우에는 손해액을 기준으로 3배를 넘지 아니하는 범위에서 배상을 명령할 수 있다.

제14조【시정명령 등의 확정】 ① 지방노동위원회의 시정명령 또는 기각결정에 대하여 불복하는 관계 당사자는 시정명령서 또는 기각결정서의 송달을 받은 날부터 10일 이내에 중앙노동위원회에 재심을 신청할 수 있다.

② 제1항의 규정에 따른 중앙노동위원회의 재심결정에 대하여 불복하는 관계당사자는 재심결정서의 송달을 받은 날부터 15일 이내에 행정소송을 제기할 수 있다.

③ 제1항에 규정된 기간 이내에 재심을 신청하지 아니하거나 제2항에 규정된 기간 이내에 행정소송을 제기하지 아니한 때에는 그 시정명령·기각결정 또는 재심결정은 확정된다.

제15조【시정명령 이행상황의 제출요구 등】 ① 고용노동부장관은 확정된 시정명령에 대하여 사용자에게 이행상황을 제출할 것을 요구할 수 있다.

② 시정신청을 한 근로자는 사용자가 확정된 시정명령을 이행하지 아니하는 경우 이를 고용노동부장관에게 신고할 수 있다.

> **제15조의2【고용노동부장관의 차별적 처우 시정요구 등】** ① 고용노동부장관은 사용자가 제8조를 위반하여 차별적 처우를 한 경우에는 그 시정을 요구할 수 있다.
> ② 고용노동부장관은 사용자가 제1항에 따른 시정요구에 따르지 아니할 경우에는 차별적 처우의 내용을 구체적으로 명시하여 노동위원회에 통보하여야 한다. 이 경우 고용노동부장관은 해당 사용자 및 근로자에게 그 사실을 통지하여야 한다.
> ③ 노동위원회는 제2항에 따라 고용노동부장관의 통보를 받은 경우에는 지체 없이 차별적 처우가 있는지 여부를 심리하여야 한다. 이 경우 노동위원회는 해당 사용자 및 근로자에게 의견을 진술할 수 있는 기회를 부여하여야 한다.
> ④ 제3항에 따른 노동위원회의 심리 및 그 밖의 시정절차 등에 관하여는 제9조 제4항 및 제11조부터 제15조까지의 규정을 준용한다. 이 경우 "시정신청을 한 날"은 "통지를 받은 날"로, "기각결정"은 "차별적 처우가 없다는 결정"으로, "관계 당사자"는 "해당 사용자 또는 근로자"로, "시정신청을 한 근로자"는 "해당 근로자"로 본다.
> ⑤ 제3항 및 제4항에 따른 노동위원회의 심리 등에 관한 사항은 중앙노동위원회가 정한다.
>
> **제15조의3【확정된 시정명령의 효력 확대】** ① 고용노동부장관은 제14조(제15조의2 제4항에 따라 준용되는 경우를 포함한다)에 따라 확정된 시정명령을 이행할 의무가 있는 사용자의 사업 또는 사업장에서 해당 시정명령의 효력이 미치는 근로자 이외의 기간제근로자 또는 단시간근로자에 대하여 차별적 처우가 있는지를 조사하여 차별적 처우가 있는 경우에는 그 시정을 요구할 수 있다.
> ② 사용자가 제1항에 따른 시정요구에 따르지 아니하는 경우에는 제15조의2 제2항부터 제5항까지의 규정을 준용한다.

II 적용범위 – 기간제 및 단시간 근로자

1. 원칙

기간제법은 상시 5인 이상의 근로자를 사용하는 모든 사업 또는 사업장에 적용한다(기간제법 제3조 제1항).

2. 예외

다만, 동거의 친족만을 사용하는 사업 또는 사업장과 가사사용인에 대하여는 적용하지 아니한다(기간제법 제3조 제1항 단서).

3. 4인 이하 사업장

상시 4인 이하의 근로자를 사용하는 사업 또는 사업장에 대하여는 대통령령으로 정하는 바에 따라 이 법의 일부 규정을 적용할 수 있다(기간제법 제3조 제2항).

4. 국가 및 지방자치단체

국가 및 지방자치단체의 기관에 대하여는 상시 사용하는 근로자의 수와 관계없이 이 법을 적용한다(기간제법 제3조 제3항).

▐ Ⅲ ▐ 차별적 처우의 금지

1. 차별적 처우의 개념

'차별적 처우'란 임금 그 밖의 근로조건 등에 있어서 합리적인 이유 없이 불리하게 처우하는 것을 말한다(기간제법 제2조, 제3호 및 파견법 제2조 제7호).

2. 차별적 처우의 금지

사용자는 기간제 근로자임을 이유로 당해 사업 또는 사업장에서 동종 또는 유사한 업무에 종사하는 기간의 정함이 없는 근로계약을 체결한 근로자에 비하여 차별적 처우를 하여서는 아니 된다(기간제법 제8조 제1항).

또한 사용자는 단시간 근로자임을 이유로 당해 사업 또는 사업장의 동종 또는 유사한 업무에 종사하는 통상근로자에 비하여 차별적 처우를 하여서는 아니 된다(동법 제8조 제2항).

▐ Ⅳ ▐ 차별적 처우의 시정신청

1. 차별시정신청

기간제 근로자 또는 단시간 근로자가 차별적 처우를 받은 경우 노동위원회에 그 시정을 신청할 수 있다. 다만, 차별적 처우가 있은 날(계속되는 차별적 처우는 그 종료일)부터 6개월이 지난 때에는 그러하지 아니하다(기간제법 제9조 제1항).

2. 차별적 처우의 구체적 명시

기간제 근로자 또는 단시간 근로자가 시정신청을 하는 때에는 차별적 처우의 내용을 구체적으로 명시하여야 한다(기간제법 제9조 제2항).

3. 신청절차 및 방법

시정신청의 절차·방법 등에 관하여 필요한 사항은 중앙노동위원회가 따로 정한다(기간제법 제9조 제3항).

4. 사용자의 입증책임

차별금지와 관련한 분쟁에 있어서 입증책임은 사용자가 부담한다(기간제법 제9조 제4항).

5. 불리한 처우의 금지

사용자는 기간제 근로자 또는 단시간 근로자가 차별시정 신청한 것을 이유로 해고 그 밖의 불리한 처우를 하지 못한다(기간제법 제16조). 만약 근로자에게 불리한 처우를 한 자는 2년 이하의 징역 또는 1천만원 이하의 벌금에 처한다(동법 제21조).

V 노동위원회의 차별시정절차

1. 조사 및 심문 등

(1) 조사 및 심문의 내용

① 노동위원회는 시정신청을 받은 때에는 지체 없이 필요한 조사와 관계당사자에 대한 심문을 하여야 한다(기간제법 제10조 제1항). 노동위원회는 심문을 하는 때에는 관계당사자의 신청 또는 직권으로 증인을 출석하게 하여 필요한 사항을 질문할 수 있다(동법 제10조 제2항). 노동위원회는 심문을 함에 있어서는 관계당사자에게 증거의 제출과 증인에 대한 반대심문을 할 수 있는 충분한 기회를 주어야 한다(동법 제10조 제3항).

② 이와 같은 조사·심문의 방법 및 절차 등에 관하여 필요한 사항은 중앙노동위원회가 따로 정한다(동법 제10조 제4항). 노동위원회는 차별시정사무에 관한 전문적인 조사·연구업무를 수행하기 위하여 전문위원을 둘 수 있다(동법 제10조 제5항).

(2) 불리한 처우의 금지

근로자가 노동위원회에 참석 및 진술한 것을 이유로 사용자가 해고 그 밖의 불리한 처우를 하지 못하며(기간제법 제16조 제2호), 불리한 처우를 한 사용자는 2년 이하의 징역 또는 1천만원 이하의 벌금에 처한다(동법 제21조).

2. 조정 및 중재

(1) 요건

① 노동위원회는 심문의 과정에서 관계당사자 쌍방 또는 일방의 신청 또는 직권에 의하여 조정절차를 개시할 수 있고, 관계당사자가 미리 노동위원회의 중재결정에 따르기로 합의하여 중재를 신청한 경우에는 중재를 할 수 있다(기간제법 제11조 제1항).

② 조정 또는 중재를 신청하는 경우에는 차별적 처우의 시정신청을 한 날부터 14일 이내에 하여야 한다. 다만, 노동위원회의 승낙이 있는 경우에는 14일 후에도 신청할 수 있다(동법 제11조 제2항).

(2) 조정 및 중재 결정의 효력

노동위원회는 관계당사자 쌍방이 조정안을 수락한 경우에는 조정조서를 작성하고 중재결정을 한 경우에는 중재결정서를 작성하여야 한다(기간제법 제11조 제5항). 조정 또는 중재결정은 민사소송법의 규정에 따른 재판상 화해와 동일한 효력을 갖는다(동법 제11조 제7항).

(3) 조정 및 중재의 방법

노동위원회는 특별한 사유가 없는 한 조정절차를 개시하거나 중재신청을 받은 때부터 60일 이내에 조정안을 제시하거나 중재결정을 하여야 한다(기간제법 제11조 제4항). 조정조서에는 관계당사자와 조정에 관여한 위원전원이 서명·날인하여야 하고, 중재결정서에는 관여한 위원전원이 서명·날인하여야 한다(동법 제11조 제6항). 조정·중재의 방법, 조정조서·중재결정서의 작성 등에 관한 사항은 중앙노동위원회가 따로 정한다(동법 제11조 제8항).

3. 시정명령 등

노동위원회는 조사·심문을 종료하고 차별적 처우에 해당된다고 판정한 때에는 사용자에게 시정명령을 발하여야 하고, 차별적 처우에 해당하지 아니한다고 판정한 때에는 그 시정신청을 기각하는 결정을 하여야 한다(기간제법 제12조 제1항). 판정·시정명령 또는 기각결정은 서면으로 하되, 그 이유를 구체적으로 명시하여 관계당사자에게 각각 교부하여야 한다. 이 경우 시정명령을 발하는 때에는 시정명령의 내용 및 이행기한 등을 구체적으로 기재하여야 한다(동법 제12조 제2항).

4. 조정·중재 또는 시정명령의 내용

조정·중재 또는 시정명령의 내용에는 차별적 행위의 중지, 임금 등 근로조건의 개선(취업규칙, 단체협약 등의 제도개선 명령을 포함한다) 또는 적절한 배상[1] 등이 포함될 수 있다(기간제법 제13조).

5. 시정명령 등의 확정

(1) 주요내용

지방노동위원회의 시정명령 또는 기각결정에 대하여 불복이 있는 관계당사자는 시정명령서 또는 기각결정서의 송달을 받은 날부터 10일 이내에 중앙노동위원회에 재심을 신청할 수 있다(기간제법 제14조 제1항). 중앙노동위원회의 재심결정에 대하여 불복이 있는 관계당사자는 재심결정서의 송달을 받은 날부터 15일 이내에 행정소송을 제기할 수 있다(동법 제14조 제2항). 재심을 신청하지 아니하거나 제2항에 규정된 기간 이내에 행정소송을 제기하지 아니한 때에는 그 시정명령·기각결정 또는 재심결정은 확정된다(동법 제14조 제3항).

(2) 불리한 처우의 금지

근로자가 재심신청 및 행정소송을 제기한 것을 이유로 사용자가 해고 그 밖의 불리한 처우를 하지 못하며(기간제법 제16조 제2호), 불리한 처우를 한 사용자는 2년 이하의 징역 또는 1천만원 이하의 벌금에 처한다(동법 제21조).

6. 시정명령 이행의 실효성 확보

(1) 시정명령 이행상황의 제출요구

고용노동부장관은 확정된 시정명령에 대하여 사용자에게 이행상황을 제출할 것을 요구할 수 있다(기간제법 제15조 제1항).

(2) 과태료 부과

확정된 시정명령을 정당한 이유 없이 이행하지 아니한 자는 1억원 이하의 과태료에 처한다(기간제법 제24조 제1항).

---

1) 임종률, 『노동법』; 배상명령에서 배상액은 차별로 근로자에게 발생한 손해액을 기준으로 정하되, 사용자의 차별에 명백한 고의가 인정되거나 차별이 반복되는 경우에는 손해액의 3배를 넘지 않는 범위에서 배상을 명령할 수 있다(기간제법 제13조 제2항). 이는 고의적·반복적 차별에 대해서는 실손해의 배상을 넘어 징벌적 배상을 허용한 것이다.

(3) 시정명령 불이행 신고

시정신청을 한 근로자는 사용자가 확정된 시정명령을 이행하지 아니하는 경우 이를 고용노동부장관에게 신고할 수 있다(기간제법 제15조 제2항).

Ⅵ 고용노동부장관의 차별적 처우 시정요구 등

고용노동부장관은 사용자가 차별적 처우를 한 경우에는 그 시정을 요구할 수 있다(기간제법 제15조의2 제1항, 파견법 제21조의2 제1항). 고용노동부장관은 사용자가 제1항에 따른 시정요구에 응하지 아니할 경우에는 차별적 처우의 내용을 구체적으로 명시하여 노동위원회에 통보하여야 한다. 이 경우 고용노동부장관은 해당 사용자 및 근로자에게 그 사실을 통지하여야 한다(기간제법 제15조의2 제2항, 파견법 제21조의2 제2항). 노동위원회는 고용노동부장관의 통보를 받은 경우에는 지체 없이 차별적 처우가 있는지 여부를 심리하여야 한다. 이 경우 노동위원회는 해당 사용자 및 근로자에게 의견을 진술할 수 있는 기회를 부여하여야 한다(기간제법 제15조의2 제3항, 파견법 제21조의2 제3항).

Ⅶ 확정된 시정명령의 효력 확대

고용노동부장관은 확정된 시정명령을 이행할 의무가 있는 사용자의 사업 또는 사업장에서 해당 시정명령의 효력이 미치는 근로자 이외의 기간제 근로자 또는 단시간 근로자에 대하여 차별적 처우가 있는지를 조사하여 차별적 처우가 있는 경우에는 그 시정을 요구할 수 있다(기간제법 제15조의3 제1항, 파견법 제21조의3 제1항). 사용자가 시정요구에 응하지 아니하는 경우에는 고용노동부장관이 노동위원회에 차별적 처우의 내용을 통보하고 노동위원회가 차별적 처우에 대한 심리를 하는 차별시정절차가 개시된다(기간제법 제15조의3 제2항, 파견법 제21조의3 제2항).

제1절 산업안전보건법의 의의 및 체계

Ⅰ 법규정

제1조【목적】 이 법은 산업 안전 및 보건에 관한 기준을 확립하고 그 책임의 소재를 명확하게 하여 산업재해를 예방하고 쾌적한 작업환경을 조성함으로써 노무를 제공하는 사람의 안전 및 보건을 유지·증진함을 목적으로 한다.

제2조【정의】 이 법에서 사용하는 용어의 뜻은 다음과 같다.

1. "산업재해"란 노무를 제공하는 사람이 업무에 관계되는 건설물·설비·원재료·가스·증기·분진 등에 의하거나 작업 또는 그 밖의 업무로 인하여 사망 또는 부상하거나 질병에 걸리는 것을 말한다.

2. "중대재해"란 산업재해 중 사망 등 재해 정도가 심하거나 다수의 재해자가 발생한 경우로서 고용노동부 령으로 정하는 재해를 말한다.

3. "근로자"란 「근로기준법」 제2조 제1항 제1호에 따른 근로자를 말한다.

4. "사업주"란 근로자를 사용하여 사업을 하는 자를 말한다.

5. "근로자대표"란 근로자의 과반수로 조직된 노동조합이 있는 경우에는 그 노동조합을, 근로자의 과반수로 조직된 노동조합이 없는 경우에는 근로자의 과반수를 대표하는 자를 말한다.

6. "도급"이란 명칭에 관계없이 물건의 제조·건설·수리 또는 서비스의 제공, 그 밖의 업무를 타인에게 맡 기는 계약을 말한다.

7. "도급인"이란 물건의 제조·건설·수리 또는 서비스의 제공, 그 밖의 업무를 도급하는 사업주를 말한다. 다만, 건설공사발주자는 제외한다.

8. "수급인"이란 도급인으로부터 물건의 제조·건설·수리 또는 서비스의 제공, 그 밖의 업무를 도급받은 사업주를 말한다.

9. "관계수급인"이란 도급이 여러 단계에 걸쳐 체결된 경우에 각 단계별로 도급받은 사업주 전부를 말한다.

10. "건설공사발주자"란 건설공사를 도급하는 자로서 건설공사의 시공을 주도하여 총괄·관리하지 아니하 는 자를 말한다. 다만, 도급받은 건설공사를 다시 도급하는자는 제외한다.

11. "건설공사"란 다음 각 목의 어느 하나에 해당하는 공사를 말한다.

    가. 「건설산업기본법」 제2조 제4호에 따른 건설공사

    나. 「전기공사업법」 제2조 제1호에 따른 전기공사

    다. 「정보통신공사업법」 제2조 제2호에 따른 정보통신공사

    라. 「소방시설공사업법」에 따른 소방시설공사

    마. 「국가유산수리 등에 관한 법률」에 따른 국가유산 수리공사

12. "안전보건진단"이란 산업재해를 예방하기 위하여 잠재적 위험성을 발견하고 그 개선대책을 수립할 목 적으로 조사·평가하는 것을 말한다.

13. "작업환경측정"이란 작업환경 실태를 파악하기 위하여 해당 근로자 또는 작업장에 대하여 사업주가 유 해인자에 대한 측정계획을 수립한 후 시료(試料)를 채취하고 분석·평가하는 것을 말한다.

제3조【적용범위】 이 법은 모든 사업에 적용한다. 다만, 유해·위험의 정도, 사업의 종류, 사업장의 상시근로자 수(건설공사의 경우에는 건설공사 금액을 말한다. 이하 같다) 등을 고려하여 대통령령으로 정하는 종류의 사업 또는 사업장에는 이 법의 전부 또는 일부를 적용하지 아니할 수 있다.

제4조【정부의 책무】 ① 정부는 이 법의 목적을 달성하기 위하여 다음 각 호의 사항을 성실히 이행할 책무를 진다.
1. 산업 안전 및 보건 정책의 수립 및 집행
2. 산업재해 예방 지원 및 지도
3. 「근로기준법」 제76조의2에 따른 직장 내 괴롭힘 예방을 위한 조치기준 마련, 지도 및 지원
4. 사업주의 자율적인 산업 안전 및 보건 경영체제 확립을 위한 지원
5. 산업 안전 및 보건에 관한 의식을 북돋우기 위한 홍보·교육 등 안전문화 확산 추진
6. 산업 안전 및 보건에 관한 기술의 연구·개발 및 시설의 설치·운영
7. 산업재해에 관한 조사 및 통계의 유지·관리
8. 산업 안전 및 보건 관련 단체 등에 대한 지원 및 지도·감독
9. 그 밖에 노무를 제공하는 사람의 안전 및 건강의 보호·증진

② 정부는 제1항 각 호의 사항을 효율적으로 수행하기 위하여 「한국산업안전보건공단법」 에 따른 한국산업안전보건공단(이하 "공단"이라 한다), 그 밖의 관련 단체 및 연구기관에 행정적·재정적 지원을 할 수 있다.

제4조의2【지방자치단체의 책무】 지방자치단체는 제4조 제1항에 따른 정부의 정책에 적극 협조하고, 관할 지역의 산업재해를 예방하기 위한 대책을 수립·시행하여야 한다.

제4조의3【지방자치단체의 산업재해 예방활동 등】 ① 지방자치단체의 장은 관할 지역 내에서의 산업재해 예방을 위하여 자체 계획의 수립, 교육, 홍보 및 안전한 작업환경 조성을 지원하기 위한 사업장 지도 등 필요한 조치를 할 수 있다.
② 정부는 제1항에 따른 지방자치단체의 산업재해 예방 활동에 필요한 행정적·재정적 지원을 할 수 있다.
③ 제1항에 따른 산업재해 예방 활동에 필요한 사항은 지방자치단체가 조례로 정할 수 있다.

제5조【사업주 등의 의무】 ① 사업주(제77조에 따른 특수형태근로종사자로부터 노무를 제공받는 자와 제78조에 따른 물건의 수거·배달 등을 중개하는 자를 포함한다. 이하 이 조 및 제6조에서 같다)는 다음 각 호의 사항을 이행함으로써 근로자(제77조에 따른 특수형태근로종사자와 제78조에 따른 물건의 수거·배달 등을 하는 사람을 포함한다. 이하 이 조 및 제6조에서 같다)의 안전 및 건강을 유지·증진시키고 국가의 산업재해 예방 정책을 따라야 한다.
1. 이 법과 이 법에 따른 명령으로 정하는 산업재해 예방을 위한 기준
2. 근로자의 신체적 피로와 정신적 스트레스 등을 줄일 수 있는 쾌적한 작업환경의 조성 및 근로조건 개선
3. 해당 사업장의 안전 및 보건에 관한 정보를 근로자에게 제공

② 다음 각 호의 어느 하나에 해당하는 자는 발주·설계·제조·수입 또는 건설을 할 때 이 법과 이 법에 따른 명령으로 정하는 기준을 지켜야 하고, 발주·설계·제조·수입 또는 건설에 사용되는 물건으로 인하여 발생하는 산업재해를 방지하기 위하여 필요한 조치를 하여야 한다.
1. 기계·기구와 그 밖의 설비를 설계·제조 또는 수입하는 자
2. 원재료 등을 제조·수입하는 자
3. 건설물을 발주·설계·건설하는 자

제6조【근로자의 의무】 ① 근로자는 이 법과 이 법에 따른 명령으로 정하는 산업재해 예방을 위한 기준을 지켜야 하며, 사업주 또는 「근로기준법」 제101조에 따른 근로감독관, 공단 등 관계인이 실시하는 산업재해 예방에 관한 조치에 따라야 한다.

제7조【산업재해 예방에 관한 기본계획의 수립·공표】 ① 고용노동부장관은 산업재해 예방에 관한 기본계획을 수립하여야 한다.

② 고용노동부장관은 제1항에 따라 수립한 기본계획을 「산업재해보상보험법」 제8조 제1항에 따른 산업재해보상보험 및 예방심의위원회의 심의를 거쳐 공표하여야 한다. 이를 변경하려는 경우에도 또한 같다.

제8조【협조 요청 등】 ① 고용노동부장관은 제7조 제1항에 따른 기본계획을 효율적으로 시행하기 위하여 필요하다고 인정할 때에는 관계 행정기관의 장 또는 「공공기관의 운영에 관한 법률」 제4조에 따른 공공기관의 장에게 필요한 협조를 요청할 수 있다.

② 행정기관(고용노동부는 제외한다. 이하 이 조에서 같다)의 장은 사업장의 안전 및 보건에 관하여 규제를 하려면 미리 고용노동부장관과 협의하여야 한다.

③ 행정기관의 장은 고용노동부장관이 제2항에 따른 협의과정에서 해당 규제에 대한 변경을 요구하면 이에 따라야 하며, 고용노동부장관은 필요한 경우 국무총리에게 협의·조정 사항을 보고하여 확정할 수 있다.

④ 고용노동부장관은 산업재해 예방을 위하여 필요하다고 인정할 때에는 사업주, 사업주단체, 그 밖의 관계인에게 필요한 사항을 권고하거나 협조를 요청할 수 있다.

⑤ 고용노동부장관은 산업재해 예방을 위하여 중앙행정기관의 장과 지방자치단체의 장 또는 공단 등 관련 기관·단체의 장에게 다음 각 호의 정보 또는 자료의 제공 및 관계 전산망의 이용을 요청할 수 있다. 이 경우 요청을 받은 중앙행정기관의 장과 지방자치단체의 장 또는 관련 기관·단체의 장은 정당한 사유가 없으면 그 요청에 따라야 한다.

1. 「부가가치세법」 제8조 및 「법인세법」 제111조에 따른 사업자등록에 관한 정보

2. 「고용보험법」 제15조에 따른 근로자의 피보험자격의 취득 및 상실 등에 관한 정보

3. 그 밖에 산업재해 예방사업을 수행하기 위하여 필요한 정보 또는 자료로서 대통령령으로 정하는 정보 또는 자료

제14조【이사회 보고 및 승인 등】 ① 「상법」 제170조에 따른 주식회사 중 대통령령으로 정하는 회사의 대표이사는 대통령령으로 정하는 바에 따라 매년 회사의 안전 및 보건에 관한 계획을 수립하여 이사회에 보고하고 승인을 받아야 한다.

② 제1항에 따른 대표이사는 제1항에 따른 안전 및 보건에 관한 계획을 성실하게 이행하여야 한다.

③ 제1항에 따른 안전 및 보건에 관한 계획에는 안전 및 보건에 관한 비용, 시설, 인원 등의 사항을 포함하여야 한다.

제15조【안전보건관리책임자】 ① 사업주는 사업장을 실질적으로 총괄하여 관리하는 사람에게 해당 사업장의 다음 각 호의 업무를 총괄하여 관리하도록 하여야 한다.

1. 사업장의 산업재해 예방계획의 수립에 관한 사항

2. 제25조 및 제26조에 따른 안전보건관리규정의 작성 및 변경에 관한 사항

3. 제29조에 따른 안전보건교육에 관한 사항

4. 작업환경측정 등 작업환경의 점검 및 개선에 관한 사항

5. 제129조부터 제132조까지에 따른 근로자의 건강진단 등 건강관리에 관한 사항

6. 산업재해의 원인 조사 및 재발 방지대책 수립에 관한 사항

7. 산업재해에 관한 통계의 기록 및 유지에 관한 사항

8. 안전장치 및 보호구 구입 시 적격품 여부 확인에 관한 사항

9. 그 밖에 근로자의 유해·위험 방지조치에 관한 사항으로서 고용노동부령으로 정하는 사항

② 제1항 각 호의 업무를 총괄하여 관리하는 사람(이하 "안전보건관리책임자"라 한다)은 제17조에 따른 안전관리자와 제18조에 따른 보건관리자를 지휘·감독한다.

③ 안전보건관리책임자를 두어야 하는 사업의 종류와 사업장의 상시근로자 수, 그 밖에 필요한 사항은 대통령령으로 정한다.

제16조【관리감독자】 ① 사업주는 사업장의 생산과 관련되는 업무와 그 소속 직원을 직접 지휘·감독하는 직위에 있는 사람(이하 "관리감독자"라 한다)에게 산업 안전 및 보건에 관한 업무로서 대통령령으로 정하는 업무를 수행하도록 하여야 한다.

② 관리감독자가 있는 경우에는 「건설기술 진흥법」 제64조 제1항 제2호에 따른 안전관리책임자 및 같은 항 제3호에 따른 안전관리담당자를 각각 둔 것으로 본다.

제17조【안전관리자】 ① 사업주는 사업장에 제15조 제1항 각 호의 사항 중 안전에 관한 기술적인 사항에 관하여 사업주 또는 안전보건관리책임자를 보좌하고 관리감독자에게 지도·조언하는 업무를 수행하는 사람(이하 "안전관리자"라 한다)을 두어야 한다.

② 안전관리자를 두어야 하는 사업의 종류와 사업장의 상시근로자 수, 안전관리자의 수·자격·업무·권한·선임방법, 그 밖에 필요한 사항은 대통령령으로 정한다.

③ 대통령령으로 정하는 사업의 종류 및 사업장의 상시근로자 수에 해당하는 사업장의 사업주는 안전관리자에게 그 업무만을 전담하도록 하여야 한다.

④ 고용노동부장관은 산업재해 예방을 위하여 필요한 경우로서 고용노동부령으로 정하는 사유에 해당하는 경우에는 사업주에게 안전관리자를 제2항에 따라 대통령령으로 정하는 수 이상으로 늘리거나 교체할 것을 명할 수 있다.

⑤ 대통령령으로 정하는 사업의 종류 및 사업장의 상시근로자 수에 해당하는 사업장의 사업주는 제21조에 따라 지정받은 안전관리 업무를 전문적으로 수행하는 기관(이하 "안전관리전문기관"이라 한다)에 안전관리자의 업무를 위탁할 수 있다.

제18조【보건관리자】 ① 사업주는 사업장에 제15조 제1항 각 호의 사항 중 보건에 관한 기술적인 사항에 관하여 사업주 또는 안전보건관리책임자를 보좌하고 관리감독자에게 지도·조언하는 업무를 수행하는 사람(이하 "보건관리자"라 한다)을 두어야 한다.

② 보건관리자를 두어야 하는 사업의 종류와 사업장의 상시근로자 수, 보건관리자의 수·자격·업무·권한·선임방법, 그 밖에 필요한 사항은 대통령령으로 정한다.

③ 대통령령으로 정하는 사업의 종류 및 사업장의 상시근로자 수에 해당하는 사업장의 사업주는 보건관리자에게 그 업무만을 전담하도록 하여야 한다.

④ 고용노동부장관은 산업재해 예방을 위하여 필요한 경우로서 고용노동부령으로 정하는 사유에 해당하는 경우에는 사업주에게 보건관리자를 제2항에 따라 대통령령으로 정하는 수 이상으로 늘리거나 교체할 것을 명할 수 있다.

⑤ 대통령령으로 정하는 사업의 종류 및 사업장의 상시근로자 수에 해당하는 사업장의 사업주는 제21조에 따라 지정받은 보건관리 업무를 전문적으로 수행하는 기관(이하 "보건관리전문기관"이라 한다)에 보건관리자의 업무를 위탁할 수 있다.

제19조【안전보건관리담당자】 ① 사업주는 사업장에 안전 및 보건에 관하여 사업주를 보좌하고 관리감독자에게 지도·조언하는 업무를 수행하는 사람(이하 "안전보건관리담당자"라 한다)을 두어야 한다. 다만, 안전관리자 또는 보건관리자가 있거나 이를 두어야 하는 경우에는 그러하지 아니하다.

② 안전보건관리담당자를 두어야 하는 사업의 종류와 사업장의 상시근로자 수, 안전보건관리담당자의 수·자격·업무·권한·선임방법, 그 밖에 필요한 사항은 대통령령으로 정한다.

③ 고용노동부장관은 산업재해 예방을 위하여 필요한 경우로서 고용노동부령으로 정하는 사유에 해당하는 경우에는 사업주에게 안전보건관리담당자를 제2항에 따라 대통령령으로 정하는 수 이상으로 늘리거나 교체할 것을 명할 수 있다.

④ 대통령령으로 정하는 사업의 종류 및 사업장의 상시근로자 수에 해당하는 사업장의 사업주는 안전관리전문기관 또는 보건관리전문기관에 안전보건관리담당자의 업무를 위탁할 수 있다.

제20조【안전관리자 등의 지도·조언】 사업주, 안전보건관리책임자 및 관리감독자는 다음 각 호의 어느 하나에 해당하는 자가 제15조 제1항 각 호의 사항 중 안전 또는 보건에 관한 기술적인 사항에 관하여 지도·조언하는 경우에는 이에 상응하는 적절한 조치를 하여야 한다.

1. 안전관리자
2. 보건관리자
3. 안전보건관리담당자
4. 안전관리전문기관 또는 보건관리전문기관(해당 업무를 위탁받은 경우에 한정한다)

제22조【산업보건의】 ① 사업주는 근로자의 건강관리나 그 밖에 보건관리자의 업무를 지도하기 위하여 사업장에 산업보건의를 두어야 한다. 다만, 「의료법」 제2조에 따른 의사를 보건관리자로 둔 경우에는 그러하지 아니하다.

② 제1항에 따른 산업보건의(이하 "산업보건의"라 한다)를 두어야 하는 사업의 종류와 사업장의 상시근로자 수 및 산업보건의의 자격·직무·권한·선임방법, 그 밖에 필요한 사항은 대통령령으로 정한다.

제23조【명예산업안전감독관】 ① 고용노동부장관은 산업재해 예방활동에 대한 참여와 지원을 촉진하기 위하여 근로자, 근로자단체, 사업주단체 및 산업재해 예방 관련 전문단체에 소속된 사람 중에서 명예산업안전감독관을 위촉할 수 있다.

② 사업주는 제1항에 따른 명예산업안전감독관(이하 "명예산업안전감독관"이라 한다)에 대하여 직무 수행과 관련한 사유로 불리한 처우를 해서는 아니 된다.

③ 명예산업안전감독관의 위촉 방법, 업무, 그 밖에 필요한 사항은 대통령령으로 정한다.

제24조【산업안전보건위원회】 ① 사업주는 사업장의 안전 및 보건에 관한 중요 사항을 심의·의결하기 위하여 사업장에 근로자위원과 사용자위원이 같은 수로 구성되는 산업안전보건위원회를 구성·운영하여야 한다.

② 사업주는 다음 각 호의 사항에 대해서는 제1항에 따른 산업안전보건위원회(이하 "산업안전보건위원회"라 한다)의 심의·의결을 거쳐야 한다.

1. 제15조 제1항 제1호부터 제5호까지 및 제7호에 관한 사항
2. 제15조 제1항 제6호에 따른 사항 중 중대재해에 관한 사항
3. 유해하거나 위험한 기계·기구·설비를 도입한 경우 안전 및 보건 관련 조치에 관한 사항
4. 그 밖에 해당 사업장 근로자의 안전 및 보건을 유지·증진시키기 위하여 필요한 사항

③ 산업안전보건위원회는 대통령령으로 정하는 바에 따라 회의를 개최하고 그 결과를 회의록으로 작성하여 보존하여야 한다.

④ 사업주와 근로자는 제2항에 따라 산업안전보건위원회가 심의·의결한 사항을 성실하게 이행하여야 한다.

⑤ 산업안전보건위원회는 이 법, 이 법에 따른 명령, 단체협약, 취업규칙 및 제25조에 따른 안전보건관리규정에 반하는 내용으로 심의·의결해서는 아니 된다.

⑥ 사업주는 산업안전보건위원회의 위원에게 직무 수행과 관련한 사유로 불리한 처우를 해서는 아니 된다.

⑦ 산업안전보건위원회를 구성하여야 할 사업의 종류 및 사업장의 상시근로자 수, 산업안전보건위원회의 구성·운영 및 의결되지 아니한 경우의 처리방법, 그 밖에 필요한 사항은 대통령령으로 정한다.

제25조【안전보건관리규정의 작성】 ① 사업주는 사업장의 안전 및 보건을 유지하기 위하여 다음 각 호의 사항이 포함된 안전보건관리규정을 작성하여야 한다.

  1. 안전 및 보건에 관한 관리조직과 그 직무에 관한 사항
  2. 안전보건교육에 관한 사항
  3. 작업장의 안전 및 보건 관리에 관한 사항
  4. 사고 조사 및 대책 수립에 관한 사항
  5. 그 밖에 안전 및 보건에 관한 사항

② 제1항에 따른 안전보건관리규정(이하 "안전보건관리규정"이라 한다)은 단체협약 또는 취업규칙에 반할 수 없다. 이 경우 안전보건관리규정 중 단체협약 또는 취업규칙에 반하는 부분에 관하여는 그 단체협약 또는 취업규칙으로 정한 기준에 따른다.

③ 안전보건관리규정을 작성하여야 할 사업의 종류, 사업장의 상시근로자 수 및 안전보건관리규정에 포함되어야 할 세부적인 내용, 그 밖에 필요한 사항은 고용노동부령으로 정한다.

제26조【안전보건관리규정의 작성·변경 절차】 사업주는 안전보건관리규정을 작성하거나 변경할 때에는 산업안전보건위원회의 심의·의결을 거쳐야 한다. 다만, 산업안전보건위원회가 설치되어 있지 아니한 사업장의 경우에는 근로자대표의 동의를 받아야 한다.

▌II 적용범위

산업안전보건법은 모든 사업 또는 사업장에 적용한다. 다만, 유해·위험의 정도, 사업의 종류·규모 및 사업의 소재지 등을 고려하여 대통령령으로 정하는 사업에는 이 법의 전부 또는 일부를 적용하지 아니할 수 있다(산업안전보건법 제3조 제1항). 이 법과 이 법에 따른 명령은 국가·지방자치단체 및 공기업에 적용한다.

▌III 정부의 책무

정부는 이 법의 목적을 달성하기 위하여 산업 안전 및 보건 정책의 수립 및 집행, 산업재해 예방 지원 및 지도, 근로기준법 제76조의2에 따른 직장 내 괴롭힘 예방을 위한 조치기준 마련, 지도 및 지원 및 사업주의 자율적인 산업 안전 및 보건 경영체제 확립을 위한 지원 등을 성실히 이행할 책무를 진다(산업안전보건법 제4조 제1항). 또한 정부는 효율적으로 수행하기 위하여 한국산업안전보건공단법에 따른 한국산업안전보건공단 그 밖의 관련 단체 및 연구기관에 행정적·재정적 지원을 할 수 있다(동법 제4조 제2항).

Ⅳ 지방자치단체의 책무 및 산재예방활동 등

지방자치단체는 제4조 제1항에 따른 정부의 정책에 적극 협조하고, 관할 지역의 산업재해를 예방하기 위한 대책을 수립·시행하여야 한다(산업안전보건법 제4조의2).
지방자치단체의 장은 관할 지역 내에서의 산업재해 예방을 위하여 자체 계획의 수립, 교육, 홍보 및 안전한 작업환경 조성을 지원하기 위한 사업장 지도 등 필요한 조치를 할 수 있으며(동법 제4조의3 제1항), 정부는 제1항에 따른 지방자치단체의 산업재해 예방 활동에 필요한 행정적·재정적 지원을 할 수 있다(동법 제4조의3 제2항).

Ⅴ 사업주의 의무

1. 산업재해예방 기준 준수 등

사업주는 산업안전보건법에서 정하는 산업재해예방 기준 등을 이행함으로써 근로자의 안전과 건강을 유지·증진시키는 한편, 국가의 산업재해 예방시책에 따라야 한다(산업안전보건법 제5조 제1항). 이 규정은 선언적 의무를 규정한 것이므로 위반에 따른 제재가 수반되지는 않는다.

2. 발주·설계·제조·수입 또는 건설 사업주의 의무

사업주는 발주·설계·제조·수입 또는 건설을 할 때 이 법과 이 법에 따른 명령으로 정하는 기준을 지켜야 하고, 발주·설계·제조·수입 또는 건설에 사용되는 물건으로 인하여 발생하는 산업재해를 방지하기 위하여 필요한 조치를 하여야 한다.(산업안전보건법 제5조 제2항).

3. 법령 등의 요지 게시의무

사업주는 이 법과 이 법에 따른 명령의 요지 및 안전보건관리규정을 각 사업장의 근로자가 쉽게 볼 수 있는 장소에 게시하거나 갖추어 두어 근로자에게 널리 알려야 한다(산업안전보건법 제34조).

4. 근로자대표의 통지요청

근로자대표는 사업주에게 산업안전보건위원회가 의결한 사항, 안전보건진단 결과에 관한 사항, 안전보건개선계획의 수립·시행에 관한 사항 등을 통지하여 줄 것을 요청할 수 있고, 사업주는 이에 성실히 따라야 한다(산업안전보건법 제35조).

Ⅵ 근로자의 의무

산업재해는 정부의 정책적 노력, 사업주의 법적의무 이행만으로 예방할 수 없고, 근로자의 협력이 필요하다. 근로자는 이 법과 이 법에 따른 명령으로 정하는 산업재해 예방을 위한 기준을 지켜야 하며, 사업주 또는 근로감독관, 공단 등 관계인이 실시하는 산업재해 예방에 관한 조치에 따라야 한다(산업안전보건법 제6조).

Ⅶ 고용노동부장관의 직무와 정부의 책무

1. 고용노동부장관의 직무

(1) 산업재해예방계획의 수립·공표

고용노동부장관은 산업재해 예방에 관한 기본계획을 수립하여야 한다(산업안전보건법 제7조 제1항). 고용노동부장관은 제1항에 따라 수립한 기본계획을 「산업재해보상보험법」 제8조 제1항에 따른 산업재해보상보험 및 예방심의위원회의 심의를 거쳐 공표하여야 한다. 이를 변경하려는 경우에도 또한 같다(동법 제7조 제2항).

(2) 협조 요청

고용노동부장관은 제7조 제1항에 따른 기본계획을 효율적으로 시행하기 위하여 필요하다고 인정할 때에는 관계 행정기관의 장 또는 「공공기관의 운영에 관한 법률」 제4조에 따른 공공기관의 장에게 필요한 협조를 요청할 수 있다(산업안전보건법 제8조 제1항).

행정기관(고용노동부는 제외한다. 이하 이 조에서 같다)의 장은 사업장의 안전 및 보건에 관하여 규제를 하려면 미리 고용노동부장관과 협의하여야 한다(동법 제8조 제2항).

행정기관의 장은 고용노동부장관이 제2항에 따른 협의과정에서 해당 규제에 대한 변경을 요구하면 이에 따라야 하며, 고용노동부장관은 필요한 경우 국무총리에게 협의·조정 사항을 보고하여 확정할 수 있다(동법 제8조 제3항).

(3) 산업재해 예방 통합정보시스템 구축·운영

고용노동부장관은 산업재해를 체계적이고 효율적으로 예방하기 위하여 산업재해 예방 통합정보시스템을 구축·운영할 수 있다(산업안전보건법 제9조 제1항).

고용노동부장관은 제1항에 따른 산업재해 예방 통합정보시스템으로 처리한 산업 안전 및 보건 등에 관한 정보를 고용노동부령으로 정하는 바에 따라 관련 행정기관과 공단에 제공할 수 있다(동법 제9조 제2항).

(4) 사업장의 산업재해 발생건수 등 공표

고용노동부장관은 산업재해를 예방하기 위하여 대통령령으로 정하는 사업장의 근로자 산업재해 발생건수, 재해율 또는 그 순위 등(이하 "산업재해발생건수 등"이라 한다)을 공표하여야 한다(산업안전보건법 제10조 제1항).

고용노동부장관은 도급인의 사업장(도급인이 제공하거나 지정한 경우로서 도급인이 지배·관리하는 대통령령으로 정하는 장소를 포함한다. 이하 같다) 중 대통령령으로 정하는 사업장에서 관계수급인 근로자가 작업을 하는 경우에 도급인의 산업재해발생건수 등에 관계수급인의 산업재해발생건수 등을 포함하여 제1항에 따라 공표하여야 한다(동법 제10조 제2항).

2. 정부의 직무

정부는 이 법의 목적을 달성하기 위하여 다음의 사항을 성실히 이행할 책무를 진다(산업안전보건법 제4조 제1항).

(1) 산업 안전 및 보건 정책의 수립 및 집행

(2) 산업재해 예방 지원 및 지도

(3) 「근로기준법」 제76조의2에 따른 직장 내 괴롭힘 예방을 위한 조치기준 마련, 지도 및 지원

(4) 사업주의 자율적인 산업 안전 및 보건 경영체제 확립을 위한 지원

(5) 산업 안전 및 보건에 관한 의식을 북돋우기 위한 홍보·교육 등 안전문화 확산 추진

(6) 산업 안전 및 보건에 관한 기술의 연구·개발 및 시설의 설치·운영

(7) 산업재해에 관한 조사 및 통계의 유지·관리

(8) 산업 안전 및 보건 관련 단체 등에 대한 지원 및 지도·감독

(9) 그 밖에 노무를 제공하는 사람의 안전 및 건강의 보호·증진

VIII 안전보건관리체제 등

1. 안전보건관리체제

(1) 이사회 보고 및 승인 등

상시 500명 이상을 고용하고 있는 주식회사 등 법령이 정하는 회사의 대표이사는 대통령령으로 정하는 바에 따라 매년 회사의 안전 및 보건에 관한 계획을 수립하여 이사회에 보고하고 승인을 받아야 하며(산업안전보건법 제14조 제1항), 이를 성실하게 이행하여야 한다(동법 제14조 제2항). 위 안전 및 보건에 관한 계획에는 안전 및 보건에 관한 비용, 시설, 인원 등의 사항을 포함하여야 한다(동법 제14조 제3항).

(2) 안전보건관리책임자

사업주는 사업장을 실질적으로 총괄하여 관리하는 사람에게 해당 사업장의 산업재해 예방계획의 수립에 관한 사항, 안전보건관리규정의 작성 및 변경에 관한 사항, 안전보건교육에 관한 사항 등의 업무를 총괄하여 관리하도록 하여야 한다(산업안전보건법 제15조).

(3) 관리감독자

① 사업주는 사업장의 생산과 관련되는 업무와 그 소속 직원을 직접 지휘·감독하는 직위에 있는 사람에게 산업 안전 및 보건에 관한 업무로서 대통령령으로 정하는 업무를 수행하도록 하여야 한다(산업안전보건법 제16조 제1항).

② 관리감독자가 있는 경우에는 「건설기술 진흥법」 제64조 제1항 제2호에 따른 안전관리책임자 및 같은 항 제3호에 따른 안전관리담당자를 각각 둔 것으로 본다(동법 제16조 제2항).

⑷ 안전관리자

① 사업주는 사업장에 안전에 관한 기술적인 사항에 관하여 사업주 또는 안전보건관리책임자를 보좌하고 관리감독자에게 지도·조언하는 업무를 수행하는 사람)을 두어야 한다(산업안전보건법 제17조 제1항). 안전관리자를 두어야 하는 사업의 종류와 사업장의 상시근로자 수, 안전관리자의 수·자격·업무·권한·선임방법, 그 밖에 필요한 사항은 대통령령으로 정한다(동법 제17조 제2항).

② 고용노동부장관은 산업재해 예방을 위하여 필요한 경우로서 고용노동부령으로 정하는 사유에 해당하는 경우에는 사업주에게 안전관리자를 제2항에 따라 대통령령으로 정하는 수 이상으로 늘리거나 교체할 것을 명할 수 있다(동법 제17조 제4항). 대통령령으로 정하는 사업의 종류 및 사업장의 상시근로자 수에 해당하는 사업장의 사업주는 제21조에 따라 지정받은 안전관리 업무를 전문적으로 수행하는 기관에 안전관리자의 업무를 위탁할 수 있다(동법 제17조 제5항).

⑸ 보건관리자

① 사업주는 사업장에 보건에 관한 기술적인 사항에 관하여 사업주 또는 안전보건관리책임자를 보좌하고 관리감독자에게 지도·조언하는 업무를 수행하는 사람을 두어야 한다(산업안전보건법 제18조 제1항). 보건관리자를 두어야 하는 사업의 종류와 사업장의 상시근로자 수, 보건관리자의 수·자격·업무·권한·선임방법, 그 밖에 필요한 사항은 대통령령으로 정한다(동법 제18조 제2항).

② 대통령령으로 정하는 사업의 종류 및 사업장의 상시근로자 수에 해당하는 사업장의 사업주는 제21조에 따라 지정받은 보건관리 업무를 전문적으로 수행하는 기관에 보건관리자의 업무를 위탁할 수 있다(동법 제18조 제5항).

⑹ 안전보건관리담당자

사업주는 사업장에 안전 및 보건에 관하여 사업주를 보좌하고 관리감독자에게 지도·조언하는 업무를 수행하는 사람을 두어야 한다. 다만, 안전관리자 또는 보건관리자가 있거나 이를 두어야 하는 경우에는 그러하지 아니하다(산업안전보건법 제19조 제1항).

⑺ 산업보건의

사업주는 근로자의 건강관리나 그 밖에 보건관리자의 업무를 지도하기 위하여 사업장에 산업보건의를 두어야 한다. 다만, 의사를 보건관리자로 둔 경우에는 그러하지 아니하다(산업안전보건법 제22조 제1항). 산업보건의를 두어야 하는 사업의 종류와 사업장의 상시근로자 수 및 산업보건의의 자격·직무·권한·선임방법, 그 밖에 필요한 사항은 대통령령으로 정한다(동법 제22조 제2항).

⑻ 명예산업안전감독관

고용노동부장관은 산업재해 예방활동에 대한 참여와 지원을 촉진하기 위하여 근로자, 근로자단체, 사업주단체 및 산업재해 예방 관련 전문단체에 소속된 사람 중에서 명예산업안전감독관을 위촉할 수 있다(산업안전보건법 제23조 제1항). 사업주는 명예산업안전감독관에 대하여 직무 수행과 관련한 사유로 불리한 처우를 해서는 아니 된다(동법 제23조 제2항).

(9) 산업안전보건위원회

① 사업주는 사업장의 안전 및 보건에 관한 중요 사항을 심의·의결하기 위하여 사업장에 근로자 위원과 사용자위원이 같은 수로 구성되는 산업안전보건위원회를 구성·운영하여야 한다(산업 안전보건법 제24조 제1항). 산업안전보건위원회는 대통령령으로 정하는 바에 따라 회의를 개최 하고 그 결과를 회의록으로 작성하여 보존하여야 한다(동법 제24조 제3항). 사업주와 근로자는 산업안전보건위원회가 심의·의결한 사항을 성실하게 이행하여야 한다(동법 제24조 제4항).

② 산업안전보건위원회는 이 법, 이 법에 따른 명령, 단체협약, 취업규칙 및 산업안전보건법 제25조 에 따른 안전보건관리규정에 반하는 내용으로 심의·의결해서는 아니 된다(동법 제24조 제5항).

③ 사업주는 산업안전보건위원회의 위원에게 직무 수행과 관련한 사유로 불리한 처우를 해서는 아 니 된다(동법 제24조 제6항).

2. 안전보건관리규정

(1) 고용노동부령으로 정하는 사업의 사업주는 사업장의 안전 및 보건을 유지하기 위하여 ① 안전 및 보건에 관한 관리조직과 그 직무에 관한 사항, ② 안전보건교육에 관한 사항, ③ 작업장의 안 전 및 보건 관리에 관한 사항, ④ 사고 조사 및 대책 수립에 관한 사항, ⑤ 그 밖에 안전 및 보건 관리에 관한 사항이 포함된 안전보건관리규정을 작성하여야 한다(산업안전보건법 제25조 제1항 및 동법 제25조 제3항).

(2) 안전보건관리규정은 단체협약 또는 취업규칙에 반하는 부분에 관하여는 그 단체협약 또는 취업 규칙으로 정한 기준에 따른다(동법 제25조 제2항). 사업주는 안전보건관리규정을 작성하거나 변 경할 때에는 산업안전보건위원회의 심의·의결을 거쳐야 한다. 다만, 산업안전보건위원회가 설 치되어 있지 아니한 사업장의 경우에는 근로자대표의 동의를 받아야 한다(동법 제26조).

제 2 절 　유해 · 위험 예방조치

Ⅰ　법규정

제29조【근로자에 대한 안전보건교육】 ① 사업주는 소속 근로자에게 고용노동부령으로 정하는 바에 따라 정기적으로 안전보건교육을 하여야 한다.

② 사업주는 근로자를 채용할 때와 작업내용을 변경할 때에는 그 근로자에게 고용노동부령으로 정하는 바에 따라 해당 작업에 필요한 안전보건교육을 하여야 한다. 다만, 제31조 제1항에 따른 안전보건교육을 이수한 건설 일용근로자를 채용하는 경우에는 그러하지 아니하다.

③ 사업주는 근로자를 유해하거나 위험한 작업에 채용하거나 그 작업으로 작업내용을 변경할 때에는 제2항에 따른 안전보건교육 외에 고용노동부령으로 정하는 바에 따라 유해하거나 위험한 작업에 필요한 안전보건교육을 추가로 하여야 한다.

④ 사업주는 제1항부터 제3항까지의 규정에 따른 안전보건교육을 제33조에 따라 고용노동부장관에게 등록한 안전보건교육기관에 위탁할 수 있다.

제30조【근로자에 대한 안전보건교육의 면제 등】 ① 사업주는 제29조 제1항에도 불구하고 다음 각 호의 어느 하나에 해당하는 경우에는 같은 항에 따른 안전보건교육의 전부 또는 일부를 하지 아니할 수 있다.
 1. 사업장의 산업재해 발생 정도가 고용노동부령으로 정하는 기준에 해당하는 경우
 2. 근로자가 제11조 제3호에 따른 시설에서 건강관리에 관한 교육 등 고용노동부령으로 정하는 교육을 이수한 경우
 3. 관리감독자가 산업 안전 및 보건 업무의 전문성 제고를 위한 교육 등 고용노동부령으로 정하는 교육을 이수한 경우

② 사업주는 제29조 제2항 또는 제3항에도 불구하고 해당 근로자가 채용 또는 변경된 작업에 경험이 있는 등 고용노동부령으로 정하는 경우에는 같은 조 제2항 또는 제3항에 따른 안전보건교육의 전부 또는 일부를 하지 아니할 수 있다.

제31조【건설업 기초안전보건교육】 ① 건설업의 사업주는 건설 일용근로자를 채용할 때에는 그 근로자로 하여금 제33조에 따른 안전보건교육기관이 실시하는 안전보건교육을 이수하도록 하여야 한다. 다만, 건설 일용근로자가 그 사업주에게 채용되기 전에 안전보건교육을 이수한 경우에는 그러하지 아니하다.

② 제1항 본문에 따른 안전보건교육의 시간·내용 및 방법, 그 밖에 필요한 사항은 고용노동부령으로 정한다.

제32조【안전보건관리책임자 등에 대한 직무교육】 ① 사업주(제5호의 경우는 같은 호 각 목에 따른 기관의 장을 말한다)는 다음 각 호에 해당하는 사람에게 제33조에 따른 안전보건교육기관에서 직무와 관련한 안전보건교육을 이수하도록 하여야 한다. 다만, 다음 각 호에 해당하는 사람이 다른 법령에 따라 안전 및 보건에 관한 교육을 받는 등 고용노동부령으로 정하는 경우에는 안전보건교육의 전부 또는 일부를 하지 아니할 수 있다.
 1. 안전보건관리책임자
 2. 안전관리자
 3. 보건관리자
 4. 안전보건관리담당자

5. 다음 각 목의 기관에서 안전과 보건에 관련된 업무에 종사하는 사람

　　가. 안전관리전문기관

　　나. 보건관리전문기관

　　다. 제74조에 따라 지정받은 건설재해예방전문지도기관

　　라. 제96조에 따라 지정받은 안전검사기관

　　마. 제100조에 따라 지정받은 자율안전검사기관

　　바. 제120조에 따라 지정받은 석면조사기관

② 제1항 각 호 외의 부분 본문에 따른 안전보건교육의 시간·내용 및 방법, 그 밖에 필요한 사항은 고용노동부령으로 정한다.

제36조【위험성평가의 실시】 ① 사업주는 건설물, 기계·기구·설비, 원재료, 가스, 증기, 분진, 근로자의 작업행동 또는 그 밖의 업무로 인한 유해·위험 요인을 찾아내어 부상 및 질병으로 이어질 수 있는 위험성의 크기가 허용 가능한 범위인지를 평가하여야 하고, 그 결과에 따라 이 법과 이 법에 따른 명령에 따른 조치를 하여야 하며, 근로자에 대한 위험 또는 건강장해를 방지하기 위하여 필요한 경우에는 추가적인 조치를 하여야 한다.

② 사업주는 제1항에 따른 평가 시 고용노동부장관이 정하여 고시하는 바에 따라 해당 작업장의 근로자를 참여시켜야 한다.

③ 사업주는 제1항에 따른 평가의 결과와 조치사항을 고용노동부령으로 정하는 바에 따라 기록하여 보존하여야 한다.

④ 제1항에 따른 평가의 방법, 절차 및 시기, 그 밖에 필요한 사항은 고용노동부장관이 정하여 고시한다.

제37조【안전보건표지의 설치 및 부착】 ① 사업주는 유해하거나 위험한 장소·시설·물질에 대한 경고, 비상시에 대처하기 위한 지시·안내 또는 그 밖에 근로자의 안전 및 보건 의식을 고취하기 위한 사항 등을 그림, 기호 및 글자 등으로 나타낸 표지(이하 이 조에서 "안전보건표지"라 한다)를 근로자가 쉽게 알아 볼 수 있도록 설치하거나 붙여야 한다. 이 경우 「외국인근로자의 고용 등에 관한 법률」 제2조에 따른 외국인근로자(같은 조 단서에 따른 사람을 포함한다)를 사용하는 사업주는 안전보건표지를 고용노동부장관이 정하는 바에 따라 해당 외국인근로자의 모국어로 작성하여야 한다.

② 안전보건표지의 종류, 형태, 색채, 용도 및 설치·부착 장소, 그 밖에 필요한 사항은 고용노동부령으로 정한다.

제41조【고객의 폭언 등으로 인한 건강장해 예방조치 등】 ① 사업주는 주로 고객을 직접 대면하거나 「정보통신망 이용촉진 및 정보보호 등에 관한 법률」 제2조 제1항 제1호에 따른 정보통신망을 통하여 상대하면서 상품을 판매하거나 서비스를 제공하는 업무에 종사하는 고객응대근로자에 대하여 고객의 폭언, 폭행, 그 밖에 적정 범위를 벗어난 신체적·정신적 고통을 유발하는 행위(이하 이 조에서 "폭언등"이라 한다)로 인한 건강장해를 예방하기 위하여 고용노동부령으로 정하는 바에 따라 필요한 조치를 하여야 한다.

② 사업주는 업무와 관련하여 고객 등 제3자의 폭언등으로 근로자에게 건강장해가 발생하거나 발생할 현저한 우려가 있는 경우에는 업무의 일시적 중단 또는 전환 등 대통령령으로 정하는 필요한 조치를 하여야 한다.

③ 근로자는 사업주에게 제2항에 따른 조치를 요구할 수 있고, 사업주는 근로자의 요구를 이유로 해고 또는 그 밖의 불리한 처우를 해서는 아니 된다.

제51조【사업주의 작업중지】 사업주는 산업재해가 발생할 급박한 위험이 있을 때에는 즉시 작업을 중지시키고 근로자를 작업장소에서 대피시키는 등 안전 및 보건에 관하여 필요한 조치를 하여야 한다.

제52조【근로자의 작업중지】 ① 근로자는 산업재해가 발생할 급박한 위험이 있는 경우에는 작업을 중지하고 대피할 수 있다.

② 제1항에 따라 작업을 중지하고 대피한 근로자는 지체 없이 그 사실을 관리감독자 또는 그 밖에 부서의 장(이하 "관리감독자 등"이라 한다)에게 보고하여야 한다.

③ 관리감독자 등은 제2항에 따른 보고를 받으면 안전 및 보건에 관하여 필요한 조치를 하여야 한다.

④ 사업주는 산업재해가 발생할 급박한 위험이 있다고 근로자가 믿을 만한 합리적인 이유가 있을 때에는 제1항에 따라 작업을 중지하고 대피한 근로자에 대하여 해고나 그 밖의 불리한 처우를 해서는 아니 된다.

제53조【고용노동부장관의 시정조치 등】 ① 고용노동부장관은 사업주가 사업장의 건설물 또는 그 부속건설물 및 기계·기구·설비·원재료(이하 "기계·설비 등"이라 한다)에 대하여 안전 및 보건에 관하여 고용노동부령으로 정하는 필요한 조치를 하지 아니하여 근로자에게 현저한 유해·위험이 초래될 우려가 있다고 판단될 때에는 해당 기계·설비 등에 대하여 사용중지·대체·제거 또는 시설의 개선, 그 밖에 안전 및 보건에 관하여 고용노동부령으로 정하는 필요한 조치(이하 "시정조치"라 한다)를 명할 수 있다.

② 제1항에 따라 시정조치 명령을 받은 사업주는 해당 기계·설비 등에 대하여 시정조치를 완료할 때까지 시정조치 명령 사항을 사업장 내에 근로자가 쉽게 볼 수 있는 장소에 게시하여야 한다.

③ 고용노동부장관은 사업주가 해당 기계·설비 등에 대한 시정조치 명령을 이행하지 아니하여 유해·위험 상태가 해소 또는 개선되지 아니하거나 근로자에 대한 유해·위험이 현저히 높아질 우려가 있는 경우에는 해당 기계·설비 등과 관련된 작업의 전부 또는 일부의 중지를 명할 수 있다.

④ 제1항에 따른 사용중지 명령 또는 제3항에 따른 작업중지 명령을 받은 사업주는 그 시정조치를 완료한 경우에는 고용노동부장관에게 제1항에 따른 사용중지 또는 제3항에 따른 작업중지의 해제를 요청할 수 있다.

⑤ 고용노동부장관은 제4항에 따른 해제 요청에 대하여 시정조치가 완료되었다고 판단될 때에는 제1항에 따른 사용중지 또는 제3항에 따른 작업중지를 해제하여야 한다.

제54조【중대재해 발생 시 사업주의 조치】 ① 사업주는 중대재해가 발생하였을 때에는 즉시 해당 작업을 중지시키고 근로자를 작업장소에서 대피시키는 등 안전 및 보건에 관하여 필요한 조치를 하여야 한다.

② 사업주는 중대재해가 발생한 사실을 알게 된 경우에는 고용노동부령으로 정하는 바에 따라 지체 없이 고용노동부장관에게 보고하여야 한다. 다만, 천재지변 등 부득이한 사유가 발생한 경우에는 그 사유가 소멸되면 지체 없이 보고하여야 한다.

제55조【중대재해 발생 시 고용노동부장관의 작업중지 조치】 ① 고용노동부장관은 중대재해가 발생하였을 때 다음 각 호의 어느 하나에 해당하는 작업으로 인하여 해당 사업장에 산업재해가 다시 발생할 급박한 위험이 있다고 판단되는 경우에는 그 작업의 중지를 명할 수 있다.

1. 중대재해가 발생한 해당 작업

2. 중대재해가 발생한 작업과 동일한 작업

② 고용노동부장관은 토사·구축물의 붕괴, 화재·폭발, 유해하거나 위험한 물질의 누출 등으로 인하여 중대재해가 발생하여 그 재해가 발생한 장소 주변으로 산업재해가 확산될 수 있다고 판단되는 등 불가피한 경우에는 해당 사업장의 작업을 중지할 수 있다.

③ 고용노동부장관은 사업주가 제1항 또는 제2항에 따른 작업중지의 해제를 요청한 경우에는 작업중지 해제에 관한 전문가 등으로 구성된 심의위원회의 심의를 거쳐 고용노동부령으로 정하는 바에 따라 제1항 또는 제2항에 따른 작업중지를 해제하여야 한다.

④ 제3항에 따른 작업중지 해제의 요청 절차 및 방법, 심의위원회의 구성·운영, 그 밖에 필요한 사항은 고용노동부령으로 정한다.

제56조【중대재해 원인조사 등】 ① 고용노동부장관은 중대재해가 발생하였을 때에는 그 원인 규명 또는 산업재해 예방대책 수립을 위하여 그 발생 원인을 조사할 수 있다.

② 고용노동부장관은 중대재해가 발생한 사업장의 사업주에게 안전보건개선계획의 수립·시행, 그 밖에 필요한 조치를 명할 수 있다.

③ 누구든지 중대재해 발생 현장을 훼손하거나 제1항에 따른 고용노동부장관의 원인조사를 방해해서는 아니 된다.

④ 중대재해가 발생한 사업장에 대한 원인조사의 내용 및 절차, 그 밖에 필요한 사항은 고용노동부령으로 정한다.

제57조【산업재해 발생 은폐 금지 및 보고 등】 ① 사업주는 산업재해가 발생하였을 때에는 그 발생 사실을 은폐해서는 아니 된다.

② 사업주는 고용노동부령으로 정하는 바에 따라 산업재해의 발생 원인 등을 기록하여 보존하여야 한다.

③ 사업주는 고용노동부령으로 정하는 산업재해에 대해서는 그 발생 개요·원인 및 보고 시기, 재발방지 계획 등을 고용노동부령으로 정하는 바에 따라 고용노동부장관에게 보고하여야 한다.

④ 고용노동부장관은 제1항에 따라 수립한 기본계획을 「산업재해보상보험법」 제8조 제1항에 따른 산업재해보상보험 및 예방심의위원회의 심의를 거쳐 공표하여야 한다. 이를 변경하려는 경우에도 또한 같다.

제58조【유해한 작업의 도급금지】 ① 사업주는 근로자의 안전 및 보건에 유해하거나 위험한 작업으로서 다음 각 호의 어느 하나에 해당하는 작업을 도급하여 자신의 사업장에서 수급인의 근로자가 그 작업을 하도록 해서는 아니 된다.

1. 도금작업

2. 수은, 납 또는 카드뮴을 제련, 주입, 가공 및 가열하는 작업

3. 제118조 제1항에 따른 허가대상물질을 제조하거나 사용하는 작업

② 사업주는 제1항에도 불구하고 다음 각 호의 어느 하나에 해당하는 경우에는 제1항 각 호에 따른 작업을 도급하여 자신의 사업장에서 수급인의 근로자가 그 작업을 하도록 할 수 있다.

1. 일시·간헐적으로 하는 작업을 도급하는 경우

2. 수급인이 보유한 기술이 전문적이고 사업주(수급인에게 도급을 한 도급인으로서의 사업주를 말한다)의 사업 운영에 필수 불가결한 경우로서 고용노동부장관의 승인을 받은 경우

③ 사업주는 제2항 제2호에 따라 고용노동부장관의 승인을 받으려는 경우에는 고용노동부령으로 정하는 바에 따라 고용노동부장관이 실시하는 안전 및 보건에 관한 평가를 받아야 한다.

④ 제2항 제2호에 따른 승인의 유효기간은 3년의 범위에서 정한다.

⑤ 고용노동부장관은 제4항에 따른 유효기간이 만료되는 경우에 사업주가 유효기간의 연장을 신청하면 승인의 유효기간이 만료되는 날의 다음 날부터 3년의 범위에서 고용노동부령으로 정하는 바에 따라 그 기간의 연장을 승인할 수 있다. 이 경우 사업주는 제3항에 따른 안전 및 보건에 관한 평가를 받아야 한다.

⑥ 사업주는 제2항 제2호 또는 제5항에 따라 승인을 받은 사항 중 고용노동부령으로 정하는 사항을 변경하려는 경우에는 고용노동부령으로 정하는 바에 따라 변경에 대한 승인을 받아야 한다.

⑦ 고용노동부장관은 제2항 제2호, 제5항 또는 제6항에 따라 승인, 연장승인 또는 변경승인을 받은 자가 제8항에 따른 기준에 미달하게 된 경우에는 승인, 연장승인 또는 변경승인을 취소하여야 한다.

⑧ 제2항 제2호, 제5항 또는 제6항에 따른 승인, 연장승인 또는 변경승인의 기준·절차 및 방법, 그 밖에 필요한 사항은 고용노동부령으로 정한다.

1. 「부가가치세법」 제8조 및 「법인세법」 제111조에 따른 사업자등록에 관한 정보

2. 「고용보험법」 제15조에 따른 근로자의 피보험자격의 취득 및 상실 등에 관한 정보

3. 그 밖에 산업재해 예방사업을 수행하기 위하여 필요한 정보 또는 자료로서 대통령령으로 정하는 정보 또는 자료

제59조【도급의 승인】 ① 사업주는 자신의 사업장에서 안전 및 보건에 유해하거나 위험한 작업 중 급성 독성, 피부 부식성 등이 있는 물질의 취급 등 대통령령으로 정하는 작업을 도급하려는 경우에는 고용노동부장관의 승인을 받아야 한다. 이 경우 사업주는 고용노동부령으로 정하는 바에 따라 안전 및 보건에 관한 평가를 받아야 한다.

② 제1항에 따른 승인에 관하여는 제58조 제4항부터 제8항까지의 규정을 준용한다.

③ 제1항에 따른 대표이사는 제1항에 따른 안전 및 보건에 관한 계획을 성실하게 이행하여야 한다.

④ 제1항에 따른 안전 및 보건에 관한 계획에는 안전 및 보건에 관한 비용, 시설, 인원 등의 사항을 포함하여야 한다.

제60조【도급의 승인 시 하도급 금지】 제58조 제2항 제2호에 따른 승인, 같은 조 제5항 또는 제6항(제59조 제2항에 따라 준용되는 경우를 포함한다)에 따른 연장승인 또는 변경승인 및 제59조 제1항에 따른 승인을 받은 작업을 도급받은 수급인은 그 작업을 하도급할 수 없다.

제61조【적격 수급인 선정 의무】 사업주는 산업재해 예방을 위한 조치를 할 수 있는 능력을 갖춘 사업주에게 도급하여야 한다.

제62조【안전보건총괄책임자】 ① 도급인은 관계수급인 근로자가 도급인의 사업장에서 작업을 하는 경우에는 그 사업장의 안전보건관리책임자를 도급인의 근로자와 관계수급인 근로자의 산업재해를 예방하기 위한 업무를 총괄하여 관리하는 안전보건총괄책임자로 지정하여야 한다. 이 경우 안전보건관리책임자를 두지 아니하여도 되는 사업장에서는 그 사업장에서 사업을 총괄하여 관리하는 사람을 안전보건총괄책임자로 지정하여야 한다.

② 제1항에 따라 안전보건총괄책임자를 지정한 경우에는 「건설기술 진흥법」 제64조 제1항 제1호에 따른 안전총괄책임자를 둔 것으로 본다.

③ 제1항에 따라 안전보건총괄책임자를 지정하여야 하는 사업의 종류와 사업장의 상시근로자 수, 안전보건총괄책임자의 직무·권한, 그 밖에 필요한 사항은 대통령령으로 정한다.

제63조【도급인의 안전조치 및 보건조치】 도급인은 관계수급인 근로자가 도급인의 사업장에서 작업을 하는 경우에 자신의 근로자와 관계수급인 근로자의 산업재해를 예방하기 위하여 안전 및 보건 시설의 설치 등 필요한 안전조치 및 보건조치를 하여야 한다. 다만, 보호구 착용의 지시 등 관계수급인 근로자의 작업행동에 관한 직접적인 조치는 제외한다.

제67조【건설공사발주자의 산업재해 예방 조치】 ① 대통령령으로 정하는 건설공사의 건설공사발주자는 산업재해 예방을 위하여 건설공사의 계획, 설계 및 시공 단계에서 다음 각 호의 구분에 따른 조치를 하여야 한다.

1. 건설공사 계획단계: 해당 건설공사에서 중점적으로 관리하여야 할 유해·위험요인과 이의 감소방안을 포함한 기본안전보건대장을 작성할 것

2. 건설공사 설계단계: 제1호에 따른 기본안전보건대장을 설계자에게 제공하고, 설계자로 하여금 유해·위험요인의 감소방안을 포함한 설계안전보건대장을 작성하게 하고 이를 확인할 것

3. 건설공사 시공단계: 건설공사발주자로부터 건설공사를 최초로 도급받은 수급인에게 제2호에 따른 설계안전보건대장을 제공하고, 그 수급인에게 이를 반영하여 안전한 작업을 위한 공사안전보건대장을 작성하게 하고 그 이행 여부를 확인할 것

② 제1항에 따른 건설공사발주자는 대통령령으로 정하는 안전보건 분야의 전문가에게 같은 항 각 호에 따른 대장에 기재된 내용의 적정성 등을 확인받아야 한다.

③ 제1항에 따른 건설공사발주자는 설계자 및 건설공사를 최초로 도급받은 수급인이 건설현장의 안전을 우선적으로 고려하여 설계·시공 업무를 수행할 수 있도록 적정한 비용과 기간을 계상·설정하여야 한다.

④ 제1항 각 호에 따른 대장에 포함되어야 할 구체적인 내용은 고용노동부령으로 정한다.

제68조【안전보건조정자】 ① 2개 이상의 건설공사를 도급한 건설공사발주자는 그 2개 이상의 건설공사가 같은 장소에서 행해지는 경우에 작업의 혼재로 인하여 발생할 수 있는 산업재해를 예방하기 위하여 건설공사 현장에 안전보건조정자를 두어야 한다.

② 제1항에 따라 안전보건조정자를 두어야 하는 건설공사의 금액, 안전보건조정자의 자격·업무, 선임방법, 그 밖에 필요한 사항은 대통령령으로 정한다.

제72조【건설공사 등의 산업안전보건관리비 계상】 ① 건설공사발주자가 도급계약을 체결하거나 건설공사의 시공을 주도하여 총괄·관리하는 자(건설공사발주자로부터 건설공사를 최초로 도급받은 수급인은 제외한다)가 건설공사 사업 계획을 수립할 때에는 고용노동부장관이 정하여 고시하는 바에 따라 산업재해 예방을 위하여 사용하는 비용(이하 "산업안전보건관리비"라 한다)을 도급금액 또는 사업비에 계상(計上)하여야 한다.

② 고용노동부장관은 산업안전보건관리비의 효율적인 사용을 위하여 다음 각 호의 사항을 정할 수 있다.

　　1. 사업의 규모별·종류별 계상 기준

　　2. 건설공사의 진척 정도에 따른 사용비율 등 기준

　　3. 그 밖에 산업안전보건관리비의 사용에 필요한 사항

③ 건설공사도급인은 산업안전보건관리비를 제2항에서 정하는 바에 따라 사용하고 고용노동부령으로 정하는 바에 따라 그 사용명세서를 작성하여 보존하여야 한다.

④ 선박의 건조 또는 수리를 최초로 도급받은 수급인은 사업 계획을 수립할 때에는 고용노동부장관이 정하여 고시하는 바에 따라 산업안전보건관리비를 사업비에 계상하여야 한다.

⑤ 건설공사도급인 또는 제4항에 따른 선박의 건조 또는 수리를 최초로 도급받은 수급인은 산업안전보건관리비를 산업재해 예방 외의 목적으로 사용해서는 아니 된다.

제73조【건설공사의 산업재해 예방 지도】 ① 대통령령으로 정하는 건설공사의 건설공사발주자 또는 건설공사도급인(건설공사발주자로부터 건설공사를 최초로 도급받은 수급인은 제외한다)은 해당 건설공사를 착공하려는 경우 제74조에 따라 지정받은 전문기관(이하 "건설재해예방전문지도기관"이라 한다)과 건설 산업재해 예방을 위한 지도계약을 체결하여야 한다.

② 건설재해예방전문지도기관은 건설공사도급인에게 산업재해 예방을 위한 지도를 실시하여야 하고, 건설공사도급인은 지도에 따라 적절한 조치를 하여야 한다.

③ 건설재해예방전문지도기관의 지도업무의 내용, 지도대상 분야, 지도의 수행방법, 그 밖에 필요한 사항은 대통령령으로 정한다.

제77조【특수형태근로종사자에 대한 안전조치 및 보건조치 등】 ① 계약의 형식에 관계없이 근로자와 유사하게 노무를 제공하여 업무상의 재해로부터 보호할 필요가 있음에도 「근로기준법」 등이 적용되지 아니하는 사람으로서 다음 각 호의 요건을 모두 충족하는 사람(이하 "특수형태근로종사자"라 한다)의 노무를 제공받는 자는 특수형태근로종사자의 산업재해 예방을 위하여 필요한 안전조치 및 보건조치를 하여야 한다.

　　1. 대통령령으로 정하는 직종에 종사할 것

　　2. 주로 하나의 사업에 노무를 상시적으로 제공하고 보수를 받아 생활할 것

　　3. 노무를 제공할 때 타인을 사용하지 아니할 것

② 대통령령으로 정하는 특수형태근로종사자로부터 노무를 제공받는 자는 고용노동부령으로 정하는 바에 따라 안전 및 보건에 관한 교육을 실시하여야 한다.

③ 정부는 특수형태근로종사자의 안전 및 보건의 유지·증진에 사용하는 비용의 일부 또는 전부를 지원할 수 있다.

제78조【배달종사자에 대한 안전조치】「전기통신사업법」제2조 제20호에 따른 이동통신단말장치로 물건의 수거·배달 등을 중개하는 자는 그 중개를 통하여「자동차관리법」제3조 제1항 제5호에 따른 이륜자동차로 물건을 수거·배달 등을 하는 사람의 산업재해 예방을 위하여 필요한 안전조치 및 보건조치를 하여야 한다.

제79조【가맹본부의 산업재해 예방 조치】① 「가맹사업거래의 공정화에 관한 법률」제2조 제2호에 따른 가맹본부 중 대통령령으로 정하는 가맹본부는 같은 조 제3호에 따른 가맹점사업자에게 가맹점의 설비나 기계, 원자재 또는 상품 등을 공급하는 경우에 가맹점사업자와 그 소속 근로자의 산업재해 예방을 위하여 다음 각 호의 조치를 하여야 한다.

1. 가맹점의 안전 및 보건에 관한 프로그램의 마련·시행
2. 가맹본부가 가맹점에 설치하거나 공급하는 설비·기계 및 원자재 또는 상품 등에 대하여 가맹점사업자에게 안전 및 보건에 관한 정보의 제공

② 제1항 제1호에 따른 안전 및 보건에 관한 프로그램의 내용·시행방법, 같은 항 제2호에 따른 안전 및 보건에 관한 정보의 제공방법, 그 밖에 필요한 사항은 고용노동부령으로 정한다.

제80조【유해하거나 위험한 기계·기구에 대한 방호조치】① 누구든지 동력(動力)으로 작동하는 기계·기구로서 대통령령으로 정하는 것은 고용노동부령으로 정하는 유해·위험 방지를 위한 방호조치를 하지 아니하고는 양도, 대여, 설치 또는 사용에 제공하거나 양도·대여의 목적으로 진열해서는 아니 된다.

② 누구든지 동력으로 작동하는 기계·기구로서 다음 각 호의 어느 하나에 해당하는 것은 고용노동부령으로 정하는 방호조치를 하지 아니하고는 양도, 대여, 설치 또는 사용에 제공하거나 양도·대여의 목적으로 진열해서는 아니 된다.

1. 작동 부분에 돌기 부분이 있는 것
2. 동력전달 부분 또는 속도조절 부분이 있는 것
3. 회전기계에 물체 등이 말려 들어갈 부분이 있는 것

③ 사업주는 제1항 및 제2항에 따른 방호조치가 정상적인 기능을 발휘할 수 있도록 방호조치와 관련되는 장치를 상시적으로 점검하고 정비하여야 한다.

④ 사업주와 근로자는 제1항 및 제2항에 따른 방호조치를 해체하려는 경우 등 고용노동부령으로 정하는 경우에는 필요한 안전조치 및 보건조치를 하여야 한다.

제84조【안전인증】① 유해·위험기계등 중 근로자의 안전 및 보건에 위해(危害)를 미칠 수 있다고 인정되어 대통령령으로 정하는 것(이하 "안전인증대상기계등"이라 한다)을 제조하거나 수입하는 자(고용노동부령으로 정하는 안전인증대상기계등을 설치·이전하거나 주요 구조 부분을 변경하는 자를 포함한다. 이하 이 조 및 제85조부터 제87조까지의 규정에서 같다)는 안전인증대상기계등이 안전인증기준에 맞는지에 대하여 고용노동부장관이 실시하는 안전인증을 받아야 한다.

② 고용노동부장관은 다음 각 호의 어느 하나에 해당하는 경우에는 고용노동부령으로 정하는 바에 따라 제1항에 따른 안전인증의 전부 또는 일부를 면제할 수 있다.

1. 연구·개발을 목적으로 제조·수입하거나 수출을 목적으로 제조하는 경우
2. 고용노동부장관이 정하여 고시하는 외국의 안전인증기관에서 인증을 받은 경우
3. 다른 법령에 따라 안전성에 관한 검사나 인증을 받은 경우로서 고용노동부령으로 정하는 경우

③ 안전인증대상기계등이 아닌 유해·위험기계등을 제조하거나 수입하는 자가 그 유해·위험기계등의 안전에 관한 성능 등을 평가받으려면 고용노동부장관에게 안전인증을 신청할 수 있다. 이 경우 고용노동부장관은 안전인증기준에 따라 안전인증을 할 수 있다.

④ 고용노동부장관은 제1항 및 제3항에 따른 안전인증(이하 "안전인증"이라 한다)을 받은 자가 안전인증기준을 지키고 있는지를 3년 이하의 범위에서 고용노동부령으로 정하는 주기마다 확인하여야 한다. 다만, 제2항에 따라 안전인증의 일부를 면제받은 경우에는 고용노동부령으로 정하는 바에 따라 확인의 전부 또는 일부를 생략할 수 있다.

⑤ 제1항에 따라 안전인증을 받은 자는 안전인증을 받은 안전인증대상기계 등에 대하여 고용노동부령으로 정하는 바에 따라 제품명·모델명·제조수량·판매수량 및 판매처 현황 등의 사항을 기록하여 보존하여야 한다.

⑥ 고용노동부장관은 근로자의 안전 및 보건에 필요하다고 인정하는 경우 안전인증대상기계 등을 제조·수입 또는 판매하는 자에게 고용노동부령으로 정하는 바에 따라 해당 안전인증대상기계 등의 제조·수입 또는 판매에 관한 자료를 공단에 제출하게 할 수 있다.

⑦ 안전인증의 신청 방법·절차, 제4항에 따른 확인의 방법·절차, 그 밖에 필요한 사항은 고용노동부령으로 정한다.

제89조【자율안전확인의 신고】 ① 안전인증대상기계 등이 아닌 유해·위험기계 등으로서 대통령령으로 정하는 것(이하 "자율안전확인대상기계 등"이라 한다)을 제조하거나 수입하는 자는 자율안전확인대상기계 등의 안전에 관한 성능이 고용노동부장관이 정하여 고시하는 안전기준(이하 "자율안전기준"이라 한다)에 맞는지 확인(이하 "자율안전확인"이라 한다)하여 고용노동부장관에게 신고(신고한 사항을 변경하는 경우를 포함한다)하여야 한다. 다만, 다음 각 호의 어느 하나에 해당하는 경우에는 신고를 면제할 수 있다.

1. 연구·개발을 목적으로 제조·수입하거나 수출을 목적으로 제조하는 경우
2. 제84조 제3항에 따른 안전인증을 받은 경우(제86조 제1항에 따라 안전인증이 취소되거나 안전인증표시의 사용 금지 명령을 받은 경우는 제외한다)
3. 다른 법령에 따라 안전성에 관한 검사나 인증을 받은 경우로서 고용노동부령으로 정하는 경우

② 고용노동부장관은 제1항 각 호 외의 부분 본문에 따른 신고를 받은 경우 그 내용을 검토하여 이 법에 적합하면 신고를 수리하여야 한다.

③ 제1항 각 호 외의 부분 본문에 따라 신고를 한 자는 자율안전확인대상기계 등이 자율안전기준에 맞는 것임을 증명하는 서류를 보존하여야 한다.

④ 제1항 각 호 외의 부분 본문에 따른 신고의 방법 및 절차, 그 밖에 필요한 사항은 고용노동부령으로 정한다.

제93조【안전검사】 ① 유해하거나 위험한 기계·기구·설비로서 대통령령으로 정하는 것(이하 "안전검사대상기계 등"이라 한다)을 사용하는 사업주(근로자를 사용하지 아니하고 사업을 하는 자를 포함한다. 이하 이 조, 제94조, 제95조 및 제98조에서 같다)는 안전검사대상기계 등의 안전에 관한 성능이 고용노동부장관이 정하여 고시하는 검사기준에 맞는지에 대하여 고용노동부장관이 실시하는 검사(이하 "안전검사"라 한다)를 받아야 한다. 이 경우 안전검사대상기계 등을 사용하는 사업주와 소유자가 다른 경우에는 안전검사대상기계 등의 소유자가 안전검사를 받아야 한다.

② 제1항에도 불구하고 안전검사대상기계 등이 다른 법령에 따라 안전성에 관한 검사나 인증을 받은 경우로서 고용노동부령으로 정하는 경우에는 안전검사를 면제할 수 있다.

③ 안전검사의 신청, 검사 주기 및 검사합격 표시방법, 그 밖에 필요한 사항은 고용노동부령으로 정한다. 이 경우 검사 주기는 안전검사대상기계등의 종류, 사용연한(使用年限) 및 위험성을 고려하여 정한다.

제105조【유해인자의 유해성·위험성 평가 및 관리】 ① 고용노동부장관은 유해인자가 근로자의 건강에 미치는 유해성·위험성을 평가하고 그 결과를 관보 등에 공표할 수 있다.

② 고용노동부장관은 제1항에 따른 평가 결과 등을 고려하여 고용노동부령으로 정하는 바에 따라 유해성·위험성 수준별로 유해인자를 구분하여 관리하여야 한다.

③ 제1항에 따른 유해성·위험성 평가대상 유해인자의 선정기준, 유해성·위험성 평가의 방법, 그 밖에 필요한 사항은 고용노동부령으로 정한다.

제107조【유해인자의 허용기준의 준수】 ① 사업주는 발암성 물질 등 근로자에게 중대한 건강장해를 유발할 우려
가 있는 유해인자로서 대통령령으로 정하는 유해인자는 작업장 내의 그 노출 농도를 고용노동부령으로 정
하는 허용기준 이하로 유지하여야 한다. 다만, 다음 각 호의 어느 하나에 해당하는 경우에는 그러하지 아니
하다.
  1. 유해인자를 취급하거나 정화·배출하는 시설 및 설비의 설치나 개선이 현존하는 기술로 가능하지 아니
    한 경우
  2. 천재지변 등으로 시설과 설비에 중대한 결함이 발생한 경우
  3. 고용노동부령으로 정하는 임시 작업과 단시간 작업의 경우
  4. 그 밖에 대통령령으로 정하는 경우
② 사업주는 제1항 각 호 외의 부분 단서에도 불구하고 유해인자의 노출 농도를 제1항에 따른 허용기준 이하로
유지하도록 노력하여야 한다.

제108조【신규화학물질의 유해성·위험성 조사】 ① 대통령령으로 정하는 화학물질 외의 화학물질(이하 "신규화
학물질"이라 한다)을 제조하거나 수입하려는 자(이하 "신규화학물질제조자 등"이라 한다)는 신규화학물질
에 의한 근로자의 건강장해를 예방하기 위하여 고용노동부령으로 정하는 바에 따라 그 신규화학물질의 유
해성·위험성을 조사하고 그 조사보고서를 고용노동부장관에게 제출하여야 한다. 다만, 다음 각 호의 어느
하나에 해당하는 경우에는 그러하지 아니하다.
  1. 일반 소비자의 생활용으로 제공하기 위하여 신규화학물질을 수입하는 경우로서 고용노동부령으로 정하
    는 경우
  2. 신규화학물질의 수입량이 소량이거나 그 밖에 위해의 정도가 적다고 인정되는 경우로서 고용노동부령으
    로 정하는 경우
② 신규화학물질제조자 등은 제1항 각 호 외의 부분 본문에 따라 유해성·위험성을 조사한 결과 해당 신규화학
물질에 의한 근로자의 건강장해를 예방하기 위하여 필요한 조치를 하여야 하는 경우 이를 즉시 시행하여야
한다.
③ 고용노동부장관은 제1항에 따라 신규화학물질의 유해성·위험성 조사보고서가 제출되면 고용노동부령으로
정하는 바에 따라 그 신규화학물질의 명칭, 유해성·위험성, 근로자의 건강장해 예방을 위한 조치 사항 등을
공표하고 관계 부처에 통보하여야 한다.
④ 고용노동부장관은 제1항에 따라 제출된 신규화학물질의 유해성·위험성 조사보고서를 검토한 결과 근로자
의 건강장해 예방을 위하여 필요하다고 인정할 때에는 신규화학물질제조자 등에게 시설·설비를 설치·정
비하고 보호구를 갖추어 두는 등의 조치를 하도록 명할 수 있다.
⑤ 신규화학물질제조자 등이 신규화학물질을 양도하거나 제공하는 경우에는 제4항에 따른 근로자의 건강장해
예방을 위하여 조치하여야 할 사항을 기록한 서류를 함께 제공하여야 한다.

제109조【중대한 건강장해 우려 화학물질의 유해성·위험성 조사】 ① 고용노동부장관은 근로자의 건강장해를 예
방하기 위하여 필요하다고 인정할 때에는 고용노동부령으로 정하는 바에 따라 암 또는 그 밖에 중대한 건강
장해를 일으킬 우려가 있는 화학물질을 제조·수입하는 자 또는 사용하는 사업주에게 해당 화학물질의 유
해성·위험성 조사와 그 결과의 제출 또는 제105조 제1항에 따른 유해성·위험성 평가에 필요한 자료의
제출을 명할 수 있다.
② 제1항에 따라 화학물질의 유해성·위험성 조사 명령을 받은 자는 유해성·위험성 조사 결과 해당 화학물질
로 인한 근로자의 건강장해가 우려되는 경우 근로자의 건강장해를 예방하기 위하여 시설·설비의 설치 또
는 개선 등 필요한 조치를 하여야 한다.

③ 고용노동부장관은 제1항에 따라 제출된 조사 결과 및 자료를 검토하여 근로자의 건강장해를 예방하기 위하여 필요하다고 인정하는 경우에는 해당 화학물질을 제105조 제2항에 따라 구분하여 관리하거나 해당 화학물질을 제조·수입한 자 또는 사용하는 사업주에게 근로자의 건강장해 예방을 위한 시설·설비의 설치 또는 개선 등 필요한 조치를 하도록 명할 수 있다.

제110조【중대한 건강장해 우려 화학물질의 유해성·위험성 조사】 ① 화학물질 또는 이를 포함한 혼합물로서 제104조에 따른 분류기준에 해당하는 것(대통령령으로 정하는 것은 제외한다. 이하 "물질안전보건자료대상물질"이라 한다)을 제조하거나 수입하려는 자는 다음 각 호의 사항을 적은 자료(이하 "물질안전보건자료"라 한다)를 고용노동부령으로 정하는 바에 따라 작성하여 고용노동부장관에게 제출하여야 한다. 이 경우 고용노동부장관은 고용노동부령으로 물질안전보건자료의 기재 사항이나 작성 방법을 정할 때「화학물질관리법」및「화학물질의 등록 및 평가 등에 관한 법률」과 관련된 사항에 대해서는 기후에너지환경부장관과 협의하여야 한다.

1. 제품명
2. 물질안전보건자료대상물질을 구성하는 화학물질 중 제104조에 따른 분류기준에 해당하는 화학물질의 명칭 및 함유량
3. 안전 및 보건상의 취급 주의사항
4. 건강 및 환경에 대한 유해성, 물리적 위험성
5. 물리·화학적 특성 등 고용노동부령으로 정하는 사항

② 물질안전보건자료대상물질을 제조하거나 수입하려는 자는 물질안전보건자료대상물질을 구성하는 화학물질 중 제104조에 따른 분류기준에 해당하지 아니하는 화학물질의 명칭 및 함유량을 고용노동부장관에게 별도로 제출하여야 한다. 다만, 다음 각 호의 어느 하나에 해당하는 경우는 그러하지 아니하다.

1. 제1항에 따라 제출된 물질안전보건자료에 이 항 각 호 외의 부분 본문에 따른 화학물질의 명칭 및 함유량이 전부 포함된 경우
2. 물질안전보건자료대상물질을 수입하려는 자가 물질안전보건자료대상물질을 국외에서 제조하여 우리나라로 수출하려는 자(이하 "국외제조자"라 한다)로부터 물질안전보건자료에 적힌 화학물질 외에는 제104조에 따른 분류기준에 해당하는 화학물질이 없음을 확인하는 내용의 서류를 받아 제출한 경우

③ 물질안전보건자료대상물질을 제조하거나 수입한 자는 제1항 각 호에 따른 사항 중 고용노동부령으로 정하는 사항이 변경된 경우 그 변경 사항을 반영한 물질안전보건자료를 고용노동부장관에게 제출하여야 한다.

④ 제1항부터 제3항까지의 규정에 따른 물질안전보건자료 등의 제출 방법·시기, 그 밖에 필요한 사항은 고용노동부령으로 정한다.

제117조【유해·위험물질의 제조 등 금지】 ① 누구든지 다음 각 호의 어느 하나에 해당하는 물질로서 대통령령으로 정하는 물질(이하 "제조 등 금지물질"이라 한다)을 제조·수입·양도·제공 또는 사용해서는 아니 된다.

1. 직업성 암을 유발하는 것으로 확인되어 근로자의 건강에 특히 해롭다고 인정되는 물질
2. 제105조 제1항에 따라 유해성·위험성이 평가된 유해인자나 제109조에 따라 유해성·위험성이 조사된 화학물질 중 근로자에게 중대한 건강장해를 일으킬 우려가 있는 물질

② 제1항에도 불구하고 시험·연구 또는 검사 목적의 경우로서 다음 각 호의 어느 하나에 해당하는 경우에는 제조등금지물질을 제조·수입·양도·제공 또는 사용할 수 있다.

1. 제조·수입 또는 사용을 위하여 고용노동부령으로 정하는 요건을 갖추어 고용노동부장관의 승인을 받은 경우
2. 「화학물질관리법」제18조 제1항 단서에 따른 금지물질의 판매 허가를 받은 자가 같은 항 단서에 따라 판매 허가를 받은 자나 제1호에 따라 사용 승인을 받은 자에게 제조등금지물질을 양도 또는 제공하는 경우

③ 고용노동부장관은 제2항 제1호에 따른 승인을 받은 자가 같은 호에 따른 승인요건에 적합하지 아니하게 된 경우에는 승인을 취소하여야 한다.

④ 제2항 제1호에 따른 승인 절차, 승인 취소 절차, 그 밖에 필요한 사항은 고용노동부령으로 정한다.

제118조【유해 · 위험물질의 제조 등 금지】 ① 제117조 제1항 각 호의 어느 하나에 해당하는 물질로서 대체물질이 개발되지 아니한 물질 등 대통령령으로 정하는 물질(이하 "허가대상물질"이라 한다) 제조하거나 사용하려는 자는 고용노동부장관의 허가를 받아야 한다. 허가받은 사항을 변경할 때에도 또한 같다.

② 허가대상물질의 제조 · 사용설비, 작업방법, 그 밖의 허가기준은 고용노동부령으로 정한다.

③ 제1항에 따라 허가를 받은 자(이하 "허가대상물질제조 · 사용자"라 한다)는 그 제조 · 사용설비를 제2항에 따른 허가기준에 적합하도록 유지하여야 하며, 그 기준에 적합한 작업방법으로 허가대상물질을 제조 · 사용하여야 한다.

④ 고용노동부장관은 허가대상물질제조 · 사용자의 제조 · 사용설비 또는 작업방법이 제2항에 따른 허가기준에 적합하지 아니하다고 인정될 때에는 그 기준에 적합하도록 제조 · 사용설비를 수리 · 개조 또는 이전하도록 하거나 그 기준에 적합한 작업방법으로 그 물질을 제조 · 사용하도록 명할 수 있다.

⑤ 고용노동부장관은 허가대상물질제조 · 사용자가 다음 각 호의 어느 하나에 해당하면 그 허가를 취소하거나 6개월 이내의 기간을 정하여 영업을 정지하게 할 수 있다. 다만, 제1호에 해당할 때에는 그 허가를 취소하여야 한다.

1. 거짓이나 그 밖의 부정한 방법으로 허가를 받은 경우
2. 제2항에 따른 허가기준에 맞지 아니하게 된 경우
3. 제3항을 위반한 경우
4. 제4항에 따른 명령을 위반한 경우
5. 자체검사 결과 이상을 발견하고도 즉시 보수 및 필요한 조치를 하지 아니한 경우

⑥ 제1항에 따른 허가의 신청절차, 그 밖에 필요한 사항은 고용노동부령으로 정한다.

제128조의2【휴게시설의 설치】 ① 사업주는 근로자(관계수급인의 근로자를 포함한다. 이하 이 조에서 같다)가 신체적 피로와 정신적 스트레스를 해소할 수 있도록 휴식시간에 이용할 수 있는 휴게시설을 갖추어야 한다.

② 사업주 중 사업의 종류 및 사업장의 상시 근로자 수 등 대통령령으로 정하는 기준에 해당하는 사업장의 사업주는 제1항에 따라 휴게시설을 갖추는 경우 크기, 위치, 온도, 조명 등 고용노동부령으로 정하는 설치 · 관리기준을 준수하여야 한다.

제129조【일반건강진단】 ① 사업주는 상시 사용하는 근로자의 건강관리를 위하여 건강진단(이하 "일반건강진단"이라 한다)을 실시하여야 한다. 다만, 사업주가 고용노동부령으로 정하는 건강진단을 실시한 경우에는 그 건강진단을 받은 근로자에 대하여 일반건강진단을 실시한 것으로 본다.

② 사업주는 제135조 제1항에 따른 특수건강진단기관 또는 「건강검진기본법」 제3조 제2호에 따른 건강검진기관(이하 "건강진단기관"이라 한다)에서 일반건강진단을 실시하여야 한다.

③ 일반건강진단의 주기 · 항목 · 방법 및 비용, 그 밖에 필요한 사항은 고용노동부령으로 정한다.

제130조【특수건강진단 등】 ① 사업주는 다음 각 호의 어느 하나에 해당하는 근로자의 건강관리를 위하여 건강진단(이하 "특수건강진단"이라 한다)을 실시하여야 한다. 다만, 사업주가 고용노동부령으로 정하는 건강진단을 실시한 경우에는 그 건강진단을 받은 근로자에 대하여 해당 유해인자에 대한 특수건강진단을 실시한 것으로 본다.

1. 고용노동부령으로 정하는 유해인자에 노출되는 업무(이하 "특수건강진단대상업무"라 한다)에 종사하는 근로자

2. 제1호, 제3항 및 제131조에 따른 건강진단 실시 결과 직업병 소견이 있는 근로자로 판정받아 작업 전환을 하거나 작업 장소를 변경하여 해당 판정의 원인이 된 특수건강진단대상업무에 종사하지 아니하는 사람으로서 해당 유해인자에 대한 건강 진단이 필요하다는 「의료법」 제2조에 따른 의사의 소견이 있는 근로자

② 사업주는 특수건강진단대상업무에 종사할 근로자의 배치 예정 업무에 대한 적합성 평가를 위하여 건강진단(이하 "배치전건강진단"이라 한다)을 실시하여야 한다. 다만, 고용노동부령으로 정하는 근로자에 대해서는 배치전건강진단을 실시하지 아니할 수 있다.

③ 사업주는 특수건강진단대상업무에 따른 유해인자로 인한 것이라고 의심되는 건강장해 증상을 보이거나 의학적 소견이 있는 근로자 중 보건관리자 등이 사업주에게 건강진단 실시를 건의하는 등 고용노동부령으로 정하는 근로자에 대하여 건강진단(이하 "수시건강진단"이라 한다)을 실시하여야 한다.

④ 사업주는 제135조 제1항에 따른 특수건강진단기관에서 제1항부터 제3항까지의 규정에 따른 건강진단을 실시하여야 한다.

⑤ 제1항부터 제3항까지의 규정에 따른 건강진단의 시기ㆍ주기ㆍ항목ㆍ방법 및 비용, 그 밖에 필요한 사항은 고용노동부령으로 정한다.

제132조【건강진단에 관한 사업주의 의무】 ① 사업주는 제129조부터 제131조까지의 규정에 따른 건강진단을 실시하는 경우 근로자대표가 요구하면 근로자대표를 참석시켜야 한다.

② 사업주는 산업안전보건위원회 또는 근로자대표가 요구할 때에는 직접 또는 제129조부터 제131조까지의 규정에 따른 건강진단을 한 건강진단기관에 건강진단 결과에 대하여 설명하도록 하여야 한다. 다만, 개별 근로자의 건강진단 결과는 본인의 동의 없이 공개해서는 아니 된다.

③ 사업주는 제129조부터 제131조까지의 규정에 따른 건강진단의 결과를 근로자의 건강 보호 및 유지 외의 목적으로 사용해서는 아니 된다.

④ 사업주는 제129조부터 제131조까지의 규정 또는 다른 법령에 따른 건강진단의 결과 근로자의 건강을 유지하기 위하여 필요하다고 인정할 때에는 작업장소 변경, 작업 전환, 근로시간 단축, 야간근로(오후 10시부터 다음 날 오전 6시까지 사이의 근로를 말한다)의 제한, 작업환경측정 또는 시설ㆍ설비의 설치ㆍ개선 등 고용노동부령으로 정하는 바에 따라 적절한 조치를 하여야 한다.

⑤ 제4항에 따라 적절한 조치를 하여야 하는 사업주로서 고용노동부령으로 정하는 사업주는 그 조치 결과를 고용노동부령으로 정하는 바에 따라 고용노동부장관에게 제출하여야 한다.

제133조【건강진단에 관한 근로자의 의무】 근로자는 제129조부터 제131조까지의 규정에 따라 사업주가 실시하는 건강진단을 받아야 한다. 다만, 사업주가 지정한 건강진단기관이 아닌 건강진단기관으로부터 이에 상응하는 건강진단을 받아 그 결과를 증명하는 서류를 사업주에게 제출하는 경우에는 사업주가 실시하는 건강진단을 받은 것으로 본다.

제137조【건강관리카드】 ① 고용노동부장관은 고용노동부령으로 정하는 건강장해가 발생할 우려가 있는 업무에 종사하였거나 종사하고 있는 사람 중 고용노동부령으로 정하는 요건을 갖춘 사람의 직업병 조기발견 및 지속적인 건강관리를 위하여 건강관리카드를 발급하여야 한다.

② 건강관리카드를 발급받은 사람이 「산업재해보상보험법」 제41조에 따라 요양급여를 신청하는 경우에는 건강관리카드를 제출함으로써 해당 재해에 관한 의학적 소견을 적은 서류의 제출을 대신할 수 있다.

③ 건강관리카드를 발급받은 사람은 그 건강관리카드를 타인에게 양도하거나 대여해서는 아니 된다.

④ 건강관리카드를 발급받은 사람 중 제1항에 따라 건강관리카드를 발급받은 업무에 종사하지 아니하는 사람은 고용노동부령으로 정하는 바에 따라 특수건강진단에 준하는 건강진단을 받을 수 있다.

⑤ 건강관리카드의 서식, 발급 절차, 그 밖에 필요한 사항은 고용노동부령으로 정한다.

제138조【건강관리카드】 ① 사업주는 감염병, 정신질환 또는 근로로 인하여 병세가 크게 악화될 우려가 있는 질병으로서 고용노동부령으로 정하는 질병에 걸린 사람에게는 「의료법」 제2조에 따른 의사의 진단에 따라 근로를 금지하거나 제한하여야 한다.

② 사업주는 제1항에 따라 근로가 금지되거나 제한된 근로자가 건강을 회복하였을 때에는 지체 없이 근로를 할 수 있도록 하여야 한다.

제139조【유해 · 위험작업에 대한 근로시간 제한 등】 ① 사업주는 유해하거나 위험한 작업으로서 높은 기압에서 하는 작업 등 대통령령으로 정하는 작업에 종사하는 근로자에게는 1일 6시간, 1주 34시간을 초과하여 근로하게 해서는 아니 된다.

② 사업주는 대통령령으로 정하는 유해하거나 위험한 작업에 종사하는 근로자에게 필요한 안전조치 및 보건조치 외에 작업과 휴식의 적정한 배분 및 근로시간과 관련된 근로조건의 개선을 통하여 근로자의 건강 보호를 위한 조치를 하여야 한다.

제140조【자격 등에 의한 취업 제한 등】 ① 사업주는 유해하거나 위험한 작업으로서 상당한 지식이나 숙련도가 요구되는 고용노동부령으로 정하는 작업의 경우 그 작업에 필요한 자격 · 면허 · 경험 또는 기능을 가진 근로자가 아닌 사람에게 그 작업을 하게 해서는 아니 된다.

② 고용노동부장관은 제1항에 따른 자격 · 면허의 취득 또는 근로자의 기능 습득을 위하여 교육기관을 지정할 수 있다.

③ 제1항에 따른 자격 · 면허 · 경험 · 기능, 제2항에 따른 교육기관의 지정 요건 및 지정 절차, 그 밖에 필요한 사항은 고용노동부령으로 정한다.

④ 제2항에 따른 교육기관에 관하여는 제21조 제4항 및 제5항을 준용한다. 이 경우 "안전관리전문기관 또는 보건관리전문기관"은 "제2항에 따른 교육기관"으로 본다.

Ⅱ 근로자에 대한 안전 · 보건 교육

1. 근로자에 대한 안전 · 보건교육

⑴ 사업주는 소속 근로자에게 고용노동부령으로 정하는 바에 따라 정기적으로 안전보건교육을 하여야 한다(산업안전보건법 제29조 제1항). 사업주는 근로자를 채용할 때와 작업내용을 변경할 때에는 그 근로자에게 고용노동부령으로 정하는 바에 따라 해당 작업에 필요한 안전보건교육을 하여야 한다. 다만, 제31조 제1항에 따른 안전보건교육을 이수한 건설 일용근로자를 채용하는 경우에는 그러하지 아니하다(동법 제29조 제2항).

⑵ 사업주는 근로자를 유해하거나 위험한 작업에 채용하거나 그 작업으로 작업내용을 변경할 때에는 제2항에 따른 안전보건교육 외에 고용노동부령으로 정하는 바에 따라 유해하거나 위험한 작업에 필요한 안전보건교육을 추가로 하여야 한다(동법 제29조 제3항).

2. 건설업의 기초안전 · 보건교육

사업주는 건설업의 사업주는 건설 일용근로자를 채용할 때에는 그 근로자로 하여금 제33조에 따른 안전보건교육기관이 실시하는 안전보건교육을 이수하도록 하여야 한다. 다만, 건설 일용근로자가 그 사업주에게 채용되기 전에 안전보건교육을 이수한 경우에는 그러하지 아니하다(산업안전보건법 제31조 제1항).

III 안전 · 보건상의 조치

1. 위험성 평가

(1) 의의

사업주는 건설물, 기계 · 기구 · 설비, 원재료, 가스, 증기, 분진, 근로자의 작업행동 또는 그 밖의 업무로 인한 유해 · 위험 요인을 찾아내어 부상 및 질병으로 이어질 수 있는 위험성의 크기가 허용 가능한 범위인지를 평가하여야 하고, 그 결과에 따라 이 법과 이 법에 따른 명령에 따른 조치를 하여야 하며, 근로자에 대한 위험 또는 건강장해를 방지하기 위하여 필요한 경우에는 추가적인 조치를 하여야 한다(산업안전보건법 제36조 제1항).

(2) 위험성 평가결과 기록 · 보존

사업주는 위험성 평가의 결과와 조치사항을 고용노동부령으로 정하는 바에 따라 기록하여 보존하여야 한다(산업안전보건법 제36조 제3항).

(3) 근로자의 참여보장

사업주는 위험성 평가 시 고용노동부장관이 정하여 고시하는 바에 따라 해당 작업장의 근로자를 참여시켜야 한다(산업안전보건법 제36조 제2항).

2. 안전표지의 설치 · 부착

사업주는 유해하거나 위험한 장소 · 시설 · 물질에 대한 경고, 비상시에 대처하기 위한 지시 · 안내 또는 그 밖에 근로자의 안전 및 보건 의식을 고취하기 위한 사항 등을 그림, 기호 및 글자 등으로 나타낸 표지(이하 이 조에서 "안전보건표지"라 한다)를 근로자가 쉽게 알아 볼 수 있도록 설치하거나 부착하여야 한다. 이 경우 외국인 근로자의 고용 등에 관한 법률 제2조에 따른 외국인 근로자를 사용하는 사업주는 안전보건표지를 고용노동부장관이 정하는 바에 따라 해당 외국인 근로자의 모국어로 작성하여야 한다(산업안전보건법 제37조 제1항).

3. 안전조치

사업주는 ① 기계 · 기구, 그 밖의 설비에 의한 위험, ② 폭발성, 발화성 및 인화성 물질 등에 의한 위험, ③ 전기, 열, 그 밖의 에너지에 의한 위험 등 작업수행상 위험을 방지하기 위해 필요한 조치를 하여야 한다(산업안전보건법 제38조 제1항).

4. 보건조치

사업주는 다음에 의한 건강장해를 예방하기 위해 필요한 조치를 취하여야 한다(산업안전보건법 제39조 제1항).

① 원재료 · 가스 · 증기 · 분진 · 흄(fume, 열이나 화학반응에 의하여 형성된 고체증기가 응축되어 생긴 미세입자를 말한다) · 미스트(mist, 공기 중에 떠다니는 작은 액체방울을 말한다) · 산소결핍 · 병원체 등에 의한 건강장해

② 방사선·유해광선·고열·한랭·초음파·소음·진동·이상기압 등에 의한 건강장해

③ 사업장에서 배출되는 기체·액체 또는 찌꺼기 등에 의한 건강장해

④ 계측감시, 컴퓨터 단말기 조작, 정밀공작 등의 작업에 의한 건강장해

⑤ 단순반복작업 또는 인체에 과도한 부담을 주는 작업에 의한 건강장해

⑥ 환기·채광·조명·보온·방습·청결 등의 적정기준을 유지하지 아니하여 발생하는 건강장해

⑦ 폭염·한파에 장시간 작업함에 따라 발생하는 건강장해 등

5. 근로자의 안전조치 및 보건조치 준수

근로자는 사업주가 행한 안전·보건상의 조치를 준수하여야 한다(산업안전보건법 제40조).

6. 고객의 폭언 등으로 인한 건강장해 예방조치

(1) 고객응대근로자의 건강장해 예방조치

사업주는 주로 고객을 직접 대면하거나 「정보통신망 이용촉진 및 정보보호 등에 관한 법률」 제2조 제1항 제1호에 따른 정보통신망을 통하여 상대하면서 상품을 판매하거나 서비스를 제공하는 업무에 종사하는 고객응대근로자에 대하여 고객의 폭언, 폭행, 그 밖에 적정 범위를 벗어난 신체적·정신적 고통을 유발하는 행위(이하 이 조에서 "폭언 등"이라 한다)로 인한 건강장해를 예방하기 위하여 고용노동부령으로 정하는 바에 따라 필요한 조치를 하여야 한다(산업안전보건법 제41조 제1항).

(2) 일반근로자의 건강장해 예방조치

사업주는 업무와 관련하여 고객 등 제3자의 폭언 등으로 근로자에게 건강장해가 발생하거나 발생할 현저한 우려가 있는 경우에는 업무의 일시적 중단 또는 전환 등 대통령령으로 정하는 필요한 조치를 하여야 한다(산업안전보건법 제41조 제2항). 근로자는 사업주에게 제2항에 따른 조치를 요구할 수 있고, 사업주는 근로자의 요구를 이유로 해고 또는 그 밖의 불리한 처우를 해서는 아니 된다(동법 제41조 제3항).

Ⅳ 중대재해 위험 시 작업중지

1. 사업주의 조치

(1) 사업주의 작업중지

사업주는 산업재해가 발생할 급박한 위험이 있을 때에는 즉시 작업을 중지시키고 근로자를 작업장소에서 대피시키는 등 안전 및 보건에 관하여 필요한 조치를 하여야 한다(산업안전보건법 제51조).

(2) 중대재해 발생 시 사업주의 조치

사업주는 중대재해가 발생하였을 때에는 즉시 해당 작업을 중지시키고 근로자를 작업장소에서 대피시키는 등 안전 및 보건에 관하여 필요한 조치를 하여야 한다(산업안전보건법 제54조).

2. 근로자의 작업중지

근로자는 산업재해가 발생할 급박한 위험이 있는 경우에는 작업을 중지하고 대피할 수 있다(산업안전보건법 제52조 제1항). 작업을 중지하고 대피한 근로자는 지체 없이 그 사실을 관리감독자 또는 그 밖에 부서의 장에게 보고하여야 한다(동법 제52조 제2항).

관리감독자 등은 보고를 받으면 안전 및 보건에 관하여 필요한 조치를 하여야 한다(동법 제52조 제3항). 사업주는 산업재해가 발생할 급박한 위험이 있다고 근로자가 믿을 만한 합리적인 이유가 있을 때에는 작업을 중지하고 대피한 근로자에 대하여 해고나 그 밖의 불리한 처우를 해서는 아니 된다(동법 제52조 제4항).

3. 중대재해 발생 시 고용노동부장관의 작업중지 조치

고용노동부장관은 중대재해가 발생하였을 때 중대재해가 발생한 해당 작업, 중대재해가 발생한 작업과 동일한 작업 등에 해당하는 작업으로 인하여 해당 사업장에 산업재해가 다시 발생할 급박한 위험이 있다고 판단되는 경우에는 그 작업의 중지를 명할 수 있다(산업안전보건법 제55조 제1항). 고용노동부장관은 토사·구축물의 붕괴, 화재·폭발, 유해하거나 위험한 물질의 누출 등으로 인하여 중대재해가 발생하여 그 재해가 발생한 장소 주변으로 산업재해가 확산될 수 있다고 판단되는 등 불가피한 경우에는 해당 사업장의 작업을 중지할 수 있다(동법 제55조 제2항). 고용노동부장관은 사업주가 작업중지의 해제를 요청한 경우에는 작업중지 해제에 관한 전문가 등으로 구성된 심의위원회의 심의를 거쳐 고용노동부령으로 정하는 바에 따라 제1항 또는 제2항에 따른 작업중지를 해제하여야 한다(동법 제55조 제3항).

4. 중대재해 원인조사 등

고용노동부장관은 중대재해가 발생하였을 때에는 그 원인 규명 또는 산업재해 예방대책 수립을 위하여 그 발생 원인을 조사할 수 있다(산업안전보건법 제56조 제1항). 고용노동부장관은 중대재해가 발생한 사업장의 사업주에게 안전보건개선계획의 수립·시행, 그 밖에 필요한 조치를 명할 수 있다(동법 제56조 제2항).

Ⅴ 도급사업에 있어서의 안전 및 보건

1. 유해작업의 도급금지

사업주는 근로자의 안전 및 보건에 유해하거나 위험한 작업으로서 ① 도금작업, ② 수은, 납 또는 카드뮴을 제련, 주입, 가공 및 가열하는 작업, ③ 허가대상물질을 제조하거나 사용하는 작업 등은 작업을 도급하여 자신의 사업장에서 수급인의 근로자가 그 작업을 하도록 해서는 아니 된다(산업안전보건법 제58조 제1항).

2. 도급의 승인

사업주는 자신의 사업장에서 안전 및 보건에 유해하거나 위험한 작업 중 급성 독성, 피부 부식성 등이 있는 물질의 취급 등 대통령령으로 정하는 작업을 도급하려는 경우에는 고용노동부장관의 승인을 받아야 한다. 이 경우 사업주는 고용노동부령으로 정하는 바에 따라 안전 및 보건에 관한 평가를 받아야 한다(산업안전보건법 제59조 제1항).

3. 도급 승인 시 하도급 금지

산업안전보건법 제58조 제2항 제2호에 따른 승인, 같은 조 제5항 또는 제6항(제59조 제2항에 따라 준용되는 경우를 포함한다)에 따른 연장승인 또는 변경승인 및 제59조 제1항에 따른 승인을 받은 작업을 도급받은 수급인은 그 작업을 하도급 할 수 없다(산업안전보건법 제60조).

4. 적격 수급인 선정 의무

사업주는 산업재해 예방을 위한 조치를 할 수 있는 능력을 갖춘 사업주에게 도급하여야 한다(산업안전보건법 제61조).

5. 도급인의 안전조치·보건조치

도급인은 관계수급인 근로자가 도급인의 사업장에서 작업을 하는 경우에 자신의 근로자와 관계수급인 근로자의 산업재해를 예방하기 위하여 안전 및 보건 시설의 설치 등 필요한 안전조치 및 보건조치를 하여야 한다. 다만, 보호구 착용의 지시 등 관계수급인 근로자의 작업행동에 관한 직접적인 조치는 제외한다(산업안전보건법 제63조).

6. 도급에 따른 산업재해 예방조치

(1) 도급인은 관계수급인 근로자가 도급인의 사업장에서 작업을 하는 경우 ① 도급인과 수급인을 구성원으로 하는 안전 및 보건에 관한 협의체의 구성 및 운영, ② 작업장 순회점검, ③ 관계수급인이 근로자에게 하는 규정에 따른 안전보건교육을 위한 장소 및 자료의 제공 등 지원, ④ 관계수급인이 근로자에게 하는 안전보건교육의 실시 확인 등의 사항을 이행하여야 한다(산업안전보건법 제64조 제1항).

(2) 도급인은 고용노동부령으로 정하는 바에 따라 자신의 근로자 및 관계수급인 근로자와 함께 정기적으로 또는 수시로 작업장의 안전 및 보건에 관한 점검을 하여야 한다(동법 제64조 제2항).

7. 도급인의 안전 및 보건에 관한 정보 제공 등

(1) 폭발성·발화성·인화성·독성 등의 유해성·위험성이 있는 화학물질 중 고용노동부령으로 정하는 화학물질 또는 그 화학물질을 함유한 혼합물을 제조·사용·운반 또는 저장하는 반응기·증류탑·배관 또는 저장탱크로서 고용노동부령으로 정하는 설비를 개조·분해·해체 또는 철거하는 작업 등의 작업을 도급하는 자는 그 작업을 수행하는 수급인 근로자의 산업재해를 예방하기 위하여 고용노동부령으로 정하는 바에 따라 해당 작업 시작 전에 수급인에게 안전 및 보건에 관한 정보를 문서로 제공하여야 한다(산업안전보건법 제65조 제1항).

⑵ 도급인이 안전 및 보건에 관한 정보를 해당 작업 시작 전까지 제공하지 아니한 경우에는 수급인이 정보 제공을 요청할 수 있다(동법 제65조 제2항). 도급인은 수급인이 제공받은 안전 및 보건에 관한 정보에 따라 필요한 안전조치 및 보건조치를 하였는지를 확인하여야 한다(동법 제65조 제3항). 수급인은 도급인이 정보를 제공하지 아니하는 경우에는 해당 도급 작업을 하지 아니할 수 있다. 이 경우 수급인은 계약의 이행 지체에 따른 책임을 지지 아니한다(동법 제65조 제4항).

8. 도급인의 관계수급인에 대한 시정조치

도급인은 관계수급인 근로자가 도급인의 사업장에서 작업을 하는 경우에 관계수급인 또는 관계수급인 근로자가 도급받은 작업과 관련하여 이 법 또는 이 법에 따른 명령을 위반하면 관계수급인에게 그 위반행위를 시정하도록 필요한 조치를 할 수 있다. 이 경우 관계수급인은 정당한 사유가 없으면 그 조치에 따라야 한다(산업안전보건법 제66조 제1항).

Ⅵ 그 밖의 고용형태에서의 산업재해 예방

1. 특수형태근로종사자에 대한 안전조치 및 보건조치 등

계약의 형식에 관계없이 근로자와 유사하게 노무를 제공하여 업무상의 재해로부터 보호할 필요가 있음에도 근로기준법 등이 적용되지 아니하는 자로서 특수형태근로종사자의 노무를 제공받는 자는 특수형태근로종사자의 산업재해 예방을 위하여 필요한 안전조치 및 보건조치를 하여야 한다(산업안전보건법 제77조 제1항).

2. 배달종사자에 대한 안전조치

이동통신단말장치로 물건의 수거·배달 등을 중개하는 자는 그 중개를 통하여 자동차관리법 제3조 제1항 제5호에 따른 이륜자동차로 물건을 수거·배달 등을 하는 자의 산업재해 예방을 위하여 필요한 안전조치 및 보건조치를 하여야 한다(산업안전보건법 제78조).

3. 가맹본부의 산업재해 예방 조치

가맹본부는 같은 조 제3호에 따른 가맹점사업자에게 가맹점의 설비나 기계, 원자재 또는 상품 등을 공급하는 경우에 가맹점사업자와 그 소속 근로자의 산업재해 예방을 위하여 ① 가맹점의 안전 및 보건에 관한 프로그램의 마련·시행, ② 가맹본부가 가맹점에 설치하거나 공급하는 설비·기계 및 원자재 또는 상품 등에 대하여 가맹점사업자에게 안전 및 보건에 관한 정보의 제공 등의 조치를 하여야 한다(산업안전보건법 제79조 제1항).

Ⅶ 유해·위험한 기계·기구 등의 제한

1. 유해·위험한 기계·기구 등의 방호조치

누구든지 동력(動力)으로 작동하는 기계·기구로서 대통령령으로 정하는 것은 고용노동부령으로 정하는 유해·위험 방지를 위한 방호조치를 하지 아니하고는 양도, 대여, 설치 또는 사용에 제공하거나 양도·대여의 목적으로 진열해서는 아니 된다(산업안전보건법 제80조 제1항).

2. 안전인증

유해·위험기계 등 중 근로자의 안전 및 보건에 위해(危害)를 미칠 수 있다고 인정되어 대통령령으로 정하는 것(이하 "안전인증대상기계 등"이라 한다)을 제조하거나 수입하는 자는 안전인증대상기계 등이 안전인증기준에 맞는지에 대하여 고용노동부장관이 실시하는 안전인증을 받아야 한다(산업안전보건법 제84조 제1항).

3. 자율안전확인의 신고

안전인증대상기계 등이 아닌 유해·위험기계 등으로서 대통령령으로 정하는 것(이하 "자율안전확인대상기계 등"이라 한다)을 제조하거나 수입하는 자는 자율안전확인대상기계 등의 안전에 관한 성능이 고용노동부장관이 정하여 고시하는 안전기준에 맞는지 확인하여 고용노동부장관에게 신고하여야 한다(산업안전보건법 제89조 제1항).

4. 안전검사

유해하거나 위험한 기계·기구·설비로서 대통령령으로 정하는 것(이하 "안전검사대상기계 등"이라 한다)을 사용하는 사업주는 안전검사대상기계 등의 안전에 관한 성능이 고용노동부장관이 정하여 고시하는 검사기준에 맞는지에 대하여 고용노동부장관이 실시하는 검사를 받아야 한다. 이 경우 안전검사대상기계 등을 사용하는 사업주와 소유자가 다른 경우에는 안전검사대상기계 등의 소유자가 안전검사를 받아야 한다(산업안전보건법 제93조 제1항).

Ⅷ 유해·위험 물질에 대한 조치

1. 유해·위험 물질의 제조 등의 금지

누구든지 직업성 암을 유발하는 것으로 확인되어 근로자의 건강에 특히 해롭다고 인정되는 물질 등에 해당하는 물질로서 대통령령으로 정하는 물질을 제조·수입·양도·제공 또는 사용해서는 아니 된다(산업안전보건법 제117조 제1항).

2. 유해·위험 물질의 제조 등의 허가

대체물질이 개발되지 아니한 물질 등 대통령령으로 정하는 물질을 제조하거나 사용하려는 자는 고용노동부장관의 허가를 받아야 한다(산업안전보건법 제118조 제1항).

3. 유해인자의 유해성ㆍ위험성 평가 및 관리

고용노동부장관은 유해인자가 근로자의 건강에 미치는 유해성ㆍ위험성을 평가하고 그 결과를 관보 등에 공표할 수 있다(산업안전보건법 제105조 제1항). 고용노동부장관은 제1항에 따른 평가 결과 등을 고려하여 고용노동부령으로 정하는 바에 따라 유해성ㆍ위험성 수준별로 유해인자를 구분하여 관리하여야 한다(동법 제105조 제2항).

4. 신규화학물질의 유해성ㆍ위험성 조사

대통령령으로 정하는 화학물질 외의 화학물질(이하 "신규화학물질"이라 한다)을 제조하거나 수입 하려는 자는 신규화학물질에 의한 근로자의 건강장해를 예방하기 위하여 고용노동부령으로 정하는 바에 따라 그 신규화학물질의 유해성ㆍ위험성을 조사하고 그 조사보고서를 고용노동부장관에게 제 출하여야 한다(산업안전보건법 제108조 제1항).

5. 중대한 건강장해 우려 화학물질의 유해성ㆍ위험성 조사

고용노동부장관은 근로자의 건강장해를 예방하기 위하여 필요하다고 인정할 때에는 고용노동부령 으로 정하는 바에 따라 암 또는 그 밖에 중대한 건강장해를 일으킬 우려가 있는 화학물질을 제조ㆍ 수입하는 자 또는 사용하는 사업주에게 해당 화학물질의 유해성ㆍ위험성 조사와 그 결과의 제출 또는 유해성ㆍ위험성 평가에 필요한 자료의 제출을 명할 수 있다(산업안전보건법 제109조 제1항).

6. 물질안전보건자료의 작성 및 제출

화학물질 또는 이를 함유한 혼합물로서 제104조에 따른 분류기준에 해당하는 것을 제조하거나 수 입하려는 자는 물질안전보건자료를 고용노동부령으로 정하는 바에 따라 작성하여 고용노동부장관 에게 제출하여야 한다(산업안전보건법 제110조 제1항).

Ⅸ 근로자 보건관리

1. 휴게시설의 설치

사업주는 근로자(관계수급인의 근로자를 포함한다. 이하 이 조에서 같다)가 신체적 피로와 정신적 스트레스를 해소할 수 있도록 휴식시간에 이용할 수 있는 휴게시설을 갖추어야 한다(산업안전보건 법 제128조의2 제1항). 사업주 중 사업의 종류 및 사업장의 상시 근로자 수 등 대통령령으로 정하는 기준에 해당하는 사업장의 사업주는 제1항에 따라 휴게시설을 갖추는 경우 크기, 위치, 온도, 조명 등 고용노동부령으로 정하는 설치ㆍ관리기준을 준수하여야 한다(동법 제128조의2 제2항).

2. 근로자의 건강진단

(1) 일반건강진단

사업주는 상시 사용하는 근로자의 건강관리를 위하여 건강진단(이하 "일반건강진단"이라 한다)을 실시하여야 한다. 다만, 사업주가 고용노동부령으로 정하는 건강진단을 실시한 경우에는 그 건강진단을 받은 근로자에 대하여 일반건강진단을 실시한 것으로 본다(산업안전보건법 제129조 제1항). 사업주는 제135조 제1항에 따른 특수건강진단기관 또는 건강검진기본법 제3조 제2호에 따른 건강검진기관(이하 "건강진단기관"이라 한다)에서 일반건강진단을 실시하여야 한다.

(2) 특수건강진단

사업주는 고용노동부령으로 정하는 유해인자에 노출되는 업무에 종사하는 근로자 등에 대하여 근로자의 건강관리를 위해 건강진단을 실시하여야 한다(산업안전보건법 제130조).

(3) 건강진단에 관한 사업주의 의무

① 사업주는 제129조부터 제131조까지의 규정에 따른 건강진단을 실시하는 경우 근로자대표가 요구하면 근로자대표를 참석시켜야 한다(산업안전보건법 제132조 제1항).

② 사업주는 산업안전보건위원회 또는 근로자대표가 요구할 때에는 직접 또는 제129조부터 제131조까지의 규정에 따른 건강진단을 한 건강진단기관에 건강진단 결과에 대하여 설명하도록 하여야 한다. 다만, 개별 근로자의 건강진단 결과는 본인의 동의 없이 공개해서는 아니 된다(동법 제132조 제2항).

③ 사업주는 제129조부터 제131조까지의 규정에 따른 건강진단의 결과를 근로자의 건강 보호 및 유지 외의 목적으로 사용해서는 아니 된다.

④ 사업주는 제129조부터 제131조까지의 규정 또는 다른 법령에 따른 건강진단의 결과 근로자의 건강을 유지하기 위하여 필요하다고 인정할 때에는 작업장소 변경, 작업 전환, 근로시간 단축, 야간근로(오후 10시부터 다음 날 오전 6시까지 사이의 근로를 말한다)의 제한, 작업환경측정 또는 시설·설비의 설치·개선 등 고용노동부령으로 정하는 바에 따라 적절한 조치를 하여야 한다(동법 제132조 제4항).

(4) 건강진단에 관한 근로자의 의무

근로자는 제129조부터 제131조까지의 규정에 따라 사업주가 실시하는 건강진단을 받아야 한다. 다만, 사업주가 지정한 건강진단기관이 아닌 건강진단기관으로부터 이에 상응하는 건강진단을 받아 그 결과를 증명하는 서류를 사업주에게 제출하는 경우에는 사업주가 실시하는 건강진단을 받은 것으로 본다(산업안전보건법 제133조).

3. 건강관리카드

(1) 고용노동부장관은 고용노동부령으로 정하는 건강장해가 발생할 우려가 있는 업무에 종사하였거나 종사하고 있는 사람 중 고용노동부령으로 정하는 요건을 갖춘 사람의 직업병 조기발견 및 지속적인 건강관리를 위하여 건강관리카드를 발급하여야 한다(산업안전보건법 제137조 제1항).

(2) 건강관리카드를 발급받은 사람이 산업재해보상보험법 제41조에 따라 요양급여를 신청하는 경우에는 건강관리카드를 제출함으로써 해당 재해에 관한 의학적 소견을 적은 서류의 제출을 대신할 수 있다(동법 제137조 제2항).

(3) 건강관리카드를 발급받은 사람은 그 건강관리카드를 타인에게 양도하거나 대여해서는 아니 된다(동법 제137조 제3항).

(4) 건강관리카드를 발급받은 사람 중 제1항에 따라 건강관리카드를 발급받은 업무에 종사하지 아니하는 사람은 고용노동부령으로 정하는 바에 따라 특수건강진단에 준하는 건강진단을 받을 수 있다(동법 제137조 제4항).

X 취업제한에 의한 건강보호

1. 질병자의 근로금지 제한

사업주는 감염병, 정신질환 또는 근로로 인하여 병세가 크게 악화될 우려가 있는 질병으로서 고용노동부령으로 정하는 질병에 걸린 사람에게는 의료법 제2조에 따른 의사의 진단에 따라 근로를 금지하거나 제한하여야 한다(산업안전보건법 제138조 제1항). 사업주는 제1항에 따라 근로가 금지되거나 제한된 근로자가 건강을 회복하였을 때에는 지체 없이 근로를 할 수 있도록 하여야 한다(동법 제138조 제2항).

2. 근로시간 연장의 제한

사업주는 유해하거나 위험한 작업으로서 높은 기압에서 하는 작업 등 대통령령으로 정하는 작업에 종사하는 근로자에게는 1일 6시간, 1주 34시간을 초과하여 근로하게 해서는 아니 된다(산업안전보건법 제139조 제1항).

3. 자격 등에 의한 취업 제한 등

사업주는 유해하거나 위험한 작업으로서 상당한 지식이나 숙련도가 요구되는 고용노동부령으로 정하는 작업의 경우 그 작업에 필요한 자격·면허·경험 또는 기능을 가진 근로자가 아닌 사람에게 그 작업을 하게 해서는 아니 된다(산업안전보건법 제140조 제1항). 고용노동부장관은 제1항에 따른 자격·면허의 취득 또는 근로자의 기능 습득을 위하여 교육기관을 지정할 수 있다(동법 제140조 제2항).

최저임금

I 법규정

제4조【최저임금의 결정기준과 구분】 ① 최저임금은 근로자의 생계비, 유사 근로자의 임금, 노동생산성 및 소득 분배율 등을 고려하여 정한다. 이 경우 사업의 종류별로 구분하여 정할 수 있다.

② 제1항에 따른 사업의 종류별 구분은 제12조에 따른 최저임금위원회의 심의를 거쳐 고용노동부장관이 정한다.

제5조【최저임금액】 ① 최저임금액(최저임금으로 정한 금액을 말한다. 이하 같다)은 시간·일(日)·주(週) 또는 월(月)을 단위로 하여 정한다. 이 경우 일·주 또는 월을 단위로 하여 최저임금액을 정할 때에는 시간급(時間給)으로도 표시하여야 한다.

② 1년 이상의 기간을 정하여 근로계약을 체결하고 수습 중에 있는 근로자로서 수습을 시작한 날부터 3개월 이내인 사람에 대하여는 대통령령으로 정하는 바에 따라 제1항에 따른 최저임금액과 다른 금액으로 최저임금액을 정할 수 있다. 다만, 단순노무업무로 고용노동부장관이 정하여 고시한 직종에 종사하는 근로자는 제외한다.

③ 임금이 통상적으로 도급제나 그 밖에 이와 비슷한 형태로 정하여져 있는 경우로서 제1항에 따라 최저임금액을 정하는 것이 적당하지 아니하다고 인정되면 대통령령으로 정하는 바에 따라 최저임금액을 따로 정할 수 있다.

제6조【최저임금의 효력】 ① 사용자는 최저임금의 적용을 받는 근로자에게 최저임금액 이상의 임금을 지급하여야 한다.

② 사용자는 이 법에 따른 최저임금을 이유로 종전의 임금수준을 낮추어서는 아니 된다.

③ 최저임금의 적용을 받는 근로자와 사용자 사이의 근로계약 중 최저임금액에 미치지 못하는 금액을 임금으로 정한 부분은 무효로 하며, 이 경우 무효로 된 부분은 이 법으로 정한 최저임금액과 동일한 임금을 지급하기로 한 것으로 본다.

④ 제1항과 제3항에 따른 임금에는 매월 1회 이상 정기적으로 지급하는 임금을 산입(算入)한다. 다만, 다음 각 호의 어느 하나에 해당하는 임금은 산입하지 아니한다.

　1. 「근로기준법」 제2조 제1항 제8호에 따른 소정(所定)근로시간(이하 "소정근로시간"이라 한다) 또는 소정의 근로일에 대하여 지급하는 임금 외의 임금으로서 고용노동부령으로 정하는 임금

　2. 상여금, 그 밖에 이에 준하는 것으로서 고용노동부령으로 정하는 임금의 월 지급액 중 해당 연도 시간급 최저임금액을 기준으로 산정된 월 환산액의 100분의 25에 해당하는 부분

　3. 식비, 숙박비, 교통비 등 근로자의 생활 보조 또는 복리후생을 위한 성질의 임금으로서 다음 각 목의 어느 하나에 해당하는 것

　　가. 통화 이외의 것으로 지급하는 임금

　　나. 통화로 지급하는 임금의 월 지급액 중 해당 연도 시간급 최저임금액을 기준으로 산정된 월 환산액의 100분의 7에 해당하는 부분

⑤ 제4항에도 불구하고 「여객자동차 운수사업법」 제3조 및 같은 법 시행령 제3조 제2호 다목에 따른 일반택시운송사업에서 운전업무에 종사하는 근로자의 최저임금에 산입되는 임금의 범위는 생산고에 따른 임금을 제외한 대통령령으로 정하는 임금으로 한다.

⑥ 제1항과 제3항은 다음 각 호의 어느 하나에 해당하는 사유로 근로하지 아니한 시간 또는 일에 대하여 사용자가 임금을 지급할 것을 강제하는 것은 아니다.

1. 근로자가 자기의 사정으로 소정근로시간 또는 소정의 근로일의 근로를 하지 아니한 경우

2. 사용자가 정당한 이유로 근로자에게 소정근로시간 또는 소정의 근로일의 근로를 시키지 아니한 경우

⑦ 도급으로 사업을 행하는 경우 도급인이 책임져야 할 사유로 수급인이 근로자에게 최저임금액에 미치지 못하는 임금을 지급한 경우 도급인은 해당 수급인과 연대(連帶)하여 책임을 진다.

⑧ 제7항에 따른 도급인이 책임져야 할 사유의 범위는 다음 각 호와 같다.

1. 도급인이 도급계약 체결 당시 인건비 단가를 최저임금액에 미치지 못하는 금액으로 결정하는 행위

2. 도급인이 도급계약 기간 중 인건비 단가를 최저임금액에 미치지 못하는 금액으로 낮춘 행위

⑨ 두 차례 이상의 도급으로 사업을 행하는 경우에는 제7항의 "수급인"은 "하수급인(下受給人)"으로 보고, 제7항과 제8항의 "도급인"은 "직상(直上) 수급인(하수급인에게 직접 하도급을 준 수급인)"으로 본다.

제6조의2【최저임금 산입을 위한 취업규칙 변경절차의 특례】 사용자가 제6조 제4항에 따라 산입되는 임금에 포함시키기 위하여 1개월을 초과하는 주기로 지급하는 임금을 총액의 변동 없이 매월 지급하는 것으로 취업규칙을 변경하려는 경우에는 「근로기준법」 제94조 제1항에도 불구하고 해당 사업 또는 사업장에 근로자의 과반수로 조직된 노동조합이 있는 경우에는 그 노동조합, 근로자의 과반수로 조직된 노동조합이 없는 경우에는 근로자의 과반수의 의견을 들어야 한다.

제7조【최저임금의 적용제외】 다음 각 호의 어느 하나에 해당하는 사람으로서 사용자가 대통령령으로 정하는 바에 따라 고용노동부장관의 인가를 받은 사람에 대하여는 제6조를 적용하지 아니한다.

1. 정신장애나 신체장애로 근로능력이 현저히 낮은 사람

2. 그 밖에 최저임금을 적용하는 것이 적당하지 아니하다고 인정되는 사람

제8조【최저임금의 결정】 ① 고용노동부장관은 매년 8월 5일까지 최저임금을 결정하여야 한다. 이 경우 고용노동부장관은 대통령령으로 정하는 바에 따라 제12조에 따른 최저임금위원회(이하 "위원회"라 한다)에 심의를 요청하고, 위원회가 심의하여 의결한 최저임금안에 따라 최저임금을 결정하여야 한다.

② 위원회는 제1항 후단에 따라 고용노동부장관으로부터 최저임금에 관한 심의 요청을 받은 경우 이를 심의하여 최저임금안을 의결하고 심의 요청을 받은 날부터 90일 이내에 고용노동부장관에게 제출하여야 한다.

③ 고용노동부장관은 제2항에 따라 위원회가 심의하여 제출한 최저임금안에 따라 최저임금을 결정하기가 어렵다고 인정되면 20일 이내에 그 이유를 밝혀 위원회에 10일 이상의 기간을 정하여 재심의를 요청할 수 있다.

④ 위원회는 제3항에 따라 재심의 요청을 받은 때에는 그 기간 내에 재심의하여 그 결과를 고용노동부장관에게 제출하여야 한다.

⑤ 고용노동부장관은 위원회가 제4항에 따른 재심의에서 재적위원 과반수의 출석과 출석위원 3분의 2 이상의 찬성으로 제2항에 따른 당초의 최저임금안을 재의결한 경우에는 그에 따라 최저임금을 결정하여야 한다.

제9조【최저임금안에 대한 이의 제기】 ① 고용노동부장관은 제8조 제2항에 따라 위원회로부터 최저임금안을 제출받은 때에는 대통령령으로 정하는 바에 따라 최저임금안을 고시하여야 한다.

② 근로자를 대표하는 자나 사용자를 대표하는 자는 제1항에 따라 고시된 최저임금안에 대하여 이의가 있으면 고시된 날부터 10일 이내에 대통령령으로 정하는 바에 따라 고용노동부장관에게 이의를 제기할 수 있다. 이 경우 근로자를 대표하는 자나 사용자를 대표하는 자의 범위는 대통령령으로 정한다.

③ 고용노동부장관은 제2항에 따른 이의가 이유 있다고 인정되면 그 내용을 밝혀 제8조 제3항에 따라 위원회에 최저임금안의 재심의를 요청하여야 한다.

④ 고용노동부장관은 제3항에 따라 재심의를 요청한 최저임금안에 대하여 제8조 제4항에 따라 위원회가 재심의하여 의결한 최저임금안이 제출될 때까지는 최저임금을 결정하여서는 아니 된다.

제10조【최저임금안의 고시와 효력발생】 ① 고용노동부장관은 최저임금을 결정한 때에는 지체 없이 그 내용을 고시하여야 한다.

② 제1항에 따라 고시된 최저임금은 다음 연도 1월 1일부터 효력이 발생한다. 다만, 고용노동부장관은 사업의 종류별로 임금교섭시기 등을 고려하여 필요하다고 인정하면 효력발생 시기를 따로 정할 수 있다.

제11조【주지 의무】 최저임금의 적용을 받는 사용자는 대통령령으로 정하는 바에 따라 해당 최저임금을 그 사업의 근로자가 쉽게 볼 수 있는 장소에 게시하거나 그 외의 적당한 방법으로 근로자에게 널리 알려야 한다.

제12조【최저임금위원회의 설치】 최저임금에 관한 심의와 그 밖에 최저임금에 관한 중요 사항을 심의하기 위하여 고용노동부에 최저임금위원회를 둔다.

제13조【위원회의 기능】 위원회는 다음 각 호의 기능을 수행한다.

1. 최저임금에 관한 심의 및 재심의
2. 최저임금 적용 사업의 종류별 구분에 관한 심의
3. 최저임금제도의 발전을 위한 연구 및 건의
4. 그 밖에 최저임금에 관한 중요 사항으로서 고용노동부장관이 회의에 부치는 사항 의 심의

제14조【위원회의 구성 등】 ① 위원회는 다음 각 호의 위원으로 구성한다.

1. 근로자를 대표하는 위원(이하 "근로자위원"이라 한다) 9명
2. 사용자를 대표하는 위원(이하 "사용자위원"이라 한다) 9명
3. 공익을 대표하는 위원(이하 "공익위원"이라 한다) 9명

② 위원회에 2명의 상임위원을 두며, 상임위원은 공익위원이 된다.

③ 위원의 임기는 3년으로 하되, 연임할 수 있다.

④ 위원이 궐위(闕位)되면 그 보궐위원의 임기는 전임자(前任者) 임기의 남은 기간으로 한다.

⑤ 위원은 임기가 끝났더라도 후임자가 임명되거나 위촉될 때까지 계속하여 직무를 수행한다.

⑥ 위원의 자격과 임명·위촉 등에 관하여 필요한 사항은 대통령령으로 정한다.

제15조【위원장과 부위원장】 ① 위원회에 위원장과 부위원장 각 1명을 둔다.

② 위원장과 부위원장은 공익위원 중에서 위원회가 선출한다.

③ 위원장은 위원회의 사무를 총괄하며 위원회를 대표한다.

④ 위원장이 불가피한 사유로 직무를 수행할 수 없을 때에는 부위원장이 직무를 대행한다.

제16조【특별위원】 ① 위원회에는 관계 행정기관의 공무원 중에서 3명 이내의 특별위원을 둘 수 있다.

② 특별위원은 위원회의 회의에 출석하여 발언할 수 있다.

③ 특별위원의 자격 및 위촉 등에 관하여 필요한 사항은 대통령령으로 정한다.

제17조【회의】 ① 위원회의 회의는 다음 각 호의 경우에 위원장이 소집한다.

1. 고용노동부장관이 소집을 요구하는 경우
2. 재적위원 3분의 1 이상이 소집을 요구하는 경우
3. 위원장이 필요하다고 인정하는 경우

② 위원장은 위원회 회의의 의장이 된다.

③ 위원회의 회의는 이 법으로 따로 정하는 경우 외에는 재적위원 과반수의 출석과 출석위원 과반수의 찬성으로 의결한다.

④ 위원회가 제3항에 따른 의결을 할 때에는 근로자위원과 사용자위원 각 3분의 1 이상의 출석이 있어야 한다. 다만, 근로자위원이나 사용자위원이 2회 이상 출석요구를 받고도 정당한 이유 없이 출석하지 아니하는 경우에는 그러하지 아니하다.

제18조【의견청취】 위원회는 그 업무를 수행할 때에 필요하다고 인정하면 관계 근로자와 사용자, 그 밖의 관계인의 의견을 들을 수 있다.

제19조【전문위원회】 ① 위원회는 필요하다고 인정하면 사업의 종류별 또는 특정 사항별로 전문위원회를 둘 수 있다.

② 전문위원회는 위원회 권한의 일부를 위임받아 제13조 각 호의 위원회 기능을 수행한다.

③ 전문위원회는 근로자위원, 사용자위원 및 공익위원 각 5명 이내의 같은 수로 구성한다.

④ 전문위원회에 관하여는 위원회의 운영 등에 관한 제14조 제3항부터 제6항까지, 제15조, 제17조 및 제18조를 준용한다. 이 경우 "위원회"를 "전문위원회"로 본다.

제20조【사무국】 ① 위원회에 그 사무를 처리하게 하기 위하여 사무국을 둔다.

② 사무국에는 최저임금의 심의 등에 필요한 전문적인 사항을 조사·연구하게 하기 위하여 3명 이내의 연구위원을 둘 수 있다.

③ 연구위원의 자격·위촉 및 수당과 사무국의 조직·운영 등에 필요한 사항은 대통령령으로 정한다.

제21조【위원의 수당 등】 위원회 및 전문위원회의 위원에게는 대통령령으로 정하는 바에 따라 수당과 여비를 지급할 수 있다.

제22조【운영규칙】 위원회는 이 법에 어긋나지 아니하는 범위에서 위원회 및 전문위원회의 운영에 관한 규칙을 제정할 수 있다.

II 최저임금의 결정기준 및 구분

최저임금은 근로자의 생계비, 유사 근로자의 임금, 노동생산성 및 소득분배율 등을 고려하여 정한다. 이 경우 사업의 종류별로 구분하여 정할 수 있다(최저임금법 제4조 제1항). 제1항에 따른 사업의 종류별 구분은 제12조에 따른 최저임금위원회의 심의를 거쳐 고용노동부장관이 정한다(동법 제4조 제2항).

III 최저임금액

1. 일반근로자

최저임금액(최저임금으로 정한 금액을 말한다. 이하 같다)은 시간·일(日)·주(週) 또는 월(月)을 단위로 하여 정한다. 이 경우 일·주 또는 월을 단위로 하여 최저임금액을 정할 때에는 시간급(時間給)으로도 표시하여야 한다(최저임금법 제5조 제1항).

2. 감액적용 근로자

1년 이상의 기간을 정하여 근로계약을 체결하고 수습 중에 있는 근로자로서 수습을 시작한 날부터 3개월 이내인 사람에 대하여는 대통령령으로 정하는 바에 따라 제1항에 따른 최저임금액과 다른 금액으로 최저임금액을 정할 수 있다. 다만, 단순노무업무로 고용노동부장관이 정하여 고시한[1] 직종에 종사하는 근로자는 제외한다(최저임금법 제5조 제2항).

> **최저임금법 시행령 제3조【수습 중에 있는 근로자에 대한 최저임금액】**
> 「최저임금법」(이하 "법"이라 한다) 제5조 제2항 본문에 따라 1년 이상의 기간을 정하여 근로계약을 체결하고 수습 중에 있는 근로자로서 수습을 시작한 날부터 3개월 이내인 사람에 대해서는 같은 조 제1항 후단에 따른 시간급 최저임금액(최저임금으로 정한 금액을 말한다. 이하 같다)에서 100분의 10을 뺀 금액을 그 근로자의 시간급 최저임금액으로 한다.

3. 도급제 또는 이와 비슷한 형태로 정해져 있는 경우

임금이 통상적으로 도급제나 그 밖에 이와 비슷한 형태로 정하여져 있는 경우로서 제1항에 따라 최저임금액을 정하는 것이 적당하지 아니하다고 인정되면 대통령령으로 정하는 바에 따라 최저임금액을 따로 정할 수 있다(최저임금법 제5조 제3항).

IV 최저임금에 포함되는 임금의 범위 및 변경 등

1. 일반근로자최저임금에 포함되는 임금의 범위

(1) 원칙

임금에는 매월 1회 이상 정기적으로 지급하는 임금을 산입(算入)한다(최저임금법 제6조 제4항 본문).

(2) 예외

다만, 다음의 어느 하나에 해당하는 임금은 산입하지 아니한다(동법 제6조 제4항 단서).

① 「근로기준법」 제2조 제1항 제8호에 따른 소정(所定)근로시간(이하 "소정근로시간"이라 한다) 또는 소정의 근로일에 대하여 지급하는 임금 외의 임금으로서 고용노동부령으로 정하는 임금

② 상여금, 그 밖에 이에 준하는 것으로서 고용노동부령으로 정하는 임금의 월 지급액 중 해당 연도 시간급 최저임금액을 기준으로 산정된 월 환산액의 100분의 25에 해당하는 부분

③ 식비, 숙박비, 교통비 등 근로자의 생활 보조 또는 복리후생을 위한 성질의 임금으로서 다음 각 목의 어느 하나에 해당하는 것

　㉠ 통화 이외의 것으로 지급하는 임금

　㉡ 통화로 지급하는 임금의 월 지급액 중 해당 연도 시간급 최저임금액을 기준으로 산정된 월 환산액의 100분의 7에 해당하는 부분

---

1) 최저임금법 제5조에 따른 단순노무직종 근로자 지정 고시: 최저임금법 제5조 제2항에 따른 "단순노무업무로 고용노동부장관이 정하여 고시한 직종에 종사하는 근로자"란 한국표준직업분류 상 대분류 9(단순노무 종사자)에 해당하는 사람을 말한다.

최저임금법 시행령 제2조【최저임금의 범위】① 「최저임금법」(이하 "법"이라 한다) 제6조 제4항 제1호에서 "고용노동부령으로 정하는 임금"이란 다음 각 호의 어느 하나에 해당하는 것을 말한다.
1. 연장근로 또는 휴일근로에 대한 임금 및 연장·야간 또는 휴일 근로에 대한 가산임금
2. 「근로기준법」 제60조에 따른 연차 유급휴가의 미사용수당
3. 유급으로 처리되는 휴일(「근로기준법」 제55조 제1항에 따른 유급휴일은 제외 한다)에 대한 임금
4. 그 밖에 명칭에 관계없이 제1호부터 제3호까지의 규정에 준하는 것으로 인정되는 임금
② 법 제6조 제4항 제2호에서 "고용노동부령으로 정하는 임금"이란 다음 각 호의 어느 하나에 해당하는 것을 말한다.
1. 1개월을 초과하는 기간에 걸친 해당 사유에 따라 산정하는 상여금, 장려가급, 능률수당 또는 근속수당
2. 1개월을 초과하는 기간의 출근성적에 따라 지급하는 정근수당금

2. 최저임금 산입을 위한 취업규칙 변경절차의 특례

사용자가 제6조 제4항에 따라 산입되는 임금에 포함시키기 위하여 1개월을 초과하는 주기로 지급하는 임금을 총액의 변동 없이 매월 지급하는 것으로 취업규칙을 변경하려는 경우에는 「근로기준법」 제94조 제1항에도 불구하고 해당 사업 또는 사업장에 근로자의 과반수로 조직된 노동조합이 있는 경우에는 그 노동조합, 근로자의 과반수로 조직된 노동조합이 없는 경우에는 근로자의 과반수의 의견을 들어야 한다(최저임금법 제6조의2).

3. 일반택시운송사업

「여객자동차 운수사업법」 제3조 및 같은 법 시행령 제3조 제2호 다목에 따른 일반택시운송사업에서 운전업무에 종사하는 근로자의 최저임금에 산입되는 임금의 범위는 생산고에 따른 임금을 제외한 대통령령으로 정하는 임금으로 한다(최저임금법 제6조 제5항).

최저임금법 시행령 제5조의3【일반택시운송사업 운전 근로자의 최저임금에 산입되는 임금의 범위】
법 제6조 제5항에서 "대통령령으로 정하는 임금"이란 단체협약, 취업규칙, 근로계약에 정해진 지급 조건과 지급률에 따라 매월 1회 이상 지급하는 임금을 말한다. 다만, 다음 각 호의 어느 하나에 해당하는 임금은 산입(算入)하지 아니한다.
1. 소정근로시간 또는 소정의 근로일에 대하여 지급하는 임금 외의 임금
2. 근로자의 생활 보조와 복리후생을 위하여 지급하는 임금

V 최저임금의 결정절차

1. 심의요청

고용노동부장관은 매년 8월 5일까지 최저임금을 결정하여야 한다. 이 경우 고용노동부장관은 대통령령으로 정하는 바에 따라 제12조에 따른 최저임금위원회(이하 "위원회"라 한다)에 심의를 요청하고, 위원회가 심의하여 의결한 최저임금안에 따라 최저임금을 결정하여야 한다(최저임금법 제8조 제1항).

> **최저임금법 시행령 제7조【최저임금위원회에의 심의 요청】**
> 고용노동부장관은 법 제8조 제1항에 따라 매년 3월 31일까지 최저임금위원회(이하 "위원회"라 한다)에 최저임금에 관한 심의를 요청하여야 한다.

2. 심의

위원회는 제1항 후단에 따라 고용노동부장관으로부터 최저임금에 관한 심의 요청을 받은 경우 이를 심의하여 최저임금안을 의결하고 심의 요청을 받은 날부터 90일 이내에 고용노동부장관에게 제출하여야 한다(최저임금법 제8조 제2항).

3. 이의제기

고용노동부장관은 제8조 제2항에 따라 위원회로부터 최저임금안을 제출받은 때에는 대통령령으로 정하는 바에 따라 최저임금안을 고시하여야 한다(최저임금법 제9조 제1항).

> **최저임금법 시행령 제9조【최저임금안에 대한 이의 제기】**
> 법 제9조 제2항 전단에 따라 최저임금안에 대하여 이의를 제기할 때에는 다음 각 호의 사항을 분명하게 적은 이의제기서를 고용노동부장관에게 제출하여야 한다.
> 1. 이의 제기자의 성명, 주소, 소속 및 직위
> 2. 이의 제기 대상 업종의 최저임금안의 요지
> 3. 이의 제기의 사유와 내용

근로자를 대표하는 자나 사용자를 대표하는 자는 제1항에 따라 고시된 최저임금안에 대하여 이의가 있으면 고시된 날부터 10일 이내에 대통령령으로 정하는 바에 따라 고용노동부장관에게 이의를 제기할 수 있다. 이 경우 근로자를 대표하는 자나 사용자를 대표하는 자의 범위는 대통령령으로 정한다(동법 제9조 제2항).

> **최저임금법 시행령 제10조【이의 제기를 할 수 있는 노·사 대표자의 범위】**
> 법 제9조 제2항 후단에 따라 근로자를 대표하는 자는 총연합단체인 노동조합의 대표자 및 산업별 연합단체인 노동조합의 대표자로 하고, 사용자를 대표하는 자는 전국적 규모의 사용자단체로서 고용노동부장관이 지정하는 단체의 대표자로 한다.

4. 최저임금의 재심의

(1) 고용노동부장관은 제2항에 따라 위원회가 심의하여 제출한 최저임금안에 따라 최저임금을 결정하기가 어렵다고 인정되면 20일 이내에 그 이유를 밝혀 위원회에 10일 이상의 기간을 정하여 재심의를 요청할 수 있다(최저임금법 제8조 제3항).

(2) 고용노동부장관은 제2항에 따른 이의가 이유 있다고 인정되면 그 내용을 밝혀 제8조 제3항에 따라 위원회에 최저임금안의 재심의를 요청하여야 한다(동법 제9조 제3항).

(3) 고용노동부장관은 위원회가 제4항에 따른 재심의에서 재적위원 과반수의 출석과 출석위원 3분의 2 이상의 찬성으로 제2항에 따른 당초의 최저임금안을 재의결한 경우에는 그에 따라 최저임금을 결정하여야 한다(동법 제8조 제5항).

5. 최저임금의 고시와 효력발생

고용노동부장관은 최저임금을 결정한 때에는 지체 없이 그 내용을 고시하여야 한다(최저임금법 제10조 제1항). 제1항에 따라 고시된 최저임금은 다음 연도 1월 1일부터 효력이 발생한다. 다만, 고용노동부장관은 사업의 종류별로 임금교섭시기 등을 고려하여 필요하다고 인정하면 효력발생 시기를 따로 정할 수 있다(동법 제10조 제2항).

Ⅵ 최저임금의 효력

1. 최저임금액 이상의 임금지급

(1) 원칙

사용자는 최저임금의 적용을 받는 근로자에게 최저임금액 이상의 임금을 지급하여야 한다(최저임금법 제6조 제1항). 사용자는 이 법에 따른 최저임금을 이유로 종전의 임금수준을 낮추어서는 아니 된다(동법 제6조 제4항 본문).

(2) 예외

다만, 다음의 어느 하나에 해당하는 사유로 근로하지 아니한 시간 또는 일에 대하여 사용자가 임금을 지급할 것을 강제하는 것은 아니다(최저임금법 제6조 제6항).
① 근로자가 자기의 사정으로 소정근로시간 또는 소정의 근로일의 근로를 하지 아니한 경우
② 사용자가 정당한 이유로 근로자에게 소정근로시간 또는 소정의 근로일의 근로를 시키지 아니한 경우

2. 최저임금에 미달하는 근로계약의 효력

최저임금의 적용을 받는 근로자와 사용자 사이의 근로계약 중 최저임금액에 미치지 못하는 금액을 임금으로 정한 부분은 무효로 하며, 이 경우 무효로 된 부분은 이 법으로 정한 최저임금액과 동일한 임금을 지급하기로 한 것으로 본다(최저임금법 제6조 제3항).

3. 도급사업에 대한 특칙

도급으로 사업을 행하는 경우 도급인이 책임져야 할 사유로 수급인이 근로자에게 최저임금액에 미치지 못하는 임금을 지급한 경우 도급인은 해당 수급인과 연대(連帶)하여 책임을 진다(최저임금법 제6조 제7항).

4. 최저임금의 적용제외

다음의 어느 하나에 해당하는 사람으로서 사용자가 대통령령으로 정하는 바에 따라 고용노동부장관의 인가를 받은 사람에 대하여는 제6조를 적용하지 아니한다(최저임금법 제7조).

(1) 정신장애나 신체장애로 근로능력이 현저히 낮은 사람

(2) 그 밖에 최저임금을 적용하는 것이 적당하지 아니하다고 인정되는 사람

5. 사용자의 주지의무

최저임금의 적용을 받는 사용자는 대통령령으로 정하는 바에 따라 해당 최저임금을 그 사업의 근로자가 쉽게 볼 수 있는 장소에 게시하거나 그 외의 적당한 방법으로 근로자에게 널리 알려야 한다(최저임금법 제11조).

> **최저임금법 시행령 제11조【주지 의무】** ① 법 제11조에 따라 사용자가 근로자에게 주지시켜야 할 최저임금의 내용은 다음 각 호와 같다.
> 1. 적용을 받는 근로자의 최저임금액
> 2. 법 제6조 제4항에 따라 최저임금에 산입하지 아니하는 임금
> 3. 법 제7조에 따라 해당 사업에서 최저임금의 적용을 제외할 근로자의 범위
> 4. 최저임금의 효력발생 연월일
> ② 사용자는 제1항에 따른 최저임금의 내용을 법 제10조 제2항에 따른 최저임금의 효력발생일 전날까지 근로자에게 주지시켜야 한다.

Ⅶ 최저임금위원회

1. 설치

최저임금에 관한 심의와 그 밖에 최저임금에 관한 중요 사항을 심의하기 위하여 고용노동부에 최저임금위원회를 둔다(최저임금법 제12조).

2. 기능

위원회는 다음과 같은 기능을 수행한다(최저임금법 제13조).

(1) 최저임금에 관한 심의 및 재심의

(2) 최저임금 적용 사업의 종류별 구분에 관한 심의

(3) 최저임금제도의 발전을 위한 연구 및 건의

(4) 그 밖에 최저임금에 관한 중요 사항으로서 고용노동부장관이 회의에 부치는 사항의 심의

3. 구성

(1) 위원회는 다음과 같은 위원으로 구성한다(최저임금법 제14조 제1항).

① 근로자를 대표하는 위원(이하 "근로자위원"이라 한다) 9명

② 사용자를 대표하는 위원(이하 "사용자위원"이라 한다) 9명

③ 공익을 대표하는 위원(이하 "공익위원"이라 한다) 9명

(2) 위원회에 2명의 상임위원을 두며, 상임위원은 공익위원이 된다(동법 제14조 제2항). 위원의 임기는 3년으로 하되, 연임할 수 있다(동법 제14조 제3항).

4. 위원장과 부위원장

위원회에 위원장과 부위원장 각 1명을 둔다(최저임금법 제15조 제1항). 위원장과 부위원장은 공익위원 중에서 위원회가 선출한다(동법 제15조 제2항).

> **최저임금법 시행령 제12조【위원회 위원의 위촉 또는 임명 등】** ① 법 제14조 제1항에 따른 근로자위원·사용자위원 및 공익위원은 고용노동부장관의 제청에 의하여 대통령이 위촉한다.
> ② 법 제14조 제2항에 따른 상임위원은 고용노동부장관의 제청에 의하여 대통령이 임명한다.
> ③ 근로자위원은 총연합단체인 노동조합에서 추천한 사람 중에서 제청하고, 사용자위원은 전국적 규모의 사용자단체 중 고용노동부장관이 지정하는 단체에서 추천한 사람 중에서 제청한다.
> ④ 위원이 궐위된 경우에는 궐위된 날부터 30일 이내에 후임자를 위촉하거나 임명하여야 한다. 다만, 전임자의 남은 임기가 1년 미만인 경우에는 위촉하거나 임명하지 아니할 수 있다.

5. 회의

(1) 위원회의 회의는 다음과 같은 경우에 위원장이 소집한다(최저임금법 제17조 제1항).

① 고용노동부장관이 소집을 요구하는 경우

② 재적위원 3분의 1 이상이 소집을 요구하는 경우

③ 위원장이 필요하다고 인정하는 경우

(2) 위원장은 위원회 회의의 의장이 된다(동법 제17조 제2항). 위원회의 회의는 이 법으로 따로 정하는 경우 외에는 재적위원 과반수의 출석과 출석위원 과반수의 찬성으로 의결한다(동법 제17조 제3항). 위원회가 제3항에 따른 의결을 할 때에는 근로자위원과 사용자위원 각 3분의 1 이상의 출석이 있어야 한다. 다만, 근로자위원이나 사용자위원이 2회 이상 출석요구를 받고도 정당한 이유 없이 출석하지 아니하는 경우에는 그러하지 아니하다(동법 제17조 제4항).

6. 전문위원회

(1) **설치**

위원회는 필요하다고 인정하면 사업의 종류별 또는 특정 사항별로 전문위원회를 둘 수 있다(최저임금법 제19조 제1항).

(2) 기능

전문위원회는 위원회 권한의 일부를 위임받아 제13조 각 호의 위원회 기능을 수행한다(최저임금법 제19조 제2항).

① 최저임금에 관한 심의 및 재심의

② 최저임금 적용 사업의 종류별 구분에 관한 심의

③ 최저임금제도의 발전을 위한 연구 및 건의

④ 그 밖에 최저임금에 관한 중요 사항으로서 고용노동부장관이 회의에 부치는 사항의 심의

(3) 구성

전문위원회는 근로자위원, 사용자위원 및 공익위원 각 5명 이내의 같은 수로 구성한다(최저임금법 제19조 제3항).

> **최저임금법 시행령 제17조【전문위원회의 구성】** ① 법 제19조 제1항에 따른 전문위원회는 위원회의 위원장이 그 위원 중에서 지명하는 사람으로 구성한다.
> ② 위원회의 위원장은 위원회의 위원만으로 제1항의 전문위원회를 구성하기 어렵거나 소관 사항을 전문적으로 심의하기 위하여 필요한 경우에는 전문위원회의 위원을 따로 위촉할 수 있다. 이 경우 따로 위촉하는 전문위원회의 위원 중 근로자위원과 사용자위원의 위촉에 관하여는 제12조 제3항을, 공익위원의 위촉기준에 관하여는 제13조를 준용한다.

(4) 사무국

① **설치**: 위원회에 그 사무를 처리하게 하기 위하여 사무국을 둔다(최저임금법 제20조 제1항).

② **구성**: 사무국에는 최저임금의 심의 등에 필요한 전문적인 사항을 조사·연구하게 하기 위하여 3명 이내의 연구위원을 둘 수 있다(최저임금법 제20조 제2항).

📁 최저임금의 심의 및 결정과정

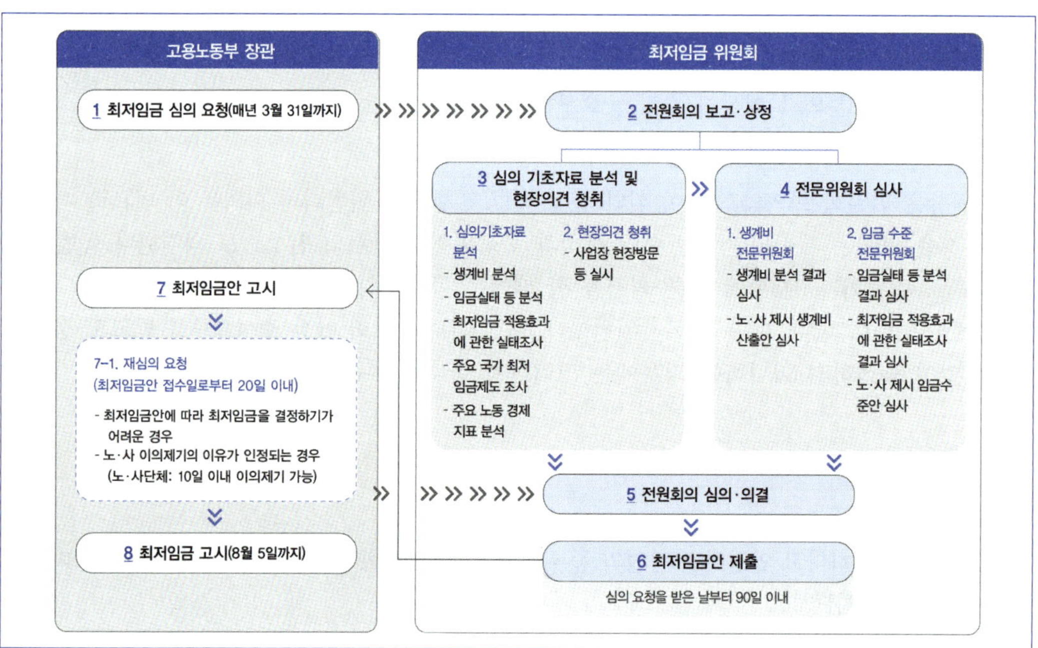

남녀고용평등과 일·가정 양립

제1절 남녀의 평등한 기회보장 및 대우

Ⅰ 법규정

제2조【정의】 이 법에서 사용하는 용어의 정의는 다음과 같다.

1. "차별"이란 사업주가 근로자에게 성별, 혼인, 가족 안에서의 지위, 임신 또는 출산 등의 사유로 합리적인 이유 없이 채용 또는 근로의 조건을 다르게 하거나 그 밖의 불리한 조치를 하는 경우[사업주가 채용조건이나 근로조건은 동일하게 적용하더라도 그 조건을 충족할 수 있는 남성 또는 여성이 다른 한 성(性)에 비하여 현저히 적고 그에 따라 특정 성에게 불리한 결과를 초래하며 그 조건이 정당한 것임을 증명할 수 없는 경우를 포함한다]를 말한다. 다만, 다음 각 목의 어느 하나에 해당하는 경우는 제외한다.

   가. 직무의 성격에 비추어 특정 성이 불가피하게 요구되는 경우

   나. 여성 근로자의 임신·출산·수유 등 모성보호를 위한 조치를 하는 경우

   다. 그 밖에 이 법 또는 다른 법률에 따라 적극적 고용개선조치를 하는 경우

제3조【적용 범위】 ① 이 법은 근로자를 사용하는 모든 사업 또는 사업장(이하 "사업"이라 한다)에 적용한다. 다만, 대통령령으로 정하는 사업에 대하여는 이 법의 전부 또는 일부를 적용하지 아니할 수 있다.

② 남녀고용평등의 실현과 일·가정의 양립에 관하여 다른 법률에 특별한 규정이 있는 경우 외에는 이 법에 따른다.

제7조【모집과 채용】 ① 사업주는 근로자를 모집하거나 채용할 때 남녀를 차별하여서는 아니 된다.

② 사업주는 근로자를 모집·채용할 때 그 직무의 수행에 필요하지 아니한 용모·키·체중 등의 신체적 조건, 미혼 조건, 그 밖에 고용노동부령으로 정하는 조건을 제시하거나 요구하여서는 아니 된다

제8조【임금】 ① 사업주는 동일한 사업 내의 동일 가치 노동에 대하여는 동일한 임금을 지급하여야 한다.

② 동일 가치 노동의 기준은 직무 수행에서 요구되는 기술, 노력, 책임 및 작업 조건 등으로 하고, 사업주가 그 기준을 정할 때에는 제25조에 따른 노사협의회의 근로자를 대표하는 위원의 의견을 들어야 한다.

③ 사업주가 임금차별을 목적으로 설립한 별개의 사업은 동일한 사업으로 본다.

제9조【임금 외의 금품 등】 사업주는 임금 외에 근로자의 생활을 보조하기 위한 금품의 지급 또는 자금의 융자 등 복리후생에서 남녀를 차별하여서는 아니 된다.

제10조【교육·배치 및 승진】 사업주는 근로자의 교육·배치 및 승진에서 남녀를 차별하여서는 아니 된다.

제11조【정년·퇴직 및 해고】 ① 사업주는 근로자의 정년·퇴직 및 해고에서 남녀를 차별하여서는 아니 된다.

② 사업주는 여성 근로자의 혼인, 임신 또는 출산을 퇴직 사유로 예정하는 근로계약을 체결하여서는 아니 된다.

Ⅱ 적용 범위

이 법은 근로자를 사용하는 모든 사업 또는 사업장(이하 "사업"이라 한다)에 적용한다(최저임금법 제3조 제1항). 다만, 대통령령으로 정하는 사업에 대하여는 이 법의 전부 또는 일부를 적용하지 아니할 수 있다(남녀고용평등법 제3조 제1항). 남녀고용평등의 실현과 일·가정의 양립에 관하여 다른 법률에 특별한 규정이 있는 경우 외에는 이 법에 따른다(동법 제3조 제2항).

Ⅲ 차별금지

1. 모집과 채용에 있어서의 차별금지

사업주는 근로자를 모집하거나 채용할 때 남녀를 차별하여서는 아니 된다(남녀고용평등법 제7조 제1항). 사업주는 근로자를 모집·채용할 때 그 직무의 수행에 필요하지 아니한 용모·키·체중 등의 신체적 조건, 미혼 조건, 그 밖에 고용노동부령으로 정하는 조건을 제시하거나 요구하여서는 아니 된다(동법 제7조 제2항).

2. 임금에 있어서의 차별금지

사업주는 동일한 사업 내의 동일 가치 노동에 대하여는 동일한 임금을 지급하여야 한다(남녀고용평등법 제8조 제1항). 동일 가치 노동의 기준은 직무 수행에서 요구되는 기술, 노력, 책임 및 작업 조건 등으로 하고, 사업주가 그 기준을 정할 때에는 제25조에 따른 노사협의회의 근로자를 대표하는 위원의 의견을 들어야 한다(동법 제8조 제2항). 사업주가 임금차별을 목적으로 설립한 별개의 사업은 동일한 사업으로 본다(동법 제8조 제3항).

3. 임금 외의 금품 등에 있어서의 차별금지

사업주는 임금 외에 근로자의 생활을 보조하기 위한 금품의 지급 또는 자금의 융자 등 복리후생에서 남녀를 차별하여서는 아니 된다(남녀고용평등법 제9조).

4. 교육·배치 및 승진에 있어서의 차별금지

사업주는 근로자의 교육·배치 및 승진에서 남녀를 차별하여서는 아니 된다(남녀고용평등법 제10조).

5. 정년·퇴직 및 해고에 있어서의 차별금지

사업주는 근로자의 정년·퇴직 및 해고에서 남녀를 차별하여서는 아니 된다(남녀고용평등법 제11조 제1항). 사업주는 여성 근로자의 혼인, 임신 또는 출산을 퇴직 사유로 예정하는 근로계약을 체결하여서는 아니 된다(동법 제11조 제2항).

제 2 절 직장 내 성희롱의 금지 및 예방

Ⅰ 법규정

제2조【정의】 이 법에서 사용하는 용어의 정의는 다음과 같다.
  2. "직장 내 성희롱"이란 사업주·상급자 또는 근로자가 직장 내의 지위를 이용하거나 업무와 관련하여 다른 근로자에게 성적 언동 등으로 성적 굴욕감 또는 혐오감을 느끼게 하거나 성적 언동 또는 그 밖의 요구 등에 따르지 아니하였다는 이유로 근로조건 및 고용에서 불이익을 주는 것을 말한다.

제12조【직장 내 성희롱의 금지】 사업주, 상급자 또는 근로자는 직장 내 성희롱을 하여서는 아니 된다.

제13조【직장 내 예방교육 등】 ① 사업주는 직장 내 성희롱을 예방하고 근로자가 안전한 근로환경에서 일할 수 있는 여건을 조성하기 위하여 직장 내 성희롱의 예방을 위한 교육(이하 "성희롱 예방 교육"이라 한다)을 매년 실시하여야 한다.

② 사업주 및 근로자는 제1항에 따른 성희롱 예방 교육을 받아야 한다.

③ 사업주는 성희롱 예방 교육의 내용을 근로자가 자유롭게 열람할 수 있는 장소에 항상 게시하거나 갖추어 두어 근로자에게 널리 알려야 한다.

④ 사업주는 고용노동부령으로 정하는 기준에 따라 직장 내 성희롱 예방 및 금지를 위한 조치를 하여야 한다.

⑤ 제1항 및 제2항에 따른 성희롱 예방 교육의 내용·방법 및 횟수 등에 관하여 필요한 사항은 대통령령으로 정한다.

제13조의2【직장 내 예방교육의 위탁】 ① 사업주는 성희롱 예방 교육을 고용노동부장관이 지정하는 기관(이하 "성희롱 예방 교육기관"이라 한다)에 위탁하여 실시할 수 있다.

② 사업주가 성희롱 예방 교육기관에 위탁하여 성희롱 예방 교육을 하려는 경우에는 제13조 제5항에 따라 대통령령으로 정하는 내용을 성희롱 예방 교육기관에 미리 알려 그 사항이 포함되도록 하여야 한다.

③ 성희롱 예방 교육기관은 고용노동부령으로 정하는 기관 중에서 지정하되, 고용노동부령으로 정하는 강사를 1명 이상 두어야 한다.

④ 성희롱 예방 교육기관은 고용노동부령으로 정하는 바에 따라 교육을 실시하고 교육이수증이나 이수자 명단 등 교육 실시 관련 자료를 보관하며 사업주나 교육 대상자에게 그 자료를 내주어야 한다.

⑤ 고용노동부장관은 성희롱 예방 교육기관이 다음 각 호의 어느 하나에 해당하면 그 지정을 취소할 수 있다.
  1. 거짓이나 그 밖의 부정한 방법으로 지정을 받은 경우
  2. 정당한 사유 없이 제3항에 따른 강사를 3개월 이상 계속하여 두지 아니한 경우
  3. 2년 동안 직장 내 성희롱 예방 교육 실적이 없는 경우

⑥ 고용노동부장관은 제5항에 따라 성희롱 예방 교육기관의 지정을 취소하려면 청문을 하여야 한다.

제14조【직장 내 성희롱 발생 시 조치】 ① 누구든지 직장 내 성희롱 발생 사실을 알게 된 경우 그 사실을 해당 사업주에게 신고할 수 있다.

② 사업주는 제1항에 따른 신고를 받거나 직장 내 성희롱 발생 사실을 알게 된 경우에는 지체 없이 그 사실 확인을 위한 조사를 하여야 한다. 이 경우 사업주는 직장 내 성희롱과 관련하여 피해를 입은 근로자 또는 피해를 입었다고 주장하는 근로자(이하 "피해근로자등"이라 한다)가 조사 과정에서 성적 수치심 등을 느끼지 아니하도록 하여야 한다.

③ 사업주는 제2항에 따른 조사 기간 동안 피해근로자등을 보호하기 위하여 필요한 경우 해당 피해근로자등에
   대하여 근무장소의 변경, 유급휴가 명령 등 적절한 조치를 하여야 한다. 이 경우 사업주는 피해근로자등의
   의사에 반하는 조치를 하여서는 아니 된다.
④ 사업주는 제2항에 따른 조사 결과 직장 내 성희롱 발생 사실이 확인된 때에는 피해근로자가 요청하면 근무
   장소의 변경, 배치전환, 유급휴가 명령 등 적절한 조치를 하여야 한다.
⑤ 사업주는 제2항에 따른 조사 결과 직장 내 성희롱 발생 사실이 확인된 때에는 지체 없이 직장 내 성희롱
   행위를 한 사람에 대하여 징계, 근무장소의 변경 등 필요한 조치를 하여야 한다. 이 경우 사업주는 징계 등의
   조치를 하기 전에 그 조치에 대하여 직장 내 성희롱 피해를 입은 근로자의 의견을 들어야 한다.
⑥ 사업주는 성희롱 발생 사실을 신고한 근로자 및 피해근로자등에게 다음 각 호의 어느 하나에 해당하는 불리
   한 처우를 하여서는 아니 된다.
   1. 파면, 해임, 해고, 그 밖에 신분상실에 해당하는 불이익 조치
   2. 징계, 정직, 감봉, 강등, 승진 제한 등 부당한 인사조치
   3. 직무 미부여, 직무 재배치, 그 밖에 본인의 의사에 반하는 인사조치
   4. 성과평가 또는 동료평가 등에서 차별이나 그에 따른 임금 또는 상여금 등의 차별 지급
   5. 직업능력 개발 및 향상을 위한 교육훈련 기회의 제한
   6. 집단 따돌림, 폭행 또는 폭언 등 정신적·신체적 손상을 가져오는 행위를 하거나 그 행위의 발생을 방치
      하는 행위
   7. 그 밖에 신고를 한 근로자 및 피해근로자등의 의사에 반하는 불리한 처우
⑦ 제2항에 따라 직장 내 성희롱 발생 사실을 조사한 사람, 조사 내용을 보고 받은 사람 또는 그 밖에 조사
   과정에 참여한 사람은 해당 조사 과정에서 알게 된 비밀을 피해근로자등의 의사에 반하여 다른 사람에게
   누설하여서는 아니 된다. 다만, 조사와 관련된 내용을 사업주에게 보고하거나 관계 기관의 요청에 따라 필요
   한 정보를 제공하는 경우는 제외한다.

제14조의2【고객 등에 의한 성희롱 방지】 ① 사업주는 고객 등 업무와 밀접한 관련이 있는 사람이 업무수행 과정
   에서 성적인 언동 등을 통하여 근로자에게 성적 굴욕감 또는 혐오감 등을 느끼게 하여 해당 근로자가 그로
   인한 고충 해소를 요청할 경우 근무 장소 변경, 배치전환, 유급휴가의 명령 등 적절한 조치를 하여야 한다.
② 사업주는 근로자가 제1항에 따른 피해를 주장하거나 고객 등으로부터의 성적 요구 등에 따르지 아니하였다
   는 것을 이유로 해고나 그 밖의 불이익한 조치를 하여서는 아니 된다.

▐ Ⅱ ▌ 직장 내 성희롱의 개념 및 금지

(1) '직장 내 성희롱'이란 사업주·상급자 또는 근로자가 직장 내의 지위를 이용하거나 업무와 관련
   하여 다른 근로자에게 성적 언동 등으로 성적 굴욕감 또는 혐오감을 느끼게 하거나 성적 언동
   또는 그 밖의 요구 등에 따르지 아니하였다는 이유로 근로조건 및 고용에서 불이익을 주는 것을
   말한다(남녀고용평등법 제2조 제2호).

(2) 사업주, 상급자 또는 근로자는 직장 내 성희롱을 하여서는 아니 된다(동법 제12조).

Ⅲ 직장 내 성희롱 예방교육

사업주는 직장 내 성희롱을 예방하고 근로자가 안전한 근로환경에서 일할 수 있는 여건을 조성하기 위하여 직장 내 성희롱의 예방을 위한 교육(이하 "성희롱 예방 교육"이라 한다)을 매년 실시하여야 한다(남녀고용평등법 제13조 제1항). 사업주 및 근로자는 제1항에 따른 성희롱 예방 교육을 받아야 한다(동법 제13조 제2항). 사업주는 성희롱 예방 교육의 내용을 근로자가 자유롭게 열람할 수 있는 장소에 항상 게시하거나 갖추어 두어 근로자에게 널리 알려야 한다(동법 제13조 제3항). 사업주는 고용노동부령으로 정하는 기준에 따라 직장 내 성희롱 예방 및 금지를 위한 조치를 하여야 한다(동법 제13조 제4항).

사업주는 성희롱 예방 교육을 고용노동부장관이 지정하는 기관에 위탁하여 실시할 수 있다(동법 제13조의2 제1항).

Ⅳ 직장 내 성희롱 발생 시 조치

1. 성희롱 발생 신고와 조사

누구든지 직장 내 성희롱 발생 사실을 알게 된 경우 그 사실을 해당 사업주에게 신고할 수 있다(남녀고용평등법 제14조 제1항). 사업주는 제1항에 따른 신고를 받거나 직장 내 성희롱 발생 사실을 알게 된 경우에는 지체 없이 그 사실 확인을 위한 조사를 하여야 한다(동법 제14조 제2항 전단).

2. 조사기간 동안 피해근로자 보호

사업주는 직장 내 성희롱과 관련하여 피해를 입은 근로자 또는 피해를 입었다고 주장하는 근로자(이하 "피해근로자등"이라 한다)가 조사 과정에서 성적 수치심 등을 느끼지 아니하도록 하여야 한다(남녀고용평등법 제14조 제2항 후단). 사업주는 제2항에 따른 조사 기간 동안 피해근로자등을 보호하기 위하여 필요한 경우 해당 피해근로자등에 대하여 근무장소의 변경, 유급휴가 명령 등 적절한 조치를 하여야 한다. 이 경우 사업주는 피해근로자등의 의사에 반하는 조치를 하여서는 아니 된다(동법 제14조 제3항).

3. 성희롱 발생 사실이 확인된 경우 피해근로자 보호

사업주는 제2항에 따른 조사 결과 직장 내 성희롱 발생 사실이 확인된 때에는 피해근로자가 요청하면 근무장소의 변경, 배치전환, 유급휴가 명령 등 적절한 조치를 하여야 한다(남녀고용평등법 제14조 제4항). 사업주는 제2항에 따른 조사 결과 직장 내 성희롱 발생 사실이 확인된 때에는 지체 없이 직장 내 성희롱 행위를 한 사람에 대하여 징계, 근무장소의 변경 등 필요한 조치를 하여야 한다. 이 경우 사업주는 징계 등의 조치를 하기 전에 그 조치에 대하여 직장 내 성희롱 피해를 입은 근로자의 의견을 들어야 한다(동법 제14조 제5항). 사업주는 성희롱 발생 사실을 신고한 근로자 및 피해근로자등에게 불리한 처우를 하여서는 아니 된다(동법 제14조 제6항).

4. 비밀누설 금지

제2항에 따라 직장 내 성희롱 발생 사실을 조사한 사람, 조사 내용을 보고 받은 사람 또는 그 밖에 조사 과정에 참여한 사람은 해당 조사 과정에서 알게 된 비밀을 피해근로자등의 의사에 반하여 다른 사람에게 누설하여서는 아니 된다. 다만, 조사와 관련된 내용을 사업주에게 보고하거나 관계 기관의 요청에 따라 필요한 정보를 제공하는 경우는 제외한다(남녀고용평등법 제14조 제7항).

5.고객 등에 의한 성희롱 방지

사업주는 고객 등 업무와 밀접한 관련이 있는 사람이 업무수행 과정에서 성적인 언동 등을 통하여 근로자에게 성적 굴욕감 또는 혐오감 등을 느끼게 하여 해당 근로자가 그로 인한 고충 해소를 요청할 경우 근무장소 변경, 배치전환, 유급휴가의 명령 등 적절한 조치를 하여야 한다(남녀고용평등법 제14조의2 제1항). 사업주는 근로자가 제1항에 따른 피해를 주장하거나 고객 등으로부터의 성적 요구 등에 따르지 아니하였다는 것을 이유로 해고나 그 밖의 불이익한 조치를 하여서는 아니 된다.(동법 제14조의2 제2항).

제 3 절 **모성 보호**

I 법규정

제18조【출산전후휴가 등에 대한 지원】 ① 국가는 제18조의2에 따른 배우자 출산휴가, 제18조의3에 따른 난임치료휴가, 「근로기준법」 제74조에 따른 출산전후휴가 또는 유산·사산 휴가를 사용한 근로자 중 일정한 요건에 해당하는 사람에게 그 휴가기간에 대하여 통상임금에 상당하는 금액(이하 "출산전후휴가급여등"이라 한다)을 지급할 수 있다.

② 제1항에 따라 지급된 출산전후휴가급여등은 그 금액의 한도에서 제18조의2 제1항, 제18조의3 제1항 본문 또는 「근로기준법」 제74조 제4항에 따라 사업주가 지급한 것으로 본다.

> **2026. 9. 18. 시행**
> ① 국가는 제18조의2에 따른 배우자 출산전후휴가, 제18조의3에 따른 난임치료휴가, 제18조의4에 따른 배우자 유산·사산휴가, 「근로기준법」 제74조에 따른 출산전후휴가 또는 유산·사산 휴가를 사용한 근로자 중 일정한 요건에 해당하는 사람에게 그 휴가기간에 대하여 통상임금에 상당하는 금액(이하 "출산전후휴가급여등"이라 한다)을 지급할 수 있다.
> ② 제1항에 따라 지급된 출산전후휴가급여등은 그 금액의 한도에서 제18조의2 제1항, 제18조의3 제1항 본문, 제18조의4 제1항 본문 또는 「근로기준법」 제74조 제4항에 따라 사업주가 지급한 것으로 본다.

③ 출산전후휴가급여등을 지급하기 위하여 필요한 비용은 국가재정이나 「사회보장기본법」에 따른 사회보험에서 분담할 수 있다.

④ 근로자가 출산전후휴가급여등을 받으려는 경우 사업주는 관계 서류의 작성·확인 등 모든 절차에 적극 협력하여야 한다.

⑤ 출산전후휴가급여등의 지급요건, 지급기간 및 절차 등에 관하여 필요한 사항은 따로 법률로 정한다.

제18조의2【배우자 출산휴가】 ① 사업주는 근로자가 배우자의 출산을 이유로 휴가(이하 "배우자 출산휴가"라 한다)를 고지하는 경우에 20일의 휴가를 주어야 한다. 이 경우 사용한 휴가기간은 유급으로 한다.

② 제1항 후단에도 불구하고 출산전후휴가급여등이 지급된 경우에는 그 금액의 한도에서 지급의 책임을 면한다.

③ 배우자 출산휴가는 근로자의 배우자가 출산한 날부터 120일이 지나면 사용할 수 없다.

④ 배우자 출산휴가는 3회에 한정하여 나누어 사용할 수 있다.

⑤ 사업주는 배우자 출산휴가를 이유로 근로자를 해고하거나 그 밖의 불리한 처우를 하여서는 아니 된다.

⑥ 남녀고용평등의 실현과 일·가정의 양립에 관하여 다른 법률에 특별한 규정이 있는 경우 외에는 이 법에 따른다.

> **2026. 9. 18. 시행**
>
> ① 사업주는 근로자가 배우자의 임신 및 출산을 이유로 휴가(이하 "배우자 출산전후휴가"라 한다)를 고지하는 경우에 20일의 휴가를 주어야 한다. 이 경우 사용한 휴가기간은 유급으로 한다.
>
> ② (현행과 같음)
>
> ③ 배우자 출산전후휴가는 근로자의 배우자 출산예정일 50일 전부터 사용할 수 있고, 배우자가 출산한 날부터 120일이 지나면 사용할 수 없다.
>
> ④ 배우자 출산전후휴가는 3회에 한정하여 나누어 사용할 수 있다.
>
> ⑤ 사업주는 배우자 출산전후휴가를 이유로 근로자를 해고하거나 그 밖의 불리한 처우를 하여서는 아니 된다.
>
> ⑥ 배우자 출산전후휴가의 신청방법 및 절차 등에 관하여 필요한 사항은 대통령령으로 정한다.

제18조의3【난임치료휴가】 ① 사업주는 근로자가 인공수정 또는 체외수정 등 난임치료를 받기 위하여 휴가(이하 "난임치료휴가"라 한다)를 청구하는 경우에 연간 6일 이내의 휴가를 주어야 하며, 이 경우 최초 2일은 유급으로 한다. 다만, 근로자가 청구한 시기에 휴가를 주는 것이 정상적인 사업 운영에 중대한 지장을 초래하는 경우에는 근로자와 협의하여 그 시기를 변경할 수 있다.

② 사업주는 난임치료휴가를 이유로 해고, 징계 등 불리한 처우를 하여서는 아니 된다.

③ 사업주는 제1항에 따라 난임치료휴가의 청구 업무를 처리하는 과정에서 알게 된 사실을 난임치료휴가를 신청한 근로자의 의사에 반하여 다른 사람에게 누설하여서는 아니된다.

④ 난임치료휴가의 신청방법 및 절차 등은 대통령령으로 정한다.

> **2026. 9. 18. 시행**
>
> **제18조의4【배우자 유산·사산휴가】** ① 사업주는 근로자가 배우자의 유산 또는 사산을 이유로 휴가(이하 "배우자 유산·사산휴가"라 한다)를 청구하는 경우 5일의 범위에서 휴가를 주어야 하며, 이 경우 사용한 휴가기간 중 최초 3일은 유급으로 한다. 다만, 배우자 유산·사산휴가는 인공 임신중절 수술(「모자보건법」 제14조 제1항에 따른 경우는 제외한다)에 따른 유산의 경우에는 적용하지 아니한다.
>
> ② 제1항 본문에도 불구하고 출산전후휴가급여등이 지급된 경우에는 그 금액의 한도에서 지급의 책임을 면한다.
>
> ③ 배우자 유산·사산휴가는 배우자가 유산 또는 사산한 날부터 20일 이내에 청구하여야 한다.
>
> ④ 사업주는 배우자 유산·사산휴가를 이유로 근로자를 해고하거나 그 밖의 불리한 처우를 하여서는 아니 된다.
>
> ⑤ 배우자 유산·사산휴가의 신청방법 및 절차 등은 대통령령으로 정한다.

Ⅱ 출산전후휴가 등에 대한 지원

국가는 제18조의2에 따른 배우자 출산휴가, 제18조의3에 따른 난임치료휴가, 「근로기준법」 제74조에 따른 출산전후휴가 또는 유산·사산 휴가를 사용한 근로자 중 일정한 요건에 해당하는 사람에게 그 휴가기간에 대하여 통상임금에 상당하는 금액(이하 "출산전후휴가급여등"이라 한다)을 지급할 수 있다(남녀고용평등법 제18조 제1항).

제1항에 따라 지급된 출산전후휴가급여등은 그 금액의 한도에서 제18조의2 제1항, 제18조의3 제1항 본문 또는 「근로기준법」 제74조 제4항에 따라 사업주가 지급한 것으로 본다(동법 제18조 제2항).

출산전후휴가급여등을 지급하기 위하여 필요한 비용은 국가재정이나 「사회보장기본법」에 따른 사회보험에서 분담할 수 있다(동법 제18조 제2항).

Ⅲ 배우자출산휴가

사업주는 근로자가 배우자의 출산을 이유로 휴가(이하 "배우자 출산휴가"라 한다)를 고지하는 경우에 20일의 휴가를 주어야 한다. 이 경우 사용한 휴가기간은 유급으로 한다(남녀고용평등법 제18조의2 제1항). 제1항 후단에도 불구하고 출산전후휴가급여등이 지급된 경우에는 그 금액의 한도에서 지급의 책임을 면한다(동법 제18조의2 제2항). 배우자 출산휴가는 근로자의 배우자가 출산한 날부터 120일이 지나면 사용할 수 없다(동법 제18조의2 제3항). 배우자 출산휴가는 3회에 한정하여 나누어 사용할 수 있다(동법 제18조의2 제4항). 사업주는 배우자 출산휴가를 이유로 근로자를 해고하거나 그 밖의 불리한 처우를 하여서는 아니 된다(동법 제18조의2 제5항).

Ⅳ 난임치료휴가

사업주는 근로자가 인공수정 또는 체외수정 등 난임치료를 받기 위하여 휴가(이하 "난임치료휴가"라 한다)를 청구하는 경우에 연간 6일 이내의 휴가를 주어야 하며, 이 경우 최초 2일은 유급으로 한다. 다만, 근로자가 청구한 시기에 휴가를 주는 것이 정상적인 사업 운영에 중대한 지장을 초래하는 경우에는 근로자와 협의하여 그 시기를 변경할 수 있다(남녀고용평등법 제18조의3 제1항). 사업주는 난임치료휴가를 이유로 해고, 징계 등 불리한 처우를 하여서는 아니 된다(동법 제18조의3 제2항). 사업주는 제1항에 따라 난임치료휴가의 청구 업무를 처리하는 과정에서 알게 된 사실을 난임치료휴가를 신청한 근로자의 의사에 반하여 다른 사람에게 누설하여서는 아니된다(동법 제18조의3 제3항).

제 4 절 일·가정의 양립 지원

Ⅰ 법규정

제19조【육아휴직】 ① 사업주는 임신 중인 여성 근로자가 모성을 보호하거나 근로자가 만 8세 이하 또는 초등학교 2학년 이하의 자녀(입양한 자녀를 포함한다. 이하 같다)를 양육하기 위하여 휴직(이하 "육아휴직"이라 한다)을 신청하는 경우에 이를 허용하여야 한다. 다만, 대통령령으로 정하는 경우에는 그러하지 아니하다.

> **2026. 9. 18. 시행**
>
> ① 사업주는 임신 중인 여성 근로자가 모성을 보호하려는 경우, 남성 근로자가 고용노동부령으로 정하는 유산, 조산 등 위험이 있는 임신 중인 배우자를 돌보려고 하는 경우 또는 근로자가 만 8세 이하 또는 초등학교 2학년 이하의 자녀(입양한 자녀를 포함한다. 이하 같다)를 양육하기 위하여 휴직(이하 "육아휴직"이라 한다)을 신청하는 경우에는 이를 허용하여야 한다. 다만, 대통령령으로 정하는 경우에는 그러하지 아니하다.

② 육아휴직의 기간은 1년 이내로 한다. 다만, 다음 각 호의 어느 하나에 해당하는 근로자의 경우 6개월 이내에서 추가로 육아휴직을 사용할 수 있다.

1. 같은 자녀를 대상으로 부모가 모두 육아휴직을 각각 3개월 이상 사용한 경우의 부 또는 모
2. 「한부모가족지원법」 제4조 제1호의 부 또는 모
3. 고용노동부령으로 정하는 장애아동의 부 또는 모

③ 사업주는 육아휴직을 이유로 해고나 그 밖의 불리한 처우를 하여서는 아니 되며, 육아휴직 기간에는 그 근로자를 해고하지 못한다. 다만, 사업을 계속할 수 없는 경우에는 그러하지 아니하다.

④ 사업주는 육아휴직을 마친 후에는 휴직 전과 같은 업무 또는 같은 수준의 임금을 지급하는 직무에 복귀시켜야 한다. 또한 제2항의 육아휴직 기간은 근속기간에 포함한다.

⑤ 기간제근로자 또는 파견근로자의 육아휴직 기간은 「기간제 및 단시간근로자 보호 등에 관한 법률」 제4조에 따른 사용기간 또는 「파견근로자 보호 등에 관한 법률」 제6조에 따른 근로자파견기간에서 제외한다.

⑥ 육아휴직의 신청방법 및 절차 등에 관하여 필요한 사항은 대통령령으로 정한다.

> **2026. 8. 20. 시행**
>
> ⑥ 사업주는 근로자가 만 8세 이하 또는 초등학교 2학년 이하의 자녀가 소속된 기관의 휴원, 휴교, 방학 및 자녀의 질병 등 고용노동부령으로 정하는 사유로 자녀를 양육하기 위하여 육아휴직을 신청하는 경우 이를 허용하여야 한다. 다만, 육아휴직 신청이 집중될 수 있는 방학기간에 한정하여 근로자가 신청한 시기에 육아휴직을 사용하게 하는 것이 사업 운영에 막대한 지장이 있는 경우에는 근로자와 협의하여 그 시기를 변경할 수 있다.
>
> ⑦ 제6항에 따른 육아휴직은 1년에 1회에 한정하여 주 단위로 사용할 수 있고, 그 기간은 1주 또는 2주로 한다. 다만, 해당 기간은 제2항에 따른 육아휴직 기간에 포함한다.
>
> ⑧ 사업주는 제6항 단서에 따라 육아휴직 시기를 변경하는 경우 시기변경 사유, 변경한 육아휴직 기간 등을 근로자에게 서면으로 알려야 한다.
>
> ⑨ 육아휴직의 신청방법 및 절차 등에 관하여 필요한 사항은 대통령령으로 정한다.

제19조의2【육아기 근로시간 단축】 ① 사업주는 근로자가 만 12세 이하 또는 초등학교 6학년 이하의 자녀를 양육하기 위하여 근로시간의 단축(이하 "육아기 근로시간 단축"이라 한다)을 신청하는 경우에 이를 허용하여야 한다. 다만, 대체인력 채용이 불가능한 경우, 정상적인 사업 운영에 중대한 지장을 초래하는 경우 등 대통령령으로 정하는 경우에는 그러하지 아니하다.

② 제1항 단서에 따라 사업주가 육아기 근로시간 단축을 허용하지 아니하는 경우에는 해당 근로자에게 그 사유를 서면으로 통보하고 육아휴직을 사용하게 하거나 출근 및 퇴근 시간 조정 등 다른 조치를 통하여 지원할 수 있는지를 해당 근로자와 협의하여야 한다.

③ 사업주가 제1항에 따라 해당 근로자에게 육아기 근로시간 단축을 허용하는 경우 단축 후 근로시간은 주당 15시간 이상이어야 하고 35시간을 넘어서는 아니 된다.

④ 육아기 근로시간 단축의 기간은 1년 이내로 한다. 다만, 근로자가 제19조 제2항 본문에 따른 육아휴직 기간 중 사용하지 아니한 기간이 있으면 그 기간의 두 배를 가산한 기간 이내로 한다.

⑤ 사업주는 육아기 근로시간 단축을 이유로 해당 근로자에게 해고나 그 밖의 불리한 처우를 하여서는 아니 된다.

⑥ 사업주는 근로자의 육아기 근로시간 단축기간이 끝난 후에 그 근로자를 육아기 근로시간 단축 전과 같은 업무 또는 같은 수준의 임금을 지급하는 직무에 복귀시켜야 한다.

⑦ 육아기 근로시간 단축의 신청방법 및 절차 등에 관하여 필요한 사항은 대통령령으로 정한다.

제19조의3【육아기 근로시간 단축 중 근로조건 등】 ① 사업주는 제19조의2에 따라 육아기 근로시간 단축을 하고 있는 근로자에 대하여 근로시간에 비례하여 적용하는 경우 외에는 육아기 근로시간 단축을 이유로 그 근로조건을 불리하게 하여서는 아니 된다.

② 제19조의2에 따라 육아기 근로시간 단축을 한 근로자의 근로조건(육아기 근로시간 단축 후 근로시간을 포함한다)은 사업주와 그 근로자 간에 서면으로 정한다.

③ 사업주는 제19조의2에 따라 육아기 근로시간 단축을 하고 있는 근로자에게 단축된 근로시간 외에 연장근로를 요구할 수 없다. 다만, 그 근로자가 명시적으로 청구하는 경우에는 사업주는 주 12시간 이내에서 연장근로를 시킬 수 있다.

④ 육아기 근로시간 단축을 한 근로자에 대하여 「근로기준법」 제2조 제6호에 따른 평균임금을 산정하는 경우에는 그 근로자의 육아기 근로시간 단축 기간을 평균임금 산정기간에서 제외한다.

제19조의4【육아휴직과 육아기 근로시간 단축의 사용형태】 ① 근로자는 육아휴직을 3회에 한정하여 나누어 사용할 수 있다. 이 경우 임신 중인 여성 근로자가 모성보호를 위하여 육아휴직을 사용한 횟수는 육아휴직을 나누어 사용한 횟수에 포함하지 아니한다.

> **2026. 8. 20. / 2026. 9. 18. 시행**
>
> ① 근로자는 육아휴직을 3회에 한정하여 나누어 사용할 수 있다. 이 경우 임신 중인 여성 근로자가 <u>모성을 보호하거나 남성 근로자가 고용노동부령으로 정하는 유산, 조산 등 위험이 있는 임신 중인 배우자를 돌보기</u>(시행일 : 2026.9.18.) 위하여 육아휴직을 사용한 <u>횟수 또는 근로자가 제19조 제6항에 따른 육아휴직을 사용한 횟수는</u>(시행일 : 2026.8.20.) 육아휴직을 나누어 사용한 횟수에 포함하지 아니한다.

② 근로자는 육아기 근로시간 단축을 나누어 사용할 수 있다. 이 경우 나누어 사용하는 1회의 기간은 1개월(근로계약기간의 만료로 1개월 이상 근로시간 단축을 사용할 수 없는 기간제근로자에 대해서는 남은 근로계약기간을 말한다) 이상이 되어야 한다.

제19조의5【육아지원을 위한 그 밖의 조치】 ① 사업주는 만 8세 이하 또는 초등학교 2학년 이하의 자녀를 양육하는 근로자의 육아를 지원하기 위하여 다음 각 호의 어느 하나에 해당하는 조치를 하도록 노력하여야 한다.

1. 업무를 시작하고 마치는 시간 조정
2. 연장근로의 제한
3. 근로시간의 단축, 탄력적 운영 등 근로시간 조정
4. 그 밖에 소속 근로자의 육아를 지원하기 위하여 필요한 조치

② 고용노동부장관은 사업주가 제1항에 따른 조치를 할 경우 고용 효과 등을 고려하여 필요한 지원을 할 수 있다.

제19조의6【직장복귀를 위한 사업주의 지원】 사업주는 이 법에 따라 육아휴직 중인 근로자에 대한 직업능력 개발 및 향상을 위하여 노력하여야 하고 출산전후휴가, 육아휴직 또는 육아기 근로시간 단축을 마치고 복귀하는 근로자가 쉽게 직장생활에 적응할 수 있도록 지원하여야 한다.

제20조【일ㆍ가정의 양립을 위한 지원】 ① 국가는 사업주가 근로자에게 육아휴직이나 육아기 근로시간 단축을 허용한 경우 그 근로자의 생계비용과 사업주의 고용유지비용의 일부를 지원할 수 있다.

② 국가는 육아기 재택근무 등 소속 근로자의 일ㆍ가정의 양립을 지원하기 위한 조치를 도입하는 사업주에게 세제 및 재정을 통한 지원을 할 수 있다.

제22조의2【근로자의 가족 돌봄 등을 위한 지원】 ① 사업주는 근로자가 조부모, 부모, 배우자, 배우자의 부모, 자녀 또는 손자녀(이하 "가족"이라 한다)의 질병, 사고, 노령으로 인하여 그 가족을 돌보기 위한 휴직(이하 "가족돌봄휴직"이라 한다)을 신청하는 경우 이를 허용하여야 한다. 다만, 대체인력 채용이 불가능한 경우, 정상적인 사업 운영에 중대한 지장을 초래하는 경우, 본인 외에도 조부모의 직계비속 또는 손자녀의 직계존속이 있는 경우 등 대통령령으로 정하는 경우에는 그러하지 아니하다.

② 사업주는 근로자가 가족(조부모 또는 손자녀의 경우 근로자 본인 외에도 직계비속 또는 직계존속이 있는 등 대통령령으로 정하는 경우는 제외한다)의 질병, 사고, 노령 또는 자녀의 양육으로 인하여 긴급하게 그 가족을 돌보기 위한 휴가(이하 "가족돌봄휴가"라 한다)를 신청하는 경우 이를 허용하여야 한다. 다만, 근로자가 청구한 시기에 가족돌봄휴가를 주는 것이 정상적인 사업 운영에 중대한 지장을 초래하는 경우에는 근로자와 협의하여 그 시기를 변경할 수 있다.

③ 제1항 단서에 따라 사업주가 가족돌봄휴직을 허용하지 아니하는 경우에는 해당 근로자에게 그 사유를 서면으로 통보하고, 다음 각 호의 어느 하나에 해당하는 조치를 하도록 노력하여야 한다.

1. 업무를 시작하고 마치는 시간 조정
2. 연장근로의 제한
3. 근로시간의 단축, 탄력적 운영 등 근로시간의 조정
4. 그 밖에 사업장 사정에 맞는 지원조치

④ 가족돌봄휴직 및 가족돌봄휴가의 사용기간과 분할횟수 등은 다음 각 호에 따른다.

1. 가족돌봄휴직 기간은 연간 최장 90일로 하며, 이를 나누어 사용할 수 있을 것. 이 경우 나누어 사용하는 1회의 기간은 30일 이상이 되어야 한다.
2. 가족돌봄휴가 기간은 연간 최장 10일[제3호에 따라 가족돌봄휴가 기간이 연장되는 경우 20일(「한부모가족지원법」 제4조 제1호의 모 또는 부에 해당하는 근로자의 경우 25일) 이내]로 하며, 일단위로 사용할 수 있을 것. 다만, 가족돌봄휴가 기간은 가족돌봄휴직 기간에 포함된다.
3. 고용노동부장관은 감염병의 확산 등을 원인으로 「재난 및 안전관리 기본법」 제38조에 따른 심각단계의 위기경보가 발령되거나, 이에 준하는 대규모 재난이 발생한 경우로서 근로자에게 가족을 돌보기 위한 특별한 조치가 필요하다고 인정되는 경우 「고용정책 기본법」 제10조에 따른 고용정책심의회의 심의를 거쳐 가족돌봄휴가 기간을 연간 10일(「한부모가족지원법」 제4조 제1호에 따른 모 또는 부에 해당하는 근로자의 경우 15일)의 범위에서 연장할 수 있을 것. 이 경우 고용노동부장관은 지체 없이 기간 및 사유 등을 고시하여야 한다.

⑤ 제4항 제3호에 따라 연장된 가족돌봄휴가는 다음 각 호의 어느 하나에 해당하는 경우에만 사용할 수 있다.
  1. 감염병 확산을 사유로 「재난 및 안전관리 기본법」 제38조에 따른 심각단계의 위기경보가 발령된 경우로
     서 가족이 위기경보가 발령된 원인이 되는 감염병의 「감염병의 예방 및 관리에 관한 법률」 제2조 제13호
     부터 제15호까지의 감염병환자, 감염병의사환자, 병원체보유자인 경우 또는 같은 법 제2조 제15호의2의
     감염병의심자 중 유증상자 등으로 분류되어 돌봄이 필요한 경우
  2. 자녀가 소속된 「초·중등교육법」 제2조의 학교, 「유아교육법」 제2조 제2호의 유치원 또는 「영유아보육법」
     제2조 제3호의 어린이집(이하 이 조에서 "학교등"이라 한다)에 대한 「초·중등교육법」 제64조에 따른 휴
     업명령 또는 휴교처분, 「유아교육법」 제31조에 따른 휴업 또는 휴원 명령이나 「영유아보육법」 제43조의2
     에 따른 휴원명령으로 자녀의 돌봄이 필요한 경우
  3. 자녀가 제1호에 따른 감염병으로 인하여 「감염병의 예방 및 관리에 관한 법률」 제42조 제2항 제1호에
     따른 자가(自家) 격리 대상이 되거나 학교등에서 등교 또는 등원 중지 조치를 받아 돌봄이 필요한 경우
  4. 그 밖에 근로자의 가족돌봄에 관하여 고용노동부장관이 정하는 사유에 해당하는 경우
⑥ 사업주는 가족돌봄휴직 또는 가족돌봄휴가를 이유로 해당 근로자를 해고하거나 근로조건을 악화시키는 등
  불리한 처우를 하여서는 아니 된다.
⑦ 가족돌봄휴직 및 가족돌봄휴가 기간은 근속기간에 포함한다. 다만, 「근로기준법」 제2조 제1항 제6호에 따른
  평균임금 산정기간에서는 제외한다.
⑧ 사업주는 소속 근로자가 건전하게 직장과 가정을 유지하는 데에 도움이 될 수 있도록 필요한 심리상담 서비
  스를 제공하도록 노력하여야 한다.
⑨ 고용노동부장관은 사업주가 제1항 또는 제2항에 따른 조치를 하는 경우에는 고용 효과 등을 고려하여 필요
  한 지원을 할 수 있다.
⑩ 가족돌봄휴직 및 가족돌봄휴가의 신청방법 및 절차 등에 관하여 필요한 사항은 대통령령으로 정한다.

제22조의3【가족돌봄 등을 위한 근로시간 단축】 ① 사업주는 근로자가 다음 각 호의 어느 하나에 해당하는 사유
로 근로시간의 단축을 신청하는 경우에 이를 허용하여야 한다. 다만, 대체인력 채용이 불가능한 경우, 정상
적인 사업 운영에 중대한 지장을 초래하는 경우 등 대통령령으로 정하는 경우에는 그러하지 아니하다.
  1. 근로자가 가족의 질병, 사고, 노령으로 인하여 그 가족을 돌보기 위한 경우
  2. 근로자 자신의 질병이나 사고로 인한 부상 등의 사유로 자신의 건강을 돌보기 위한 경우
  3. 55세 이상의 근로자가 은퇴를 준비하기 위한 경우
  4. 근로자의 학업을 위한 경우
② 제1항 단서에 따라 사업주가 근로시간 단축을 허용하지 아니하는 경우에는 해당 근로자에게 그 사유를 서면
  으로 통보하고 휴직을 사용하게 하거나 그 밖의 조치를 통하여 지원할 수 있는지를 해당 근로자와 협의하여
  야 한다.
③ 사업주가 제1항에 따라 해당 근로자에게 근로시간 단축을 허용하는 경우 단축 후 근로시간은 주당 15시간
  이상이어야 하고 30시간을 넘어서는 아니 된다.
④ 근로시간 단축의 기간은 1년 이내로 한다. 다만, 제1항 제1호부터 제3호까지의 어느 하나에 해당하는 근로자
  는 합리적 이유가 있는 경우에 추가로 2년의 범위 안에서 근로시간 단축의 기간을 연장할 수 있다.
⑤ 사업주는 근로시간 단축을 이유로 해당 근로자에게 해고나 그 밖의 불리한 처우를 하여서는 아니 된다.
⑥ 사업주는 근로자의 근로시간 단축기간이 끝난 후에 그 근로자를 근로시간 단축 전과 같은 업무 또는 같은
  수준의 임금을 지급하는 직무에 복귀시켜야 한다.
⑦ 근로시간 단축의 신청방법 및 절차 등에 필요한 사항은 대통령령으로 정한다.

제22조의4【가족돌봄 등을 위한 근로시간 단축 중 근로조건 등】 ① 사업주는 제22조의3에 따라 근로시간 단축을 하고 있는 근로자에게 근로시간에 비례하여 적용하는 경우 외에는 가족돌봄 등을 위한 근로시간 단축을 이유로 그 근로조건을 불리하게 하여서는 아니 된다.
② 제22조의3에 따라 근로시간 단축을 한 근로자의 근로조건(근로시간 단축 후 근로시간을 포함한다)은 사업주와 그 근로자 간에 서면으로 정한다.
③ 사업주는 제22조의3에 따라 근로시간 단축을 하고 있는 근로자에게 단축된 근로시간 외에 연장근로를 요구할 수 없다. 다만, 그 근로자가 명시적으로 청구하는 경우에는 사업주는 주 12시간 이내에서 연장근로를 시킬 수 있다.
④ 근로시간 단축을 한 근로자에 대하여 「근로기준법」 제2조 제6호에 따른 평균임금을 산정하는 경우에는 그 근로자의 근로시간 단축 기간을 평균임금 산정기간에서 제외한다.

II 육아휴직

1. 의의

사업주는 임신 중인 여성 근로자가 모성을 보호하거나 근로자가 만 8세 이하 또는 초등학교 2학년 이하의 자녀(입양한 자녀를 포함한다. 이하 같다)를 양육하기 위하여 휴직(이하 "육아휴직"이라 한다)을 신청하는 경우에 이를 허용하여야 한다. 다만, 대통령령으로 정하는 경우에는 그러하지 아니하다(남녀고용평등법 제19조 제1항). 여기서 '대통령령으로 정하는 경우'란 육아휴직을 시작하려는 날(이하 "휴직개시예정일"이라 한다)의 전날까지 해당 사업에서 계속 근로한 기간이 6개월 미만인 근로자가 신청한 경우를 말한다(남녀고용평등법 시행령 제10조).

2. 육아휴직 신청권자 및 기간

육아휴직을 신청하려는 근로자는 휴직개시예정일의 30일 전까지 신청서에 신청인의 성명, 생년월일 등 인적사항, 육아휴직 대상인 영유아의 성명·생년월일, 휴직개시예정일 등을 적어 사업주에게 제출해야 한다(남녀고용평등법 시행령 제11조 제1항). 육아휴직의 기간은 1년 이내로 한다. 다만, 다음 각 호의 어느 하나에 해당하는 근로자의 경우 6개월 이내에서 추가로 육아휴직을 사용할 수 있다(동법 제19조 제2항).
(1) 같은 자녀를 대상으로 부모가 모두 육아휴직을 각각 3개월 이상 사용한 경우의 부 또는 모
(2) 「한부모가족지원법」 제4조 제1호의 부 또는 모
(3) 고용노동부령으로 정하는 장애아동의 부 또는 모

3. 육아휴직자의 보호

사업주는 육아휴직을 이유로 해고나 그 밖의 불리한 처우를 하여서는 아니 되며, 육아휴직 기간에는 그 근로자를 해고하지 못한다. 다만, 사업을 계속할 수 없는 경우에는 그러하지 아니하다(남녀고용평등법 제19조 제3항). 사업주는 육아휴직을 마친 후에는 휴직 전과 같은 업무 또는 같은 수준의 임금을 지급하는 직무에 복귀시켜야 한다. 또한 제2항의 육아휴직 기간은 근속기간에 포함한다(동법 제19조 제4항). 기간제근로자 또는 파견근로자의 육아휴직 기간은 「기간제 및 단시간근로자 보호 등에 관한 법률」 제4조에 따른 사용기간 또는 「파견근로자 보호 등에 관한 법률」 제6조에 따른 근로자파견기간에서 제외한다 (동법 제19조 제5항).

Ⅲ 육아기 근로시간 단축

1. 의의

(1) 사업주는 근로자가 만 12세 이하 또는 초등학교 6학년 이하의 자녀를 양육하기 위하여 근로시간의 단축(이하 "육아기 근로시간 단축"이라 한다)을 신청하는 경우에 이를 허용하여야 한다. 다만, 대체인력 채용이 불가능한 경우, 정상적인 사업 운영에 중대한 지장을 초래하는 경우 등 대통령령으로 정하는 경우에는 그러하지 아니하다(남녀고용평등법 제19조의2 제1항).

(2) 제1항 단서에 따라 사업주가 육아기 근로시간 단축을 허용하지 아니하는 경우에는 해당 근로자에게 그 사유를 서면으로 통보하고 육아휴직을 사용하게 하거나 출근 및 퇴근 시간 조정 등 다른 조치를 통하여 지원할 수 있는지를 해당 근로자와 협의하여야 한다(동법 제19조의2 제2항).

2. 육아기 근로시간 단축 시의 근로시간과 기간

사업주가 제1항에 따라 해당 근로자에게 육아기 근로시간 단축을 허용하는 경우 단축 후 근로시간은 주당 15시간 이상이어야 하고 35시간을 넘어서는 아니 된다(남녀고용평등법 제19조의2 제3항). 육아기 근로시간 단축의 기간은 1년 이내로 한다. 다만, 근로자가 제19조제2항 본문에 따른 육아휴직 기간 중 사용하지 아니한 기간이 있으면 그 기간의 두 배를 가산한 기간 이내로 한다(동법 제19조의2 제4항).

3. 육아기 근로시간 단축 중 근로조건 등

사업주는 제19조의2에 따라 육아기 근로시간 단축을 하고 있는 근로자에 대하여 근로시간에 비례하여 적용하는 경우 외에는 육아기 근로시간 단축을 이유로 그 근로조건을 불리하게 하여서는 아니 된다(남녀고용평등법 제19조의3 제1항). 제19조의2에 따라 육아기 근로시간 단축을 한 근로자의 근로조건(육아기 근로시간 단축 후 근로시간을 포함한다)은 사업주와 그 근로자 간에 서면으로 정한다(동법 제19조의3 제2항). 사업주는 제19조의2에 따라 육아기 근로시간 단축을 하고 있는 근로자에게 단축된 근로시간 외에 연장근로를 요구할 수 없다. 다만, 그 근로자가 명시적으로 청구하는 경우에는 사업주는 주 12시간 이내에서 연장근로를 시킬 수 있다(동법 제19조의3 제3항). 육아기 근로시간 단축을 한 근로자에 대하여 「근로기준법」 제2조 제6호에 따른 평균임금을 산정하는 경우에는 그 근로자의 육아기 근로시간 단축 기간을 평균임금 산정기간에서 제외한다(동법 제19조의3 제4항).

4. 육아기 근로시간 단축 근로자의 보호

사업주는 육아기 근로시간 단축을 이유로 해당 근로자에게 해고나 그 밖의 불리한 처우를 하여서는 아니 된다(남녀고용평등법 제19조의2 제5항). 사업주는 근로자의 육아기 근로시간 단축기간이 끝난 후에 그 근로자를 육아기 근로시간 단축 전과 같은 업무 또는 같은 수준의 임금을 지급하는 직무에 복귀시켜야 한다(동법 제19조의2 제6항).

Ⅳ 육아휴직과 육아기 근로시간 단축의 사용형태

근로자는 육아휴직을 3회에 한정하여 나누어 사용할 수 있다. 이 경우 임신 중인 여성 근로자가 모성보호를 위하여 육아휴직을 사용한 횟수는 육아휴직을 나누어 사용한 횟수에 포함하지 아니한다(남녀고용평등법 제19조의4 제1항). 근로자는 육아기 근로시간 단축을 나누어 사용할 수 있다. 이 경우 나누어 사용하는 1회의 기간은 1개월(근로계약기간의 만료로 1개월 이상 근로시간 단축을 사용할 수 없는 기간제근로자에 대해서는 남은 근로계약기간을 말한다) 이상이 되어야 한다(동법 제19조의4 제2항).

Ⅴ 육아지원 등을 위한 조치

(1) 사업주는 만 8세 이하 또는 초등학교 2학년 이하의 자녀를 양육하는 근로자의 육아를 지원하기 위하여 다음의 어느 하나에 해당하는 조치를 하도록 노력하여야 한다(남녀고용평등법 제19조의5 제1항).

　① 업무를 시작하고 마치는 시간 조정

　② 연장근로의 제한

　③ 근로시간의 단축, 탄력적 운영 등 근로시간 조정

　④ 그 밖에 소속 근로자의 육아를 지원하기 위하여 필요한 조치

(2) 또한 사업주는 이 법에 따라 육아휴직 중인 근로자에 대한 직업능력 개발 및 향상을 위하여 노력하여야 하고 출산전후휴가, 육아휴직 또는 육아기 근로시간 단축을 마치고 복귀하는 근로자가 쉽게 직장생활에 적응할 수 있도록 지원하여야 한다(동법 제19조의6). 국가는 사업주가 근로자에게 육아휴직이나 육아기 근로시간 단축을 허용한 경우 그 근로자의 생계비용과 사업주의 고용유지비용의 일부를 지원할 수 있다(동법 제20조 제1항). 국가는 육아기 재택근무 등 소속 근로자의 일·가정의 양립을 지원하기 위한 조치를 도입하는 사업주에게 세제 및 재정을 통한 지원을 할 수 있다(동법 제20조 제2항).

Ⅵ 가족돌봄 등을 위한 지원

1. 가족돌봄휴직

사업주는 근로자가 조부모, 부모, 배우자, 배우자의 부모, 자녀 또는 손자녀(이하 "가족"이라 한다)의 질병, 사고, 노령으로 인하여 그 가족을 돌보기 위한 휴직(이하 "가족돌봄휴직"이라 한다)을 신청하는 경우 이를 허용하여야 한다. 다만, 대체인력 채용이 불가능한 경우, 정상적인 사업 운영에 중대한 지장을 초래하는 경우, 본인 외에도 조부모의 직계비속 또는 손자녀의 직계존속이 있는 경우 등 대통령령으로 정하는 경우에는 그러하지 아니하다(남녀고용평등법 제22조의2 제1항). 사업주가 가족돌봄휴직을 허용하지 아니하는 경우에는 해당 근로자에게 그 사유를 서면으로 통보하고, 업무를 시작하고 마치는 시간 조정 또는 연장근로의 제한 및 근로시간의 단축, 탄력적 운영 등 근로시간 조정 등의 조치를 하도록 노력하여야 한다(동법 제22조의2 제3항).

2. 가족돌봄휴가

사업주는 근로자가 가족(조부모 또는 손자녀의 경우 근로자 본인 외에도 직계비속 또는 직계존속이 있는 등 대통령령으로 정하는 경우는 제외한다)의 질병, 사고, 노령 또는 자녀의 양육으로 인하여 긴급하게 그 가족을 돌보기 위한 휴가(이하 "가족돌봄휴가"라 한다)를 신청하는 경우 이를 허용하여야 한다. 다만, 근로자가 청구한 시기에 가족돌봄휴가를 주는 것이 정상적인 사업 운영에 중대한 지장을 초래하는 경우에는 근로자와 협의하여 그 시기를 변경할 수 있다(남녀고용평등법 제22조의2 제2항).

3. 가족돌봄휴직 및 가족돌봄휴가의 사용기간과 분할횟수

가족돌봄휴직 및 가족돌봄휴가의 사용기간과 분할횟수 등은 다음 각 호에 따른다(남녀고용평등법 제22조의2 제4항).

1. 가족돌봄휴직 기간은 연간 최장 90일로 하며, 이를 나누어 사용할 수 있을 것. 이 경우 나누어 사용하는 1회의 기간은 30일 이상이 되어야 한다.
2. 가족돌봄휴가 기간은 연간 최장 10일[제3호에 따라 가족돌봄휴가 기간이 연장되는 경우 20일(「한부모가족지원법」 제4조 제1호의 모 또는 부에 해당하는 근로자의 경우 25일) 이내]로 하며, 일단위로 사용할 수 있을 것. 다만, 가족돌봄휴가 기간은 가족돌봄휴직 기간에 포함된다.
3. 고용노동부장관은 감염병의 확산 등을 원인으로 「재난 및 안전관리 기본법」 제38조에 따른 심각단계의 위기경보가 발령되거나, 이에 준하는 대규모 재난이 발생한 경우로서 근로자에게 가족을 돌보기 위한 특별한 조치가 필요하다고 인정되는 경우 「고용정책 기본법」 제10조에 따른 고용정책심의회의 심의를 거쳐 가족돌봄휴가 기간을 연간 10일(「한부모가족지원법」 제4조 제1호에 따른 모 또는 부에 해당하는 근로자의 경우 15일)의 범위에서 연장할 수 있을 것. 이 경우 고용노동부장관은 지체 없이 기간 및 사유 등을 고시하여야 한다.

4. 가족돌봄휴직 및 가족돌봄휴가 기간 중의 근로조건

사업주는 가족돌봄휴직 또는 가족돌봄휴가를 이유로 해당 근로자를 해고하거나 근로조건을 악화시키는 등 불리한 처우를 하여서는 아니 된다(남녀고용평등법 제22조의2 제6항). 가족돌봄휴직 및 가족돌봄휴가 기간은 근속기간에 포함한다. 다만, 「근로기준법」 제2조 제1항 제6호에 따른 평균임금 산정기간에서는 제외한다(동법 제22조의2 제7항).

5. 가족돌봄 등을 위한 근로시간 단축

사업주는 근로자가 다음 각 호의 어느 하나에 해당하는 사유로 근로시간의 단축을 신청하는 경우에 이를 허용하여야 한다. 다만, 대체인력 채용이 불가능한 경우, 정상적인 사업 운영에 중대한 지장을 초래하는 경우 등 대통령령으로 정하는 경우에는 그러하지 아니하다(남녀고용평등법 제22조의3 제1항). 제1항 단서에 따라 사업주가 근로시간 단축을 허용하지 아니하는 경우에는 해당 근로자에게 그 사유를 서면으로 통보하고 휴직을 사용하게 하거나 그 밖의 조치를 통하여 지원할 수 있는지를 해당 근로자와 협의하여야 한다(동법 제22조의3 제2항). 사업주가 제1항에 따라 해당 근로자에게 근로시간 단축을 허용하는 경우 단축 후 근로시간은 주당 15시간 이상이어야 하고 30시간을 넘어서는 아니 된다(동법 제22조의3 제3항). 근로시간 단축의 기간은 1년 이내로 한다. 다만, 제1항제1호부터 제3호까지의 어느 하나에 해당하는 근로자는 합리적 이유가 있는 경우에 추가로 2년의 범위 안에서 근로시간 단축의 기간을 연장할 수 있다(동법 제22조의3 제4항). 사업주는 근로자의 근로시간 단축기간이 끝난 후에 그 근로자를 근로시간 단축 전과 같은 업무 또는 같은 수준의 임금을 지급하는 직무에 복귀시켜야 한다(동법 제22조의3 제6항).

6. 가족돌봄 등을 위한 근로시간 단축 중 근로조건

(1) 사업주는 제22조의3에 따라 근로시간 단축을 하고 있는 근로자에게 근로시간에 비례하여 적용하는 경우 외에는 가족돌봄 등을 위한 근로시간 단축을 이유로 그 근로조건을 불리하게 하여서는 아니 된다(남녀고용평등법 제22조의4 제1항). 제22조의3에 따라 근로시간 단축을 한 근로자의 근로조건(근로시간 단축 후 근로시간을 포함한다)은 사업주와 그 근로자 간에 서면으로 정한다(동법 제22조의4 제2항). 사업주는 제22조의3에 따라 근로시간 단축을 하고 있는 근로자에게 단축된 근로시간 외에 연장근로를 요구할 수 없다. 다만, 그 근로자가 명시적으로 청구하는 경우에는 사업주는 주 12시간 이내에서 연장근로를 시킬 수 있다(동법 제22조의4 제3항).

(2) 근로시간 단축을 한 근로자에 대하여 「근로기준법」 제2조 제6호에 따른 평균임금을 산정하는 경우에는 그 근로자의 근로시간 단축 기간을 평균임금 산정기간에서 제외한다(동법 제22조의4 제4항).

박문각

유정수
율(律) 노동법

노동조합

제1절 노동조합의 조직형태

I 법규정

제2조【정의】 이 법에서 사용하는 용어의 정의는 다음과 같다.
4. "노동조합"이라 함은 근로자가 주체가 되어 자주적으로 단결하여 근로조건의 유지·개선 기타 근로자의 경제적·사회적 지위의 향상을 도모함을 목적으로 조직하는 단체 또는 그 연합단체를 말한다. 다만, 다음 각목의 1에 해당하는 경우에는 노동조합으로 보지 아니한다.

II 구성원 자격에 따른 유형

1. 직종별 조합

(1) 동일한 직종에 종사하는 근로자들이 개별적인 기업과 산업을 초월하여 결합한 노동조합으로, 역사적으로 숙련근로자를 중심으로 가장 먼저 조직된 조직형태이다.

(2) 단결력이 강하며 어용화의 위험이 적고, 임금·근로시간 기타 근로조건의 통일된 요구를 할 수 있으며, 실업자도 가입할 수 있는 장점이 있으나, 배타적이고 독립적이어서 전체 근로자 단결에 분열을 초래할 수 있고, 전체 근로자의 지위향상에 한계가 있다.

2. 산업별 노동조합

(1) 직종과 기업을 초월하여 동종산업에 종사하는 근로자들로 조직된 노동조합 형태이다. 산업별 조합은 산업혁명이 진행됨에 따라 대량의 미숙련근로자들이 노동시장에 진출하면서 이들의 권익을 보호하기 위하여 발달한 것으로 오늘날 선진국에서 일반적으로 채택하고 있는 조직유형이다.

(2) 이 조직유형은 대규모 조직을 바탕으로 한 강력한 단체교섭권을 기반으로 하여 동종산업에 종사하는 근로자의 지위를 통일적으로 개선할 수 있다는 장점이 있으나, 개별 근로자의 직종별 또는 기업별 특수성에 기인하는 근로조건의 확립이 어렵다는 단점이 있다.

3. 기업별 조합

(1) 기업별 조합은 하나의 기업에 종사하는 근로자가 직종 또는 산업과 상관없이 자신이 소속된 기업을 단위로 하여 조직된 노동조합 형태이다.

(2) 이 조직유형의 장점으로는 단일기업체에 종사하는 근로자들의 근로조건을 체계적으로 정하여 동일한 기업 내에 속한 근로자 간의 형평성을 도모할 수 있고, 사용자와의 관계가 긴밀하여 기업 내부의 특수성을 반영할 수 있으며, 노동조합의 경영참가 등 노사협조가 잘 이루어질 수 있다는 점을 장점으로 들 수 있다. 그러나 단점으로는 사용자에 의하여 노동조합이 어용화 될 위험이 있다.

4. 일반조합

(1) 일반조합은 근로자들의 직종·산업 또는 소속 기업과는 상관없이 근로의 능력과 의사가 있는 근로자는 누구나 가입할 수 있는 노동조합을 말한다.

(2) 일반조합은 특정 직종·산업 또는 기업에 속하지 아니하는 근로자를 노동조합에 가입할 수 있도록 하는 장점이 있으나, 근로자들의 이질적인 성격으로 인하여 연대감 및 소속감이 부족하여 통일된 단결력을 발휘할 수 없다는 단점이 있다.

III 결합방식에 의한 유형

1. 단위노조

단위노조라 함은 독자적인 노동조합으로서의 설립요건을 갖추고 있는 최소한 단위로서의 노동조합으로서, 근로자 개인을 그 구성원으로 하고 있는 노동조합 형태를 말한다.

2. 연합체 노조

연합체 노조란 단위노조를 구성원으로 하는 노동조합 형태를 말한다. 연합체 노조의 구성원은 개별 근로자들로 구성된 독자적인 노동조합이다.

제 2 절   노동조합의 설립요건

I 법규정

제2조【정의】 이 법에서 사용하는 용어의 정의는 다음과 같다.

4. "노동조합"이라 함은 근로자가 주체가 되어 자주적으로 단결하여 근로조건의 유지·개선 기타 근로자의 경제적·사회적 지위의 향상을 도모함을 목적으로 조직하는 단체 또는 그 연합단체를 말한다. 다만, 다음 각목의 1에 해당하는 경우에는 노동조합으로 보지 아니한다.

　가. 사용자 또는 항상 그의 이익을 대표하여 행동하는 자의 참가를 허용하는 경우

　나. 경비의 주된 부분을 사용자로부터 원조받는 경우

　다. 공제·수양 기타 복리사업만을 목적으로 하는 경우

　라. <삭제>

　마. 주로 정치운동을 목적으로 하는 경우

제5조【노동조합의 조직·가입·활동】 ① 근로자는 자유로이 노동조합을 조직하거나 이에 가입할 수 있다. 다만, 공무원과 교원에 대하여는 따로 법률로 정한다.

② 사업 또는 사업장에 종사하는 근로자(이하 "종사근로자"라 한다)가 아닌 노동조합의 조합원은 사용자의 효율적인 사업 운영에 지장을 주지 아니하는 범위에서 사업 또는 사업장 내에서 노동조합 활동을 할 수 있다.

③ 종사근로자인 조합원이 해고되어 노동위원회에 부당노동행위의 구제신청을 한 경우에는 중앙노동위원회의 재심판정이 있을 때까지는 종사근로자로 본다.

제10조【설립의 신고】 ① 노동조합을 설립하고자 하는 자는 다음 각호의 사항을 기재한 신고서에 제11조의 규정에 의한 규약을 첨부하여 연합단체인 노동조합과 2 이상의 특별시·광역시·특별자치시·도·특별자치도에 걸치는 단위노동조합은 고용노동부장관에게, 2 이상의 시·군·구(자치구를 말한다)에 걸치는 단위노동조합은 특별시장·광역시장·도지사에게, 그 외의 노동조합은 특별자치시장·특별자치도지사·시장·군수·구청장(자치구의 구청장을 말한다. 이하 제12조 제1항에서 같다)에게 제출하여야 한다.

1. 명칭

2. 주된 사무소의 소재지

3. 조합원수

4. 임원의 성명과 주소

5. 소속된 연합단체가 있는 경우에는 그 명칭

6. 연합단체인 노동조합에 있어서는 그 구성노동단체의 명칭, 조합원수, 주된 사무소의 소재지 및 임원의 성명·주소

② 제1항의 규정에 의한 연합단체인 노동조합은 동종산업의 단위노동조합을 구성원으로 하는 산업별 연합단체와 산업별 연합단체 또는 전국규모의 산업별 단위노동조합을 구성원으로 하는 총연합단체를 말한다.

제12조【신고증의 교부】 ① 고용노동부장관, 특별시장·광역시장·특별자치시장·도지사·특별자치도지사 또는 시장·군수·구청장(이하 "행정관청"이라 한다)은 제10조 제1항의 규정에 의한 설립신고서를 접수한 때에는 제2항 전단 및 제3항의 경우를 제외하고는 3일 이내에 신고증을 교부하여야 한다.

② 행정관청은 설립신고서 또는 규약이 기재사항의 누락등으로 보완이 필요한 경우에는 대통령령이 정하는 바에 따라 20일 이내의 기간을 정하여 보완을 요구하여야 한다. 이 경우 보완된 설립신고서 또는 규약을 접수한 때에는 3일 이내에 신고증을 교부하여야 한다.

③ 행정관청은 설립하고자 하는 노동조합이 다음 각호의 1에 해당하는 경우에는 설립신고서를 반려하여야 한다.

　1. 제2조 제4호 각목의 1에 해당하는 경우

　2. 제2항의 규정에 의하여 보완을 요구하였음에도 불구하고 그 기간 내에 보완을 하지 아니하는 경우

④ 노동조합이 신고증을 교부받은 경우에는 설립신고서가 접수된 때에 설립된 것으로 본다.

제13조【변경사항의 신고등】 ① 노동조합은 제10조 제1항의 규정에 의하여 설립신고된 사항 중 다음 각호의 1에 해당하는 사항에 변경이 있는 때에는 그 날부터 30일 이내에 행정관청에게 변경신고를 하여야 한다.

　1. 명칭

　2. 주된 사무소의 소재지

　3. 대표자의 성명

　4. 소속된 연합단체의 명칭

② 노동조합은 매년 1월 31일까지 다음 각호의 사항을 행정관청에게 통보하여야 한다. 다만, 제1항의 규정에 의하여 전년도에 변경신고된 사항은 그러하지 아니하다.

　1. 전년도에 규약의 변경이 있는 경우에는 변경된 규약내용

　2. 전년도에 임원의 변경이 있는 경우에는 변경된 임원의 성명

　3. 전년도 12월 31일 현재의 조합원수(聯合團體인 勞動組合에 있어서는 構成團體別 組合員數)

▌Ⅱ ▌ 노동조합의 실질적 요건

1. 의의

노동조합법상 노동조합은 노동조합법 제2조 제4호 본문 및 단서에서 정하는 실질적 요건을 갖추어야 하는데, 노동조합법상 노동조합으로 인정받기 위해서는 노동조합법 제2조 제4호 본문의 적극적 요건 및 동법 동조 동호 각목의 소극적 요건을 모두 갖추어야 한다.

2. 적극적 요건(성립요건)

(1) 자주성

노동조합은 근로자가 주체가 되어 자주적으로 조직하여야 한다. '근로자가 주체'가 된다는 것은 노동조합법 제2조 제1호가 정의하는 근로자가 양적인 면에서 조합원의 대부분을 구성하고 질적인 면에서 노동조합의 운영·활동에서 주도적 지위에 서는 것을 말한다.

(2) 목적성

노동조합은 근로조건의 유지·개선 기타 근로자의 경제적·사회적 지위향상을 목적으로 하여야 한다. '근로조건'이라 함은 임금·근로시간 등 근로관계의 형성·유지 및 종료 등에 관한 모든 사항을 말한다.

(3) 단체성

노동조합으로 인정되려면 단체 또는 그 연합단체이어야 한다. 단체라 함은 조합규약과 운영조직(기관과 재정)을 갖추고 계속적으로 활동하는 복수의 인적결합체를 말한다. 노동조합이라 할 수 있으려면 2명 이상의 결합체여야 한다.

3. 소극적 요건(결격요건)

(1) 노동조합이 사용자 또는 항상 그의 이익을 대표하여 행동하는 자의 참가를 허용하는 경우

① 사용자 또는 그의 이익을 대표하여 행동하는 자의 노동조합 참여를 제한하는 것은 노동조합의 결성·운영에 있어서 노동조합이 자주성을 확보할 수 없으며, 나아가 어용조직화 할 가능성이 있기 때문이다. 여기서 '항상 사용자의 이익을 대표하여 행동하는 자'라 함은 근로자에 대한 인사, 급여, 징계, 감사, 노무관리 등 근로관계 결정에 직접 참여하거나 사용자의 근로관계에 대한 계획과 방침에 관한 기밀사항 업무를 취급할 권한이 있는 등과 같이 그 직무상의 의무와 책임이 조합원으로서의 의무와 책임에 직접적으로 저촉되는 위치에 있는 자를 의미한다(대판 2011.9.8, 2008두13873).

② 예컨대, ㉠ 사용자에게 전속되어 사용자의 업무를 보조하는 비서·전용운전기사, ㉡ 회사 내의 경리·회계를 전담하는 부서의 직원 및 책임자, ㉢ 회사 내 재산의 보호, 출입자의 감시, 순찰 등의 경찰적 업무를 담당하는 경비직 등이 항상 사용자의 이익을 대표하여 행동하는 자에 해당한다고 할 것이다[1].

(2) 경비의 주된 부분을 사용자로부터 원조 받는 경우

이는 노동조합이 재정적인 면에서 사용자로부터 경비 등의 원조를 받는 경우에는 노동조합이 자주성을 상실하게 되므로 이를 노동조합으로 볼 수 없다는 것을 의미한다. '경비의 주된 부분'이라 함은 노동조합의 경비 중에서 성질상 사용자로부터 원조 받으면 노동조합의 자주성이 상실될 위험이 있는 것을 말한다.

(3) 노동조합이 공제·수양 기타 복리사업만을 목적으로 하는 경우

노동조합은 공제·수양 기타 복리사업만을 목적으로 하여서는 아니 된다. 공제·수양 기타 복리사업만을 목적으로 하는 단체는 사용자도 함께 구성원이 되거나 사용자의 기부금에 의존하는 경우가 많다고 할 것이다[2].

(4) 주로 정치운동[3]을 목적으로 하는 경우

노동조합이 주로 정치운동을 목적으로 하는 경우에는 노동조합법상의 노동조합이 될 수 없다. 다만, 노동조합의 정치활동은 근로조건의 유지·개선과 경제적·사회적 지위향상이라는 주목적을 달성하기 위하여 필요한 범위에서 정치활동을 부수적으로 하는 것은 인정된다.

---

1) 노조 01254-2642, 1988.2.19

2) 임종률, 『노동법』

3) 여기서 '정치운동'이란 정당이나 이에 준하는 정치단체의 조직·가입, 지원·제휴, 그 밖에 이들 정치단체의 목적을 달성하기 위한 조직적 활동을 말한다.

Ⅲ 노동조합의 형식적 요건

1. 의의

대외적으로 자주성을, 대내적으로 민주성을 갖추어 노동조합의 실질적 요건을 충족한 노동조합은 설립신고서에 조합규약을 첨부하여 행정관청에 노동조합의 설립신고를 하여야 한다. 이러한 신고 절차는 크게 노동조합법 제10조의 설립신고제도와 동법 제12조의 설립심사제도로 구성되어 있다.

2. 설립신고제도[4]

(1) 설립신고의 절차 및 대상

① 노동조합을 설립하고자 할 때에는 설립신고서에 조합규약을 첨부하여 연합단체인 노동조합과 2 이상의 특별시·광역시·특별자치시·도·특별자치도에 걸치는 단위노동조합은 고용노동부장관에게, 2 이상의 시·군·구(자치구를 말한다)에 걸치는 단위노동조합은 특별시장·광역시장·도지사에게, 그 외의 노동조합은 특별자치시장·특별자치도지사·시장·군수·구청장(자치구의 구청장을 말한다. 이하 제12조 제1항에서 같다)에게 제출하여야 한다(노동조합법 제10조 제1항).

② 신고서에는 ㉠ 명칭, ㉡ 주된 사무소의 소재지, ㉢ 조합원수, ㉣ 임원의 성명과 주소, ㉤ 소속된 연합단체가 있는 경우에는 그 명칭, ㉥ 연합단체인 노동조합에 있어서는 그 구성노동단체의 명칭, 조합원수, 주된 사무소의 소재지 및 임원의 성명·주소를 기재하여야 한다(동법 제10조 제1항 각 호).

(2) 설립신고의 법적성격

설립신고의 법적성격이 무엇인지 여부에 대해 견해의 대립이 있는데, 이와 관련하여 판례는 "노동조합법이 노동조합의 설립에 관하여 신고주의를 택하고 있는 취지는 소관 행정당국으로 하여금 노동조합에 대한 효율적인 조직체계의 정비·관리를 통하여 노동조합이 자주성과 민주성을 갖춘 조직으로 존속할 수 있도록 노동조합을 보호·육성하고 그 지도·감독에 철저를 기하게 하기 위한 노동정책적인 고려에서 마련된 것이다."라고 판시하였다(대판 1997.10.14, 96누9829 ; 대판 2014.4.10, 2011두6998 ; 대판 2016.12.27, 2011두921).

---

4) 설립신고제도를 채택하는 취지는 노동조합의 조직체계에 대한 행정관청의 효율적인 정비·관리를 통해 노동조합이 자주성과 민주성을 갖춘 조직으로 존속할 수 있도록 보호·육성하려는데 있다(헌재 2012.3.29, 2011헌바53).

3. 설립심사제도

(1) 의의

노동조합이 행정관청에 설립신고를 하는 경우 행정관청은 이에 대한 적법성 여부를 심사하고 있는데, 이를 노동조합의 설립심사제도라고 한다.

(2) 설립심사절차

① 설립신고 서류의 보완 : 행정관청은 설립신고서 또는 규약이 기재사항의 누락 등으로 보완이 필요한 경우에는 대통령령이 정하는 바에 따라 20일 이내의 기간을 정하여 보완을 요구하여야 한다(노동조합법 제12조 제2항).

② 반려처분 : 행정관청은 설립하고자 하는 노동조합이 노동조합법 제2조 제4호 각목의 결격사유에 해당하는 경우와 그 보완을 요구하였음에도 불구하고 그 기간 내에 보완을 하지 않은 경우에는 설립신고서를 반려하여야 한다(노동조합법 제12조 제3항).

③ 신고증의 교부 : 고용노동부장관, 특별시장·광역시장·특별자치시장·도지사·특별자치도지사 또는 시장·군수·구청장(이하 "행정관청"이라 함)은 설립신고서를 접수한 때에는 보완이 필요한 경우 또는 반려하여야 할 경우를 제외하고는 3일 이내에 신고증을 교부하여야 한다(노동조합법 제12조 제1항).

④ 심사의 대상 : 노동조합의 설립심사의 대상에 대하여 실질적으로 심사하여야 하는지 아니면 형식적으로 심사하여야 하는지 여부에 대해 견해의 대립이 있는데, 이와 관련하여 판례는 "행정관청의 설립심사의 취지는 노동조합으로서의 실질적 요건을 갖추지 못한 노동조합의 난립을 방지함으로써 근로자의 자주적이고 민주적인 단결권 행사를 보장하려는 데 있으므로, 행정관청이 노동조합의 결격사유(노동조합법 제2조 제4호 각 목)에 해당하는지 여부를 실질적으로 심사할 수 있다."고 판시하였다(대판 2014.4.10, 2011두6998).

4. 노동조합의 성립시기

노동조합이 신고증을 교부받은 경우에는 '설립신고서가 접수된 때'에 설립된 것으로 본다(노동조합법 제12조 제4항).

5. 변경사항의 신고 및 통보

(1) 변경신고

노동조합은 설립신고 된 사항 중 명칭, 주된 사무소의 소재지, 대표자의 성명, 소속된 연합단체의 명칭에 변경이 있는 때에는 그 날부터 30일 이내에 행정관청에 변경신고를 해야 한다(노동조합법 제13조 제1항).

(2) 통보

노동조합은 매년 1월 31일까지 전년도 규약의 변경이 있는 경우에는 변경된 규약내용, 전년도에 임원의 변경이 있는 경우에는 변경된 임원의 성명, 전년도 12월 31일 현재의 조합원 수(연합단체인 노동조합에 있어서는 구성단체별 조합원 수)를 행정관청에 통보하여야 한다. 다만, 전년도에 변경신고 된 사항은 예외로 한다(노동조합법 제13조 제2항).

Ⅳ 설립요건 결여의 효과

1. 실질적 요건을 결한 경우

실질적 요건을 결하는 경우 원칙적으로 노동조합법상의 보호는 물론 헌법상의 근로3권이 보장되지 않는다.

2. 형식적 요건을 결한 경우

노동조합이 형식적 요건을 결한 경우 노동조합법 제2조 제4호의 자주성 요건을 구비하고 있다면, 노동조합으로서의 실체를 가지므로 동법 제7조 소정의 불이익을 받을 뿐 헌법상의 보호는 받을 수 있다.

제 3 절 법외노조(헌법상 단결체)

Ⅰ 법규정

제6조【법인격의 취득】 ① 노동조합은 그 규약이 정하는 바에 의하여 법인으로 할 수 있다.
② 노동조합은 당해 노동조합을 법인으로 하고자 할 경우에는 대통령령이 정하는 바에 의하여 등기를 하여야 한다.
③ 법인인 노동조합에 대하여는 이 법에 규정된 것을 제외하고는 민법 중 사단법인에 관한 규정을 적용한다.

제7조【노동조합의 보호요건】 ① 이 법에 의하여 설립된 노동조합이 아니면 노동위원회에 노동쟁의의 조정 및 부당노동행위의 구제를 신청할 수 없다.
② 제1항의 규정은 제81조 제1항 제1호·제2호 및 제5호의 규정에 의한 근로자의 보호를 부인하는 취지로 해석되어서는 아니 된다.
③ 이 법에 의하여 설립된 노동조합이 아니면 노동조합이라는 명칭을 사용할 수 없다.

Ⅱ 법외노조의 개념

노동조합법 제7조에서는 '이 법에 의하여 설립된 노동조합'에게만 특별보호를 명시하고 있는데, 여기서 '이 법에 의하여 설립된 노동조합'이란 노동조합의 실질적 요건과 형식적 요건을 모두 갖춘 노동조합을 의미한다. 법외노조라 함은 노동조합법 제2조 제4호 본문의 자주성·목적성·단체성을 가지고 있으나, 노동조합법에 따른 설립신고를 하지 않은 근로자단체를 말한다.

III 법외노조에 대한 해석 여부

법외노조가 노동조합법상 보호를 받지 못한다 할지라도 헌법상의 보호를 받을 수 있는지 여부에 대해 견해의 대립이 있는데, 이와 관련하여 판례는 소위 <전국공무원노동조합 사건>에서는 "노동조합법 제2조 제4호에서 정한 노동조합의 실질적 요건을 갖춘 근로자단체가 신고증을 교부받지 아니한 경우에도 노동조합법상 부당노동행위의 구제신청 등 일정한 보호의 대상에서 제외될 뿐, 노동기본권의 향유주체에게 인정되어야 하는 일반적인 권리까지 보장받을 수 없게 되는 것은 아니다."라고 판시하였다(대판 2016.12.27, 2011두921).

IV 법외노조에 대한 보호의 배제

1. 차별명시규정

(1) 노동쟁의 조정신청 자격 부인

법외노조는 노동위원회에 노동쟁의 조정을 신청할 수 없다(노동조합법 제7조 제1항). 쟁의조정을 신청할 수 없다는 것은 노동위원회가 쟁의조정의 행정서비스를 제공하지 않는다는 것을 의미한다.

(2) 부당노동행위 구제신청 자격 부인

법외노조는 노동위원회에 부당노동행위의 구제를 신청할 수 없다(노동조합법 제7조 제1항 및 제2항). 다만, 법외노조의 구성원에게 불이익취급이나 비열계약의 부당노동행위를 한 경우, 그 피해근로자 개인은 노동위원회에 부당노동행위 구제신청을 할 수 있다.

(3) 노동조합 명칭 사용불가

법외노조는 노동조합이라는 명칭을 사용할 수 없다(노동조합법 제7조 제3항). 협의회·노동자회 등 다른 명칭을 사용하는 것은 무방하다. 그러나 일단 적법한 설립신고를 마친 노동조합은 이후 법외노조 통보를 받았더라도 노동조합 명칭을 사용할 수 있다(대판 2017.6.29, 2014도7129).

(4) 법인격 취득부인

노동조합은 등기를 하여 법인이 될 수 있는데, 법인 등기를 하려면 설립신고증을 첨부하여야 하므로 법외노조는 법인이 될 수 없다(노동조합법 제6조 제1항 및 제2항).

(5) 근로자공급사업의 허가대상 불인정

근로자공급사업은 허가를 받은 경우에만 할 수 있고, 노동조합법에 의한 노동조합은 국내 근로자공급사업의 허가를 받을 수 있다(직업안정법 제33조 제3항).

2. 행정관청과 관련된 규정의 적용배제

노동위원회, 노동조합법상의 행정관청 기타 행정기관을 전제로 하는 규정은 법외노조에 적용되지 않는다. 따라서 조세면제특권(노동조합법 제8조), 단체협약의 일반적 구속력 결정(동법 제35조), 노동위원회의 위원 추천자격(노동위원회법 제6조) 등은 적용되지 않는다.

제 4 절　노동조합의 규약

I　법규정

제11조【규약】 노동조합은 그 조직의 자주적·민주적 운영을 보장하기 위하여 당해 노동조합의 규약에 다음 각 호의 사항을 기재하여야 한다.

1. 명칭
2. 목적과 사업
3. 주된 사무소의 소재지
4. 조합원에 관한 사항(聯合團體인 勞動組合에 있어서는 그 構成團體에 관한 사항)
5. 소속된 연합단체가 있는 경우에는 그 명칭
6. 대의원회를 두는 경우에는 대의원회에 관한 사항
7. 회의에 관한 사항
8. 대표자와 임원에 관한 사항
9. 조합비 기타 회계에 관한 사항
10. 규약변경에 관한 사항
11. 해산에 관한 사항
12. 쟁의행위와 관련된 찬반투표 결과의 공개, 투표자 명부 및 투표용지 등의 보존·열람에 관한 사항
13. 대표자와 임원의 규약위반에 대한 탄핵에 관한 사항
14. 임원 및 대의원의 선거절차에 관한 사항
15. 규율과 통제에 관한 사항

제21조【규약 및 결의처분의 시정】 ① 행정관청은 노동조합의 규약이 노동관계법령에 위반한 경우에는 노동위원회의 의결을 얻어 그 시정을 명할 수 있다.

② 행정관청은 노동조합의 결의 또는 처분이 노동관계법령 또는 규약에 위반된다고 인정할 경우에는 노동위원회의 의결을 얻어 그 시정을 명할 수 있다. 다만, 규약위반 시의 시정명령은 이해관계인의 신청이 있는 경우에 한한다.

③ 제1항 또는 제2항의 규정에 의하여 시정명령을 받은 노동조합은 30일 이내에 이를 이행하여야 한다. 다만, 정당한 사유가 있는 경우에는 그 기간을 연장할 수 있다.

II　규약의 개념

(1) '노동조합의 규약'이라 함은 노동조합의 조직·운영에 관한 제반규칙을 말한다. 즉, 조합원이 지켜야 할 노동조합의 자치규범이자, 노동조합의 유지·운영을 위한 조직질서 규범을 말한다.

(2) 노동조합 규약의 내용은 노동조합이 스스로 자유로이 결정하는 것이 원칙이나, 국가는 노동조합의 실질적인 자주성 및 민주성을 보장하기 위하여 노동조합 규약으로서 갖추어야 할 최소한의 요건을 노동조합법에 규정하고 있다(노동조합법 제11조).

Ⅲ 노동조합 규약의 법적성격

노동조합의 규약이 조합원 모두를 규율하는 근거는 무엇인지 여부에 대해 견해의 대립이 있는데, 이와 관련하여 판례는 "노동조합은 근로자들이 자신의 이익을 옹호하기 위하여 자주적으로 결성한 임의단체로서 그 내부운영에 있어 규약 등에 의한 자치가 보장되므로, 노동조합 규약은 달리 볼 사정이 없는 한 조합민주주의를 실현하기 위한 강행법규에 반하지 않는 한 일종의 자치적 법규범으로서, 그 구성원에 대하여 법적 효력을 가진다."고 판시하였다(대판 1998.2.27, 97다43567).

Ⅳ 규약의 제정·변경 및 기재사항

1. 규약의 제정 및 변경

(1) 규약의 제정·변경절차

규약의 제정 및 변경은 조합원의 직접·비밀·무기명 투표에 의하여 재적조합원 과반수의 출석과 출석조합원 3분의 2 이상의 찬성으로 의결한다(노동조합법 제16조 제2항). 다만, 총회에 갈음한 대의원회를 둔 경우에는 이를 준용한다(동법 제17조 제1항 및 제4항).

(2) 규약 변경의 신고 및 통보

노동조합은 설립 시에 신고한 사항 중에서 명칭, 주된 사무소의 소재지, 대표자의 성명, 소속된 연합단체의 명칭의 변경이 있는 때에는 그 날로부터 30일 이내에 행정관청에 변경신고를 하여야 하므로(노동조합법 제13조 제1항), 규약의 내용 중 상기의 사항에 변경이 있을 때에도 변경신고를 하여야 한다.

전년도에 규약의 변경이 있는 경우에는 변경된 규약내용을 매년 1월 31일까지 행정관청에 통보하여야 한다(동법 제13조 제2항 제2호).

2. 규약의 기재사항

(1) 의무적 기재사항

노동조합은 그 조직의 자주적·민주적 운영을 보장하기 위하여 당해 노동조합의 규약에 다음 각 호의 사항을 기재하여야 한다(노동조합법 제11조). 명칭, 목적과 사업, 주된 사무소의 소재지, 조합원에 관한 사항(연합단체인 노동조합에 있어서는 그 구성단체에 관한 사항), 소속된 연합단체가 있는 경우에는 그 명칭, 대의원회를 두는 경우에는 대의원회에 관한 사항, 회의에 관한 사항, 대표자와 임원에 관한 사항, 조합비 기타 회계에 관한 사항, 규약변경에 관한 사항, 해산에 관한 사항, 쟁의행위와 관련된 찬반투표 결과의 공개, 투표자 명부 및 투표용지 등의 보존·열람에 관한 사항, 대표자와 임원의 규약위반에 대한 탄핵에 관한 사항, 임원 및 대의원의 선거절차에 관한 사항, 규율과 통제에 관한 사항 등을 명시하여야 한다.

(2) 임의적 기재사항

노동조합의 의무적 기재사항 이외에도 노동조합의 자주적·민주적 운영과 활동에 필요한 사항으로 선량한 풍속 기타 사회질서에 위반한 사항을 내용으로 하지 않는 한(민법 제103조) 자유로이 기재할 수 있는바, 임의적 기재사항 또한 의무적 기재사항과 법률적 효과는 같다. 예컨대 노조의 법인격 취득(노동조합법 제6조), 대의원회 설치(동법 제17조), 조합비를 납부하지 않은 조합원의 권리제한(동법 제22조) 등은 규약에 정하는 경우에 따르도록 명시하고 있다.

(3) 금지적 기재사항

노동조합 규약에는 강행법규에 위반하는 사항은 물론 노동조합의 목적에 위배되는 사항을 기재하여서는 아니 된다. 예컨대 특정단체, 특정종교, 특정정당에 가입 등이 그러하다.

Ⅴ 규약에 대한 행정관청의 관여

1. 노동조합 설립 시의 관여

노동조합을 설립하려고 하는 경우 설립신고서에 규약을 첨부하여 행정관청에 신고하여야 한다(노동조합법 제10조). 행정관청은 규약이 첨부되었는지, 규약의 기재사항에 누락은 없는지 심사하여 누락 등이 있는 경우 대통령령이 정한 바에 따라 20일 이내의 기간을 정하여 보완을 요구하여야 한다(동법 제12조).

2. 노동조합 설립 후의 관여

(1) 변경사항의 신고

노동조합은 제10조 제1항의 규정에 의하여 설립신고 된 사항 중 명칭, 주된 사무소의 소재지, 대표자의 성명, 소속된 연합단체의 명칭 등에 변경이 있는 때에는 그 날부터 30일 이내에 행정관청에게 변경신고를 하여야 한다(노동조합법 제13조 제1항).

(2) 변경사항의 통보

노동조합은 매년 1월 31일까지 전년도에 규약의 변경이 있는 경우에는 변경된 규약내용, 전년도에 임원의 변경이 있는 경우에는 변경된 임원의 성명, 전년도 12월 31일 현재의 조합원수를 행정관청에게 통보하여야 한다(노동조합법 제13조 제2항).

3. 위법한 규약의 시정명령

규약이 노동관계법령 등을 위반하는 경우 행정관청은 노동위원회 의결을 얻어 그 시정을 명할 수 있다. 시정명령을 받은 노동조합은 30일 이내에 이를 수행하여야 한다, 다만, 정당한 사유가 있는 경우에는 그 기간을 연장할 수 있다(노동조합법 제21조).

제 5 절　조합원의 지위와 권리 · 의무

Ⅰ　법규정

> **제5조【노동조합의 조직 · 가입 · 활동】** ① 근로자는 자유로이 노동조합을 조직하거나 이에 가입할 수 있다. 다만,
> 공무원과 교원에 대하여는 따로 법률로 정한다.
> ② 사업 또는 사업장에 종사하는 근로자(이하 "종사근로자"라 한다)가 아닌 노동조합의 조합원은 사용자의 효
> 율적인 사업 운영에 지장을 주지 아니하는 범위에서 사업 또는 사업장 내에서 노동조합 활동을 할 수 있다.
> ③ 종사근로자인 조합원이 해고되어 노동위원회에 부당노동행위의 구제신청을 한 경우에는 중앙노동위원회의
> 재심판정이 있을 때까지는 종사근로자로 본다.
>
> **제22조【조합원의 권리와 의무】** 노동조합의 조합원은 균등하게 그 노동조합의 모든 문제에 참여할 권리와 의무
> 를 가진다. 다만, 노동조합은 그 규약으로 조합비를 납부하지 아니하는 조합원의 권리를 제한할 수 있다.

Ⅱ　조합원 지위의 취득

1. 새로운 노동조합의 설립

조합원의 자격은 새로운 노동조합의 결성에 참여함으로써 취득된다. 현행 노동조합법 제5조에서는
노동조합의 자유설립주의를 규정하고 있다.

2. 기존 노동조합에 가입

⑴ 의의

조합원 자격은 이미 설립되어 있는 기존의 노동조합에 가입함으로써 취득된다. 이는 근로자의 자유
로운 가입신청의 의사표시와 노동조합의 승낙의 의사표시에 의하여 성립되는 일종의 계약행위이다.

⑵ 유니온 숍 규정과 노동조합의 가입강제

근로자에게 특정 노동조합의 가입을 강제하는 것은 원칙적으로 허용되지 않는다. 다만, 노동조합법
제81조 제1항 제2호 단서에 의해 "노동조합이 당해 사업장에 종사하는 근로자의 3분의 2 이상을
대표하고 있는 경우 근로자가 그 노동조합의 조합원이 될 것을 고용조건으로 하는 단체협약의 체
결"은 부당노동행위에 해당되지 않는다.

⑶ 조합가입의 제한여부

노동조합이 근로자의 조합가입 청약을 규약, 총회결의에 의해 제한할 수 있는지 여부와 관련하여
판례는 "조합이 정당한 사유 없이 조합원 자격을 갖추고 있는 근로자의 조합가입을 함부로 거부하
는 것은 허용되지 않는다."고 판시하였다(대판 1995.2.28, 94다15363).

III 유니온 숍 조항과 조합원의 지위

1. 의의

노동조합법 제81조 제1항 제2호에서는 "근로자가 어느 노동조합에 가입하지 아니할 것 또는 탈퇴할 것을 고용조건으로 하거나 특정한 노동조합의 조합원이 될 것을 고용조건으로 하는 행위. 다만, 노동조합이 당해 사업장에 종사하는 근로자의 3분의 2 이상을 대표하고 있을 때에는 근로자가 그 노동조합의 조합원이 될 것을 고용조건으로 하는 단체협약의 체결은 예외로 하며, 이 경우 사용자는 근로자가 그 노동조합에서 제명된 것 또는 그 노동조합을 탈퇴하여 새로 노동조합을 조직하거나 다른 노동조합에 가입한 것을 이유로 근로자에게 신분상 불이익한 행위를 할 수 없다."고 규정하고 있는데, 이처럼 근로자가 조합원이 될 것을 고용조건으로 하는 단체협약상의 규정을 '유니온 숍 협정'이라고 한다.

2. 유니온 숍과 해고

(1) 사용자의 해고의무 부담여부

단체협약에 유니온 숍 협정이 규정되어 있더라도 근로자가 노동조합에 가입하지 아니하거나 가입 후 스스로 탈퇴하는 경우에 사용자가 당연히 해고의무를 부담하는 것은 아니다. 협약조항에서 명백히 사용자의 해고의무를 규정하고 있거나, 협약내용의 해석상 사용자의 해고의무를 설정한 합의가 있는 것으로 인정되면 취업 후 노동조합에 가입하지 않거나 가입 후 스스로 탈퇴한 근로자를 해고할 의무를 부담하게 된다(대판 1995.2.28, 94다15363).

(2) 사용자의 부당노동행위 인정여부

유니온 숍 협정에도 불구하고 자의로 노동조합을 탈퇴한 근로자를 사용자가 해고하지 아니하는 경우에 곧바로 부당노동행위가 되는 것은 아니다(대판 1998.3.24, 96누16070).

IV 조합원 지위의 상실

1. 조합원의 사망 및 자격상실

조합원이 사망하면 당연히 그 권리와 의무가 상실된다. 또한 조합원이 법령 또는 조합규약 등에서 정한 자격을 상실한 경우에는 원칙적으로 조합원으로서의 지위를 상실하며, 조합원의 자격을 당해 기업의 취업근로자에게만 한정하고 있는 기업별 노동조합의 경우 조합원이 퇴직하거나 해고를 당하여 근로관계가 종료하면 조합원으로서의 권리와 의무를 상실한다. 다만, 종사근로자인 조합원이 해고되어 노동위원회에 부당노동행위의 구제신청을 한 경우에는 중앙노동위원회의 재심판정이 있을 때까지는 종사근로자로 본다(노동조합법 제5조 제3항).

2. 조합에서의 탈퇴

탈퇴란 조합원 자신의 자발적 의사에 의하여 조합원의 지위를 종료시키는 법률행위를 말한다. 조합 규약에 조합원 탈퇴의 자유를 제한하는 규정을 둔 경우 이는 단결선택의 자유를 침해하여 무효이다. 다만, 유니온 숍 조항이 있는 경우 일정한 요건 하에서 조합원 탈퇴의 자유는 사실상 제한되며, 탈퇴한 조합원에게 불이익 처분이 가해질 수 있다.

3. 조합에서의 제명

노동조합의 내부통제권에 의하여 조합원 자격이 상실되는 제명이 있다. 유니온 숍 협정이 체결되어 있다 할지라도 조합에서 제명당한 근로자에게 사용자는 신분상 불이익한 처분을 할 수 없다(노동조합법 제81조 제1항 제2호 단서).

4. 조합의 해산

조합이 해산하여 청산절차를 거쳐 소멸하는 경우 조합원으로서의 권리와 의무는 상실한다. 다만, 해산절차를 진행하는 경우 그 청산의 목적범위 안에서 권리를 행사하고 의무를 부담한다.

V 조합원의 권리

1. 평등권

(1) 균등참여권

노동조합의 조합원은 균등하게 그 노동조합의 모든 문제에 참여할 권리와 의무를 가진다. 그러나 노동조합은 그 규약으로 조합비를 납부하지 아니하는 조합원의 권리를 제한할 수 있다(노동조합법 제22조).

(2) 차별대우 금지

노동조합의 조합원은 어떠한 경우에 있어서도 인종·종교·성별·연령·신체적 조건·고용형태·정당 또는 신분에 의하여 차별대우를 받지 아니한다(노동조합법 제9조).

2. 임원선거권 · 피선거권

조합원은 그 조합의 임원을 선출하고, 또한 자신이 임원으로 선출될 수 있는 권리를 가지며, 임원을 해임할 수 있다(노동조합법 제16조 제1항 제2호). 총회에 갈음할 대의원회를 두는 경우에 조합원은 대의원을 선출하거나 자신이 선출될 수 있는 권리를 가질 수 있다(동법 제17조 제2항 및 동법 제17조 제4항).

3. 총회출석의결권 및 임시총회 소집 요구권

조합원은 총회에 출석하여 발언하고, 의결에 참여할 권리를 갖는다(노동조합법 제16조 제1항). 그리고 조합원 또는 대의원의 3분의 1이상이 회의에 부의할 사항을 제시하고 회의의 소집을 요구한 때에는 조합대표자는 지체 없이 임시총회 또는 임시대의원회를 소집하여야 한다(동법 제18조 제2항).

4. 조합운영상황 공개 요구권

노동조합의 대표자는 회계연도마다 결산결과와 조합의 운영상황을 공표하여야 하며, 조합원의 요구가 있을 때에는 언제든지 이를 열람하게 하여야 한다(노동조합법 제26조).

5. 조합재산에 관한 권리

조합의 재산은 조합원이 납부하는 일정액의 조합비 및 기타 납입금 등으로 형성되는바, 이러한 조합재산에 대하여 조합원이 권리를 갖는 것은 당연하다고 할 것이다.

Ⅵ 조합원의 의무

1. 조합비 등의 납부의무

조합비 등은 조합활동의 재정적 기반이므로 어느 조합원도 면제될 수 없는 기본적 의무이다. 노동조합은 조합원이 규약으로 정한 금액을 납입하지 아니한 때에는 규약으로 그 조합원의 권리를 제한할 수 있다(노동조합법 제22조 단서).

2. 조합통제에 복종할 의무

노동조합의 조합원은 규약을 준수하고 노동조합의 통제에 복종할 의무를 부담한다.

제 6 절 노동조합의 기관

❚ 법규정

제15조【총회의 개최】 ① 노동조합은 매년 1회 이상 총회를 개최하여야 한다.
② 노동조합의 대표자는 총회의 의장이 된다.

제16조【총회의 의결사항】 ① 다음 각 호의 사항은 총회의 의결을 거쳐야 한다.
  1. 규약의 제정과 변경에 관한 사항
  2. 임원의 선거와 해임에 관한 사항
  3. 단체협약에 관한 사항
  4. 예산·결산에 관한 사항
  5. 기금의 설치·관리 또는 처분에 관한 사항
  6. 연합단체의 설립·가입 또는 탈퇴에 관한 사항
  7. 합병·분할 또는 해산에 관한 사항
  8. 조직형태의 변경에 관한 사항
  9. 기타 중요한 사항
② 총회는 재적조합원 과반수의 출석과 출석조합원 과반수의 찬성으로 의결한다. 다만, 규약의 제정·변경, 임원의 해임, 합병·분할·해산 및 조직형태의 변경에 관한 사항은 재적조합원 과반수의 출석과 출석조합원 3분의 2 이상의 찬성이 있어야 한다.
③ 임원의 선거에 있어서 출석조합원 과반수의 찬성을 얻은 자가 없는 경우에는 제2항 본문의 규정에 불구하고 규약이 정하는 바에 따라 결선투표를 실시하여 다수의 찬성을 얻은 자를 임원으로 선출할 수 있다.
④ 규약의 제정·변경과 임원의 선거·해임에 관한 사항은 조합원의 직접·비밀·무기명투표에 의하여야 한다.

제17조【대의원회】 ① 노동조합은 규약으로 총회에 갈음할 대의원회를 둘 수 있다.
② 대의원은 조합원의 직접·비밀·무기명투표에 의하여 선출되어야 한다.
③ 하나의 사업 또는 사업장을 대상으로 조직된 노동조합의 대의원은 그 사업 또는 사업장에 종사하는 조합원 중에서 선출하여야 한다.
④ 대의원의 임기는 규약으로 정하되 3년을 초과할 수 없다.
⑤ 대의원회를 둔 때에는 총회에 관한 규정은 대의원회에 이를 준용한다.

제18조【임시총회 등의 소집】 ① 노동조합의 대표자는 필요하다고 인정할 때에는 임시총회 또는 임시대의원회를 소집할 수 있다.
② 노동조합의 대표자는 조합원 또는 대의원의 3분의 1 이상(聯合團體인 勞動組合에 있어서는 그 構成團體의 3分의 1 이상)이 회의에 부의할 사항을 제시하고 회의의 소집을 요구한 때에는 지체없이 임시총회 또는 임시대의원회를 소집하여야 한다.
③ 행정관청은 노동조합의 대표자가 제2항의 규정에 의한 회의의 소집을 고의로 기피하거나 이를 해태하여 조합원 또는 대의원의 3분의 1 이상이 소집권자의 지명을 요구한 때에는 15일 이내에 노동위원회의 의결을 요청하고 노동위원회의 의결이 있는 때에는 지체없이 회의의 소집권자를 지명하여야 한다.
④ 행정관청은 노동조합에 총회 또는 대의원회의 소집권자가 없는 경우에 조합원 또는 대의원의 3분의 1 이상이 회의에 부의할 사항을 제시하고 소집권자의 지명을 요구한 때에는 15일 이내에 회의의 소집권자를 지명하여야 한다.

제19조【소집의 절차】 총회 또는 대의원회는 회의개최일 7일 전까지 그 회의에 부의할 사항을 공고하고 규약에 정한 방법에 의하여 소집하여야 한다. 다만, 노동조합이 동일한 사업장내의 근로자로 구성된 경우에는 그 규약으로 공고기간을 단축할 수 있다.

제23조【임원의 자격 등】 ① 노동조합의 임원 자격은 규약으로 정한다. 이 경우 하나의 사업 또는 사업장을 대상으로 조직된 노동조합의 임원은 그 사업 또는 사업장에 종사하는 조합원 중에서 선출하도록 정한다.
② 임원의 임기는 규약으로 정하되 3년을 초과할 수 없다.

제25조【회계감사】 ① 노동조합의 대표자는 그 회계감사원으로 하여금 6월에 1회 이상 당해 노동조합의 모든 재원 및 용도, 주요한 기부자의 성명, 현재의 경리 상황등에 대한 회계감사를 실시하게 하고 그 내용과 감사 결과를 전체 조합원에게 공개하여야 한다.
② 노동조합의 회계감사원은 필요하다고 인정할 경우에는 당해 노동조합의 회계감사를 실시하고 그 결과를 공개할 수 있다.

제26조【운영상황의 공개】 노동조합의 대표자는 회계연도마다 결산결과와 운영상황을 공표하여야 하며 조합원의 요구가 있을 때에는 이를 열람하게 하여야 한다.

제27조【자료의 제출】 노동조합은 행정관청이 요구하는 경우에는 결산결과와 운영상황을 보고하여야 한다.

Ⅱ 의결기관

1. 총회

(1) 의의

노동조합의 총회는 조합원들이 직접 참여하여 민주적으로 노동조합의 모든 문제를 심의, 의결하는 최고 의결기관이다.

(2) 총회의 개최

① **정기총회** : 노동조합은 매년 1회 이상 총회를 개최하여야 한다(노동조합법 제15조 제1항). 노동조합의 대표자는 총회의 의장이 된다(동법 제15조 제2항).

② **임시총회** : 노동조합의 대표자는 필요하다고 인정하거나(노동조합법 제18조 제1항), 조합원의 3분의 1 이상이 회의에 부의할 사항을 제시하고 회의의 소집을 요구한 때에는 지체없이 임시총회를 소집해야 한다(동법 제18조 제2항). 행정관청은 노동조합의 대표자가 노동조합법 제18조 제2항의 규정에 의한 회의의 소집을 고의로 기피하거나 이를 해태하여 조합원 또는 대의원의 3분의 1 이상이 소집권자의 지명을 요구한 때에는 15일 이내에 노동위원회의 의결을 요청하고 노동위원회의 의결이 있는 때에는 지체없이 회의의 소집권자를 지명하여야 한다(동법 제18조 제3항).

(3) 총회의 개최시기

총회는 조합원의 근무시간 외에 개최하는 것이 원칙이지만, 사용자의 승인을 받았거나 사용자와 합의한 경우에는 근무시간 중에 개최할 수 있다[5].

2. 대의원회

(1) 의의

노동조합의 대규모화, 사업장의 분산, 조합업무의 전문화로 인하여 총회에 모든 조합원이 참가하는 것이 불가능하여짐에 따라 노동조합은 규약으로 총회에 갈음하여 대의원회를 둘 수 있다(노동조합법 제17조 제1항).

(2) 선출 및 임기

대의원회의 대의원은 조합원의 직접·비밀·무기명 투표에 의하여 선출한다(노동조합법 제17조 제2항). 하나의 사업 또는 사업장을 대상으로 조직된 노동조합의 대의원은 그 사업 또는 사업장에 종사하는 조합원 중에서 선출하여야 한다(동법 제17조 제3항). 대의원의 임기는 규약으로 정하되 3년을 초과할 수 없다(동법 제17조 제4항).

(3) 총회와의 관계

노동조합 총회가 규약의 제·개정결의를 통하여 총회에 갈음할 대의원회를 두고 '규약의 개정에 관한 사항'을 대의원회의 의결사항으로 정한 경우, 총회가 여전히 '규약의 개정에 관한 사항'을 의결할 수 있는지 여부와 관련하여 판례는 "총회가 규약의 제·개정결의를 통하여 총회에 갈음할 대의원회를 두고 '규약의 개정에 관한 사항'을 대의원회의 의결사항으로 정한 경우라도 이로써 총회의 규약개정권한이 소멸된다고 볼 수 없고, 총회는 여전히 노동조합법 제16조 제2항 단서에 정해진 재적조합원 과반수의 출석과 출석조합원 3분의 2 이상의 찬성으로 '규약의 개정에 관한 사항'을 의결할 수 있다."고 판시하였다(대판 2014.8.26, 2012두6063).

3. 의결사항 및 의결방법

(1) 총회 의결사항

노동조합법에서 규정하고 있는 총회의 의결사항은 다음과 같다(노동조합법 제16조 제1항).
① 규약의 제정과 변경에 관한 사항
② 임원의 선거와 해임에 관한 사항
③ 단체협약에 관한 사항
④ 예산·결산에 관한 사항
⑤ 기금의 설치·관리 또는 처분에 관한 사항
⑥ 연합단체의 설립·가입 또는 탈퇴에 관한 사항
⑦ 합병·분할 또는 해산에 관한 사항
⑧ 조직형태의 변경에 관한 사항
⑨ 기타 중요한 사항

---

5) 임종률, 『노동법』

(2) 의결방법

① 총회는 재적조합원 과반수의 출석과 출석조합원 과반수의 찬성으로 의결하나, 규약의 제정·변경, 임원의 해임, 합병·분할·해산 및 조직형태의 변경에 관한 사항은 재적조합원 과반수의 출석과 출석조합원 3분의 2 이상의 찬성이 있어야 한다(노동조합법 제16조 제2항). 다만, 임원의 선거에 있어서 출석조합원 과반수의 찬성을 얻은 자가 없는 경우에는 규약이 정하는 바에 따라 결선투표를 실시하여 다수의 찬성을 얻은 자를 임원으로 선출할 수 있다(동법 제16조 제3항).

② 또한 규약의 제정·변경과 임원의 선거·해임에 관한 사항은 조합원의 직접·비밀·무기명투표에 의하여야 한다(동법 제16조 제4항).

4. 소집절차

총회 또는 대의원회는 회의개최일 7일 전에 그 회의에 부의할 사항을 공고하고 규약에서 정한 방법에 의하여 소집하여야 한다[6]. 그러나 노동조합이 동일한 사업장의 근로자로 구성된 때에는 그 규약으로 공고기간을 단축할 수 있다(노동조합법 제19조).

> **대판 1992.3.27, 91다29071 [소집 공고기간을 준수하지 아니한 총회에서 의결한 사항의 효력]**
> 노동조합의 대의원대회의 개최에 노조규약상 소집공고기간의 부준수 등 절차상 하자가 있다 하더라도 그 대회에 모든 대의원이 참석하였고, 거기서 다룬 안건의 상정에 관하여 어떠한 이의도 없었으므로 위 하자는 경미한 것이어서 위 대의원대회에서 한 결의는 유효하다.

Ⅲ 집행기관

1. 구성

집행기관은 대내적으로 의결기관이 의결한 사항을 집행하고 대외적으로 노동조합을 대표한다. 노동조합의 대표자는 위원장으로 하는 것이 일반적이며, 집행기관의 집행위원을 조합임원이라고 한다[7].

2. 권한

노동조합 규약상 특별한 규정이 없는 한 집행기관의 직무권한은 조합의 목적달성에 필요한 일체의 업무다. 노동조합의 대표자는 ① 총회의 의장이 되고(노동조합법 제15조 제2항), ② 회계감사를 실시하게 하며(동법 제25조 제1항), ③ 임시총회를 소집하고(동법 제18조 제1항), ④ 노동조합의 운영상황을 공개하여야 한다(동법 제26조).

3. 선임 및 해임

집행기관 등 임원의 선임절차는 조합규약에서 정하는 바에 의한다(노동조합법 제11조 제14호). 또한 임원은 반드시 조합원 중에서(동법 제23조 제1항), 조합원의 직접·비밀·무기명투표에 의하여 선거되어야 한다(동법 제16조 제4항).

---

6) '회의개최일 7일 전'이라 함은 회의개최일을 제외한 공고일수가 최소한 7일 이상 되어야 한다는 것을 말한다.
7) 이상윤, 『노동법』

4. 자격 및 임기

노동조합의 임원 자격은 규약으로 정한다. 이 경우 하나의 사업 또는 사업장을 대상으로 조직된 노동조합의 임원은 그 사업 또는 사업장에 종사하는 조합원 중에서 선출하도록 정한다(노동조합법 제23조 제1항). 임원의 임기는 조합규약으로 정하되, 3년을 초과할 수 없다(동법 제23조 제2항).

Ⅳ 감사기관

1. 의의

감사기관이란 업무의 집행상황을 감사하는 기관을 말한다. 노동조합법에서는 감사기관을 두도록 명문으로 의무화하고 있지 아니하나, 노동조합은 일반적으로 노동조합 운영 전반에 대한 감사기관을 두고 있다.

2. 감사 및 공개

(1) 노동조합의 대표자는 그 회계감사원으로 하여금 6월에 1회 이상 당해 노동조합의 모든 재원 및 용도, 주요한 기부자의 성명, 현재의 경리 상황 등에 대한 회계감사를 실시하게 하고 그 내용과 감사결과를 전체 조합원에게 공개하여야 한다(노동조합법 제25조 제1항).

(2) 노동조합의 회계감사원은 필요하다고 인정할 경우에는 당해 노동조합의 회계감사를 실시하고 그 결과를 공개할 수 있으며(동법 제25조 제2항), 노동조합의 대표자는 회계연도마다 결산결과와 운영상황을 공표하여야 하는데, 조합원의 요구가 있을 때에는 이를 열람하게 하여야 한다(동법 제26조). 또한 노동조합의 대표자는 특별한 사정이 없으면 노동조합법 제26조에 따른 결산결과와 운영상황을 매 회계연도 종료 후 2개월(제11조의7 제2항에 따라 공인회계사나 회계법인이 회계감사를 실시한 경우에는 3개월로 한다) 이내에 조합원이 그 내용을 쉽게 확인할 수 있도록 해당 노동조합의 게시판에 공고하거나 인터넷 홈페이지에 게시하는 등의 방법으로 공표해야 한다(동법 시행령 제11조의8).

> **노동조합법 시행령 제11조의7【회계감사원 등】** ① 법 제25조에 따른 회계감사원(이하 이 조에서 "회계감사원"이라 한다)은 재무·회계 관련 업무에 종사한 경력이 있거나 전문지식 또는 경험이 풍부한 사람 등으로 한다.
> ② 노동조합의 대표자는 다음 각 호의 어느 하나에 해당하는 경우에는 조합원이 아닌 공인회계사나 「공인회계사법」 제23조에 따른 회계법인(이하 "회계법인"이라 한다)으로 하여금 법 제25조에 따른 회계감사를 실시하게 할 수 있다. 이 경우 회계감사원이 회계감사를 한 것으로 본다.
> 1. 노동조합의 대표자가 노동조합 회계의 투명성 제고를 위하여 필요하다고 인정하는 경우
> 2. 조합원 3분의 1 이상의 요구가 있는 경우
> 3. 연합단체인 노동조합의 경우에는 그 구성노동단체의 3분의 1 이상의 요구가 있는 경우
> 4. 대의원 3분의 1 이상의 요구가 있는 경우

3. 행정관청의 자료제출 요구

노동조합은 행정관청이 요구하는 경우에는 결산결과와 운영상황을 보고하여야 한다(노동조합법 제27조).

제 7 절　조합활동의 정당성

Ⅰ　조합활동의 개념 및 법적근거

(1) 조합활동이란 근로자가 노동조합의 목적달성과 단결력의 유지·강화 등을 위해 행하는 일상적 제반활동을 말한다. 조합활동은 노동조합법의 목적을 달성하기 위하여 노동조합 주도로 이루어지는 일체의 행위이며, 근로자 개인의 행위는 아니다.

(2) 조합활동의 법적근거는 헌법 제33조 제1항에서 보장하고 있는 단결권이다. 단결권의 보장에는 노동조합의 설립을 위한 단결체 결성에 관한 자유뿐만 아니라 결성된 단체가 활동하기 위한 단결활동의 자유도 함께 보장되어 있다.

Ⅱ　조합활동의 정당성 판단기준

조합활동의 정당성 판단기준과 관련하여 판례는 "① 주체 측면에서 노동조합의 활동이 정당하다고 하기 위해서는 행위의 성질상 노동조합의 활동으로 볼 수 있거나 노동조합의 묵시적인 수권 또는 승인을 받았다고 볼 수 있는 것으로서, ② 목적 측면에서 근로조건의 유지 개선과 근로자의 경제적 지위의 향상을 도모하기 위하여 필요하고 근로자들의 단결강화에 도움이 되는 행위이어야 하며, ③ 시기 측면에서 취업규칙이나 단체협약에 별도의 허용규정이 있거나 관행 또는 사용자의 승낙이 있는 경우 외에는 취업시간 외에 행하여져야 하고, ④ 수단 및 방법 측면에서 사업장 내의 조합활동에 있어서는 사용자의 시설관리권에 바탕을 둔 합리적인 규율이나 제약에 따라야 하며, 폭력과 파괴행위 등의 방법에 의하지 않는 것이어야 할 것이다."고 판시하였다(대판 1994.4.10, 91도3044 ; 대판 2020.7.29, 2017도2478). 아울러 구체적 사건에 있어서 노사 쌍방의 태도 등을 종합하여 사회통념에 따라 판단하고 있다.

Ⅲ　주체의 정당성

1. 기관활동

노동조합의 의사 내지 방침을 형성하거나 그에 기해 행하여진 조합원의 제반행위를 기관활동이라고 한다. 즉, 조합원이 노동조합의 의사를 결정하거나, 임원의 지위에서 그 직무권한 범위 안에서 일정한 업무활동을 하거나, 조합원이 노동조합의 결정이나 지시에 따라서 행하는 활동 등은 노동조합 기관의 활동이다.

2. 조합원의 자발적 활동

노동조합의 결의나 지시에 기하지 않고 행하여진 조합원 개인의 활동을 자발적 활동이라고 한다. 조합원의 자발적 활동은 그 행위의 성질상 노동조합의 활동으로 볼 수 있거나, 또는 노동조합의 묵시적인 수권 혹은 승인을 받았다고 볼 수 있는 때에는 조합활동의 정당성이 인정된다(대판 1992.9.25, 92다18542).

3. 노동조합의 명시적 지시나 결의에 반한 조합원의 자발적 활동

노동조합의 명시적인 지시에 반하는 자발적 행위가 단결권 보장 취지에 합당한 것이라면 조합활동으로 인정될 수 있다고 보는 견해가 있으나, 판례는 "조합원의 일부가 노동조합 집행부와 조합원 전체의 의사에 따르지 않고 노동조합의 결정이나 방침에 반대하거나 이를 비판하는 행위는 행위의 성질상 노동조합의 활동으로 볼 수 있다거나 노동조합의 묵시적인 수권 혹은 승인을 받았다고 인정할 만한 사정이 없는 한 조합원으로서의 자의적인 활동에 불과하여 노동조합의 활동이라고 할 수 없다."고 판시하였다(대판 1992.9.25, 92다18542).

Ⅳ 목적의 정당성

1. 근로조건의 유지 · 개선 등

근로자의 조합활동이 정당성을 인정받기 위해서는 그 목적이 근로조건의 유지 · 개선과 근로자의 경제적 · 사회적 지위의 향상을 도모하기 위한 것이고 근로자의 단결강화에 도움이 되는 행위여야 한다.

2. 조합활동의 목적을 달성하기 위한 보조적 · 간접적 활동

근로조건의 유지 · 개선, 경제적 · 사회적 지위향상, 단결강화의 본래적 목적을 달성하기 위한 보조적 · 간접적 활동 역시 조합활동에 포함된다. 따라서 법령이 허용하는 범위 안에서 선거운동이나 정치자금의 기부는 정당한 목적을 가진 조합활동의 범주에 속한다.

Ⅴ 시기 · 수단 및 방법의 정당성

1. 근로시간 중 조합활동과 사용자의 노무지휘권

(1) 노무지휘권의 의의

근로자는 근로계약에 따라 사용자에게 근로를 제공하여야 하는 의무를 부담한다. 사용자는 제공된 근로를 수령하고 근로의 종류 · 장소 및 시간 등을 정하며 이를 지휘 · 감독할 수 있는 권리를 갖고 있는바, 이를 사용자의 노무지휘권이라고 한다.

(2) 근로시간 중의 조합활동

조합활동은 원칙적으로 근로시간 외에 행하여져야 한다. 다만, 취업규칙이나 단체협약에 근로시간 중의 조합활동을 허용하는 규정이 있거나 노동관행, 사용자의 명시적인 승낙이 있는 경우에는 근로시간 중에 조합활동을 할 수 있음은 당연하다[8].

---

8) 대판 1992.4.10, 91도3044 ; 대판 2020.7.29, 2017도2478 ; 노조 01254-493, 1992.5.22

2. 조합활동과 사용자의 시설권리권

(1) 시설관리권의 의의

사용자는 사업수행을 위하여 갖추고 있는 물적 시설·설비를 사업목적에 따라 사용할 수 있도록 적절히 관리하거나 그에 수반되는 필요한 조치를 취할 수 있는데, 이러한 권한을 시설관리권이라고 한다.

(2) 기업시설 내 조합활동

① **기업시설 내 조합활동의 정당성 판단** : 기업시설 내 조합활동이 단체협약의 정함이나 관행 또는 사용자의 시설관리권에 바탕한 합리적인 제약의 범위하에서 행하여진 것이면 그 정당성은 문제되지 않을 것이나 이러한 범위를 일탈한 경우 사용자의 시설관리권과 충돌하게 되는데, 이때에도 조합활동의 필요성, 시설관리권의 구체적 침해정도, 기타 노사관계의 제반사정을 종합적으로 고려하여 그 정당성을 판단하여야 한다.

② **사업장 내 선전방송 및 유인물 배포행위의 정당성 판단**

㉠ 사업장 내 유인물 배포행위가 사용자의 승인 없이 직장 내에서 행하여지는 경우 직장질서와의 관계가 문제될 수 있다. 근로시간이 아닌 휴게시간 중의 배포는 다른 근로자의 취업에 나쁜 영향을 미치거나 휴게시간의 자유로운 이용을 방해하거나 또는 구체적으로 직장질서를 문란하게 하는 것이 아닌 한 사용자의 허가를 얻지 아니하였다는 이유만으로 정당성을 상실하지 않는다는 것이 판례의 기본태도이다(대판 1991.11.12, 91누4164).

㉡ 사용자의 허가 없이 이루어진 선전방송이나 유인물의 내용으로 타인의 인격·신용·명예 등이 훼손 또는 실추되거나 그렇게 될 염려가 있고, 또 사실관계의 일부가 허위이거나 그 표현에 다소 과장되거나 왜곡된 점이 있다고 하더라도, 그 선전방송이나 문서를 배포한 목적이 타인의 권리나 이익을 침해하려는 것이 아니라 조합원들의 단결이나 근로조건의 유지·개선과 근로자의 복지증진 기타 경제적·사회적 지위의 향상을 도모하기 위한 것이고, 또 그 선전방송이나 문서의 내용이 전체적으로 보아 진실한 것이라면, 그와 같은 행위는 노동조합의 정당한 활동범위에 속하는 것으로 볼 수 있다(대판 2017.8.18, 2017다227325).

③ **폭력·파괴행위** : 조합원이 근무시간 중에 조합간부들과 공동하여 사무실 내의 집기 등을 부수고, 적색페인트, 스프레이로 복도계단과 사무실 벽 등 200여 군데에 낙서를 하여 재물손괴를 하였다면, 이는 조합활동의 정당성 범위 밖에 속한다(대판 1990.5.15, 90도357).

④ **리본·완장 등의 착용** : 조합의 임금인상 또는 사용자에 대한 교섭촉구 등을 요구하는 내용의 리본 또는 완장 등을 착용하고 노무를 제공하는 것이 업무를 저해하는 행위인지 여부가 문제되는데, 이와 관련하여 판례는 "병원에 근무하는 직원인 노동조합원들이 병원에서 모두 착용하도록 되어 있는 위생복 위에 구호가 적힌 주황색 셔츠를 근무 중에도 착용하는 것은 병원의 환자들에게 불안감을 주는 등 병원 내의 정숙과 안정을 해치는 행위이고, 인사규정 소정의 징계사유인 '직무상의 의무를 위반 및 태만히 하거나 직무상의 정당한 명령에 복종하지 아니하는 행위'에 해당한다."고 판시하였다(대판 1996.4.23, 95누6151).

3. 근로시간 외 조합활동

근로시간 외 사업장 밖에서 사용자의 태도를 비판하는 유인물을 배포하거나 벽보 등을 부착하는 등의 언론활동이라도 근로자의 근로계약상의 성실의무에 위반하지 않아야 정당성이 인정된다(대판 1990.5.15, 90도357).

제 8 절 **노동조합의 재정**

I 법규정

> **제6조【법인격의 취득】** ① 노동조합은 그 규약이 정하는 바에 의하여 법인으로 할 수 있다.
> ② 노동조합은 당해 노동조합을 법인으로 하고자 할 경우에는 대통령령이 정하는 바에 의하여 등기를 하여야 한다.
> ③ 법인인 노동조합에 대하여는 이 법에 규정된 것을 제외하고는 민법 중 사단법인에 관한 규정을 적용한다.
> **제8조【조세의 면제】** 노동조합에 대하여는 그 사업체를 제외하고는 세법이 정하는 바에 따라 조세를 부과하지 아니한다.

II 노동조합 재정의 개념

'노동조합의 재정'이란 노동조합의 조직과 운영에 필요한 재원을 조달·관리 및 사용하는 일체의 활동을 말한다. 노동조합의 재정은 조합자치의 원칙에 따라 노동조합이 자주적으로 결정하여 민주적으로 운영되어야 할 사항이다. 즉, 조합재정은 국가 및 사용자 등 제3자로부터 간섭을 받지 않고 자주적·민주적으로 이를 확보하고 사용하여야 한다.

III 노동조합의 수입

1. 조합비

조합비에는 정기적으로 납부하는 조합비·쟁의비·기금·공제회비 등 그 명칭을 불문하고 조합원으로부터 징수하는 일체의 금품이 포함된다[9]. 조합비는 노동조합의 수입 중 가장 중요한 비중을 차지하고 있으며, 조합비를 납부하지 아니하는 조합원은 조합의 제재를 받게 된다. 조합비에 관한 사항은 규약의 필수적 기재사항이다(노동조합법 제11조 제9호).

2. 조합비 일괄공제제도

'조합비 일괄공제제도(Check off system)'라 함은 사용자가 조합원의 임금에서 조합비를 공제한 후 이를 일괄하여 노동조합에 인도한다는 단체협약상의 조항을 말한다. 이는 조합원이 조합비를 납입하지 아니하거나 지연하는 것을 방지하여 노동조합의 재정확보와 단결권 강화를 도모하고자 하는데 있다.

---

9) 법무 811-28270, 1980.10.30

3. 기부금

노동조합은 제3자로부터 기부금을 받을 수 있다. 다만, 사용자로부터의 기부금은 근로자의 후생자금, 경제상의 불행 기타 재액의 방지와 구제 등을 위한 기금기부 등을 제외하고는 부당노동행위에 해당된다(노동조합법 제81조 제1항 제4호). 노동조합의 대표자는 주요한 기부자의 성명공개 등 기부금에 대한 감사를 실시하고 결과를 공개하여야 한다(동법 제25조 제1항).

4. 사업수익금

노동조합은 수익사업을 실시하여 그 수익금을 노동조합 재정의 재원으로 사용할 수 있다. 이 경우 수익사업을 하는 사업체는 조세면제의 특혜가 부여되지 아니한다(노동조합법 제8조).

5. 조세의 면제

노동조합은 비영리단체이므로, 노동조합법 제8조에 근거하여 그 사업체를 제외하고는 세법이 정하는 바에 따라 조세를 부과하지 않는다.

Ⅳ 노동조합의 지출(민주성 확보)

(1) 노동조합의 지출에 대한 노동조합법상 특별한 규정은 없으므로, 조합규약과 총회의 결의에 따라 지출할 수 있다.

(2) 노동조합 지출 등의 민주성 확보와 관련하여 노동조합 대표자는 그 회계감사원으로 하여금 6월에 1회 이상 당해 노동조합의 모든 재원 및 용도, 주요한 기부자의 성명, 현재의 경리 상황 등에 대한 회계감사를 실시하게 하고 그 내용과 감사결과를 전체 조합원에게 공개하여야 하며(노동조합법 제25조 제1항), 노동조합 대표자는 회계연도마다 결산결과와 운영상황을 공표하여야 하며 조합원의 요구가 있을 때에는 이를 열람하게 하여야 한다(동법 제26조). 또한 노동조합은 조합설립일로부터 30일 이내에 재정에 관한 장부와 서류를 작성 및 비치하여야 한다(동법 제14조).

제 9 절 | 사용자의 편의제공

I 법규정

제24조【근로시간 면제 등】 ① 근로자는 단체협약으로 정하거나 사용자의 동의가 있는 경우에는 사용자 또는 노동조합으로부터 급여를 지급받으면서 근로계약 소정의 근로를 제공하지 아니하고 노동조합의 업무에 종사할 수 있다.

② 제1항에 따라 사용자로부터 급여를 지급받는 근로자(이하 "근로시간면제자"라 한다)는 사업 또는 사업장별로 종사근로자인 조합원 수 등을 고려하여 제24조의2에 따라 결정된 근로시간 면제 한도(이하 "근로시간 면제 한도"라 한다)를 초과하지 아니하는 범위에서 임금의 손실 없이 사용자와의 협의·교섭, 고충처리, 산업안전 활동 등 이 법 또는 다른 법률에서 정하는 업무와 건전한 노사관계 발전을 위한 노동조합의 유지·관리업무를 할 수 있다.

③ 사용자는 제1항에 따라 노동조합의 업무에 종사하는 근로자의 정당한 노동조합 활동을 제한해서는 아니 된다.

④ 제2항을 위반하여 근로시간 면제 한도를 초과하는 내용을 정한 단체협약 또는 사용자의 동의는 그 부분에 한정하여 무효로 한다.

⑤ <삭제>

제81조【부당노동행위】 ① 사용자는 다음 각 호의 어느 하나에 해당하는 행위(이하 "不當勞動行爲"라 한다)를 할 수 없다.

4. 근로자가 노동조합을 조직 또는 운영하는 것을 지배하거나 이에 개입하는 행위와 근로시간 면제한도를 초과하여 급여를 지급하거나 노동조합의 운영비를 원조하는 행위. 다만, 근로자가 근로시간 중에 제24조 제2항에 따른 활동을 하는 것을 사용자가 허용함은 무방하며, 또한 근로자의 후생자금 또는 경제상의 불행 그 밖에 재해의 방지와 구제 등을 위한 기금의 기부와 최소한의 규모의 노동조합사무소의 제공 및 그 밖에 이에 준하여 노동조합의 자주적인 운영 또는 활동을 침해할 위험이 없는 범위에서의 운영비 원조행위는 예외로 한다.

II 인적 편의제공

1. 노조전임자제도

(1) 의의

노조전임자란 사용자와의 관계에서 근로자의 지위를 그대로 유지하면서 근로계약상의 근로제공 의무를 이행하지 않고 노동조합 업무에만 전념하는 자를 말한다. 노조전임자제도는 근로시간면제제도와 직접 관련이 없으므로, 노사가 자율적으로 합의하여 전임자 수를 정할 수 있다.

(2) 노조전임자의 급여지급[10]

근로자는 단체협약으로 정하거나 사용자의 동의가 있는 경우에는 사용자 또는 노동조합으로부터 급여를 지급받으면서 근로계약 소정의 근로를 제공하지 아니하고 노동조합의 업무에 종사할 수 있다(노동조합법 제24조 제1항).

---

10) 임종률, 『노동법』; 2021년 개정법은 노동조합법상 노조전임자의 급여지급 금지 규정을 삭제했는데, 이는 노조전임자 급여지급의 문제를 당사자의 자율에 맡기지 않고 법률로 강제하는 것은 국제노동기준에 어긋난다는 점, 노조전임자의 급여지급 금지에 대한 예외로서 근로시간면제제도가 존재하는 점 등을 고려한 것이다.

2. 근로시간면제제도

(1) 근로시간면제제도(Time off system)라 함은 근로자가 근로시간 중에 노동조합 활동 또는 관련 법률상의 의무이행 또는 권리행사 등을 하는 경우 이는 근로제공에 해당되지 아니하나, 이를 근로로 간주하여 임금을 삭감하지 아니하고 그대로 지급하는 제도를 말한다. 만약 사용자가 근로시간면제한도를 초과하여 급여를 지급하는 경우 부당노동행위에 해당한다(동법 제81조 제1항 제4호).

(2) 이와 관련하여 판례는 "근로시간면제자에게 지급된 급여가 사회통념상 수긍할 만한 합리적인 범위를 초과할 정도로 과다한 경우에는 그 부분은 평균임금 산정에서 임금으로 볼 수 없다."고 판시하였다(대판 2018.4.26, 2012다8239).

Ⅲ 물적 편의제공

1. 조합사무소 제공

(1) 의의

조합사무소는 조합활동에 있어서 반드시 필요한 물적시설이다. 회사시설을 조합사무소로 이용하는 것은 편의제공의 하나로, 노사 간의 합의나 관행으로 인정된다.

(2) 조합사무소 반환요구

조합사무소 무상대차계약에서 반환 시기나 해약 사유를 정한 때에는 그 시기의 도래 또는 그 해약 사유의 발생으로 사용자는 노동조합에 사무소의 반환을 청구할 수 있다.

그러나 그러한 정함이 없는 경우 조합사무소는 조합활동에 필요불가결한 것이므로 조합사무소 제공의 법적성격은 집단적 노동관계에서의 노동조합과 사용자 사이의 합의로 보아야 하는바, 따라서 사용자는 단체협약의 종료 또는 계약해제 등의 이유로 반환을 요구할 수 없다(대판 2002.3.26, 2000다3347).

(3) 조합사무소 제공과 부당노동행위

사용자의 조합사무소 제공이 노동조합에 대한 지배·개입에 해당되어 부당노동행위를 구성할 우려가 있으나, 최소한의 조합사무소 제공은 부당노동행위에 해당하지 않는다(노동조합법 제81조 제1항 제4호).

2. 조합비 일괄공제제도

'조합비 일괄공제제도'라 함은 사용자가 조합원의 임금에서 조합비를 공제한 후 이를 일괄하여 노동조합에 인도한다는 단체협약상의 조항을 말한다. 이는 조합원이 조합비를 납입하지 아니하거나 지연하는 것을 방지하여 노동조합의 재정확보와 단결권 강화를 도모하고자 하는데 그 취지가 있다.

제 10 절 | 노동조합의 업무에 종사하는 자

I 법규정

제24조【근로시간 면제 등】 ① 근로자는 단체협약으로 정하거나 사용자의 동의가 있는 경우에는 사용자 또는 노동조합으로부터 급여를 지급받으면서 근로계약 소정의 근로를 제공하지 아니하고 노동조합의 업무에 종사할 수 있다.
② 제1항에 따라 사용자로부터 급여를 지급받는 근로자(이하 "근로시간면제자"라 한다)는 사업 또는 사업장별로 종사근로자인 조합원 수 등을 고려하여 제24조의2에 따라 결정된 근로시간 면제 한도(이하 "근로시간 면제 한도"라 한다)를 초과하지 아니하는 범위에서 임금의 손실 없이 사용자와의 협의·교섭, 고충처리, 산업안전 활동 등 이 법 또는 다른 법률에서 정하는 업무와 건전한 노사관계 발전을 위한 노동조합의 유지·관리업무를 할 수 있다.
③ 사용자는 제1항에 따라 노동조합의 업무에 종사하는 근로자의 정당한 노동조합 활동을 제한해서는 아니 된다.
④ 제2항을 위반하여 근로시간 면제 한도를 초과하는 내용을 정한 단체협약 또는 사용자의 동의는 그 부분에 한정하여 무효로 한다.
⑤ <삭제>

II 노조전임자

1. 의의

노조전임자란 사용자와의 관계에서 근로자의 지위를 그대로 유지하면서 근로계약상의 근로제공 의무를 이행하지 않고 노동조합 업무에만 전념하는 자를 말한다. 노조전임자는 기업 내의 근로자로서의 신분을 그대로 유지하나, 근로계약상의 근로제공의무를 면제받고 있다. 노조전임자의 법적지위를 휴직상태에 있는 근로자로 보는 경우 노조전임자는 사용자와 신분관계는 유지하되 휴일·휴가도 부여되지 아니하며, 기타 산업재해보상 및 후생·복지시설의 혜택도 제한된다[11].

2. 노조전임자의 지위

(1) 노조전임자와 출·퇴근

판례는 "노조전임자는 휴직상태에 있는 근로자와 유사한 지위라고 하면서도 사용자와 사이에 기본적인 노사관계는 유지되는 것으로서 취업규칙이나 사규의 적용이 전면적으로 배제되는 것은 아니므로 단체협약에 조합전임자에 관하여 특별한 규정이나 관행이 존재하지 아니하는 한 출·퇴근에 대한 사규의 적용을 받는다."고 판시하였다(대판 1993.8.24, 92다34926).

---

11) 2021.1.5. 노동조합법 개정으로 인해 단체협약으로 정하거나 사용자의 동의가 있는 경우에는 사용자 또는 노동조합으로부터 급여를 지급받으면서 근로계약 소정의 근로를 제공하지 아니하고 노동조합의 업무에 종사할 수 있다(노동조합법 제24조 제1항).

(2) 노조전임자와 산업재해보상보험[12]

노조전임자가 노조업무를 수행하는 과정에서 재해를 입은 경우, 과연 이를 업무상 재해로 보아 산업재해보상보험을 인정할 것인지가 문제시 되는데, 이에 대해 판례는 "노조전임자의 조합활동이 사용자의 사업과 무관한 상부 또는 연합단체와 관련된 활동, 불법적인 노조활동 또는 사용자와의 대립관계인 쟁의행위에 해당하는 등의 특별한 사정이 없는 한 이를 회사의 업무를 수행하는 것으로 보아 산업재해보상보험법상의 구제대상으로 보아야 한다."고 판시하였다(대판 2014.5.29, 2014두35232).

(3) 노조전임자의 상여금 지급 및 연차유급휴가

노조전임자는 근로자의 신분은 유지한 채 근로를 제공하지 아니하므로 노조전임자에게도 상여금 지급 또는 연차유급휴가가 부여되는지 여부가 문제되는데, 이에 대해 판례는 "노조전임자는 휴직상태에 있는 근로자와 유사한 지위를 갖고 있으므로 단체협약 등에 정함이 없는 한 사용자에게 상여금 또는 연차유급휴가를 청구할 수 있는 권리가 당연히 있는 것은 아니다."라고 판시하였다(대판 1995.11.10, 94다54566).

(4) 노조전임자와 복직권

노조전임자가 노조전임의 임기 또는 노조임원의 지위가 종료되는 경우에는 단체협약, 취업규칙, 노사관행 또는 노사당사자 간의 합의된 사항에 따라 즉시 원직에 복귀된다(대판 1997.6.13, 96누17738).

(5) 노조전임자와 퇴직금

노조전임자가 퇴직하는 경우의 퇴직금산정은 전임기간 중에 받은 급여가 아니라 전임자와 동일직급 및 호봉의 근로자들의 평균임금을 기준으로 산정한다(대판 1998.4.24, 97다54727).

III 근로시간면제제도

1. 의의

근로시간면제제도(Time off system)라 함은 근로자가 근로시간 중에 노동조합 활동 또는 관련 법률상의 의무이행 또는 권리행사 등을 하는 경우 이는 근로제공에 해당하지 아니하나, 이를 근로시간으로 간주하여 임금을 삭감하지 아니하고 그대로 지급하는 제도를 말한다[13].

2. 노조전임자제도와의 구별

근로시간면제제도는 본래 노조전임자제도와 별개의 제도로, 노조전임자에게 근로시간면제제도를 적용할 수도 있으나, 반드시 적용이 요구되는 것은 아니다. 노조전임자의 경우 업무의 대상, 범위 및 숫자가 정하여 있지 아니하나, 근로시간면제제도의 경우 법령으로 규정되어 있다.

---

12) 대판 2007.3.29, 2005두11418 ; 노조전임자의 노동조합 활동에는 사용자가 할 노무관리를 대신하는 성질을 가지는 것도 포함되어 있기 때문에 그 업무를 수행하는 과정에서 그 업무에 기인하여 발생한 재해는 산업재해보상보험법상 업무상 재해로 인정된다.

13) 김형배·박지순, 『노동법』; 2021.7.6 부터 시행하는 개정 노동조합법에서는 노조전임자 급여지급 금지 원칙 규정을 삭제하고 노동조합의 업무에 종사하는 조합원은 ① 사용자로부터 급여를 지급받거나, ② 노동조합으로부터 급여를 지급받을 수 있음을 인정하면서, ①에 해당하는 조합원을 근로시간면제자로 정의하였다.

3. 근로시간면제제도의 채택 등

(1) 단체협약 또는 사용자가 동의하는 경우

① 단체협약 : 노동조합 및 사용자는 단체교섭을 통하여 단체협약으로 근로시간면제제도를 채택할 수 있다.

② 사용자의 동의 : 사용자의 동의가 있는 경우 근로시간면제제도를 채택할 수 있다. 이 경우 동의의 형식 및 방법 등에 관하여 법령은 명문의 규정을 두고 있지 아니하나, 이는 일종의 임금에 관한 사항이므로 문서로 작성하는 것이 필요하다.

(2) 근로시간면제한도를 초과하지 아니하는 범위

노사당사자는 근로시간면제심의위원회에서 결정된 근로시간면제한도를 초과하지 아니하는 범위 안에서 이를 채택하여야 한다.

(3) 근로시간면제한도를 초과하는 내용을 정한 단체협약 또는 사용자의 동의의 효력

근로시간면제한도를 초과하는 내용을 정한 단체협약 또는 사용자의 동의는 그 부분에 한정하여 무효로 한다(노동조합법 제24조 제4항).

4. 부당노동행위의 금지

근로시간면제한도 내에서의 단체교섭 등의 활동은 정당성이 인정된다. 그러나 근로시간면제한도를 초과하는 요구를 내용으로 하는 단체교섭은 금지적 교섭대상이며, 쟁의행위는 정당성을 상실한다. 사용자가 근로시간 면제한도를 초과하여 임금을 지급하는 경우 부당노동행위에 해당된다(노동조합법 제81조 제1항 제4호).

📂 **노조전임자와 근로시간면제자 비교**

구분	노조전임자	근로시간면제자
근거	노동조합법 제24조 제1항	노동조합법 제24조 제2항
업무 범위	노동조합 업무로서 제한 없음	• 사용자와의 협의, 교섭, 고충처리, 산업안전활동 등 노동조합법 또는 다른 법률에 정하는 업무 • 건전한 노사관계발전을 위한 노동조합의 유지, 관리업무 • 노동조합법 제2장 제3절 규정에 의한 노동조합 관리 업무 • 기타 사업장 내 노사공동의 이해관계에 속하는 노동조합의 유지관리 업무
급여 지급	가능	근로시간면제한도 내에서 유급처리 가능
인원수	노사가 협의하여 결정	근로시간면제한도 내에서 노사가 결정

제 11 절 **노동조합의 내부통제권**

I 법규정

> **제11조【규약】** 노동조합은 그 조직의 자주적·민주적 운영을 보장하기 위하여 당해 노동조합의 규약에 다음 각 호의 사항을 기재하여야 한다.
> 13. 대표자와 임원의 규약위반에 대한 탄핵에 관한 사항
> 15. 규율과 통제에 관한 사항
>
> **제22조【조합원의 권리와 의무】** 노동조합의 조합원은 균등하게 그 노동조합의 모든 문제에 참여할 권리와 의무를 가진다. 다만, 노동조합은 그 규약으로 조합비를 납부하지 아니하는 조합원의 권리를 제한할 수 있다.

II 내부통제권의 개념

노동조합이 근로자의 자주적인 단결체로서 조직을 유지하고 목적을 달성하기 위해서는 조합의 내부질서가 확립되고 강고한 단결력이 유지되지 아니하면 안 된다. 따라서 노동조합은 조합원에 대하여 일정한 규제와 강제를 행사하며 이러한 통제에 복종하지 아니하는 조합원에 대하여 제재를 기하게 된다. 이를 노동조합의 내부통제 또는 통제권의 행사라고 한다.

III 노동조합 내부통제권의 대상과 그 한계

1. 노동조합 내부통제권의 한계

노동조합의 내부통제권은 노동조합의 목적달성을 위하여 인정된다. 따라서 노동조합의 목적이 근로조건의 유지·개선을 위한 조직 강화일 경우에만 내부통제가 미친다. 내부규제와 관계없는 사생활에서의 언동은 통제권의 대상이 되지 않는다.

2. 노동조합 내부통제권의 대상에 대한 구체적 검토

(1) 조합원 개인의 정치활동

노동조합의 정치활동과 조합원 개인의 정치권 행사가 상충하는 경우, 조합정치활동의 목적·내용 및 성질과 조합원 개인의 정치권의 목적·내용·성질 등을 비교·형량하여 노동조합의 정치적 목적 달성과 조합원 개인의 정치권이 조화·균형될 수 있도록 하여야 한다[14].

---

14) 김유성, 『노동법 II』

(2) 언론 · 비판활동

규약 또는 결의에 반하는 언론행위는 원칙적으로 통제대상이 되는데, 다만, 집행부의 탄핵을 위한 서명활동과 같은 경우 노동조합 집행부의 의사에 반한다고 하더라도 이를 통제의 대상으로 할 수 없다. 판례는 "조합원이 조합의 조직 · 운영 · 활동에 대하여 비판하는 경우에도 그것이 사실을 왜곡하거나 허위의 사실을 들어 공격하는 경우를 제외하고는 통제대상이 되지 않는다."고 판시하였다 (서울지법 1996.10.15, 95가합108953).

(3) 조합의 결의 · 지시에 위반하는 경우

노동조합의 방침이나 결의에 반대하여 일부 조합원들이 독자적인 활동을 감행하거나, 노동조합의 행동통일에 관한 지시에 대하여 조합의 전략을 저해하는 독자적인 행동을 취한 경우에도 노동조합의 통제권이 행사될 수 있다.

(4) 위법한 지시의 거부

노동조합의 위법 · 부당한 의결 또는 지시에 위반하여 조합원이 이를 따르지 아니하는 경우에는 통제의 대상이 되지 아니하는 것이 원칙이다[15].

(5) 조합비 미납 행위

조합원이 조합비를 납부하지 아니하는 경우 노동조합은 규약으로 조합원의 권리를 제한할 수 있다 (노동조합법 제22조 단서).

(6) 단체교섭의 방해

단체교섭은 노동조합이 근로조건 유지 · 개선의 목적을 달성하기 위한 기본적인 활동이다. 따라서 조합원이 단체교섭의 성공적 타결을 위하여 노동조합이 지시한 쟁의행위에 참가하지 않은 경우에는 통제대상이 된다. 노동조합의 단체교섭을 방해하는 조합원의 독자적인 행위를 한 경우에도 그렇다[16].

---

15) 김유성, 『노동법 II』, 임종률, 『노동법』
16) 임종률, 『노동법』

제 12 절 노동조합의 조직변동

I 법규정

제16조【총회의 의결사항】 ① 다음 각 호의 사항은 총회의 의결을 거쳐야 한다.
1. 규약의 제정과 변경에 관한 사항
2. 임원의 선거와 해임에 관한 사항
3. 단체협약에 관한 사항
4. 예산·결산에 관한 사항
5. 기금의 설치·관리 또는 처분에 관한 사항
6. 연합단체의 설립·가입 또는 탈퇴에 관한 사항
7. 합병·분할 또는 해산에 관한 사항
8. 조직형태의 변경에 관한 사항
9. 기타 중요한 사항

② 총회는 재적조합원 과반수의 출석과 출석조합원 과반수의 찬성으로 의결한다. 다만, 규약의 제정·변경, 임원의 해임, 합병·분할·해산 및 조직형태의 변경에 관한 사항은 재적조합원 과반수의 출석과 출석조합원 3분의 2 이상의 찬성이 있어야 한다.
③ 임원의 선거에 있어서 출석조합원 과반수의 찬성을 얻은 자가 없는 경우에는 제2항 본문의 규정에 불구하고 규약이 정하는 바에 따라 결선투표를 실시하여 다수의 찬성을 얻은 자를 임원으로 선출할 수 있다.
④ 규약의 제정·변경과 임원의 선거·해임에 관한 사항은 조합원의 직접·비밀·무기명투표에 의하여야 한다.

제28조【해산사유】 ① 노동조합은 다음 각 호의 1에 해당하는 경우에는 해산한다.
1. 규약에서 정한 해산사유가 발생한 경우
2. 합병 또는 분할로 소멸한 경우
3. 총회 또는 대의원회의 해산결의가 있는 경우
4. 노동조합의 임원이 없고 노동조합으로서의 활동을 1년 이상 하지 아니한 것으로 인정되는 경우로서 행정관청이 노동위원회의 의결을 얻은 경우

② 제1항 제1호 내지 제3호의 사유로 노동조합이 해산한 때에는 그 대표자는 해산한 날부터 15일 이내에 행정관청에게 이를 신고하여야 한다.

II 노동조합의 합병 및 분할 등

1. 노동조합법상 규정

노동조합법에서는 합병과 관련하여 합병을 하려는 노동조합은 합병에 관한 합의내용을 각자의 총회 또는 대의원회에서 의결해야 하며(노동조합법 제16조 제1항 제7호), 그 의결 정족수를 제한하고 있으나(동법 제16조 제2항), 노동조합의 해산사유로 정하는 것(동법 제28조 제1항 제2호) 외에 별다른 규정을 두고 있지 않아서 그 절차나 법적 효과에 관한 사항은 해석에 따르고 있다.

2. 노동조합의 합병

(1) 의의

'노동조합의 합병'이란 복수의 노동조합이 그 의사결정에 의하여 하나의 노동조합으로 통합되는 것을 말한다. 합병에는 기존노조를 통합하여 새로운 노동조합을 설립하는 신설합병과 하나의 노동조합이 다른 노동조합을 흡수하여 존속하는 흡수합병이 있다.

(2) 합병 의결

합병을 하려는 노동조합은 합병에 관한 합의내용을 각자의 총회 또는 대의원회에서 의결해야 한다(노동조합법 제16조 제1항 제7호). 합병 의결에는 재적조합원 또는 대의원 과반수의 출석과 출석조합원 또는 대의원 3분의 2 이상의 찬성이 있어야 한다(동법 제16조 제2항). 이와 함께 흡수합병의 경우에는 존속노동조합의 조합규약의 변경, 신설합병의 경우에는 새로운 노동조합의 규약제정이 있어야 한다.

(3) 신고 등의 절차

① 흡수합병의 경우 : 소멸노조의 대표자는 해산한 날로부터 15일 이내에 행정관청에 해산 신고해야 하고(노동조합법 제28조 제2항), 흡수되는 노조는 합병과 관련하여 조직대상이나 기관구성에 관해 규약내용을 변경한 때에는 그 내용을 행정관청에 통보해야 한다(동법 제13조 제2항).

② 신설합병의 경우 : 소멸노조의 대표자는 해산한 날로부터 15일 이내에 행정관청에 이를 해산 신고해야 하며(노동조합법 제28조 제2항), 신설노조의 대표자는 규약을 첨부하여 설립신고를 해야 한다(동법 제10조).

(4) 효과

신설합병의 경우에는 기존노조 모두가 소멸하며, 또한 흡수합병의 경우에도 피흡수노조가 소멸한다.

3. 노동조합의 분할

(1) 의의

'노동조합의 분할'이란 하나의 노동조합이 2개 이상의 노동조합으로 분할됨으로써 기존의 노동조합이 완전히 소멸되는 것을 말한다.

(2) 구별

분할은 기존의 노동조합이 소멸된다는 점에서 기존노조는 그대로 존속한 채 일부 조합원들이 집단적으로 탈퇴하여 새로운 별개의 노동조합을 결성하는 탈퇴 또는 사실상 분리와 구별된다.

(3) 분할절차

분할을 하려는 노동조합은 총회 또는 대의원회에서 분할을 의결하여야 한다(노동조합법 제16조 제1항 제7호). 이 경우 기존 노동조합은 소멸하게 되므로 대표자는 해산일로부터 15일 이내에 행정관청에 이를 신고하여야 한다(동법 제28조 제2항). 신설 노동조합의 조합원은 새로운 규약을 제정하고 조합대표자는 동 규약에 설립신고서를 첨부하여 설립신고를 하여야 한다(동법 제10조).

(4) 효과

노동조합이 분할되면 기존노조의 조합원은 기존노조와 신설노조로 나뉘어 그 조합원이 되고, 기존노조의 재산과 조합원의 노동조합에 대한 권리·의무는 신설노조에 분할 승계된다. 그러나 분할 이전에 기존노조가 체결한 단체협약의 효력은 기존노조와 신설노조 간의 실질적 동질성을 인정하기 어렵기 때문에 원칙적으로 종료된다[17].

Ⅲ 노동조합의 조직변경

1. 의의

'노동조합의 조직변경'이란 조합의 존속 중에 그 동일성을 유지하면서 조직을 변경하는 것을 말한다.

2. 조직변경의 요건

(1) 조합의 존속 중에 조직변경

조직변경은 조합의 존속 중에 이루어지는 것이 원칙이다. 따라서 조직변경은 반드시 기존 조합의 해산 및 신규 조합의 설립이라는 법적 절차를 거치지 아니하고 조합규약의 개정만으로 충분하다고 할 것이다[18].

(2) 노동조합의 실질적 동일성 유지

노동조합이 조직변경을 하려면 실질적 동일성을 유지하면서 이루어져야 한다. 실질적 동일성과 관련하여 구체적인 학설이나 판례는 없으나, 일부 판례에서는 " '어느 사업장의 근로자로 구성된 노동조합이 다른 사업장의 노동조합을 결성하거나 그 조직형태 등을 결정할 수 없다.'는 것을 전제로 조합의 인적구성에서 실질적 동일성이 유지되지 않는 경우 허용될 수 없다."고 판시하였다(대판 2002.7.26, 2001두5361)[19].

3. 조직변경의 절차

(1) 총회의 의결

노동조합의 조직형태 변경에 관한 사항은 총회 또는 대의원회의 의결을 거쳐야 한다(노동조합법 제16조 제1항 제8호 및 동법 제17조 제1항). 그 의결 정족수는 재적 조합원 또는 대의원 과반수의 출석과 출석 조합원 3분의 2 이상의 찬성이 요구된다(동법 제16조 제2항 단서 및 동법 제17조 제4항).

---

17) 노조 68107-704, 2002.8.26 ; 김유성, 『노동법 Ⅱ』, 이병태, 『노동법』, 김형배·박지순, 『노동법』
18) 김유성, 『노동법 Ⅱ』
19) 이상윤, 『노동법』

(2) 규약의 변경

조직변경이 있게 되면 조합규약의 내용인 명칭과 조합원의 지위에 변경이 따르므로 규약의 변경이 있게 된다. 따라서 규약의 변경절차를 거쳐야 하는데, 규약변경의 절차는 총회·대의원회에서 직접·비밀·무기명 투표에 의한 출석조합원의 3분의 2 이상의 찬성이 있어야 한다(노동조합법 제16조 제2항 단서).

(3) 행정관청에 통보

조직변경으로 인하여 규약을 변경하여야 하므로 이를 행정관청에 30일 이내에 규약변경신고 또는 통보를 하여야 한다(노동조합법 제13조 제2항). 이는 행정관청의 편의를 위한 것이므로, 이를 위반한 경우 조직변경의 효력에는 영향을 미치지 않는다.

4. 조직변경의 효과

(1) 조합원의 지위

조직변경 되는 노동조합의 조합원은 별도의 절차 없이 변경된 노동조합의 조합원 자격을 자동적으로 갖는다.

(2) 재산법상 처리

조직변경의 경우 노동조합의 동일성이 그대로 인정되므로, 변경 전 노동조합의 권리·의무 및 재산관계는 그대로 승계한다(대판 2002.7.26, 2001두5361).

(3) 단체협약

노동조합에 대한 조직변경이 인정된 경우 노동조합의 동일성을 가지고 있으므로, 그 노동조합과 사용자 관계(단체협약의 주체로서의 지위 및 그 외의 사항)는 원칙적으로 그대로 승계한다고 해석된다.

5. 조직형태 변경의 유형

(1) 기업별 노동조합이 산별노조의 지부·지회로 전환이 가능한지 여부

기업별 노동조합이 총회결의로 산별노조의 지부·지회로 조직을 변경하는 것으로, 이 경우 기존 기업별 노동조합은 소멸된다[20].

(2) 산별노조의 지부·지회가 기업별 노동조합으로 전환이 가능한지 여부

산별노조의 지부·지회가 기업별 노동조합으로의 조직형태 변경이 가능한지 여부가 문제되는데, 이와 관련하여 판례는 "산별노조의 지부·지회가 단체교섭·협약권이 있는 경우는 물론이고 설사 단체교섭·협약을 하지 못하더라도 독자적인 규약과 집행기관을 가지고 독립활동을 하여 근로자단체에 준하는 지위를 가진 경우 조직형태를 변경하여 기업별 노동조합으로 전환할 수 있다."고 판시하였다(대판 2016.2.19, 2012다96120[전합]).

---

20) 최영우, 『집단노동법 실무』

Ⅳ 노동조합의 해산

1. 의의

'노동조합의 해산'이란 노동조합이 본래의 활동을 정지하고 소멸의 과정에 들어가는 것을 말한다. 해산된 노동조합은 즉시 소멸하는 것이 아니라 청산과정에 들어가게 된다.

2. 해산사유

(1) 규약에 정한 해산사유 발생

해산에 관한 사항은 조합규약의 필요적 기재사항이다(노동조합법 제11조 제11호). 조합규약에 해산사유가 규정되어 있는 경우 당해 해산사유가 발생되면 조합은 해산된다.

(2) 합병 또는 분할로 인한 소멸

노동조합은 합병 또는 분할로 인하여 소멸되는 경우 노동조합은 해산된다.

(3) 총회 또는 대의원회의 해산결의

총회 또는 대의원회가 조합의 해산을 의결한 경우 조합은 해산하게 된다(노동조합법 제28조 제1항 제3호). 이는 노동조합의 임의해산에 관한 것으로 조합규약에 정한 해산사유의 발생과는 상관없이 조합의 해산을 의결할 수 있다.

(4) 노동조합의 활동이 없는 경우(휴면노조)

① 실질적 요건: 노동조합의 대내적·대외적 활동을 담당하는 임원인 위원장·부위원장 등이 없고, 노동조합으로서의 활동을 1년 이상 수행하지 아니한 경우에 노동조합은 해산된다. 또한 노동조합의 조합원이 1명도 남아 있지 아니한 경우에는 노동조합이 자연 소멸되며[21], 이 경우에는 1년이 경과하기 전이라도 소멸하게 된다.
'노동조합으로서의 활동을 1년 이상 하지 아니한 경우'라 함은 계속하여 1년 이상 조합원으로부터 조합비를 징수한 사실이 없거나, 총회 또는 대의원회를 개최한 사실이 없는 경우를 말한다(노동조합법 시행령 제13조 제1항).

② 절차적 요건: 상기의 해산사유가 있는 경우 행정관청이 그 사유의 존재에 관하여 노동위원회의 의결을 얻은 때에 당해 노동조합은 해산된 것으로 본다(노동조합법 시행령 제13조 제2항).

(5) 기타

노동조합의 조합원이 1명도 남아 있지 않다면 자연적으로 소멸하며, 조합원이 1명밖에 남아 있지 않은 상태에서 향후 조합원이 증가될 가능성이 없는 경우에도 소멸된 것으로 본다(대판 1998.3.13, 97누19830).

3. 해산절차

노동조합이 해산하는 경우 노동조합의 대표자는 해산한 날부터 15일 이내에 행정관청에 이를 신고하여야 한다(노동조합법 제28조 제2항). 이러한 해산신고는 해산의 효력요건이 아니라 단순한 행정절차에 불과하다[22].

---

21) 노조 01254-12058, 1990.8.29
22) 노조 01254-1780, 1988.2.4; 김유성, 『노동법 Ⅱ』

제1절 성실교섭의무

Ⅰ 법규정

제30조【교섭 등의 원칙】 ① 노동조합과 사용자 또는 사용자단체는 신의에 따라 성실히 교섭하고 단체협약을 체결하여야 하며 그 권한을 남용하여서는 아니된다.
② 노동조합과 사용자 또는 사용자단체는 정당한 이유없이 교섭 또는 단체협약의 체결을 거부하거나 해태하여서는 아니된다.
③ 국가 및 지방자치단체는 기업·산업·지역별 교섭 등 다양한 교섭방식을 노동관계 당사자가 자율적으로 선택할 수 있도록 지원하고 이에 따른 단체교섭이 활성화될 수 있도록 노력하여야 한다.

Ⅱ 성실교섭의무의 주체

1. 사용자 또는 사용자단체와 노동조합

사용자 또는 사용자단체와 노동조합은 단체교섭에 있어 성실교섭의무의 주체라고 할 것이다. 사용자가 이를 위반한 경우는 부당노동행위에 의해 규제되지만, 노동조합은 사용자가 단체교섭 거부를 할 수 있는 정당한 사유가 될 뿐이므로 실질적으로 사용자에게 부과된 의무라 할 것이다.

2. 단체교섭의 담당자 또는 위임을 받은 자

단체교섭의 담당자 또는 위임을 받은 자는 노동조합과 사용자 또는 사용자단체의 이익을 위해서 성실교섭의무를 지게 되며, 단체교섭의 주체인 노동조합의 단결목적과 사용자의 제반목적을 위하여 교섭하여야 한다.

Ⅲ 성실교섭의무의 내용

1. 단체교섭응낙의무

성실교섭의무에서 사용자는 노동조합의 정당한 단체교섭에 응낙할 의무를 지게 된다. 여기서 응낙의무는 노사 쌍방의 교섭담당자가 현실적으로 회견하여 대화할 의무를 말한다.

2. 합의를 모색할 의무

성실교섭의무의 핵심은 합의를 모색할 의무에 있다. 즉, 교섭당사자는 요구나 주장을 명확히 하고 상대방의 요구나 주장에 대하여 자신의 주장이나 대안을 제시하고 그 논거를 설명하거나 관련 자료를 제공할 의무가 있다.

3. 단체협약 체결의무

현행법상 성실교섭의무에는 단체협약을 체결할 의무가 포함되어 있다(노동조합법 제30조 제1항). 그러나 이는 일방이 교섭을 요구하면 교섭당사자는 당연히 단체협약의 체결에까지 이르러야 한다는 의미가 아니며, 당사자 간에 단체교섭이 타결된 경우에는 지체 없이 단체협약을 체결해야 한다는 것을 의미할 뿐이다.

IV 성실교섭의무의 예외

1. 의의

사용자 또는 사용자단체가 성실교섭의무를 지더라도 교섭거부의 정당한 사유가 존재하면 정당하게 이를 거부할 수 있다.

2. 교섭의 주체

사용자는 정당한 단체교섭의 주체가 아닌 경우, 즉 교섭권한이 없는 근로자단체, 교섭권한이 없는 노동조합의 대표자나 그로부터 위임을 받은 자와의 교섭은 거부할 수 있다(대판 1998.1.20, 97도588).

3. 교섭의 목적

사용자에게 처분권한이 없거나(대판 2003.12.26, 2003두8906), 근로조건과 근로자의 지위개선에 관계되지 않는 사항(대판 1991.1.23, 90도2852), 쟁의행위기간 중의 임금지급을 요구하는 단체교섭과 같은 법 위반 사항에 대해서는 거부할 수 있다(노동조합법 제44조).

4. 교섭의 방법 및 절차

법령, 단체협약, 취업규칙 등에 규정된 교섭방법 및 절차에 대하여 협약 등에 정함이 있거나 관행이 있는 경우에는 노사당사자는 그에 따라야 할 것이므로, 이를 위반하거나 또는 교섭이 장기화되어 더 이상 정상적인 교섭이 어려운 경우에는 정당하게 이를 거부할 수 있다고 보아야 할 것이다.

Ⅴ 성실교섭의무 위반의 효과

1. 사용자의 성실교섭의무 위반

노동조합법에서는 사용자가 노동조합의 대표자 또는 노동조합으로부터 위임을 받을 자와의 단체협약 체결 기타의 단체교섭을 정당한 이유 없이 거부하거나 이를 해태하는 행위를 부당노동행위로서 금지하고 있다(노동조합법 제81조 제1항 제3호).

2. 노동조합의 성실교섭의무 위반

현행법상으로는 사용자의 부당노동행위만을 규제하고 있기 때문에 노동조합의 성실교섭의무는 추상적 의무라고 할 수 있다. 따라서 노동조합이 성실교섭의무를 위반하게 되면 성실교섭의무 위반으로 책임을 부담하나, 이와 같은 경우 사용자가 불성실한 노동조합의 교섭을 거부하더라도 노동조합법상 부당노동행위가 성립하지는 않는다.

제 2 절 단체교섭의 당사자와 담당자

Ⅰ 법규정

제29조【교섭 및 체결권한】 ① 노동조합의 대표자는 그 노동조합 또는 조합원을 위하여 사용자나 사용자단체와 교섭하고 단체협약을 체결할 권한을 가진다.
② 제29조의2에 따라 결정된 교섭대표노동조합(이하 "교섭대표노동조합"이라 한다)의 대표자는 교섭을 요구한 모든 노동조합 또는 조합원을 위하여 사용자와 교섭하고 단체협약을 체결할 권한을 가진다.
③ 노동조합과 사용자 또는 사용자단체로부터 교섭 또는 단체협약의 체결에 관한 권한을 위임받은 자는 그 노동조합과 사용자 또는 사용자단체를 위하여 위임받은 범위안에서 그 권한을 행사할 수 있다.
④ 노동조합과 사용자 또는 사용자단체는 제3항에 따라 교섭 또는 단체협약의 체결에 관한 권한을 위임한 때에는 그 사실을 상대방에게 통보하여야 한다.

Ⅱ 단체교섭의 당사자

1. 의의

단체교섭의 당사자, 즉 단체교섭의 주체에는 근로자 측 주체로서 노동조합이 있으며, 사용자 측 주체로서 사용자 또는 사용자단체가 있다(노동조합법 제30조 제1항).

2. 근로자 측 당사자

(1) 의의

근로자의 단결체가 단체교섭의 당사자로 되기 위해서는 최소한 대외적 자주성을 가진 단결체여야 하며, 또한 통일적인 의사형성이 가능한 단체성이 있어야 한다[1].

(2) 법내 노동조합

① 단위노동조합: 단위노동조합은 가장 전형적인 단체교섭의 당사자이다. 여기에서 말하는 노동조합은 대외적 자주성과 대내적 민주성을 구비한 노동조합을 의미한다.

② 연합단체: 연합단체가 단체교섭의 당사자가 되는 데에는 문제가 없다. 그러나 연합단체의 경우에는 자주성의 요건과 통일적 의사형성을 위한 단체성 요건 외에도 소속 노동조합에 대하여 단체교섭에 대한 통제권이 있는 경우에만 당사자성을 인정할 수 있다.

③ 지부·분회: 지부·분회가 독자적인 규약 및 집행기관을 가진 독립된 조직체로서 활동을 하는 경우 당해 조직이나 그 조합원에 고유한 사항에 대하여는 독자적으로 단체교섭하고 단체협약을 체결할 수 있다(대판 2001.2.23, 2000도4299).

(3) 법외 노동조합

노동조합의 실질적 요건을 충족하였으나 행정관청으로부터 설립신고증을 교부받지 못한 이른바 법외 노동조합이라 하더라도 노동조합으로서 자주성과 민주성을 갖춘 헌법상 노동조합이므로 단체교섭의 당사자가 될 수 있다(대판 2016.12.27, 2011두921).

3. 사용자 측 당사자

(1) 사용자

사용자는 사업주, 사업의 경영담당자 및 그 사업의 근로자에 관한 사항에 대하여 사업주를 위하여 행동하는 자를 말한다(노동조합법 제2조 제2호). 단체교섭의 사용자 측 당사자는 원칙적으로 근로계약에 의해 근로자를 채용한 계약상의 당사자인 사용자, 즉 '사업주'이다.

(2) 사용자 개념의 확장

최근의 고용형태는 근로자파견, 근로자공급, 도급 등으로 인하여 상당히 복잡해지고 있으므로, 사용자의 개념도 반드시 근로계약의 당사자에 국한될 것이 아니라 이를 확장할 필요성이 대두되고 있다. 이에 따라 단체교섭의 상대방이 되는 사용자를 엄밀한 의미에서 근로계약의 당사자에 한정할 필요는 없다. 단체교섭의 대상사항이 되는 근로조건 기타 노동관계법상의 제 이익에 대하여 '실질적 영향력 내지 지배력'을 행사하고 있는 자는 널리 단체교섭의 상대방이 되는바[2], 따라서 실질적으로 근로조건을 지배·결정할 수 있다면 근로계약이 없어도 노동조합법상 사용자로서 단체교섭 의무가 있다(서울행판 2025.7.25, 2022구합69230).

---

1) 김유성, 『노동법 Ⅱ』

2) 저자 주: 2025년 8월 24일 노동조합법 제2조 제2호 개정으로 인해 노동조합법상 사용자 범위가 확대되었는바, 따라서 근로계약 체결 당사자가 아니더라도 근로자의 근로조건에 대하여 실질적이고 구체적으로 지배·결정할 수 있는 지위에 있는 자도 그 범위에 있어서는 사용자로 본다.

(3) 사용자단체

사용자단체도 단체교섭의 당사자가 될 수 있다. 여기서 사용자단체라 함은 노동관계에 관하여 그 구성원인 사용자에 대하여 조정 또는 통제할 수 있는 권한을 가진 사용자의 단체를 말한다(노동조합법 제2조 제3호)[3].

III 단체교섭의 담당자

1. 의의

단체교섭의 담당자는 단체교섭의 주체인 노동조합과 사용자를 대표하여 실제로 교섭을 직접 담당하는 자를 말한다. 단체교섭의 담당자가 상대방과 교섭할 수 있는 법적 자격을 단체교섭권한이라고 한다.

2. 근로자 측 교섭담당자

(1) 노동조합의 대표자

① 의의 : 근로자 측의 대표적인 단체교섭담당자는 노동조합의 대표자이다. 노동조합의 대표자는 당연히 단체교섭권한 및 단체협약체결권한을 보유하며, 이는 노동조합으로부터의 별도의 위임 없이도 당연히 인정된다(노동조합법 제29조 제1항).

② 단체협약체결권한에 대한 인준투표제도 : 노동조합의 대표자가 단체협약을 체결하는 경우 노동조합의 규약 또는 총회의 의결에 의하여 '노동조합의 추인 또는 승인을 받아야 한다.'는 조건을 부과함으로써, 노동조합 대표자의 단체협약체결권한을 제한하는 경우가 있다. 이를 소위 '인준투표제도'라고 하는데, 이러한 인준투표제의 효력에 대해 견해의 대립이 있는데, 이와 관련하여 판례는 "대표자의 단체협약체결권한을 전면적, 포괄적으로 제한하는 것은 무효이나, 노동조합이 조합원들의 의사를 반영하고 대표자의 적절한 통제를 위하여 규약 등에서 내부절차를 거치도록 하는 등 대표자의 단체협약체결권한의 행사를 절차적으로 제한하는 것은 허용된다."는 입장을 취하고 있다(대판 2014.4.24, 2010다24534 ; 대판 2018.7.26, 2016다205908).

(2) 노동조합으로부터 위임을 받은 자

① 위임의 상대방 : 노동조합은 대표자 이외의 자에게도 단체교섭의 담당자 자격을 위임할 수 있는데, 위임을 받을 수 있는 자의 범위는 노동조합법상 특별한 제한이 없기 때문에 자유로이 정할 수 있다. 다만, 교섭권한을 위임하였더라도 위임자의 교섭권한은 소멸되는 것이 아니고 수임자의 교섭권한과 중복하여 경합적으로 남아 있다고 할 것이다(대판 1998.11.13, 98다20790).

---

3) 대판 1986.12.23, 85누856

② 위임받은 자의 교섭권한의 범위 : 노동조합이 교섭 또는 단체협약의 체결에 관한 권한을 위임하는 때에는 교섭사항과 권한 범위를 정하여 위임하여야 하며(노동조합법 시행령 제14조 제1항), 위임을 받은 자는 그 위임받은 범위 안에서 권한을 행사할 수 있도록 규정하고 있다(동법 제29조 제3항).

③ 위임의 통보와 방식 : 노동조합과 사용자 또는 사용자단체는 교섭 또는 협약의 체결권한을 위임할 때에는 상대방에게 위임을 받을 자의 성명, 교섭사항과 권한범위 등을 포함하여 통보하여야 한다(노동조합법 제29조 제4항 및 동법 시행령 제14조 제2항).

3. 사용자 측 교섭담당자

(1) 사용자 또는 사용자단체의 대표자

사용자 측의 단체교섭 담당자에는 사용자 또는 사용자단체의 대표자가 해당된다. 즉, 사업주 또는 사업의 경영담당자뿐만 아니라 그 사업의 근로자에 관한 사항에 관하여 사업주를 위해 일하는 자 가운데서 적당하다고 판단되는 자를 단체교섭 담당자로 선정할 수 있다.

(2) 사용자 또는 사용자단체의 대표자로부터 위임을 받은 자

사용자 측에서도 근로자 측과 마찬가지로 자유로이 단체교섭권한 또는 단체협약 체결에 관한 권한을 타인에게 위임할 수 있다. 따라서 사용자 측으로부터 정당한 절차를 거쳐 교섭권한을 위임받은 개인 또는 단체의 대표자는 위임받은 범위 안에서 단체교섭권한을 행사할 수 있다(노동조합법 제29조 제3항).

제 3 절 교섭창구단일화 절차

I 법규정

제29조의2【교섭창구 단일화 절차】 ① 하나의 사업 또는 사업장에서 조직형태에 관계없이 근로자가 설립하거나 가입한 노동조합이 2개 이상인 경우 노동조합은 교섭대표노동조합(2개 이상의 노동조합 조합원을 구성원으로 하는 교섭대표기구를 포함한다. 이하 같다)을 정하여 교섭을 요구하여야 한다. 다만, 제3항에 따라 교섭대표노동조합을 자율적으로 결정하는 기한 내에 사용자가 이 조에서 정하는 교섭창구 단일화 절차를 거치지 아니하기로 동의한 경우에는 그러하지 아니하다.

② 제1항 단서에 해당하는 경우 사용자는 교섭을 요구한 모든 노동조합과 성실히 교섭하여야 하고, 차별적으로 대우해서는 아니 된다.

③ 교섭대표노동조합 결정 절차(이하 "교섭창구 단일화 절차"라 한다)에 참여한 모든 노동조합은 대통령령으로 정하는 기한 내에 자율적으로 교섭대표노동조합을 정한다.

④ 제3항에 따른 기한까지 교섭대표노동조합을 정하지 못하고 제1항 단서에 따른 사용자의 동의를 얻지 못한 경우에는 교섭창구 단일화 절차에 참여한 노동조합의 전체 조합원 과반수로 조직된 노동조합(2개 이상의 노동조합이 위임 또는 연합 등의 방법으로 교섭창구 단일화 절차에 참여한 노동조합 전체 조합원의 과반수가 되는 경우를 포함한다)이 교섭대표노동조합이 된다.

⑤ 제3항 및 제4항에 따라 교섭대표노동조합을 결정하지 못한 경우에는 교섭창구 단일화 절차에 참여한 모든 노동조합은 공동으로 교섭대표단(이하 이 조에서 "공동교섭대표단"이라 한다)을 구성하여 사용자와 교섭하여야 한다. 이 때 공동교섭대표단에 참여할 수 있는 노동조합은 그 조합원 수가 교섭창구 단일화 절차에 참여한 노동조합의 전체 조합원 100분의 10 이상인 노동조합으로 한다.

⑥ 제5항에 따른 공동교섭대표단의 구성에 합의하지 못할 경우에 노동위원회는 해당 노동조합의 신청에 따라 조합원 비율을 고려하여 이를 결정할 수 있다.

⑦ 제1항 및 제3항부터 제5항까지에 따른 교섭대표노동조합을 결정함에 있어 교섭요구 사실, 조합원 수 등에 대한 이의가 있는 때에는 노동위원회는 대통령령으로 정하는 바에 따라 노동조합의 신청을 받아 그 이의에 대한 결정을 할 수 있다.

⑧ 제6항 및 제7항에 따른 노동위원회의 결정에 대한 불복절차 및 효력은 제69조와 제70조 제2항을 준용한다.

⑨ 노동조합의 교섭요구·참여 방법, 교섭대표노동조합 결정을 위한 조합원 수 산정 기준 등 교섭창구 단일화 절차와 교섭비용 증가 방지 등에 관하여 필요한 사항은 대통령령으로 정한다.

⑩ 제4항부터 제7항까지 및 제9항의 조합원 수 산정은 종사근로자인 조합원을 기준으로 한다.

제29조의3【교섭단위 결정】 ① 제29조의2에 따라 교섭대표노동조합을 결정하여야 하는 단위(이하 "교섭단위"라 한다)는 하나의 사업 또는 사업장으로 한다.

② 제1항에도 불구하고 하나의 사업 또는 사업장에서 현격한 근로조건의 차이, 고용형태, 교섭 관행 등을 고려하여 교섭단위를 분리하거나 분리된 교섭단위를 통합할 필요가 있다고 인정되는 경우에 노동위원회는 노동관계 당사자의 양쪽 또는 어느 한쪽의 신청을 받아 교섭단위를 분리하거나 분리된 교섭단위를 통합하는 결정을 할 수 있다.

③ 제2항에 따른 노동위원회의 결정에 대한 불복절차 및 효력은 제69조와 제70조 제2항을 준용한다.

④ 교섭단위를 분리하거나 분리된 교섭단위를 통합하기 위한 신청 및 노동위원회의 결정 기준·절차 등에 관하여 필요한 사항은 대통령령으로 정한다.

제29조의4【공정대표의무 등】 ① 교섭대표노동조합과 사용자는 교섭창구 단일화 절차에 참여한 노동조합 또는 그 조합원 간에 합리적 이유 없이 차별을 하여서는 아니 된다.

② 노동조합은 교섭대표노동조합과 사용자가 제1항을 위반하여 차별한 경우에는 그 행위가 있은 날(단체협약의 내용의 일부 또는 전부가 제1항에 위반되는 경우에는 단체협약 체결일을 말한다)부터 3개월 이내에 대통령령으로 정하는 방법과 절차에 따라 노동위원회에 그 시정을 요청할 수 있다.

③ 노동위원회는 제2항에 따른 신청에 대하여 합리적 이유 없이 차별하였다고 인정한 때에는 그 시정에 필요한 명령을 하여야 한다.

④ 제3항에 따른 노동위원회의 명령 또는 결정에 대한 불복절차 등에 관하여는 제85조 및 제86조를 준용한다.

제29조의5【그 밖의 교섭창구 단일화 관련 사항】 교섭대표노동조합이 있는 경우에 제2조 제5호, 제29조 제3항·제4항, 제30조, 제37조 제2항·제3항, 제38조 제3항, 제42조의6 제1항, 제44조 제2항, 제46조 제1항, 제55조 제3항, 제72조 제3항 및 제81조 제1항 제3호 중 "노동조합"은 "교섭대표노동조합"으로 본다.

Ⅱ 교섭창구단일화의 원칙 및 예외

1. 원칙

노동조합법 제29조의2 제1항 본문에서는 "하나의 사업 또는 사업장에서 조직형태에 관계없이 근로자가 설립하거나 가입한 노동조합이 2개 이상인 경우 노동조합은 교섭대표노동조합(2개 이상의 노동조합 조합원을 구성원으로 하는 교섭대표 기구를 포함한다.)을 정하여 교섭을 요구하여야 한다. 즉, 사용자와 교섭하고자 하는 노동조합에게 사업장에서 교섭대표노동조합을 정하여 교섭을 요구할 의무를 부과하고 있다.

2. 예외

노동조합법 제29조의2 제1항 단서에서는 "교섭대표노동조합을 자율적으로 결정하는 기한 내에 사용자가 이 조에서 정하는 교섭창구단일화 절차를 거치지 아니하기로 동의한 경우에는 그러하지 아니하다."고 규정하고 있다. 즉, 자율적 교섭대표노동조합 결정기한 내에 사용자가 동의한 경우에는 개별교섭을 할 수 있다.

Ⅲ 교섭창구단일화 절차의 주요내용

1. 교섭창구단일화 절차 참여노조 확정절차

특정노동조합의 교섭요구가 있을 때부터 사업장 내 모든 노조가 참여하는 교섭창구단일화 절차가 개시된다. 교섭창구단일화 절차는 다음과 같다.

⑴ 노동조합은 해당 사업 또는 사업장에 단체협약이 있는 경우에는 법 제29조 제1항 또는 제29조의2 제1항에 따라 그 유효기간 만료일 이전 3개월이 되는 날부터 사용자에게 교섭을 요구할 수 있으며, 노동조합은 제1항에 따라 사용자에게 교섭을 요구하는 때에는 노동조합의 명칭, 그 교섭을 요구한 날 현재의 조합원 수 등 고용노동부령으로 정하는 사항을 적은 서면으로 하여야 한다(노동조합법 시행령 제14조의2).

⑵ 사용자는 노동조합으로부터 제14조의2에 따라 교섭 요구를 받은 때에는 그 요구를 받은 날부터 7일간 그 교섭을 요구한 노동조합의 명칭 등 고용노동부령으로 정하는 사항을 해당 사업 또는 사업장의 게시판 등에 공고하여 다른 노동조합과 근로자가 알 수 있도록 하여야 한다(동법 시행령 제14조의3).

⑶ 사용자에게 교섭을 요구한 노동조합이 있는 경우에 사용자와 교섭하려는 다른 노동조합은 제14조의3 제1항에 따른 공고기간(7일) 내에 제14조의2 제2항에 따른 사항을 적은 서면으로 사용자에게 교섭을 요구하여야 한다(동법 시행령 제14조의4).

⑷ 사용자는 제14조의3 제1항에 따른 공고기간이 끝난 다음 날에 제14조의2 및 제14조의4에 따라 교섭을 요구한 노동조합을 확정하여 통지하고, 그 교섭을 요구한 노동조합의 명칭, 그 교섭을 요구한 날 현재의 조합원 수 등 고용노동부령으로 정하는 사항을 5일간 공고하여야 한다(동법 시행령 제14조의5).

2. 교섭대표노동조합의 결정절차

(1) 자율적 교섭대표노동조합 결정

하나의 사업 또는 사업장에서 조직형태에 관계없이 근로자가 설립하거나 가입한 노동조합이 2개 이상인 경우 노동조합은 교섭대표노동조합(2개 이상의 노동조합 조합원을 구성원으로 하는 교섭대표기구를 포함한다. 이하 같다)을 정하여 교섭을 요구하여야 한다. 다만, 제3항에 따라 교섭대표노동조합을 자율적으로 결정하는 기한 내에 사용자가 이 조에서 정하는 교섭창구 단일화 절차를 거치지 아니하기로 동의한 경우에는 그러하지 아니하다(노동조합법 제29조의2 제1항). 제1항 단서에 해당하는 경우 사용자는 교섭을 요구한 모든 노동조합과 성실히 교섭하여야 하고, 차별적으로 대우해서는 아니 된다(동법 제29조의2 제2항). 교섭대표노동조합 결정 절차에 참여한 모든 노동조합은 교섭참여노동조합이 확정된 후 14일 이내에 자율적으로 교섭대표노동조합을 정한다(동법 제29조의2 제3항). 그리고 그 교섭대표노동조합의 대표자, 교섭위원 등을 연명으로 서명 또는 날인하여 사용자에게 통지하여야 한다(동법 시행령 제14조의6).

(2) 과반수노동조합의 교섭대표노동조합 지위 인정

노동조합법 제29조의2 제3항에 따른 기한 내에 교섭대표노동조합을 정하지 못하고 제1항 단서에 따른 사용자의 동의를 얻지 못한 경우에는 교섭창구단일화 절차에 참여한 노동조합의 전체 조합원 과반수로 조직된 노동조합(2개 이상의 노동조합이 위임 또는 연합 등의 방법으로 교섭창구 단일화 절차에 참여한 노동조합 전체 조합원의 과반수가 되는 경우를 포함한다)이 교섭대표노동조합이 된다(노동조합법 제29조의2 제4항).

> **노동조합법 시행령 제14조의10【교섭대표노동조합의 지위 유지기간 등】** ① 법 제29조의2 제3항부터 제6항까지의 규정에 따라 결정된 교섭대표노동조합은 그 결정이 있은 후 사용자와 체결한 첫 번째 단체협약의 효력이 발생한 날을 기준으로 2년이 되는 날까지 그 교섭대표노동조합의 지위를 유지하되, 새로운 교섭대표노동조합이 결정된 경우에는 그 결정된 때까지 교섭대표노동조합의 지위를 유지한다.
> ② 제1항에 따른 교섭대표노동조합의 지위 유지기간이 만료되었음에도 불구하고 새로운 교섭대표노동조합이 결정되지 못할 경우 기존 교섭대표노동조합은 새로운 교섭대표노동조합이 결정될 때까지 기존 단체협약의 이행과 관련해서는 교섭대표노동조합의 지위를 유지한다.
> ③ 법 제29조의2에 따라 결정된 교섭대표노동조합이 그 결정된 날부터 1년 동안 단체협약을 체결하지 못한 경우에는 어느 노동조합이든지 사용자에게 교섭을 요구할 수 있다. 이 경우 제14조의2 제2항 및 제14조의3부터 제14조의9까지의 규정을 적용한다.

3. 과반수 노동조합이 없는 경우 공동교섭대표단 구성

(1) 노동조합 간 자율적 공동교섭대표단 구성

자율적 또는 과반수 노동조합에 의해 교섭대표노동조합을 결정하지 못한 경우에는 교섭창구단일화 절차에 참여한 모든 노동조합은 공동으로 교섭대표단(이하 이 조에서 "공동교섭대표단"이라 한다)을 구성하여 사용자와 교섭하여야 한다. 이때 공동교섭대표단에 참여할 수 있는 노동조합은 그 조합원 수가 교섭창구단일화 절차에 참여한 노동조합의 전체 조합원 100분의 10 이상인 노동조합으로 한다(노동조합법 제29조의2 제5항).

⑵ 노동위원회의 공동교섭대표단 결정

① 노동조합 간에 자율적으로 공동교섭대표단의 구성에 합의하지 못할 경우에 노동위원회는 해당 노동조합의 신청에 따라 조합원 비율을 고려하여 이를 결정할 수 있다(노동조합법 제29조의2 제6항).

② 공동교섭대표단의 구성에 합의하지 못한 경우에 공동교섭대표단 구성에 참여할 수 있는 노동조합의 일부 또는 전부는 노동위원회에 법 제29조의2 제5항에 따라 공동교섭대표단 구성에 관한 결정 신청을 하여야 한다(동법 시행령 제14조의9 제1항). 노동위원회는 공동교섭대표단 구성에 관한 결정 신청을 받은 때에는 그 신청을 받은 날부터 10일 이내에 총 10명 이내에서 각 노동조합의 조합원 수에 따른 비율을 고려하여 노동조합별 공동교섭대표단에 참여하는 인원수를 결정하여 그 노동조합과 사용자에게 통지하여야 한다. 다만, 그 기간 이내에 결정하기 어려운 경우에는 한 차례에 한정하여 10일의 범위에서 그 기간을 연장할 수 있다(동법 시행령 제14조의9 제2항).

③ 공동교섭대표단을 구성할 때에 그 공동교섭대표단의 대표자는 공동교섭대표단에 참여하는 노동조합이 합의하여 정한다. 다만, 합의가 되지 않을 경우에는 조합원 수가 가장 많은 노동조합의 대표자로 한다(동법 시행령 제14조의9 제5항).

> **노동조합법 시행령 제14조의9【노동위원회 결정에 의한 공동교섭대표단의 구성】** ① 법 제29조의2 제5항 및 이 영 제14조의8 제1항에 따른 공동교섭대표단의 구성에 합의하지 못한 경우에 공동교섭대표단 구성에 참여할 수 있는 노동조합의 일부 또는 전부는 노동위원회에 법 제29조의2 제6항에 따라 공동교섭대표단 구성에 관한 결정 신청을 해야 한다.
> ② 노동위원회는 제1항에 따른 공동교섭대표단 구성에 관한 결정 신청을 받은 때에는 그 신청을 받은 날부터 10일 이내에 총 10명 이내에서 각 노동조합의 종사근로자인 조합원 수에 따른 비율을 고려하여 노동조합별 공동교섭대표단에 참여하는 인원 수를 결정하여 그 노동조합과 사용자에게 통지해야 한다. 다만, 그 기간 이내에 결정하기 어려운 경우에는 한 차례에 한정하여 10일의 범위에서 그 기간을 연장할 수 있다.
> ③ 제2항에 따른 공동교섭대표단 결정은 공동교섭대표단에 참여할 수 있는 모든 노동조합이 제출한 종사근로자인 조합원 수에 따른 비율을 기준으로 한다.
> ④ 제3항에 따른 종사근로자인 조합원 수 및 비율에 대하여 그 노동조합 중 일부 또는 전부가 이의를 제기하는 경우 종사근로자인 조합원 수의 조사·확인에 관하여는 제14조의7 제5항부터 제8항까지의 규정을 준용한다.
> ⑤ 공동교섭대표단 구성에 참여하는 노동조합은 사용자와 교섭하기 위하여 제2항에 따라 노동위원회가 결정한 인원 수에 해당하는 교섭위원을 각각 선정하여 사용자에게 통지하여야 한다.
> ⑥ 제5항에 따라 공동교섭대표단을 구성할 때에 그 공동교섭대표단의 대표자는 공동교섭대표단에 참여하는 노동조합이 합의하여 정한다. 다만, 합의되지 않은 경우에는 종사근로자인 조합원 수가 가장 많은 노동조합의 대표자로 한다.

4. 노동위원회 결정에 대한 불복 및 확정

교섭대표노동조합을 결정함에 있어 교섭요구 사실, 조합원 수 등에 대한 이의가 있는 때에는 노동위원회는 대통령령으로 정하는 바에 따라 노동조합의 신청을 받아 그 이의에 대한 결정을 할 수 있다(노동조합법 제29조의2 제7항). 노동위원회의 결정에 대한 불복절차 및 효력은 중재재정의 불복절차 및 효력에 관한 규정(동법 제69조 및 제70조 제2항)을 준용하므로 노동위원회의 결정이 위법·월권인 경우에 한해 이의제기를 할 수 있고, 중앙노동위원회의 재심신청이나 행정소송의 제기에 의해 그 효력이 정지되지 않는다.

Ⅳ 교섭단위 결정

1. 교섭단위

교섭단위라 함은 교섭대표노동조합을 결정하여야 하는 단위로서, 하나의 사업 또는 사업장을 원칙으로 한다(노동조합법 제29조의3 제1항).

2. 노동위원회의 교섭단위 분리 및 통합 결정

(1) 의의

교섭단위는 하나의 사업 또는 사업장이 되는 것이 원칙이나, 하나의 사업 또는 사업장에서 현격한 근로조건의 차이, 고용형태, 교섭관행 등을 고려하여 교섭단위를 분리할 필요가 있다고 인정되는 경우에 노동위원회는 노동관계당사자의 양쪽 또는 어느 한 쪽의 신청을 받아 교섭단위를 분리할 수 있고, 또한 분리된 교섭단위를 통합하는 결정을 할 수 있다(노동조합법 제29조의3 제2항).

> **노동조합법 시행령 제14조의11【교섭단위 결정】** ① 노동조합 또는 사용자는 법 제29조의3 제2항에 따라 교섭단위를 분리하거나 분리된 교섭단위를 통합하여 교섭하려는 경우에는 다음 각 호에 해당하는 기간에 노동위원회에 교섭단위를 분리하거나 분리된 교섭단위를 통합하는 결정을 신청할 수 있다.
> 1. 제14조의3에 따라 사용자가 교섭요구 사실을 공고하기 전
> 2. 제14조의3에 따라 사용자가 교섭요구 사실을 공고한 경우에는 법 제29조의2에 따른 교섭대표노동조합이 결정된 날 이후
> ② 제1항에 따른 신청을 받은 노동위원회는 해당 사업 또는 사업장의 모든 노동조합과 사용자에게 그 내용을 통지해야 하며, 그 노동조합과 사용자는 노동위원회가 지정하는 기간까지 의견을 제출할 수 있다.
> ③ 노동위원회는 제1항에 따른 신청을 받은 날부터 30일 이내에 교섭단위를 분리하거나 분리된 교섭단위를 통합하는 결정을 하고 해당 사업 또는 사업장의 모든 노동조합과 사용자에게 통지해야 한다.
> ④ 제3항에 따른 통지를 받은 노동조합이 사용자와 교섭하려는 경우 자신이 속한 교섭단위에 단체협약이 있는 때에는 그 단체협약의 유효기간 만료일 이전 3개월이 되는 날부터 제14조의2 제2항에 따라 필요한 사항을 적은 서면으로 교섭을 요구할 수 있다.
> ⑤ 제1항에 따른 신청에 대한 노동위원회의 결정이 있기 전에 제14조의2에 따른 교섭 요구가 있는 때에는 교섭단위를 분리하거나 분리된 교섭단위를 통합하는 결정이 있을 때까지 제14조의3에 따른 교섭요구 사실의 공고 등 교섭창구단일화절차의 진행은 정지된다.
> ⑥ 제1항부터 제5항까지에서 규정한 사항 외에 교섭단위를 분리하거나 분리된 교섭단위를 통합하는 결정 신청 및 그 신청에 대한 결정 등에 관하여 필요한 사항은 고용노동부령으로 정한다.

(2) 교섭단위 분리 필요성의 판단기준

'교섭단위를 분리할 필요가 있다고 인정되는 경우'란 하나의 사업 또는 사업장에서 별도로 분리된 교섭단위에 의하여 단체교섭을 진행하는 것을 정당화할 만한 현격한 근로조건의 차이, 고용형태, 교섭 관행 등의 사정이 있고, 이로 인하여 교섭대표노동조합을 통하여 교섭창구를 단일화하는 것이 오히려 근로조건의 통일적 형성을 통해 안정적인 교섭체계를 구축하고자 하는 교섭창구단일화제도의 취지에도 부합하지 않는 결과를 발생시킬 수 있는 예외적인 경우를 의미한다(대판 2018.9.13, 2015두39361 ; 대판 2022.12.15, 2022두53716).

(3) 이의제기

노동위원회의 교섭단위 결정에 대한 불복절차 및 효력은 중재재정의 불복절차 및 효력에 관한 규정(노동조합법 제69조 및 동법 제70조 제2항)을 준용하므로(동법 제29조의3 제3항), 노동위원회의 결정이 위법·월권인 경우에 한해 이의제기를 할 수 있고, 중앙노동위원회의 재심신청이나 행정소송의 제기에 의해 효력이 정지되지 않는다.

(4) 교섭단위 분리 및 통합 결정의 효과

노동위원회의 교섭단위 분리결정 시 분리된 교섭단위 내에 복수노조가 있는 경우에는 교섭창구단일화 절차에 따라 교섭대표노동조합을 결정한다. 그러나 분리된 교섭단위 내에 1개의 노동조합만이 있는 경우에는 그 노동조합은 독자적인 교섭권을 갖는다. 또한 노동위원회의 교섭단위 통합결정 시 통합된 교섭단위 내에서 교섭창구단일화절차에 따라 교섭대표노동조합을 결정한다.

Ⅴ 공정대표의무

1. 의의

공정대표의무란 교섭단위 내 관련된 노동조합과 조합원의 이익을 합리적인 이유 없이 차별하지 않고 공정하게 대표할 의무를 말한다. 노동조합법 제29조의4 제1항에서는 "교섭대표노동조합과 사용자는 교섭창구단일화 절차에 참여한 노동조합 또는 그 조합원 간에 합리적인 이유 없이 차별을 하여서는 아니 된다."고 규정하고 있다.

2. 공정대표의무의 주체

공정대표의무를 부담하는 자는 원칙적으로 교섭대표노동조합이지만, 사안에 따라 사용자도 공정대표의무를 위반할 수 있기 때문에 노동조합법 제29조의4 제1항에서는 사용자도 공정대표의무의 주체로 규정하고 있다.

3. 공정대표의무의 범위

공정대표의무는 교섭대표노동조합이 아닌 소수노조 및 그 조합원과 관련된 모든 사항에 대해 적용된다. 즉, 단체교섭과 단체협약의 체결, 단체협약의 해석·적용·이행을 둘러싼 분쟁, 고충처리, 필수유지업무한도 배분, 일상적인 조합활동 등 노사관계의 모든 영역에서 공정대표의무를 부담한다[4]. 공정대표의무는 교섭의 진행과정에서 특히 중요하므로, 교섭대표노동조합은 단체교섭 등에 관한 정보를 소수노조에게 적절히 제공하고, 그 의견을 수렴해야 한다(대판 2020.10.29, 2017다263192).
또한 공정대표의무는 단체협약의 이행과정에서도 준수되어야 하므로, 사용자는 단체협약 등에 따라 교섭대표노동조합에 상시 사용할 수 있는 노동조합 사무실을 제공한 경우에는 교섭창구단일화 절차에 참여한 다른 노동조합에도 반드시 일률적·비례적이지는 않더라도 상시 사용할 수 있는 일정한 공간을 노동조합 사무실로 제공해야 한다(대판 2018.8.30, 2017다218642).

---

4) 고용노동부, 「사업장 단위 복수노조 업무매뉴얼」

4. 공정대표의무 위반에 대한 구제절차

(1) 노동조합은 교섭대표노동조합과 사용자가 공정대표의무를 위반하여 차별한 경우에는 그 행위가 있은 날(단체협약의 내용 일부 또는 전부가 공정대표의무에 위반되는 경우에는 단체협약 체결일을 말한다)부터 3개월 이내에 노동위원회에 그 시정을 요청할 수 있다(노동조합법 제29조의4 제2항).

(2) 노동위원회는 노동조합의 신청에 대하여 합리적 이유 없이 차별하였다고 인정한 때에는 그 시정에 필요한 명령을 하여야 하며(동법 제29조의4 제3항), 이러한 노동위원회의 명령 또는 결정에 대한 불복절차 등에 관하여는 부당노동행위 구제명령에 대한 불복절차(동법 제85조 및 제86조)를 준용한다(동법 제29조의4 제4항).

5. 공정대표의무 위반과 손해배상책임

(1) 교섭대표노동조합에게 불법행위책임을 인정할 수 있을 정도의 고의 또는 과실이 있어야 한다(서울고법 2017.8.18, 2016나2057671). 따라서 공정대표의무 위반행위가 불법행위에 해당한다면 그로 인한 손해배상책임이 있다.

(2) 한편, 교섭대표노동조합이 단체교섭 과정에서 잠정합의안에 관해 소수노동조합에게 설명하거나 의견을 수렴하는 절차를 전혀 거치지 않은 경우, 이는 절차적 공정대표의무 위반으로 불법행위가 성립하는데, 이로 인하여 소수노동조합의 재산적 손해가 인정되지 않더라도 특별한 사정이 없는 한 교섭대표노동조합은 소수노동조합의 비재산적 손해에 대하여 위자료 배상책임을 부담한다(대판 2020.10.29, 2019다262582).

Ⅵ 교섭대표노동조합의 지위 등

1. 교섭당사자 지위부여

교섭대표노동조합의 대표자는 교섭을 요구한 모든 노동조합 또는 조합원을 위하여 사용자와 교섭하고 단체협약을 체결할 권한을 가진다(노동조합법 제29조 제2항). 교섭대표노동조합이 노동관계당사자가 되며, 교섭권을 위임할 수 있으며, 쟁의행위를 주도하고, 필수유지업무 근무 근로자를 통보하고, 교섭거부와 관련한 부당노동행위 구제신청을 할 수 있는 등의 권한을 갖는다(동법 제29조의5).

2. 쟁의행위 찬반투표

교섭창구단일화 절차에 따라 교섭대표노동조합이 결정된 경우에는 그 절차에 참여한 노동조합의 전체조합원(해당 사업 또는 사업장 소속 조합원으로 한정한다)의 직접·비밀·무기명투표에 의한 과반수의 찬성으로 결정하지 아니하면 쟁의행위를 할 수 없다(노동조합법 제41조 제1항).

3. 필수유지업무 등

교섭대표노동조합이 사용자와 필수유지업무 협정을 체결하거나 노동위원회의 결정을 받도록 하고, 필수유지업무 협정·결정이 있는 경우에는 교섭대표노동조합이 필수유지업무에 근무하여야 할 조합원을 통보해야 한다(노동조합법 제29조의5 및 제42조의6 제1항).

필수유지업무 근무 근로자의 통보 및 지명 시 노동조합과 사용자는 필수유지업무에 종사하는 근로자가 소속된 노동조합이 2개 이상인 경우에는 각 노동조합의 해당 필수유지업무에 종사하는 조합원 비율을 고려하여야 한다(동법 제42조의6 제2항).

교섭창구단일화 절차

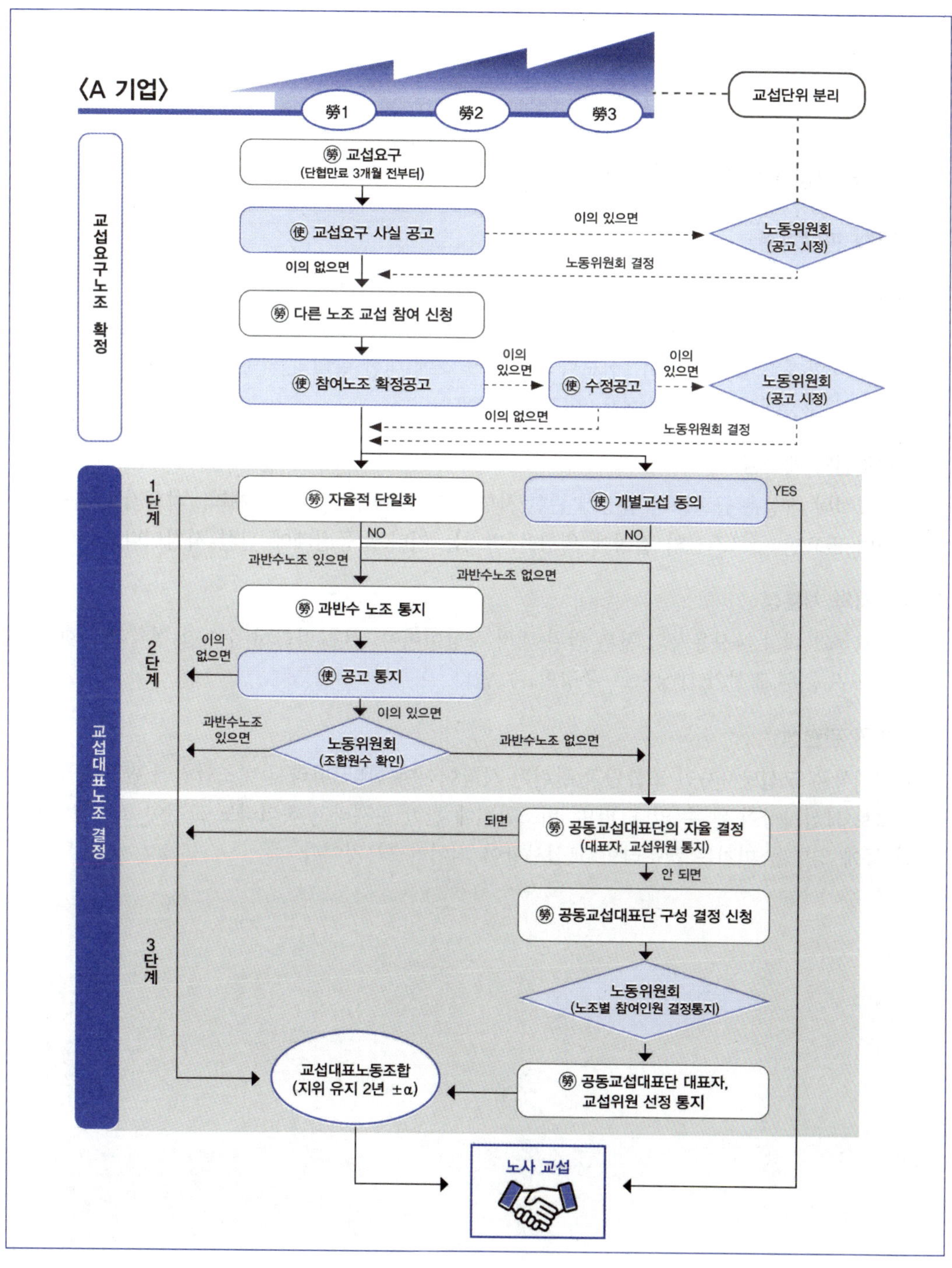

제 4 절 　단체교섭의 대상

▌Ⅰ▐ 단체교섭 대상의 개념

'단체교섭의 대상사항'이라 함은 근로자 측이 단체교섭권에 근거하여 사용자 측에 교섭을 요구하고 교섭할 수 있는 사항을 말한다.

▌Ⅱ▐ 단체교섭 대상의 판단기준

1. 일반적 판단기준

(1) 집단성

단체교섭의 대상은 근로자 전체의 근로조건과 관련된 집단성을 띠어야 한다. 예를 들어, 구속된 조합원에 대한 항소심 구형량이 1심보다 무거워진 것에 대한 항의와 석방촉구에 관한 요구사항 등은 단체교섭 대상에서 제외된다(대판 1991.1.23, 90도2852).

(2) 근로조건의 개선성

단체교섭의 대상은 근로조건 결정에 관한 사항과 그 밖에 근로자의 경제적·사회적 지위의 향상을 위하여 필요한 근로조건의 결정에 영향을 미치는 기타 노동관계에 관한 사항이다.

(3) 사용자의 처분성

단체교섭의 대상은 사용자의 처분 범위 내의 사항이어야 한다. 따라서 순수한 정치적 사항, 법령의 개정요구 등은 교섭의 대상으로 주장할 수 없다.

(4) 조합원 관련성

교섭대상은 교섭당사자인 조합원과 관련된 사항이어야 한다. 따라서 비조합원에 관한 사항은 원칙적으로 교섭사항이 될 수 없다. 다만, 비조합원에 관한 문제라고 하더라도 그것이 조합원의 근로조건 등에 영향을 미치는 경우라면 교섭사항이 되어야 할 것이다.

2. 단체교섭 대상의 삼분체계

(1) 의무적 교섭사항

노동조합이 제의한 그 대상에 대해 사용자가 그 교섭을 정당한 이유 없이 거부하면 부당노동행위가 성립되고, 그 대상에 대한 단체협약의 내용을 단체교섭에 의하지 아니하고는 이를 일방적으로 결정 및 변경할 수 없으며, 그 대상에 대한 단체교섭이 결렬되는 경우 노동쟁의 조정의 신청 및 쟁의행위를 할 수 있는 교섭대상을 말한다. 일반적으로 임금, 근로시간, 복리후생 등 근로조건에 관한 사항과 노사관계에 관한 사항이라 할 수 있다(대판 2003.12.26, 2003두8906).

(2) 임의적 교섭사항

노동조합이 제의한 그 대상에 대해 사용자가 그 교섭을 거부하여도 부당노동행위가 성립되지 아니하며, 양 당사자가 합의하는 경우에만 단체협약을 체결할 수 있다. 일반적으로 경영에 관한 사항과 노사관계에 관한 사항들이 임의적 교섭대상이라 할 수 있다.

(3) 금지적 교섭사항

그 대상에 대한 단체교섭이나 단체협약 체결이 법적으로 금지되며, 그 대상을 규정하는 단체협약은 무효가 되는 교섭대상을 말한다. 일반적으로 특정종교의 강제, 노동조합에 대한 지배·개입, 클로즈드 숍(Closed shop) 등이 금지적 교섭대상이라 할 수 있다.

Ⅲ 단체교섭 대상의 구체적 사례

1. 개별적 근로관계에 관한 사항

근로조건의 범위 및 개념은 반드시 명확한 것은 아니나, 사용종속관계에 포함되는 모든 내용이라고 할 것이다. 구체적으로 근로시간, 근무장소, 산업안전, 휴일, 휴게 및 휴식, 임금에 관한 사항 등은 교섭대상에 포함된다.

2. 집단적 노사관계에 관한 사항

일반적으로 구성원인 근로자의 근로조건 기타 근로자의 대우 또는 당해 단체적 노사관계의 운영에 관한 사항으로 사용자가 처분할 수 있는 사항은 단체교섭의 대상인 단체교섭사항에 해당한다고 봄이 상당하다(대판 2003.12.26, 2003두8906).

3. 경영·생산에 관한 사항(경영권에 관한 사항)

(I) 판례의 입장

경영·생산에 관한 사항이 단체교섭의 대상에 해당되는지 여부와 관련하여 견해의 대립이 있는데, 이와 관련하여 판례는 "인사권은 원칙적으로 사용자의 권한에 속하나, 사용자는 스스로 자신의 권한에 제약을 가할 수 있는 것이므로 사용자가 단체협약을 체결하여 조합원의 인사에 대한 관여를 인정하였다면 이는 유효하다."고 판시하였다(대판 1992.9.25, 92다18542). 다만, 판례는 "정리해고, 사업의 통폐합 및 영업양도·합병·분할 등 고도의 경영상 결단은 경영권의 본질적인 내용이므로 비록 근로조건에 영향을 미치는 경우에도 단체교섭의 대상이 될 수 없다."고 판시하였다(대판 2010.11.11, 2009도4558). 그런데 최근 판례에서는 "정리해고나 사업조직의 통폐합 등 기업의 구조조정의 실시 여부는 경영주체에 의한 고도의 경영상 결단에 속하는 사항으로서 원칙적으로 단체교섭의 대상이 될 수 없으나, 사용자의 경영권에 속하는 사항이라 하더라도 노사는 임의로 단체교섭을 진행하여 단체협약을 체결할 수 있고, 그 내용이 강행법규나 사회질서에 위배되지 않는 이상 단체협약으로서의 효력이 인정된다."고 판시하였다(대판 2014.3.27, 2011두20406).

(2) 개정 노동조합법

그런데 2026.3.10 시행되는 개정 노동조합법 제2조 제5호[5]에서는 사업경영상의 결정이 노동쟁의 대상이 되는 요건으로 '근로조건에 영향을 미치는'이라고 규정하고 있는바, 사업경영상의 결정 당시 근로자의 근로조건에 대한 추상적·잠재적 차원 수준인 경우에는 이를 근로조건에 영향을 미치는 단체교섭 대상으로 보기는 어려우나, 이러한 사업경영상의 결정을 실현하는 과정에서 근로자 지위 또는 근로조건의 실질적·구체적 변동을 초래하는 정리해고(경영상 해고), 구조조정에 따른 배치전환 등은 사업경영상의 결정이라도 단체교섭 대상이 될 수 있다[6].

---

[5] 제2조(정의) 5. "노동쟁의"라 함은 노동조합과 사용자 또는 사용자단체(이하 "勞動關係 當事者"라 한다)간에 임금·근로시간·복지·해고·근로자의 지위 기타 대우등 근로조건의 결정과 근로조건에 영향을 미치는 사업경영상의 결정에 관한 주장의 불일치 및 제92조 제2호 가목부터 라목까지의 사항에 관한 사용자의 명백한 단체협약 위반으로 인하여 발생한 분쟁상태를 말한다. 이 경우 주장의 불일치라 함은 당사자간에 합의를 위한 노력을 계속하여도 더 이상 자주적 교섭에 의한 합의의 여지가 없는 경우를 말한다.

[6] 고용노동부, 개정 노동조합법 해석지침

단체협약

제1절 단체협약의 성립요건 등

I 법규정

제31조【단체협약의 작성】 ① 단체협약은 서면으로 작성하여 당사자 쌍방이 서명 또는 날인하여야 한다.
② 단체협약의 당사자는 단체협약의 체결일부터 15일 이내에 이를 행정관청에게 신고하여야 한다.
③ 행정관청은 단체협약 중 위법한 내용이 있는 경우에는 노동위원회의 의결을 얻어 그 시정을 명할 수 있다.

II 단체협약의 성립요건

1. 실질적 요건

(1) 의의

단체협약이 유효하게 성립하려면 단체협약을 체결할 능력이 있는 노동조합과 사용자 또는 사용자단체가 근로관계에 관한 사항에 관하여 유효한 합의에 도달하여야 한다는 실질적 요건을 필요로 한다.

(2) 단체협약의 당사자

① 근로자 측 당사자

㉠ **단위노동조합**: 단위노동조합은 가장 전형적인 단체교섭의 당사자이다. 여기에서 말하는 노동조합은 대외적 자주성과 대내적 민주성을 구비한 노동조합을 의미한다.

㉡ **연합단체**: 연합단체가 단체교섭의 당사자가 되는데 문제는 없다. 그러나 연합단체의 경우에는 소속 노동조합에 대하여 단체교섭에 대한 통제권이 있는 경우에만 당사자성을 인정할 수 있다.

㉢ **지부·분회**: 지부·분회가 독자적인 규약 및 집행기관을 가진 독립된 조직체로서 활동을 하는 경우 당해 조직이나 그 조합원에 고유한 사항에 대하여는 독자적으로 단체교섭하고 단체협약을 체결할 수 있다(대판 2001.2.23, 2000도4299).

㉣ **법외 노동조합**: 단체협약권은 헌법 제33조에서 보장한 단체교섭권에 포함된 권리이기 때문에 노동조합으로서 실질적 요건을 갖추고 있는 경우 인정할 수 있다(대판 2016.12.27, 2011두921).

② 사용자 측 당사자

 ㉠ **사용자**: 사용자라 함은 사업주, 사업경영담당자 또는 그 사업의 근로자에 관한 사항에 대하여 사업주를 위하여 행동하는 자를 말하므로(노동조합법 제2조 제2호), 이러한 개념에 해당하는 사용자가 근로자단체의 단체교섭 등의 요구에 응할 의무를 부담한다.

 ㉡ **사용자단체**: 사용자단체도 단체교섭의 당사자가 될 수 있다. 여기에서 사용자단체는 노사관계에 관하여 그 구성원인 사용자에 대하여 조정·규제할 수 있는 권한을 가진 사용자의 단체를 말한다.

(3) 당사자의 합의

① **합의의 의의**: 단체협약이 유효하게 성립하기 위해서는 무엇보다 당사자의 합의가 있어야 한다.

② **합의의 내용**: 단체협약 합의의 내용은 교섭대상으로 삼을 수 있는 내용이어야 한다. 즉, 근로자의 근로조건, 경제적·사회적 지위향상에 관련된 사항, 근로조건 결정에 영향을 미치는 사항을 합의의 내용으로 하여야 한다.

2. 형식적 요건

(1) 의의 및 취지

단체협약이 유효하게 성립하려면 당사자의 합의라는 실질적 요건 외에 서면으로 작성하여 당사자 쌍방이 서명 또는 날인하여야 한다(노동조합법 제31조 제1항). 즉, 단체협약의 경우 민법상 계약방식의 자유는 인정되지 아니한다. 이와 같이 단체협약에 요식성을 요구하는 이유는 단체협약의 성립·당사자 및 내용 등을 명확히 하여 단체협약의 해석·적용을 둘러싼 향후의 분쟁을 예방하고자 하는 것이다(대판 1995.3.10, 94마605).

(2) 서면작성

단체협약은 서면으로 작성하여야 한다(노동조합법 제31조 제1항). 서면으로 작성된 이상 그 명칭은 불문한다. 다만, 구두에 의한 합의는 합의내용이 명확하더라도 단체협약이 아니다.

(3) 서명 또는 날인

서명 또는 날인이 요청되는 것은 단체협약의 진정성과 명확성을 담보하려는 것이므로, 그 단체협약에 대한 서명날인 대신 서명무인을 하였다는 사유만으로는 단체협약을 무효로 볼 수는 없다(대판 1995.3.10, 94마605). 서명 대신 기명이 허용되는지 여부가 문제되는데, 단체협약의 진정성과 명확성이 담보되는 이상 이를 허용하여야 할 것이다(대판 2002.8.27, 2001다79457 ; 대판 2005.3.11, 2003다27429).

(4) 형식적 요건 위반의 효과

단체협약을 서면으로 작성하지 아니하거나, 서면으로 작성을 하였지만 서명 또는 날인을 하지 않은 것과 같은 단체협약의 성립요건을 갖추지 못한 경우에 단체협약으로서의 효력을 인정할 수 있는지 여부와 관련하여 견해의 대립이 있는데, 이와 관련하여 판례는 "단체협약과 다른 내용의 징계절차에 노사가 합의하였더라도 이를 서면으로 작성·날인하지 않았다면 기존의 단체협약을 개정하는 효력을 가지는 새로운 단체협약이라 할 수 없다."고 판시하였다(대판 2001.1.19, 99다72422).

III 단체협약의 신고

단체협약의 당사자는 단체협약의 체결일로부터 15일 이내에 이를 행정관청에 신고하여야 한다(노동조합법 제31조 제2항). 단체협약의 신고는 당사자 쌍방이 연명으로 하여야 한다(동법 시행령 제15조). 단체협약의 당사자가 이를 신고하지 않을 경우 과태료가 부과되지만(동법 제96조 제2항), 신고의무는 행정목적을 위한 단속규정에 불과하고 단체협약의 효력요건은 아니므로 단체협약의 효력에는 영향이 없다.

노동조합법 시행령 제15조【단체협약의 신고】
법 제31조 제2항에 따른 단체협약의 신고는 당사자 쌍방이 연명으로 해야 한다.

제 2 절 단체협약의 내용과 효력

I 법규정

제33조【기준의 효력】 ① 단체협약에 정한 근로조건 기타 근로자의 대우에 관한 기준에 위반하는 취업규칙 또는 근로계약의 부분은 무효로 한다.
② 근로계약에 규정되지 아니한 사항 또는 제1항의 규정에 의하여 무효로 된 부분은 단체협약에 정한 기준에 의한다.

II 규범적 부분과 그 효력

1. 규범적 부분

(1) 의의

단체협약 가운데 근로조건 기타 대우에 관하여 정한 사항을 '규범적 부분'이라 한다. 이는 단체협약의 본질적 부분이므로, 이 부분이 없는 협약은 단체협약이라고 할 수 없다.

(2) 구체적인 예

'근로조건 기타 근로자 대우에 관한 사항'이라 함은 임금의 결정·계산과 지급방법, 임금의 산정기간·지급시기 및 승급에 관한 사항, 퇴직·상여금에 관한 사항, 징계에 관한 사항 등이 이에 해당한다.

2. 규범적 효력

(1) 의의

'단체협약의 규범적 효력'이라 함은 일종의 규범으로서, 근로자와 사용자 간의 근로관계를 구속하는 효력을 말한다. 단체협약의 규범적 내용은 조합원과 사용자 간의 개별적 근로관계에 적용된다.

(2) 규범적 효력의 내용

① 강행적 효력

　㉠ 법규정: 단체협약에 정한 근로조건 기타 근로자의 대우에 관한 기준에 위반하는 취업규칙 또는 근로계약의 부분은 무효로 한다(노동조합법 제33조 제1항).

　㉡ 강행적 효력의 취지: 단체협약의 규범적 효력은 조합원인 개별근로자가 사용자와 사이에 사적자치의 원칙을 제한하고 단체협약자치의 원칙을 승인하고 있는 것이다.

　㉢ 일부무효의 법리: 단체협약의 일부가 무효인 경우 전체가 무효가 되는 민법의 원리가 적용되지 않는다. 이는 단체협약의 대체적 효력이 작용하여 단체협약에 정한 기준이 자동적으로 적용되어 무효인 부분을 보완하기 때문이다.

② 대체적 효력: 근로계약에 규정되지 아니한 사항 또는 무효로 된 부분은 단체협약에 정한 기준에 의한다(노동조합법 제33조 제2항). 즉, 근로계약 등에 아무런 규정을 두고 있지 않거나 무효가 된 부분은 단체협약에서 정한 기준이 대신하여 적용되는 효력을 대체적(보충적) 효력이라 한다.

3. 규범적 부분 위반의 효과[1]

(1) 사용자의 이행의무(조합원 및 노동조합의 이행청구)

규범적 효력은 개별조합원과 사용자 간에 인정되는 효력이기 때문에 사용자가 단체협약의 규범적 부분을 위반하는 경우에 개별조합원은 사용자를 상대방으로 하여 직접 단체협약상 기준의 이행을 청구할 수 있지만, 노동조합은 단체협약상 의무이행을 직접 청구할 수는 없다.

(2) 손해배상

협약당사자는 단체협약 전체에 관해 실행의무를 지기 때문에 사용자의 규범적 부분 위반행위에 대하여 노동조합은 협약준수의무 위반을 이유로 손해배상을 청구할 수 있다.

Ⅲ　채무적 부분과 그 효력

1. 채무적 부분

(1) 의의

단체협약의 내용 중 협약체결 당사자인 노동조합과 사용자 또는 사용자단체 사이에 적용될 권리·의무를 규정하고 있는 부분을 말한다.

---

1) 김유성, 『노동법 Ⅱ』

(2) 구체적인 예

일반적으로 채무적 부분에 속하는 것으로는 평화의무, 평화조항, 조합원의 범위 조항, 조합활동에 관한 조항, 숍(Shop) 조항, 쟁의행위에 관한 조항 등이 이에 해당한다.

2. 채무적 효력

(1) 실행의무

① 의의 : 협약당사자는 협약내용을 준수할 의무와 함께 자신의 구성원이 이를 위반하지 못하도록 노력할 의무를 진다. 이러한 의무를 실행의무라고 하는데 이것은 협약준수의무와 영향의무로 이루어져 있다.

② 협약준수의무 : 협약준수의무는 협약당사자가 단체협약의 규정을 성실하게 이행할 의무를 말한다. 이 의무는 협약당사자인 노동조합과 사용자 또는 그 단체 모두 부담하는 것이지만 특히 사용자에게 의미가 있다.

③ 영향의무 : 영향의무라 함은 협약당사자의 구성원이 협약위반행위를 하지 않도록 통제할 의무를 말한다.

(2) 평화의무

① 의의 : 평화의무는 협약당사자가 단체협약의 유효기간 중 협약소정사항의 개폐를 목적으로 하는 쟁의행위를 하지 않을 의무를 말한다(대판 1994.9.30, 94다4042 ; 대판 2003.2.11, 2002두9919). 이는 협약준수의무의 한 내용이라고 할 수 있다.

② 평화의무의 법적근거 : 평화의무의 법적근거와 관련하여 견해가 대립하고 있는데, 판례는 "단체협약이 체결된 경우에 협약당사자인 노사양측은 그 협약내용을 준수해야 하고, 특별한 사정이 없는 한 단체협약의 유효기간 중에 단체협약에서 이미 정한 근로조건이나 기타 사항의 변경·개폐를 요구하는 쟁의행위를 하지 아니할 이른바 평화의무를 부담한다."고 판시하여, 내재설과 유사한 입장을 취하고 있다(대판 2003.2.11, 2002두9919).

③ 평화의무의 유형 : ㉠ 단체협약 유효기간 중에 어떠한 경우에도 쟁의행위를 하여서는 아니 된다는 절대적 평화의무와, ㉡ 단체협약 유효기간 중에 단체협약으로 노사 간에 합의된 사항에 대하여는 이의 개폐 또는 변경을 목적으로 쟁의행위를 하여서는 아니 된다는 상대적 평화의무가 있다.

④ 평화의무의 효력

㉠ 평화의무 배제조항 : 평화의무에 대하여 당사자 간에 특약을 설정하고 이를 배제할 수 있는가에 대해 합의설의 경우 평화의무는 계약상 합의에 지나지 않아 특약으로 배제할 수 있다고 하나, 평화의무는 본질적 의무로서 배제할 수 없다고 본다.

㉡ 평화의무 위반의 법적효과 : 평화의무를 위반하여 노동조합이 쟁의행위를 하는 경우 견해의 대립이 있으나, 판례는 "평화의무가 단체협약에 본질적으로 내재하고 있으므로 평화의무 위반의 쟁의행위는 협약질서의 침해로 정당성이 부정된다."고 판시하였다(대판 1992.9.1, 92누7733 ; 대판 2007.5.11, 2005도8005).

3. 채무적 부분 위반의 효과

(1) 사법상 제재

단체협약의 채무적 부분을 위반한 경우, 채무불이행에 대한 민사상 구제수단을 이용할 수 있다.

(2) 노동조합법 제92조 제2호에 의한 벌칙

노동조합법 제92조 제2호에서는 헌법재판소의 판결에 따라 단체협약 위반행위를 구체적으로 특정화하였다. 즉, 노동조합법 제92조 제2호의 내용 중 ① 시설·편의제공 및 근무기간 중 회의참석에 관한 사항, ② 쟁의행위에 관한 사항 등은 단체협약의 채무적 부분에 해당되며 이를 위반할 경우 1천만원 이하의 벌금에 처한다.

Ⅳ 관련문제 – 단체협약의 문제 조항

1. 고용보장조항 또는 고용보장협약

단체협약에 향후 일정한 기간 동안 경영상 해고를 하지 않는다거나 고용을 보장한다는 조항을 두는 경우가 있다. 이를 '고용보장조항' 또는 '고용보장협약'이라고 하는데, 이를 위반하여 실시한 경영상 해고가 무효인지 여부가 문제된다. 이와 관련하여 판례는 "고용보장조항은 단체협약의 규범적 부분으로서 이에 어긋나는 경영상 해고는 원칙적으로 무효이나, 다만 급격한 경영상황의 변화 등 이 조항 체결 당시 예상하지 못한 사정변경이 있어 그 이행을 강요한다면 객관적으로 명백하게 부당한 결과에 이르는 경우에는 이 조항은 효력을 상실하고 사용자의 경영상 해고는 유효하다."는 입장이다[2].

따라서 사용자가 스스로 경영결단에 의하여 소속 근로자들에 대한 경영상 해고를 제한하기로 한 고용안정조항 또는 고용안정협약은 근로조건 기타 근로자의 대우에 관하여 정한 부분으로서 규범적 효력을 갖는데, 그 내용이 강행법규나 사회질서에 위반하지 아니하는 이상 그 효력은 유효하며 (대판 2011.5.26, 2011두7526), 그에 반하여 이루어진 경영상 해고는 원칙적으로 정당성이 없다(대판 2014.3.27, 2011두20406)[3].

2. 쟁의행위 기간 중 징계금지 조항

단체협약에 쟁의행위 기간 중에는 징계를 하지 않는다는 규정을 두는 경우가 있다. 단체협약에 이러한 조항을 둔 취지는 쟁의행위에 참가한 조합원에 대한 징계로 노동조합의 활동이 위축되는 것을 방지하여 근로자의 단체행동권을 실질적으로 보장하려는 데 있다. 판례에 따르면, 쟁의기간 징계금지 조항을 둔 경우, 사용자는 쟁의행위 기간 중에 징계위원회의 개최 등 징계절차의 진행을 포함한 일체의 징계를 할 수 없으며, 징계처분의 효력발생 시기를 쟁의행위 종료 이후로 정했더라도 마찬가지라는 입장이다(대판 2009.2.12, 2008다70336 ; 대판 2019.11.28, 2017다257869)[4].

---

2) 대판 2011.5.26, 2011두7526

3) 김형배·박지순, 『노동법』

4) 대판 2009.2.12, 2008다70336 ; 대판 2019.11.28, 2017다257869 ; '쟁의행위 기간 중 징계금지 조항'은 정당한 쟁의행위에 대해 사용자가 징계를 할 경우 징계로 인해 노동조합의 단체행동권이 타격을 입기 때문에 노동조합의 단체행동권을 실질적으로 보장하기 위해 정당한 쟁의행위에 대해 쟁의기간 중에는 사용자의 징계를 금지한다는 의미이다.

3. 산재유족 특별채용 조항

단체협약에 업무상 재해로 조합원이 사망한 경우에 직계가족 등 1인을 특별채용 한다는 조항을 두는 경우가 있다. 이와 같은 산재유족 특별채용 조항이 민법 제103조에 따른 사회질서에 위배되는 것에 해당하여 무효인지 여부가 문제되는데, 대법원은 소위 <기아자동차 사건>에서 이 조항이 관련 회사 등에서 채용의 자유를 과도하게 제한하는 정도에 이르거나 채용기회의 공정성을 현저히 해하는 결과를 초래했다고 볼 특별한 사정이 없으므로 무효가 아니라고 판결하였다(대판 2020.8.27, 2016다248998[전합]).

제 3 절 단체협약의 해석

I 법규정

제34조【단체협약의 해석】 ① 단체협약의 해석 또는 이행방법에 관하여 관계 당사자간에 의견의 불일치가 있는 때에는 당사자 쌍방 또는 단체협약에 정하는 바에 의하여 어느 일방이 노동위원회에 그 해석 또는 이행방법에 관한 견해의 제시를 요청할 수 있다.

② 노동위원회는 제1항의 규정에 의한 요청을 받은 때에는 그 날부터 30일 이내에 명확한 견해를 제시하여야 한다.

③ 제2항의 규정에 의하여 노동위원회가 제시한 해석 또는 이행방법에 관한 견해는 중재재정과 동일한 효력을 가진다.

II 단체협약 해석의 요청

1. 단체협약의 해석 요청권

당사자 쌍방의 합의 또는 단체협약이 정하는 바에 따라 어느 일방이 노동위원회에 그 해석 또는 이행방법에 관한 견해의 제시를 요청할 수 있으며(노동조합법 제34조 제1항), 그 요청은 해당 단체협약의 내용과 당사자의 의견 등을 적은 서면으로 해야 한다(동법 시행령 제16조). 이 경우 견해제시를 요청할 수 있는 자는 당해 단체협약 체결의 당사자이다.

노동조합법 시행령 제16조【단체협약의 해석요청】
법 제34조 제1항에 따른 단체협약의 해석 또는 이행방법에 관한 견해제시의 요청은 해당 단체협약의 내용과 당사자의 의견 등을 적은 서면으로 해야 한다.

2. 단체협약의 해석 요청방법

당사자 쌍방 또는 단체협약의 정하는 바에 의하여 어느 일방이 노동위원회에 그 해석 또는 이행방법에 관한 의견이 제시를 요청할 수 있다. 여기서 '단체협약에서 정하는 바에 의하여'란 단체협약에서 '해석 또는 이행 방법에 이견이 있는 경우 노동위원회의 의견에 따른다.'는 정함이 있는 경우로 당사자 일방은 단독으로 노동위원회에 의견제시를 요구할 수 있다.

III 단체협약의 해석

1. 노동위원회의 견해제시

노동위원회는 관계당사자로부터 단체협약의 해석 또는 이행방법에 관하여 의견제시를 요청 받은 때에는 그 날로부터 30일 이내에 명확한 견해를 제시하여야 한다(노동조합법 제34조 제2항).

2. 단체협약의 해석방법

(1) 단체협약 내용에 따른 해석

단체협약서와 같은 처분문서는 그 성립의 진정함이 인정되는 이상 그 기재된 내용을 부정할만한 분명하고 수긍할 수 있는 반증이 없는 한, 기재된 내용에 의하여 그 문서에 표시된 의사표시의 존재 및 내용을 파악하는 것이 원칙이다(대판 1996.9.20, 95다20454).

(2) 당사자 의사에 따른 해석

단체협약의 해석에는 그와 같은 약정이 이루어진 동기, 약정에 의해서 달성하려고 하는 목적, 당사자의 진정한 의사 등을 고려하여 논리와 경험칙에 따라 합리적으로 해석하여야 할 것이고(서울행판 2002.7.16, 2002구합4891), 그 의사가 분명하지 않은 경우 그 규정이 단체협약에 포함되게 그 경위나 그 변천과정과 교섭 당시의 노사실무위에서 오고 간 대화내용이나 합의과정 등을 참작하여 이를 합리적으로 해석하여야 할 것이다(대판 1996.9.20, 95다20454).

3. 근로자에게 불리한 해석금지

단체협약은 구체적 상황에 따라 공평하고 객관적으로 해석되는 것이 마땅한 일이나 그것은 근로조건의 개선 등을 위하여 체결되는 것이므로, 원칙적으로 단체협약의 명문 규정을 근로자에게 불리하게 해석할 수는 없다(대판 2011.10.13, 2009다102452 ; 대판 2017.2.15, 2016다32193 ; 대판 2019.11.28, 2017다257869).

Ⅳ 노동위원회가 제시한 견해의 효력

1. 노동위원회 견해의 효력

노동위원회가 제시한 해석 또는 이행방법에 관한 견해는 중재재정과 동일한 효력을 가지며, 위법·월권이 아닌 한 효력이 확정된다. 따라서 확정된 중재재정은 단체협약과 동일한 효력을 가지므로 당사자 쌍방이 이를 준수할 의무를 가지며, 제시된 견해에 대하여 파업 등의 실력행사로 이를 다툴 수 없다(노동조합법 제34조 제3항).

2. 노동위원회의 견해가 위법·월권인 경우 불복절차

노동위원회의 견해가 위법하거나 월권인 경우 의견서의 송달을 받은 날로부터 10일 이내에 중앙노동위원회에 그 재심을 신청할 수 있으며, 중앙노동위원회의 재심의견이 위법하거나 월권이라고 인정되는 경우 그 의견서의 송달을 받은 날로부터 15일 이내에 행정소송을 제기할 수 있다.

3. 제시된 견해에 대한 해석과 이행방법

노동위원회가 제시한 견해에 대한 해석과 이행방법에 대해 불일치가 있는 경우, 견해를 제시한 해당 노동위원회에 다시 견해제시를 요청할 수 있고, 그 견해는 중재재정으로서 효력을 갖는다.

제 4 절 단체협약의 효력확장제도

Ⅰ 법규정

제35조【일반적 구속력】 하나의 사업 또는 사업장에 상시 사용되는 동종의 근로자 반수 이상이 하나의 단체협약의 적용을 받게 된 때에는 당해 사업 또는 사업장에 사용되는 다른 동종의 근로자에 대하여도 당해 단체협약이 적용된다.

제36조【지역적 구속력】 ① 하나의 지역에 있어서 종업하는 동종의 근로자 3분의 2 이상이 하나의 단체협약의 적용을 받게 된 때에는 행정관청은 당해 단체협약의 당사자의 쌍방 또는 일방의 신청에 의하거나 그 직권으로 노동위원회의 의결을 얻어 당해 지역에서 종업하는 다른 동종의 근로자와 그 사용자에 대하여도 당해 단체협약을 적용한다는 결정을 할 수 있다.

② 행정관청이 제1항의 규정에 의한 결정을 한 때에는 지체없이 이를 공고하여야 한다.

Ⅱ 사업장단위의 효력확장제도

1. 의의

하나의 사업 또는 사업장에 상시 사용되는 동종의 근로자 반수 이상이 하나의 단체협약의 적용을 받게 된 때에는 당해 사업 또는 사업장에 사용되는 다른 동종의 근로자에 대하여도 당해 단체협약이 적용된다(노동조합법 제35조).

2. 취지

하나의 사업장에서 동종에 종사하는 근로자의 반수 이상의 근로자에게 적용되는 단체협약의 기준을 공정근로조건 기준으로 간주함으로써 모든 근로자에게 획일적인 근로조건을 적용하여 노사 간의 분쟁 나아가 노조 간의 분쟁을 방지하기 위함이다[5].

3. 요건

(1) 하나의 사업 또는 사업장

하나의 사업 또는 사업장에 적용되는 단체협약의 경우에 한한다. 하나의 단체협약의 적용을 받는 근로자가 반수 이상인지의 여부는 '하나의 사업 또는 사업장'을 단위로 산출한다.

(2) 상시 사용되는 근로자

'상시 사용되는 근로자'란 그 지위·종류·고용기간 등의 정함 유무 또는 근로계약상의 명칭에 상관없이 사실상 계속적으로 고용되고 있는 동종의 근로자를 의미하며, 근로자의 고용형태가 상용이라는 의미는 아니다(대판 1992.12.22, 92누13189).

(3) 동종의 근로자

'동종의 근로자'라 함은 동일한 직종 또는 직무에 종사하는 근로자를 말한다. 동종의 근로자는 노동조합법 제35조가 규정하고 있는 단체협약의 적용 또는 확장적용을 받을 수 있는 단체협약의 적용대상자를 기준으로 하여 결정된다. 즉, 해당협약의 적용이 예상되는 자를 가리킨다(대판 2004.2.12, 2001다63599). 따라서 규약 및 단체협약의 규정에 의하여 조합원의 자격이 없는 자는 처음부터 단체협약의 적용이 예상된다고 할 수 없어 단체협약의 일반적 구속력이 미치는 동종의 근로자라고 할 수 없다(대판 2005.4.14, 2004도1108).

(4) 반수 이상의 근로자

반수 이상의 근로자를 확정하기 위해서는 그 전제가 되는 상시 사용되는 동종의 근로자 수를 확정함으로써 산출할 수 있으며, 비조합원의 신규채용, 조합원의 탈퇴 등으로 반수 이상의 요건을 충족하지 못할 때에는 단체협약의 일반적 구속력은 당연히 종료된다.

---

5) 김유성, 『노동법 Ⅱ』, 임종률, 『노동법』

(5) 하나의 단체협약의 적용을 받게 된 때

여기서 단체협약이라 함은 노동조합법 제31조의 규정에 따라 단체협약 당사자가 서명 또는 날인한 것이어야 한다. '하나의 단체협약의 적용을 받는 자'란 단체협약의 본래적 적용대상자로서 단체협약 상의 적용범위에 해당하는 자만을 일컫는 것이다.

4. 확장의 효과

(1) 확장적용이 되는 단체협약의 내용

사업장단위의 효력확장에 있어서 적용되는 부분은 근로자의 근로조건과 대우에 관한 부분인 단체 협약의 규범적 부분에 한정된다[6].

(2) 비조합원에 대한 적용

단체협약에서 비조합원에게 적용되지 않는다는 특약이 규정되어 있더라도 노동조합법 제35조의 요 건이 갖추어지면, 단체협약의 규범적 부분은 비조합원에게도 적용된다[7].

(3) 단체협약의 종료

확장된 단체협약이 유효기간 만료 등의 사유로 인하여 종료되는 경우에는 확장의 효력도 소멸하게 되며, 뿐만 아니라 확장적용의 요건을 상실시키는 사유가 발생하는 경우에도 확장은 종료한다.

III 지역단위의 효력확장제도

1. 의의

하나의 지역에 종업하는 근로자의 3분의 2 이상이 동일한 단체협약의 적용을 받게 된 경우 행정관 청은 당해 지역의 다른 근로자에게도 당해 단체협약을 확장 적용할 수 있다(노동조합법 제36조 제1항).

2. 취지

일정한 지역에서 지배적인 의의를 가지는 단체협약상의 기준을 그 지역의 동종 근로자를 위한 최저 기준으로 적용함으로써 사용자 상호 간에 근로조건을 저하하려는 경쟁을 방지하고 공정한 경쟁조 건을 마련하려는 데 있다[8].

---

6) 노조 1454-31039, 1981.10.14

7) 노동조합과-536, 2005.2.23

8) 임종률, 『노동법』

3. 요건

(1) 실질적 요건

① **하나의 지역** : '하나의 지역'이라 함은 행정구역, 경제권역, 관습 등을 종합하여 동일한 생활여건에 있는 지역을 의미할 수 있으나 구체적 사안에 따라 판단하여야 한다[9]. 따라서 하나의 지역은 당해 협약의 대상이 되는 산업의 동질성, 경제적·지리적·사회적 입지조건의 근접성, 기업의 배치상황 등 노사의 경제적 기초의 동질성 내지 유사성이 고려된다[10].

② **종업하는 동종의 근로자 3분의 2 이상** : 사업장단위 효력확장제도와는 달리 상시성을 요건으로 하지 않는다. 여기서 동종의 근로자는 사업장단위 효력확장제도에서의 동종의 근로자와 그 의미와 같다[11].

③ **하나의 단체협약** : 이 제도가 상정하고 있는 협약형태는 기업별 교섭을 통해 체결된 단체협약이 아닌 초기업적 협약이며, 따라서 기업별 협약이 지배적인 우리나라 현실에서 이 제도가 적용될 수 있는 경우는 매우 한정적이라 할 것이다.

(2) 절차적 요건

절차적 요건은 ① 단체협약 당사자의 쌍방 또는 일방의 신청에 의하거나 행정관청의 직권으로 노동위원회의 의결을 얻어(노동조합법 제36조 제1항), ② 행정관청이 확장적용을 결정하고 지체 없이 이를 공고하여야 한다(동법 제36조 제2항).

4. 확장의 효과

(1) 확장적용이 되는 단체협약의 내용

지역단위 효력확장의 적용이 결정·공고되면 그 지역 내에 있는 사업장의 동종의 근로자에게 단체협약의 내용 중 근로조건과 관련된 규범적 부분이 확장 적용된다.

(2) 단체협약의 종료

단체협약이 소멸하는 경우에는 그 때부터 효력확장결정의 효력도 종료된다.

---

9) 고용노동부 「집단적 노사관계 업무매뉴얼」

10) 노조 01254-1246 1995.12.01

11) 고용노동부 「집단적 노사관계 업무매뉴얼」, 최영우 집단노동법 실무

제 5 절 | 단체협약의 종료(단체협약의 실효)

I 법규정

> **제32조【단체협약 유효기간의 상한】** ① 단체협약의 유효기간은 3년을 초과하지 않는 범위에서 노사가 합의하여 정할 수 있다.
>
> ② 단체협약에 그 유효기간을 정하지 아니한 경우 또는 제1항의 기간을 초과하는 유효기간을 정한 경우에 그 유효기간은 3년으로 한다.
>
> ③ 단체협약의 유효기간이 만료되는 때를 전후하여 당사자 쌍방이 새로운 단체협약을 체결하고자 단체교섭을 계속하였음에도 불구하고 새로운 단체협약이 체결되지 아니한 경우에는 별도의 약정이 있는 경우를 제외하고는 종전의 단체협약은 그 효력만료일부터 3월까지 계속 효력을 갖는다. 다만, 단체협약에 그 유효기간이 경과한 후에도 새로운 단체협약이 체결되지 아니한 때에는 새로운 단체협약이 체결될 때까지 종전 단체협약의 효력을 존속시킨다는 취지의 별도의 약정이 있는 경우에는 그에 따르되, 당사자 일방은 해지하고자 하는 날의 6월전까지 상대방에게 통고함으로써 종전의 단체협약을 해지할 수 있다.

II 단체협약의 종료

1. 기간의 만료

(1) 단체협약의 유효기간

단체협약은 그 유효기간이 만료하는 경우에 종료한다. 단체협약의 유효기간은 당사자의 합의에 의하여 정하는 것이 원칙이나 법정유효기간을 초과할 수 없다[12]. 단체협약의 법정유효기간은 '3년'이다(노동조합법 제32조 제1항). 당사자가 단체협약의 유효기간을 정하지 아니하는 경우 또는 법정유효기간을 초과하는 유효기간을 정한 경우에는 법정유효기간이 당해 단체협약의 유효기간으로 된다(동법 제32조 제2항).

(2) 법정연장

단체협약의 유효기간이 만료되는 때를 전후하여 당사자 쌍방이 새로운 단체협약을 체결하고자 단체교섭을 계속하였음에도 불구하고 새로운 단체협약이 체결되지 아니한 경우에는 별도의 약정이 있는 경우를 제외하고는 종전의 단체협약은 그 효력 만료일부터 3개월까지 효력을 갖는다(노동조합법 제32조 제3항).

---

12) 대판 2015.10.29, 2012다71138 ; 단체협약의 유효기간을 2년으로 제한한 것은 단체협약의 유효기간을 너무 길게 하면 사회적·경제적 여건의 변화에 적응하지 못하여 당사자를 부당하게 구속하는 결과에 이를 수 있어 단체협약을 통하여 적절한 근로조건을 유지하고 노사관계의 안정을 도모하고자 하는 목적에 어긋나게 되므로, 그 유효기간을 일정한 범위로 제한하여 단체협약의 내용을 시의(時宜)에 맞고 구체적 타당성 있게 조정해 나가도록 하자는 데 있다.

(3) 약정연장

① **자동연장조항**: 단체협약의 유효기간이 경과한 후에도 새로운 단체협약이 체결되지 아니한 때에는 새로운 단체협약이 체결될 때까지 종전 단체협약의 효력을 존속시키는 취지의 별도 약정이 있는 경우에는 이에 따른다(노동조합법 제32조 제3항 단서). 이 조항은 단체협약의 유효기간을 거의 무제한으로 연장할 수 있다는 점에서[13] 유효기간의 제한에 위반될 소지가 있지만, 단체교섭 타결의 지연에 따른 무협약 상태를 피하기 위하여 당사자가 특별히 희망하는 대처 방법이라는 점에서 법이 그 효력을 인정한 것이다.

② **자동갱신조항**: 협약 만료일 이전의 일정기간 내에 당사자가 협약개폐에 대한 의사표시를 하지 않을 경우 기존 단체협약과 동일한 내용의 새로운 단체협약이 체결된 것으로 한다는 취지의 조항을 말한다. 이는 단체협약 개폐의 의사표시를 할 수 있음에도 불구하고 이를 행하지 않는 것은 기존 단체협약의 계속적인 존속을 묵시적으로 인정한다는 것으로, 기존 단체협약과 동일한 내용의 새로운 단체협약을 체결하는 절차를 생략한 것으로 볼 수 있다[14].

2. 단체협약의 해지

(1) 의의

단체협약에 그 자체로 정한 해지 사유가 발생하거나 법률에 규정한 해지 사유가 발생한 경우에는 단체협약을 해지할 수 있다.

(2) 자동연장협정에 따른 해지

자동연장조항이 체결된 경우, 당사자 일방은 해지하고자 하는 날의 6월 전까지 상대방에게 통고함으로써 종전의 단체협약을 해지할 수 있다(노동조합법 제32조 제3항 단서).

(3) 상대방이 단체협약을 위반하는 경우

단체협약의 어느 당사자가 단체협약을 위반한 경우 다른 당사자는 단체협약을 해지할 수 있다. 다만, 단체협약 위반이 경미한 경우에는 이를 해지할 수 없으나, 근로자가 평화의무를 위반하거나 사용자가 단체협약상의 근로조건을 이행하지 아니하는 등 단체협약의 존재 의의를 상실시킬 만한 중대한 위반행위를 한 경우에만 이를 해지할 수 있다고 보아야 할 것이다[15].

(4) 사정변경의 경우

단체협약의 당사자는 사정변경의 원칙에 의하여 단체협약을 해지할 수 있다[16]. 단체협약 체결의 명시적·묵시적 전제조건이 되는 경제적·사회적 사정이 단체협약 체결 당시에 예측할 수 없을 만큼 중대한 변화를 가져오기 때문에 단체협약의 존립이 무의미하고, 일방 당사자에게 단체협약의 준수를 강요하는 것이 지극히 불합리·불공평할 때에는 소위 사정변경의 원칙에 의하여 이를 해지할 수 있다.

---

13) 대판 2015.10.29. 2012다71138 ; 자동연장조항에 따라 유효기간이 연장되는 경우 2년의 제한을 받지 않는다.

14) 최영우, 『집단노동법 실무』

15) 대판 1994.12.13. 93다59908

16) 임종률, 『노동법』

3. 단체협약의 취소

단체협약의 체결은 법률행위이므로 협약내용의 중요부분에 착오가 있을 때(민법 제109조), 사기·강박에 의해 체결되었을 때(동법 제110조)에는 취소할 수 있다. 단체협약이 취소되더라도 취소의 효력은 장래에 대해서만 미친다[17].

4. 협약당사자의 변경·소멸

(1) 사용자의 변경·소멸

사용자의 변경 내지 소멸사유로는 해산, 조직변경, 합병, 영업양도 등이 있다.

(2) 노동조합의 변경·소멸

노동조합의 변경·소멸사유로는 해산, 합병, 분할 기타 조직형태 변경 등이 있다.

Ⅲ 단체협약 종료 후 근로관계

1. 규범적 부분

단체협약이 실효되었더라도 개별적 근로조건에 관한 부분은 근로계약의 내용이 되어, 이것을 변경하는 새로운 단체협약이나 취업규칙의 체결 및 작성 또는 근로자의 동의(근로계약의 변경)가 없는 한 개별적인 근로계약의 내용으로서 여전히 남아 있어 사용자와 근로자를 규율한다(대판 2009.2.12, 2008다70336).

2. 채무적 부분

사용자와 노동조합 간의 권리·의무는 협약의 실효와 함께 원칙적으로 종료한다. 따라서 평화의무나 조합활동 조항 등은 협약의 종료와 함께 효력을 상실한다. 판례도 "노조전임제의 근거규정인 단체협약이 유효기간의 만료로 인하여 효력을 상실한 경우, 원직복귀명령에 불응한 노조전임자를 해고한 것이 부당노동행위에 해당하지 않는다."고 판시하였다(대판 1997.6.13, 96누17738).

---

17) 최영우, 『집단노동법 실무』

쟁의행위

제1절 쟁의행위의 개념

I 법규정

> **제2조【정의】** 이 법에서 사용하는 용어의 정의는 다음과 같다.
> 6. "쟁의행위"라 함은 파업·태업·직장폐쇄 기타 노동관계 당사자가 그 주장을 관철할 목적으로 행하는 행위와 이에 대항하는 행위로서 업무의 정상적인 운영을 저해하는 행위를 말한다.

II 노동조합법상 쟁의행위의 의미

노동조합법 제2조 제6호에서는 쟁의행위를 "파업·태업·직장폐쇄 기타 노동관계당사자가 그 주장을 관철할 목적으로 행하는 행위와 이에 대항하는 행위로서 업무의 정상적인 운영을 저해하는 행위를 말한다."고 정의하고 있다. 즉, 노동조합법은 쟁의행위를 ① 노동관계당사자의 행위일 것, ② 노동쟁의를 원인으로 하여 그 주장을 관철할 것을 목적으로 할 것, ③ 업무의 정상적 운영을 저해하는 행위일 것 등 세 가지 측면으로 설명하고 있다.

III 쟁의행위의 구성요건[1]

1. 주체

쟁의행위를 할 수 있는 노동관계당사자는 근로자 측에서는 노동조합이고, 사용자 측에서는 사용자 개인 또는 사용자단체이다. 쟁의행위는 평화적인 단체교섭의 결렬로 인하여 단체협약의 체결에 실패한 경우(노동쟁의)에 행하여지는 것을 전제로 하고 있으므로, 단체교섭의 당사자와 쟁의행위의 당사자는 같은 것으로 이해해야 한다. 단체교섭 권한이 없는 일시적인 근로자 단체나 쟁의단 또는 근로자 개인은 노동관계당사자가 될 수 없다.

---

1) 김형배·박지순, 『노동법』

2. 목적

쟁의행위는 단체교섭에 의하여 타결하려는 임금·근로시간·복지·해고 기타 대우 등 근로조건의 결정에 관한 노동관계당사자의 주장의 불일치로 인하여 발생되는 것이므로, 쟁의행위의 목적은 근로조건의 집단적 유지 내지 개선이다.

3. 수단 및 방법

쟁의행위는 업무복귀를 전제로 업무의 정상적인 운영을 저해하는 행위이므로, 파업과 같이 집단적인 노무제공을 거부하거나 혹은 직장폐쇄와 같이 근로자들의 노무제공을 집단적으로 봉쇄하는 것이어야 한다. 이와 별도로 폭력·상해·협박 또는 감금과 같은 행위는 사람의 자유와 안전을 보호해야 하는 법질서의 기본원칙에 반하여 허용되지 않는다(노동조합법 제42조 제1항). 또한 쟁의행위를 행사함에 있어서는 사용자의 기업시설에 대한 소유권이나 기업활동에 대한 경영상의 권리와 조화되어야 한다.

4. 시기 및 절차

쟁의행위는 노사의 평화적 단체교섭이 더 이상 가능하지 않은 경우에 최후의 수단으로 행해져야 하며, 민주적 의사결정 절차를 통한 조합원의 통일적 의사에 기초하여 행해져야 한다. 노동조합법 제2조 제5호, 동법 제41조 제1항 및 동법 제45조에서는 협약당사자 간 주장의 불일치가 있는 경우에 자주적 해결 노력을 기울일 것과 일정한 절차를 거칠 것을 규정하고, 판례도 이를 쟁의행위의 정당성 요건의 하나로 판단하고 있다(대판 2001.10.25, 99도4837[전합] 외 다수판결).

Ⅳ 쟁의행위의 종류[2]

1. 근로자 측의 쟁의행위

근로자 측의 쟁의행위에는 파업·태업·준법투쟁·보이콧·피켓팅·직장점거 등이 있다. 이 중 파업·태업·준법투쟁 등은 그 자체로 쟁의행위에 해당되나, 보이콧·피켓팅 및 직장점거 등은 그 자체로 쟁의행위가 아니라 쟁의행위에 부수되거나 이를 지원하기 위한 단체행동이다.

2. 사용자 측의 쟁의행위

사용자 측의 쟁의행위에는 직장폐쇄가 있다. 직장폐쇄는 집단적 노사분쟁에 있어서 사용자가 그의 주장을 관철하기 위하여 일정한 산업 또는 사업체 내의 근로자들의 근로의 수령을 집단적으로 거부함으로써 근로자들에게 임금지급의 중단에 따른 경제적 압력을 가하거나, 또한 근로자의 쟁의행위로 인한 재산상의 손실을 축소시키고자 하는 사용자의 쟁의행위이다.

---

2) 이상윤, 『노동법』

제 2 절 쟁의행위 주체의 정당성

Ⅰ 법규정

제37조【쟁의행위의 기본원칙】 ② 조합원은 노동조합에 의하여 주도되지 아니한 쟁의행위를 하여서는 아니된다.

Ⅱ 쟁의행위의 정당성 판단기준

노동조합법 제37조에서는 쟁의행위의 정당성 판단기준으로 주체, 목적, 방법 및 절차를 제시하고 있으며, 판례도 같은 기준을 제시하고 있다. 쟁의행위가 정당성을 갖기 위해서는 ① 그 주체가 단체교섭의 주체로 될 수 있는 자이어야 하고, ② 그 목적이 근로조건의 향상을 위한 노사 간의 자치적 교섭을 조성하는데 있어야 하며, ③ 그 시기 및 절차는 사용자가 근로자의 근로조건 개선에 관한 구체적인 요구에 대하여 단체교섭을 거부하였을 때 개시하되 특별한 사정이 없는 한 조합원의 찬성결정 등 법령이 규정한 절차를 거쳐야 하고, ④ 그 수단과 방법이 사용자의 재산권과 조화를 이루어야 함은 물론 폭력의 행사에 해당되지 아니하여야 한다는 여러 조건을 모두 구비하여야 한다(대판 2001.10.25, 99도4837[전합]).

Ⅲ 쟁의행위의 주체와 정당성 여부

1. 헌법상 단결체

판례는 "쟁의행위의 주체를 노동조합법상 단체교섭이나 단체협약 체결 능력이 있는 노동조합이다."라고 판시하고 있다(대판 1992.7.14, 91다43800). 따라서 판례에 의하면, 헌법상 단결체도 근로자의 단체로서 근로조건의 유지·개선 등을 목적으로 하며 조직성을 갖추고 있는 한 헌법상 보장된 근로3권의 보호에 적합한 단결체로서 쟁의행위의 주체성이 인정된다고 할 것이다[3].

2. 비공인파업(살쾡이파업)

노동조합이 조직되어 있는 경우에 조합의사와 무관하게 또는 그에 반하여 조합지부 또는 소수조합원이 행하는 조합행위로서, 노동조합법에서는 비공인파업을 금지하고 있으며(노동조합법 제37조 제2항), 또한 이를 위반할 경우 벌칙이 적용된다(동법 제89조 제1호). 판례도 "현행법상 적어도 노동조합이 결성된 사업장에 있어서의 쟁의행위가 노동조합법 제2조 소정의 형사상 책임이 면제되는 정당행위가 되기 위해서는 반드시 그 쟁의행위의 주체가 단체교섭이나 단체협약을 체결할 능력이 있는 노동조합일 것이 요구되고, 일부 조합원의 집단이 노동조합의 승인 없이 또는 그 지시에 반하여 쟁의행위를 하는 경우에는 형사상 책임이 면제될 수 없다."고 판시하였다(대판 1995.10.12, 95도1016).

---

3) 김유성, 『노동법 Ⅱ』

3. 지부 · 분회

이와 관련하여 판례는 "노동조합의 하부단체인 분회나 지부가 독자적인 규약 및 집행기관을 가지고 독립된 조직체로서 활동을 하는 경우 당해 조직이나 그 조합원에 고유한 사항에 대하여는 독자적으로 단체교섭하고 단체협약을 체결할 수 있다고 하여 쟁의행위의 주체가 될 수 있다."고 판시하였다 (대판 2001.2.23, 2000도4299).

Ⅳ 쟁의행위 주체에 대한 제한 및 금지

1. 공무원

헌법 제33조 제2항에서는 공무원은 법령이 정하는 자에 한하여 단결권 · 단체교섭권 · 단체행동권을 가진다고 규정하고 있으며, 또한 공무원노동조합법 제11조에서는 공무원의 쟁의행위를 금지하고 있다.

2. 방위산업체 근로자

(1) 헌법 제33조 제3항에서는 주요방위산업체에 종사하는 근로자의 단체행동권은 법률이 정하는 바에 의하여 제한 또는 인정하지 아니할 수 있다고 규정하고 있으며, 또한 노동조합법 제41조 제2항에서는 방위사업법에 의해 지정된 주요방위산업체에 종사하는 근로자 중 전력, 용수 및 주로 방산물자를 생산하는 업무에 종사하는 자는 쟁의행위를 금지하고 있다.

(2) 여기서 '주로 방산물자를 생산하는 업무에 종사하는 자"라 함은 방산물자의 완성에 필요한 제조 · 가공 · 조립 · 정비 · 재생 · 개량 · 성능검사 · 열처리 · 도장 · 가스취급 등의 업무에 종사하는 자를 말한다(노동조합법 시행령 제20조).

> **노동조합법 시행령 제20조【방산물자 생산업무 종사자의 범위】** 법 제41조 제2항에서 "주로 방산물자를 생산하는 업무에 종사하는 자"라 함은 방산물자의 완성에 필요한 제조 · 가공 · 조립 · 정비 · 재생 · 개량 · 성능검사 · 열처리 · 도장 · 가스취급 등의 업무에 종사하는 자를 말한다.

제 3 절 　쟁의행위 목적의 정당성

Ⅰ 법규정

제37조【쟁의행위의 기본원칙】 ① 쟁의행위는 그 목적·방법 및 절차에 있어서 법령 기타 사회질서에 위반되어서는 아니된다.

제44조【쟁의행위 기간 중의 임금지급 요구의 금지】 ① 사용자는 쟁의행위에 참가하여 근로를 제공하지 아니한 근로자에 대하여는 그 기간중의 임금을 지급할 의무가 없다.
② 노동조합은 쟁의행위 기간에 대한 임금의 지급을 요구하여 이를 관철할 목적으로 쟁의행위를 하여서는 아니된다.

Ⅱ 쟁의행위의 정당성 판단기준

노동조합법 제37조에서는 쟁의행위의 정당성 판단기준으로 주체, 목적, 방법 및 절차를 제시하고 있으며, 판례도 같은 기준을 제시하고 있다. 쟁의행위가 정당성을 갖기 위해서는 ① 그 주체가 단체교섭의 주체로 될 수 있는 자이어야 하고, ② 그 목적이 근로조건의 향상을 위한 노사 간의 자치적 교섭을 조성하는 데 있어야 하며, ③ 그 시기 및 절차는 사용자가 근로자의 근로조건 개선에 관한 구체적인 요구에 대하여 단체교섭을 거부하였을 때 개시하되 특별한 사정이 없는 한 조합원의 찬성결정 등 법령이 규정한 절차를 거쳐야 하고, ④ 그 수단과 방법이 사용자의 재산권과 조화를 이루어야 함은 물론 폭력의 행사에 해당되지 아니하여야 한다는 여러 조건을 모두 구비하여야 한다(대판 2001.10.25, 99도4837[전합]).

Ⅲ 쟁의행위 목적의 정당성 여부

1. 정치파업

정치파업은 국가나 기타 공공단체의 기관을 상대방으로 하거나, 특정한 정치적 주장의 시위나 관철을 목적으로 하는 쟁의행위로 그 상대방이 사용자 아닌 국가기관이고, 그 요구사항의 내용이 사실상·법률상 사용자의 처분권한 밖에 존재한다는 점에서 쟁의행위의 정당성 여부가 문제되는데, 이와 관련하여 판례는 "쟁의행위가 정당하기 위해서는 단체교섭 과정에서 근로조건을 향상시키려는 목적에서 나온 것이어야 한다며, 사용자에게 처분권한이 없거나 단체협약을 통해 개선할 수 없는 사항인 노동관계법 철폐를 목적으로 하는 쟁의행위는 정당성이 없다."고 판시하였다(대판 2000.11.24, 99두4280).

2. 경영에 관한 사항

(1) 경영에 관한 사항은 그것이 단체교섭의 대상이 되느냐 여부에 따라 목적의 정당성이 인정되는지 여부가 결정된다. 판례는 "경영진의 퇴진을 요구하는 쟁의행위라도 그 진의가 조합원의 근로조건 개선요구에 있다고 인정되는 경우에는 목적의 정당성이 인정된다."고 판시하였다(대판 1992.5.12, 91다34523). 그러나 대표이사의 연임을 방해하기 위한 파업(대판 1999.3.25, 93도3139), 또는 경영상 해고나 사업조직의 통폐합 등 기업의 구조조정 실시를 저지하려는 쟁의행위(대판 2010.11.11, 2009도4558) 등은 목적의 정당성이 부정된다.

(2) 그런데 2026.3.10 시행되는 개정 노동조합법 제2조 제5호에서는 사업경영상의 결정이 노동쟁의 대상이 되는 요건으로 '근로조건에 영향을 미치는'이라고 규정하고 있는바, 사업경영상의 결정 당시 근로자의 근로조건에 대한 추상적·잠재적 차원 수준인 경우에는 이를 근로조건에 영향을 미치는 단체교섭 대상으로 보기는 어려우나, 이러한 사업경영상의 결정을 실현하는 과정에서 근로자 지위 또는 근로조건의 실질적·구체적 변동을 초래하는 정리해고(경영상 해고), 구조조정에 따른 배치전환 등은 사업경영상의 결정이라도 단체교섭 대상이 될 수 있다.

3. 평화의무 위반

평화의무를 위반하여 단체협약에 규정된 사항의 개폐를 목적으로 쟁의행위를 할 수 있는지 여부와 관련하여 판례는 "평화의무가 단체협약에 본질적으로 내재하고 있으므로 평화의무 위반의 쟁의행위는 협약질서의 침해로 정당성이 부정된다."고 판시하였다(대판 1992.9.1, 92누7733).

4. 집단적 노사관계에 관한 사항

집단적 노사관계에 관한 사항은 근로조건과 밀접한 관계에 있기 때문에 단체교섭의 대상사항이 된다. 따라서 집단적 노사관계에 관한 사항은 강행법규나 공서양속에 반하지 않는 이상, 단체교섭의 대상이 된다고 보는 것이 일반적이다.

Ⅳ 관련문제

1. 노동조합의 과도한 요구

사용자가 수용할 수 없는 과도한 요구를 하더라도 이는 단체교섭의 단계에서 조정할 문제인바, 그것만으로 쟁의행위의 목적이 정당성을 상실하는 것은 아니다(대판 1992.1.21, 91누5204).

2. 복수의 목적이 있는 경우

하나의 쟁의행위를 통해 복수의 목적을 관철하려는 경우에는 그 쟁의행위의 주된 목적, 즉 객관적으로 그 목적이 없었더라면 그 쟁의행위를 하지 않았을 것이라고 인정되는 목적을 대상으로 정당한 쟁의목적이 되는지 여부를 판단해야 한다(대판 2001.6.26, 2000도2871 ; 대판 2011.1.27, 2010도11030 ; 대판 2022.12.16, 2015도8190).

제 4 절 · 쟁의행위 절차의 정당성

Ⅰ 법규정

제37조【쟁의행위의 기본원칙】 ① 쟁의행위는 그 목적·방법 및 절차에 있어서 법령 기타 사회질서에 위반되어서는 아니된다.

제41조【쟁의행위의 제한과 금지】 ① 노동조합의 쟁의행위는 그 조합원(제29조의2에 따라 교섭대표노동조합이 결정된 경우에는 그 절차에 참여한 노동조합의 전체 조합원)의 직접·비밀·무기명투표에 의한 조합원 과반수의 찬성으로 결정하지 아니하면 이를 행할 수 없다. 이 경우 조합원 수 산정은 종사근로자인 조합원을 기준으로 한다.
② 「방위사업법」에 의하여 지정된 주요방위산업체에 종사하는 근로자중 전력, 용수 및 주로 방산물자를 생산하는 업무에 종사하는 자는 쟁의행위를 할 수 없으며 주로 방산물자를 생산하는 업무에 종사하는 자의 범위는 대통령령으로 정한다.

제45조【조정의 전치】 ① 노동관계 당사자는 노동쟁의가 발생한 때에는 어느 일방이 이를 상대방에게 서면으로 통보하여야 한다.
② 쟁의행위는 제5장 제2절 내지 제4절의 규정에 의한 조정절차(제61조의2의 규정에 따른 조정종료 결정 후의 조정절차를 제외한다)를 거치지 아니하면 이를 행할 수 없다. 다만, 제54조의 규정에 의한 기간 내에 조정이 종료되지 아니하거나 제63조의 규정에 의한 기간내에 중재재정이 이루어지지 아니한 경우에는 그러하지 아니하다.

Ⅱ 쟁의행위의 정당성 판단기준

노동조합법 제37조에서는 쟁의행위의 정당성 판단기준으로 주체, 목적, 방법 및 절차를 제시하고 있으며, 판례도 같은 기준을 제시하고 있다. 쟁의행위가 정당성을 갖기 위해서는 ① 그 주체가 단체교섭의 주체로 될 수 있는 자이어야 하고, ② 그 목적이 근로조건의 향상을 위한 노사 간의 자치적 교섭을 조성하는데 있어야 하며, ③ 그 시기 및 절차는 사용자가 근로자의 근로조건 개선에 관한 구체적인 요구에 대하여 단체교섭을 거부하였을 때 개시하되 특별한 사정이 없는 한 조합원의 찬성결정 등 법령이 규정한 절차를 거쳐야 하고, ④ 그 수단과 방법이 사용자의 재산권과 조화를 이루어야 함은 물론 폭력의 행사에 해당되지 아니하여야 한다는 여러 조건을 모두 구비하여야 한다(대판 2001.10.25, 99도4837[전합]).

Ⅲ 쟁의행위의 절차적 정당성 여부

1. 노동쟁의[4] 발생통보 및 쟁의행위 사전신고

(1) 노동쟁의 발생통보

노동조합법 제45조 제1항에서는 "노동관계당사자는 노동쟁의가 발생한 때에는 어느 일방이 이를 상대방에게 서면으로 통보하여야 한다."고 규정하고 있다.

(2) 쟁의행위 사전신고

쟁의행위 사전신고와 관련하여 노동조합법 시행령 제17조에서는 노동조합이 쟁의행위를 하고자 할 때에는 행정관청과 관할 노동위원회에 쟁의행위의 일시·장소·참가인원 및 그 방법을 미리 서면으로 신고하도록 규정하고 있다.

> **노동조합법 시행령 제17조【쟁의행위의 신고】** 노동조합은 쟁의행위를 하고자 할 경우에는 고용노동부령이 정하는 바에 따라 행정관청과 관할노동위원회에 쟁의행위의 일시·장소·참가인원 및 그 방법을 미리 서면으로 신고하여야 한다.

2. 조정전치주의

(1) 의의

① 쟁의행위는 노동쟁의 조정절차를 거치지 아니하면 이를 행할 수 없다(노동조합법 제45조 제2항 본문). 이는 소위 '노동쟁의 조정전치주의'를 채택하고 있는 것이다. 다만, ㉠ 조정기간 중(일반사업의 경우 10일, 공익사업의 경우 15일)에 조정이 종료되지 아니하거나, ㉡ 동법 제61조의2 규정에 따라 조정의 종료가 결정된 후에 행하는 조정의 경우에는 쟁의행위를 개시할 수 있다(동법 제45조 제2항 단서).

② 즉, 노동위원회의 조정결정이 내린 후에 쟁의행위를 할 수 있는 것이 아니라, 조정·중재기간이 경과하기만 하면 쟁의행위를 할 수 있다(대판 2001.6.26, 2000도2871).

(2) 조정전치주의를 위반한 쟁의행위의 정당성 여부

노동쟁의 조정을 거치지 아니하고, 쟁의행위를 하는 경우 과연 정당성을 상실하는지 여부에 대해 견해의 대립이 있는데, 이와 관련하여 판례는 "노동조정법 제45조의 조정전치에 관한 규정의 취지는 분쟁을 사전 조정하여 쟁의행위 발생을 회피하는 기회를 주려는 데에 있는 것이지 쟁의행위 자체를 금지하려는 데에 있는 것이 아니므로, 쟁의행위가 조정전치의 규정에 따른 절차를 거치지 아니하였다고 하여 무조건 정당성이 결여된 쟁의행위라고 볼 것이 아니다."라고 판시하였다(대판 2000.10.13, 99도4812).

---

4) 저자 주 ; 2025년 8월 24일 국회 본회의를 통과한 노동조합법 개정안 제2조 제5호에서 "'노동쟁의'라 함은 노동조합과 사용자 또는 사용자단체(이하 "勞動關係 當事者"라 한다)간에 임금·근로시간·복지·해고·근로자의 지위 기타 대우등 근로조건의 결정과 근로조건에 영향을 미치는 사업경영상의 결정에 관한 주장의 불일치 및 제92조 제2호 가목부터 라목까지의 사항에 관한 사용자의 명백한 단체협약 위반으로 발생한 분쟁상태를 말한다. 이 경우 주장의 불일치라 함은 당사자간에 합의를 위한 노력을 계속하여도 더 이상 자주적 교섭에 의한 합의의 여지가 없는 경우를 말한다."고 규정하고 있다.

3. 쟁의행위에 대한 조합원 찬반투표

(1) 의의

노동조합의 쟁의행위는 그 조합원의 직접·비밀·무기명투표에 의한 조합원 과반수의 찬성으로 결정하지 아니하면 이를 행할 수 없다. 이 경우 조합원 수 산정은 종사근로자인 조합원을 기준으로 한다(노동조합법 제41조 제1항). 노동조합법 제29조의2에 따라 교섭대표노동조합이 결정된 경우에는 그 절차에 참여한 노동조합의 전체조합원의 직접·비밀·무기명투표에 의한 과반수의 찬성으로 결정하지 아니하면 쟁의행위를 할 수 없다.

(2) 조합원 찬반투표를 거치지 않은 쟁의행위의 정당성 여부

노동조합은 쟁의행위를 하기 전에 조합원의 찬반투표를 거쳐야 한다. 만약 조합원 찬반투표를 거치지 아니하는 경우, 과연 쟁의행위의 정당성에 어떠한 영향을 미치는지 여부가 문제되는데, 이와 관련하여 판례는 "직접·비밀·무기명 투표에 의한 찬반투표를 거치지 아니하고 파업을 한 경우에는 조합원의 민주적 의사결정이 실질적으로 확보되었다 할지라도 파업이 정당성을 상실한다."고 판시하였다(대판 2001.10.25, 99도4837[전합]).

(3) 쟁의행위에 대한 조합원 찬반투표의 주요 내용

① **의의**: 노동조합의 쟁의행위는 그 조합원(제29조의2에 따라 교섭대표노동조합이 결정된 경우에는 그 절차에 참여한 노동조합의 전체 조합원)의 직접·비밀·무기명투표에 의한 조합원 과반수의 찬성으로 결정하지 않으면 이를 행할 수 없다. 이 경우 조합원 수 산정은 종사근로자인 조합원을 기준으로 한다(노동조합법 제41조 제1항).

② **투표의 시기**: 찬반투표는 쟁의행위 이전에 실시되어야 한다. 쟁의행위가 이미 발생한 이후에 사후 추인의 형식으로 찬반투표를 하는 경우에는 정당성을 상실하게 된다.

③ **투표의 방법**: 찬반투표는 조합원의 직접·비밀·무기명투표에 의하여야 한다. 따라서 대의원회에서의 간접투표는 직접투표에 위배되므로 무효이다. 투표를 거치지 아니하고 구두결의·거수 또는 기립에 의한 방법은 비밀·무기명 투표에 위배되므로 무효이다.

④ **투표의 주체**: 투표는 조합원 과반수의 찬성을 얻어야 한다. 따라서 대의원 또는 조합원 대표에 의한 간접투표는 인정되지 아니한다. 여기서 '과반수'라 함은 조합원 '재적과반수'를 의미하며, 투표참가자 조합원의 과반수를 의미하는 것은 아니다. 또한 조합원 과반수의 찬성과 관련하여 조합원 수 산정은 종사근로자인 조합원을 기준으로 한다(노동조합법 제41조 제1항).

⑤ **투표의 내용**: 찬반투표의 내용은 쟁의행위의 실시 여부에 관한 것이다. 따라서 쟁의행위 시기·방법·규모 및 참가 조합원 범위 등은 총회·대의원회의 결의 또는 조합규약의 규정에 따라 별도로 결정하여도 무방하다.

⑥ **복수노조의 찬반투표**: 교섭대표노동조합이 결정된 경우에는 그 절차에 참여한 노동조합의 전체 조합원의 직접·비밀·무기명투표에 의한 과반수의 찬성으로 결정하지 아니하면 쟁의행위를 할 수 없다(노동조합법 제41조 제1항).

⑦ **위반의 효과**: 찬반투표를 거치지 아니하고 쟁의행위를 하는 경우 1년 이하의 징역 또는 1천만원 이하의 벌금에 처한다(노동조합법 제91조).

제5절 쟁의행위 수단·방법의 정당성과 쟁의행위의 유형

I 법규정

제37조【쟁의행위의 기본원칙】 ① 쟁의행위는 그 목적·방법 및 절차에 있어서 법령 기타 사회질서에 위반되어서는 아니된다.
③ 노동조합은 사용자의 점유를 배제하여 조업을 방해하는 형태로 쟁의행위를 해서는 아니 된다.

제42조【폭력행위등의 금지】 ① 쟁의행위는 폭력이나 파괴행위 또는 생산 기타 주요업무에 관련되는 시설과 이에 준하는 시설로서 대통령령이 정하는 시설을 점거하는 형태로 이를 행할 수 없다.
② 사업장의 안전보호시설에 대하여 정상적인 유지·운영을 정지·폐지 또는 방해하는 행위는 쟁의행위로서 이를 행할 수 없다.
③ 행정관청은 쟁의행위가 제2항의 행위에 해당한다고 인정하는 경우에는 노동위원회의 의결을 얻어 그 행위를 중지할 것을 통보하여야 한다. 다만, 사태가 급박하여 노동위원회의 의결을 얻을 시간적 여유가 없을 때에는 그 의결을 얻지 아니하고 즉시 그 행위를 중지할 것을 통보할 수 있다.
④ 제3항 단서의 경우에 행정관청은 지체없이 노동위원회의 사후승인을 얻어야 하며 그 승인을 얻지 못한 때에는 그 통보는 그때부터 효력을 상실한다.

II 쟁의행위의 정당성 판단기준

노동조합법 제37조에서는 쟁의행위의 정당성 판단기준으로 주체, 목적, 방법 및 절차를 제시하고 있으며, 판례도 같은 기준을 제시하고 있다. 쟁의행위가 정당성을 갖기 위해서는 ① 그 주체가 단체교섭의 주체로 될 수 있는 자이어야 하고, ② 그 목적이 근로조건의 향상을 위한 노사 간의 자치적 교섭을 조성하는데 있어야 하며, ③ 그 시기 및 절차는 사용자가 근로자의 근로조건 개선에 관한 구체적인 요구에 대하여 단체교섭을 거부하였을 때 개시하되 특별한 사정이 없는 한 조합원의 찬성결정 등 법령이 규정한 절차를 거쳐야 하고, ④ 그 수단과 방법이 사용자의 재산권과 조화를 이루어야 함은 물론 폭력의 행사에 해당되지 아니하여야 한다는 여러 조건을 모두 구비하여야 한다(대판 2001.10.25, 99도4837[전합]).

III 쟁의행위의 수단·방법

1. 사용자의 점유를 배제하고 조업을 방해하는 행위의 금지

노동조합은 사용자의 점유를 배제하여 조업을 방해하는 형태로 쟁의행위를 해서는 아니 된다(노동조합법 제37조 제3항).

2. 폭력·파괴행위의 금지

쟁의행위는 폭력이나 파괴행위 또는 생산 기타 주요업무에 관련되는 시설과 이에 준하는 시설로서 대통령령이 정하는 시설을 점거하는 형태로 이를 행할 수 없다(노동조합법 제42조 제1항).

3. 안전보호시설의 유지

사업장의 안전보호시설에 대하여 정상적인 유지·운영을 정지·폐지 또는 방해하는 행위는 쟁의행위로서 이를 행할 수 없다(노동조합법 제42조 제2항). 쟁의행위는 사용자에 대하여 근로제공의 거부를 통한 경제적 손실을 주는 것이므로 사람의 생명·신체 또는 사용자의 재산에 직접적 피해를 주는 것은 쟁의행위의 본질을 일탈하는 것으로서 허용되지 아니한다.

Ⅳ 쟁의행위의 유형

1. 파업

(1) 의의

파업이라 함은 다수의 근로자가 하나의 단결체를 형성하여 근로조건의 유지·개선을 목적으로 조직적인 방법에 의하여 사용자에게 근로제공을 일시적으로 거부하는 행위를 말한다.

(2) 파업의 정당성 여부

파업은 일반적으로 사업장에서 퇴거하는 형태를 취한다. 다만, 근로제공 거부의 효율성을 강화하기 위하여 때로는 피켓팅을 동반하거나 직장에 체류하면서 연좌농성하는 직장점거를 동반하기도 하는 바, 피켓팅과 직장점거가 수반되는 것을 이유로 파업 그 자체가 정당성을 상실하는 것은 아니다. 그러나 파업에 참가한 근로자들이 적극적으로 사용자에 의한 생산설비의 지배·관리를 방해한다든가, 환자의 생명·신체의 안전에 직접 관계되는 의료행위를 거부한다든가, 공장 또는 사업장의 안전에 관한 보안작업을 거부하는 행위는 정당한 쟁의행위로 볼 수 없다.

2. 태업

(1) 의의

태업이라 함은 다수의 근로자가 하나의 단결체를 형성하여 근로조건의 유지·개선을 목적으로 조직적인 방법에 의하여 작업능률을 저하시키는 쟁의행위를 말한다. 그러므로 태업은 근로를 제공하되 동일한 시간에 제공되는 근로의 양을 줄이거나, 근로의 질을 저하시키는 쟁의행위이다. 태업은 조합원들이 의식적으로 불성실하게 근무함으로써 작업능률을 저하시키는 행위인 '소극적 태업(Soldiering)'과 고의로 생산설비를 파괴하거나 불량품을 생산해내는 '적극적 태업(Sabotage)'으로 나눌 수 있다.

(2) 태업의 정당성 여부

태업은 그 구체적인 태양이 노무의 불완전 제공이라는 부작위에 그치는 한 파업과 마찬가지로 정당한 쟁의행위로 인정된다. 소극적 태업의 결과 평소보다 불량품이 많아진 경우에는 정당성에 영향을 주지 않으나, 의도적으로 생산설비를 파괴하거나 불량품을 만드는 적극적 태업은 정당성을 상실한다.

3. 보이콧

(1) 의의

보이콧은 노동조합이 쟁의행위의 상대방인 사용자의 제품에 대한 불매를 호소하거나 그 제품의 취급을 거부하게 함으로써 그 제품의 거래를 방해하는 쟁의행위이다. 보이콧은 업무의 정상적인 운영을 저해하는 것이 아니므로 그 자체가 쟁의행위에 해당하는 것은 아니며, 따라서 실제에 있어서는 파업을 지원하기 위한 부수적 수단으로 행하여지는 경우가 대부분이다.

(2) 보이콧의 정당성 여부

1차 보이콧[5]은 폭력 등의 행위가 없다면 정당성이 인정되며, 부수적으로 제3자와의 거래가 방해된다 하더라도 반드시 정당성을 상실하는 것은 아니지만, 2차 보이콧[6]은 원칙적으로 정당성이 없다. 다만, 제3자가 자발적으로 사용자와의 거래를 중단한 경우에는 2차 보이콧이라 하더라도 정당성이 인정될 수 있다.

4. 피켓팅

(1) 의의

피켓팅은 파업참가자의 파업이탈을 감시하고 파업에 참가하지 아니한 근로자들이 사업장에 출입하는 것을 저지하거나 파업에 동참할 것을 요구하며, 또한 일반인들에게 노동조합의 요구를 이해하고 지지하여 주도록 하는 문언을 작성하여 이를 파업장소에 게시·비치 또는 방송하는 쟁의행위이다.

(2) 피켓팅의 정당성 여부

쟁의행위에 출입·조업 또는 업무수행을 하려는 사용자·조합원·근로희망자 등에 대한 파업감시가 평화적 설득의 방법 등으로 행하여지는 경우에는 정당성이 인정되는 것이 원칙이나, 폭행이나 협박 등에 의한 피켓팅은 정당성이 부정된다(대판 1990.10.12, 90도1431).

5. 준법투쟁

(1) 의의

준법투쟁이란 노동조합의 통제 하에 다수의 근로자들이 자신들의 주장을 관철하기 위하여 사업장에서 평소 잘 지키지 않는 법령 또는 단체협약 등을 필요 이상으로 엄격히 지키거나 자신들에게 보장된 권리를 일제히 행사하여 업무의 정상적인 운영을 저해하는 행위를 말한다(대판 1994.6.14, 93다29167).

---

5) '1차 보이콧'이란 노동조합이 자신의 사용자에 대하여 사회적·경제적 압력을 가할 목적으로 사용자가 생산한 상품의 불매를 결의하거나 일반 시민에게 불매 또는 거래정지를 호소하는 쟁의수단이다.

6) '2차 보이콧'이란 쟁의당사자인 자신의 사용자를 상품시장으로부터 고립시키기 위하여 사용자의 거래상대방에게 사용자의 거래를 정지하도록 요구하고, 이를 위하여 거래상대방 소속의 근로자에게 파업을 유도하거나, 거래상대방에게 직접 이를 강요하는 것 또는 소비자에게 상품불매 운동을 하는 것을 말한다.

(2) 준법투쟁의 쟁의행위 해당여부

준법투쟁이 쟁의행위에 해당하는지 여부에 대해 견해의 대립이 있으나, 판례는 "근로자들이 통상적으로 해오던 연장근로를 집단적으로 거부함으로써 회사업무의 정상적인 업무를 저해하였다면 이는 쟁의행위에 해당한다."고 판시하였다(대판 1996.2.27, 95도2970).

(3) 준법투쟁의 정당성 판단

준법투쟁의 정당성은 준법투쟁이 쟁의행위 사이에 구별이 용이하지 않은 점 등을 고려할 때, 당해 사업장 관행의 보호가치와 헌법상 근로자에게 보장하고 있는 근로3권 보장활동의 취지 등을 구체적으로 고려하여 판단하여야 할 것이다.

6. 직장점거

(1) 의의

직장점거는 파업·태업을 하면서 단결을 유지·강화하거나 파업 중의 조업을 저지하기 위하여 쟁의참가자들이 사용자의 의사에 반하여 사업장 시설을 점거하는 보조적 쟁의행위를 말한다. 이와 관련하여 노동조합법 제37조 제3항에서는 "노동조합은 사용자의 점유를 배제하여 조업을 방해하는 형태로 쟁의행위를 해서는 아니 된다."고 규정하고 있으며, 또한 동법 제42조 제1항에서는 "생산 기타 주요 업무에 관련되는 시설과 이에 준하는 시설로서 대통령령이 정하는 시설[7]을 점거하는 형태로 이를 행할 수 없다."고 규정하고 있다.

(2) 직장점거와 정당성 여부

직장점거는 사용자의 시설관리권을 침해하는 요소가 있지만 기업별 노조가 지배적인 상태에서 노동조합의 평상시 제반활동이 사업장 안에서 이루어진다는 점을 고려하면, 쟁의기간 중에 일부근로자들이 사업장 내에 체류한다고 하여 곧바로 사용자의 기업시설에 대한 권리(점유권 및 소유권)가 침해된다거나 또는 주거침입죄가 성립한다고 할 수는 없다. 따라서 직장 또는 사업장시설의 점거범위가 일부분에 그치고, 사용자 측의 출입이나 관리지배가 배제되지 않아 직장점거가 병존적인 것에 지나지 않을 때에는 정당한 쟁의행위로 볼 수 있으나, 이와 달리 직장 또는 사업장 시설을 전면적·배타적으로 점거하여 조합원 이외의 자의 출입을 저지하거나 사용자 측의 관리지배를 배제하는 것은 위법하다(대판 2007.12.28, 2007도5204 ; 대판 2017.4.7, 2013두16418).

(3) 위반의 효과

노동조합법은 사업장의 안전보호시설에 대하여 정상적인 유지·운영을 정지·폐지 또는 방해하는 행위는 쟁의행위로서 행할 수 없도록 규정하고 있으며(노동조합법 제42조 제2항), 이를 위반하면 노동조합법 제91조에 근거하여 벌칙이 적용된다.

---

7) **노동조합법 시행령 제21조(점거가 금지되는 시설)** 법 제42조 제1항에서 "대통령령이 정하는 시설"이란 다음 각 호의 시설을 말한다.
  1. 전기·전산 또는 통신시설
  2. 철도(도시철도를 포함한다)의 차량 또는 선로
  3. 건조·수리 또는 정박중인 선박. 다만, 「선원법」에 의한 선원이 당해 선박에 승선하는 경우를 제외한다.
  4. 항공기·항행안전시설 또는 항공기의 이·착륙이나 여객·화물의 운송을 위한 시설
  5. 화약·폭약 등 폭발위험이 있는 물질 또는 「화학물질관리법」 제2조 제2호에 따른 유독물질을 보관·저장하는 장소
  6. 기타 점거될 경우 생산 기타 주요업무의 정지 또는 폐지를 가져오거나 공익상 중대한 위해를 초래할 우려가 있는 시설로서 고용노동부장관이 관계중앙행정기관의 장과 협의하여 정하는 시설

제 6 절   쟁의행위와 안전보호시설

I   법규정

제42조【폭력행위등의 금지】 ① 쟁의행위는 폭력이나 파괴행위 또는 생산 기타 주요업무에 관련되는 시설과 이에 준하는 시설로서 대통령령이 정하는 시설을 점거하는 형태로 이를 행할 수 없다.
② 사업장의 안전보호시설에 대하여 정상적인 유지·운영을 정지·폐지 또는 방해하는 행위는 쟁의행위로서 이를 행할 수 없다.
③ 행정관청은 쟁의행위가 제2항의 행위에 해당한다고 인정하는 경우에는 노동위원회의 의결을 얻어 그 행위를 중지할 것을 통보하여야 한다. 다만, 사태가 급박하여 노동위원회의 의결을 얻을 시간적 여유가 없을 때에는 그 의결을 얻지 아니하고 즉시 그 행위를 중지할 것을 통보할 수 있다.
④ 제3항 단서의 경우에 행정관청은 지체없이 노동위원회의 사후승인을 얻어야 하며 그 승인을 얻지 못한 때에는 그 통보는 그때부터 효력을 상실한다.

II   안전보호시설에 물적 안전보호시설의 포함여부

1. 안전보호시설의 의의

안전보호시설이라 함은 사람의 생명이나 신체의 위험을 예방하기 위해 위생상 필요한 시설을 말하고, 이에 해당하는지 여부는 당해 사업장 제반 사정을 구체적·종합적으로 고려하여 판단하여야 할 것이다(대판 2005.9.30, 2002두7425 ; 대판 2006.5.12, 2002도3450).

2. 안전보호시설에 물적 안전보호시설의 포함여부 문제

노동조합법 제42조 제2항의 안전보호시설이 사람의 생명·안전을 위태롭게 하는 시설에 한정되는지 아니면 생산수단의 안전을 보호하는 시설까지 포함하는지 여부에 대해 견해의 대립이 있는데, 이와 관련하여 판례는 "노동조합법 제42조 제2항의 '안전보호시설'이라 함은 사람의 생명이나 신체의 위험을 예방하기 위해 위생상 필요한 시설을 말하고, 이에 해당하는지 여부는 당해 사업장의 성질, 당해 시설의 기능, 당해 시설의 정상적인 유지·운영이 되지 아니할 경우에 일어날 수 있는 위험 등 제반 사정을 구체적·종합적으로 고려하여 판단하여야 한다."고 판시하였다(대판 2005.9.30, 2002두7425 ; 대판 2006.5.12, 2002도3450).

III 안전보호시설과 쟁의행위 관련문제

1. 안전보호시설과 쟁의행위의 정당성

안전보호시설에 대해서 행해진 쟁의행위는 정당성을 상실한다는 것이 일반적인 견해이다. 다만, 쟁의행위가 전체적으로 안전보호시설을 대상으로 조직적으로 계획·수행된 경우가 아닌 한, 쟁의행위의 정당성은 안전보호시설을 대상으로 한 부분에 한하여 상실되고, 전체로서의 쟁의행위는 정당성을 상실하지 않는다고 본다[8].

2. 안전보호시설의 유지 및 운영 위반기준

쟁의행위가 안전보호시설의 유지 및 운영을 정지·폐지한다면 언제나 노동조합법상 규정을 위반하는 것인지 여부가 문제되는데, 이에 대해 판례는 "노동조합법 제42조 제2항의 입법목적이 사람의 생명·신체의 안전보호라는 점과 노동조합법 제42조 제2항이 범죄의 구성요건이라는 점 등을 종합적으로 고려하면, 성질상 안전보호시설에 해당하고 그 안전보호시설의 유지 및 운영을 정지·폐지 또는 방해하는 행위가 있었다 하더라도 사전에 필요한 안전조치를 취하는 등으로 인하여 사람의 생명이나 신체에 대한 위험이 전혀 발생하지 않는 경우에는 노동조합법 제91조 제1호, 제42조 제2항 위반죄가 성립하지 않는다."고 판시하였다(대판 2006.5.12, 2002도3450).

IV 안전보호시설의 유지 및 운영에 대한 행정관청의 중지통보

관할 행정관청은 쟁의행위가 사업장의 안전보호시설에 대하여 정상적인 유지 및 운영을 정지·폐지·방해하는 행위에 해당한다고 인정하는 경우에는 노동위원회의 의결을 얻어 그 행위의 중지를 통보할 수 있다. 다만, 사태가 급박하여 노동위원회의 의결을 얻을 시간적 여유가 없을 때에는 그 의결을 얻지 아니하고 즉시 그 행위의 중지를 통보할 수 있다(노동조합법 제42조 제3항). 이 경우 관할 행정관청은 노동위원회의 사후 승인을 얻어야 하며, 그 승인을 얻지 못한 때에는 그 명령은 그 때부터 효력을 상실한다(동법 제42조 제4항).

---

8) 김유성, 『노동법 II』

제 7 절 ┃ 필수유지업무제도

Ⅰ 법규정

제42조의2【필수유지업무에 대한 쟁의행위의 제한】 ① 이 법에서 "필수유지업무"라 함은 제71조 제2항의 규정에 따른 필수공익사업의 업무 중 그 업무가 정지되거나 폐지되는 경우 공중의 생명·건강 또는 신체의 안전이나 공중의 일상생활을 현저히 위태롭게 하는 업무로서 대통령령이 정하는 업무를 말한다.
② 필수유지업무의 정당한 유지·운영을 정지·폐지 또는 방해하는 행위는 쟁의행위로서 이를 행할 수 없다.

제42조의3【필수유지업무협정】 노동관계 당사자는 쟁의행위기간 동안 필수유지업무의 정당한 유지·운영을 위하여 필수유지업무의 필요 최소한의 유지·운영 수준, 대상직무 및 필요인원 등을 정한 협정(이하"필수유지업무협정"이라 한다)을 서면으로 체결하여야 한다. 이 경우 필수유지업무협정에는 노동관계 당사자 쌍방이 서명 또는 날인하여야 한다.

제42조의4【필수유지업무 유지·운영 수준 등의 결정】 ① 노동관계 당사자 쌍방 또는 일방은 필수유지업무협정이 체결되지 아니하는 때에는 노동위원회에 필수유지업무의 필요 최소한의 유지·운영 수준, 대상직무 및 필요인원 등의 결정을 신청하여야 한다.
② 제1항의 규정에 따른 신청을 받은 노동위원회는 사업 또는 사업장별 필수유지업무의 특성 및 내용 등을 고려하여 필수유지업무의 필요 최소한의 유지·운영 수준, 대상직무 및 필요인원 등을 결정할 수 있다.
③ 제2항의 규정에 따른 노동위원회의 결정은 제72조의 규정에 따른 특별조정위원회가 담당한다.
④ 제2항의 규정에 따른 노동위원회의 결정에 대한 해석 또는 이행방법에 관하여 관계당사자간에 의견이 일치하지 아니하는 경우에는 특별조정위원회의 해석에 따른다. 이 경우 특별조정위원회의 해석은 제2항의 규정에 따른 노동위원회의 결정과 동일한 효력이 있다.
⑤ 제2항의 규정에 따른 노동위원회의 결정에 대한 불복절차 및 효력에 관하여는 제69조와 제70조 제2항의 규정을 준용한다.

제42조의5【노동위원회의 결정에 따른 쟁의행위】 제42조의4 제2항의 규정에 따라 노동위원회의 결정이 있는 경우 그 결정에 따라 쟁의행위를 한 때에는 필수유지업무를 정당하게 유지·운영하면서 쟁의행위를 한 것으로 본다.

제42조의6【필수유지업무 근무 근로자의 지명】 ① 노동조합은 필수유지업무협정이 체결되거나 제42조의4 제2항의 규정에 따른 노동위원회의 결정이 있는 경우 사용자에게 필수유지업무에 근무하는 조합원 중 쟁의행위기간 동안 근무하여야 할 조합원을 통보하여야 하며, 사용자는 이에 따라 근로자를 지명하고 이를 노동조합과 그 근로자에게 통보하여야 한다. 다만, 노동조합이 쟁의행위 개시 전까지 이를 통보하지 아니한 경우에는 사용자가 필수유지업무에 근무하여야 할 근로자를 지명하고 이를 노동조합과 그 근로자에게 통보하여야 한다.
② 제1항에 따른 통보·지명 시 노동조합과 사용자는 필수유지업무에 종사하는 근로자가 소속된 노동조합이 2개 이상인 경우에는 각 노동조합의 해당 필수유지업무에 종사하는 조합원 비율을 고려하여야 한다.

Ⅱ 필수유지업무의 개념 및 범위

필수유지업무라 함은 필수공익사업의 업무 중 그 업무가 정지되거나 폐지되는 경우 공중의 생명·보건 또는 신체의 안전이나 공중의 일상생활을 현저히 위태롭게 하는 업무로서 대통령령으로 정하는 업무(노동조합법 제42조의2 제1항)로, 노동조합법 시행령에서는 필수공익사업의 종류별로 업무의 특성 등을 고려하여 필수유지업무의 범위를 규정하고 있다(동법 시행령 제22조의2).

Ⅲ 필수유지업무협정 체결

1. 의의

쟁의행위에도 불구하고 필수유지업무가 온전히 유지 및 운영되고, 쟁의권과 공익을 조화시킬 수 있는 합리적인 범위에서 이해관계자 사이에 합의하여 정하고 이를 이행할 수 있도록 필수공익사업에서는 노사 간에 필수유지업무에 대한 협정을 서면으로 체결하여야 한다. 이 경우 필수유지업무협정에는 노동관계당사자 쌍방이 서명 또는 날인하여야 한다(노동조합법 제42조의3).

2. 교섭방법

(1) 교섭당사자

쟁의행위 기간 동안 필수유지업무의 정당한 유지 및 운영을 위하여 협정을 체결하고, 그에 따른 의무를 부담하는 노동관계당사자가 교섭당사자에 해당된다.

(2) 교섭방식

협정체결을 위한 교섭요구는 어느 일방이 다른 일방에게 할 수 있다. 어느 일방이 수차례에 걸쳐 교섭을 요구하였음에도 불구하고 고의로 교섭을 지연시키거나 불응하는 경우 부당노동행위로 볼 수 없으나, 어느 일방이 노동위원회에 필수유지업무결정을 신청할 수 있다.

3. 필수유지업무의 내용

(1) 필요 최소한의 유지·운영 수준

필수공익사업의 쟁의권과 공익을 조화시킬 수 있는 합리적인 범위에서 노사 간의 협정으로 최소한의 유지·운영 수준을 정하여야 한다.

(2) 필요인원 수

필수유지업무의 필요 최소한의 유지·운영수준을 위하여 쟁의행위 기간 중 근무하여야 할 필요인원 수를 정하여야 한다.

(3) 대상직무

필수유지업무에 해당하는 직무 중 필수유지업무 서비스 제공에 필수불가결한 직무를 중심으로 대상직무를 정하여야 한다.

4. 필수유지업무협정서의 체결

당해 필수공익사업의 노동관계당사자는 필수유지업무협정을 서면으로 체결하여야 한다. 또한 필수유지업무협정서에는 노동관계당사자 쌍방이 서명 또는 날인하여야 한다.

Ⅳ 노동위원회의 필수유지업무 결정

1. 의의

노동관계당사자 쌍방 또는 일방은 필수유지업무 협정이 체결되지 않은 때에는 노동위원회에 필수유지업무의 필요 최소한의 유지·운영수준, 대상직무 및 필요인원 등의 결정을 신청하여야 한다.

2. 관할 노동위원회

원칙적으로 사업장을 관할하는 지방노동위원회에서 관장하되, 2 이상의 관할구역에 걸친 결정사건은 주된 사업장의 소재지를 관할하는 지방노동위원회에서 관장한다. 결정신청을 받은 노동위원회는 특별조정위원회를 구성하여야 한다.

3. 결정신청

노동관계당사자 쌍방 또는 일방은 필수유지업무협정이 체결되지 아니하는 때에는 노동위원회에 필수유지업무의 필요 최소한의 유지·운영 수준, 대상직무 및 필요인원 등의 결정을 신청하여야 한다(노동조합법 제42조의4 제1항).

4. 필수유지업무 결정의 해석요청

필수유지업무 결정에 대한 해석이나 이행방법에 관하여 노동관계당사자 간 의견이 일치하지 아니하면 노동관계당사자의 의견을 첨부하여 서면으로 관할 노동위원회에 해석을 요청할 수 있다(노동조합법 제22조의3 제3항). 노동관계당사자의 해석요청에 따라 해당 특별조정위원회가 해석을 하면 노동위원회는 지체 없이 이를 서면으로 노동관계당사자에게 통보하여야 한다(동법 제22조의3 제4항). 노동위원회의 결정에 대한 해석 또는 이행방법에 관하여 관계당사자간에 의견이 일치하지 아니하는 경우에는 특별조정위원회의 해석에 따른다. 이 경우 특별조정위원회의 해석은 제2항의 규정에 따른 노동위원회의 결정과 동일한 효력이 있다(동법 제42조의4 제4항).

5. 필수유지업무 결정 효력의 불복절차

노동관계당사자는 지방노동위원회 결정이 위법이거나 월권에 의한 것이라고 인정되는 경우에 결정서의 송달을 받은 날부터 10일 이내에 중앙노동위원회에 재심요청을 할 수 있고, 중앙노동위원회 재심결정이 위법하거나 월권에 의한 것이라고 인정되는 경우에는 재심결정서를 송달받은 날부터 15일 이내에 행정소송을 제기할 수 있다(노동조합법 제42조의4 제5항).

Ⅴ 쟁의행위 시 필수유지업무의 유지·운영

1. 필수유지업무 수행 근로자 지명 및 통보

노동조합은 협정체결 또는 노동위원회의 결정이 있는 경우 사용자에게 필수유지업무에 종사하는 근로자 중 쟁의행위 기간 동안 근무하여야 할 조합원의 명단을 통보하여야 하고, 노동조합이 통보하지 아니한 경우에는 사용자가 정하여 당해 근로자 및 노동조합에 통보할 수 있다.

2. 쟁의행위 기간 중 필수유지업무의 수행

쟁의행위 기간 동안 사용자가 필수유지업무에 근무하기로 지명한 조합원인 근로자는 사용자의 지휘·명령에 따라 필수유지업무를 수행하여야 한다. 만약, 지명된 조합원이 정당한 사유 없이 필수유지업무에 근무하지 않을 경우에는 필수유지업무의 정당한 유지·운영을 정지·폐지 또는 방해하는 것으로 볼 수 있다.

3. 쟁의행위 시 대체근로 허용

필수공익사업의 경우 쟁의행위 기간 중 쟁의행위로 중단된 업무의 수행을 위하여 당해 사업과 관계없는 자를 채용 또는 대체하거나, 도급 또는 하도급 줄 수 있다(노동조합법 제43조 제3항). 이 때 대체근로 투입인원이 당해 사업 또는 사업장 파업참가자수의 100분의 50을 초과하여서는 아니 된다(동법 제43조 제4항).

4. 필수유지업무의 정당한 유지·운영을 정지·폐지 또는 방해하는 경우의 효과

필수유지업무의 정당한 유지·운영을 정지·폐지 또는 방해하는 행위는 3년 이하의 징역 또는 3천만원 이하의 벌금에 처한다(노동조합법 제89조 제1호).

제 8 절 │ 쟁의행위와 대체근로 제한

Ⅰ 법규정

제43조【사용자의 채용제한】 ① 사용자는 쟁의행위 기간 중 그 쟁의행위로 중단된 업무의 수행을 위하여 당해 사업과 관계없는 자를 채용 또는 대체할 수 없다.
② 사용자는 쟁의행위기간 중 그 쟁의행위로 중단된 업무를 도급 또는 하도급 줄 수 없다.
③ 제1항 및 제2항의 규정은 필수공익사업의 사용자가 쟁의행위 기간 중에 한하여 당해 사업과 관계없는 자를 채용 또는 대체하거나 그 업무를 도급 또는 하도급 주는 경우에는 적용하지 아니한다.
④ 제3항의 경우 사용자는 당해 사업 또는 사업장 파업참가자의 100분의 50을 초과하지 않는 범위 안에서 채용 또는 대체하거나 도급 또는 하도급 줄 수 있다. 이 경우 파업참가자 수의 산정 방법 등은 대통령령으로 정한다.

Ⅱ | 노동조합법 제43조에 의한 사용자의 대체근로 금지

1. 노동관계당사자 일방인 사용자

노동조합법 제43조는 노동관계당사자인 사용자를 규율하는 규정으로, 구청과 용역계약관계에 있는 용역업체 노사 간의 쟁의행위로 인하여 중단된 업무를 다른 용역업체로 하여금 수행토록 하는 것은 구청이 쟁의행위의 당사자인 사용자의 지위에 있지 아니하므로 동법 규정에 저촉되지 아니 한다[9].

2. 정당한 쟁의행위

노동조합법 제43조에서 사용자는 쟁의행위 기간 중 그 쟁의행위로 인하여 중단된 업무의 수행을 위하여 당해 사업과 관계없는 자를 채용 또는 대체할 수 없다고 정하고 있는데, 여기서 쟁의행위는 정당한 쟁의행위를 말한다. 따라서 노동조합의 쟁의행위가 정당하지 않다면, 당해 사업과 관계없는 자를 채용 또는 대체하여도 동법 규정에 저촉되지 않는다[10].

3. 당해 사업[11]과 관계없는 자

'당해 사업과 관계없는 자'란 당해 사업의 근로자 또는 사용자를 제외한 모든 자를 가리킨다(대판 2008.11.13, 2008도4831). '당해 사업과 관계없는 자'의 채용과 대체를 금지하고 있으므로, 근로자의 직종·근무장소 등과 관계없이 당해 회사에 근무하는 자이면 대체근로를 시킬 수 있다.

4. 채용 또는 대체의 금지

(1) 채용 시기를 불문

노동조합법 제43조 제1항에서 금지하는 사용자의 채용제한은 채용 시기를 불문하고, 쟁의행위로 중단된 업무의 수행을 위한 채용을 금지하는 것이다. 따라서 쟁의행위 이전에 채용한 경우라도 노동조합법 제43조 제1항 위반이 될 수 있다. 이와 관련하여 판례도 "사용자가 노동조합이 쟁의행위에 들어가기 전에 근로자를 새로 채용하였다고 하더라도, 대체근무를 목적으로 채용이 이루어지고 실제 대체근무를 한 경우에는 노동조합법 제43조 제1항 위반이 된다."고 판시하였다(대판 2000.11.28, 99도317).

(2) 결원충원을 위한 신규채용의 경우

① 결원충원을 위한 신규채용의 경우, 노동조합법 제43조 제1항 위반여부의 판단기준 : 노동조합 및 노동관계조정법 제43조 제1항은 노동조합의 쟁의행위권을 보장하기 위한 것으로서 쟁의행위권의 침해를 목적으로 하지 않는 사용자의 정당한 인사권 행사까지 제한하는 것은 아니므로, 자연감소에 따른 인원충원 등 쟁의행위와 무관하게 이루어지는 신규채용은 쟁의행위 기간 중이라 하더라도 가능하다(대판 2008.11.13, 2008도4831).

---

9) 협력 68140-560, 2001.11.17

10) 조정 68107-41, 2002.7.3

11) 당해 사업이라 함은 경영상의 일체를 이루는 기업체 그 자체를 말하며, 경영상의 일체를 이루면서 유기적으로 운영되는 기업조직은 하나의 사업이다(대판 1993.10.12, 93다18365).

② 파업에 참가하지 않은 비조합원인 근로자로 업무 대체를 하였으나, 그 대체한 근로자가 사직함에 따라 사용자가 신규채용 한 경우, 노동조합법 제43조 제1항 위반여부 : 사용자가 쟁의행위 기간 중 쟁의행위로 중단된 업무를 수행하기 위해 당해 사업과 관계있는 자인 비조합원이나 쟁의행위에 참가하지 아니한 조합원 등 당해 사업의 근로자로 대체하였는데 대체한 근로자마저 사직함에 따라 사용자가 신규채용 하게 되었다면, 이는 사용자의 정당한 인사권 행사에 속하는 자연감소에 따른 인원충원에 불과하고 노동조합 및 노동관계조정법 제43조 제1항 위반죄를 구성하지 않는다(대판 2008.11.13, 2008도4831).

5. 도급 · 하도급의 금지

사용자는 쟁의행위 기간 중 그 쟁의행위로 중단된 업무를 도급 또는 하도급을 줄 수 없다(노동조합법 제43조 제2항).

6. 근로자파견의 금지

파견사업주는 쟁의행위 중인 사업장에 그 쟁의행위로 중단된 업무의 수행을 위하여 근로자를 파견하여서는 아니 된다(파견법 제16조 제1항).

Ⅲ 필수공익사업과 대체근로

1. 의의

필수공익사업의 사용자가 쟁의행위 기간 중에 한하여 당해 사업과 관계없는 자를 채용 또는 대체하거나 그 업무를 도급 또는 하도급 주는 경우에는 적용하지 아니한다(노동조합법 제43조 제3항).

2. 대체근로자 수의 제한

사용자는 당해 사업 또는 사업장 파업참가자의 100분의 50을 초과하지 않는 범위 안에서 채용 또는 대체하거나 도급 또는 하도급 줄 수 있다. 이 경우 파업참가자 수의 산정 방법 등은 대통령령으로 정한다(노동조합법 제43조 제4항).

Ⅳ 위반의 효과

사용자가 쟁의행위 기간 중 대체근로 제한규정을 위반한 경우에는 1년 이하의 징역 또는 1천만원 이하의 벌금에 처한다(노동조합법 제91조).

제 9 절　위법한 쟁의행위와 책임 귀속

Ⅰ　법규정

제3조【손해배상 청구의 제한】 ① 사용자는 이 법에 따른 단체교섭 또는 쟁의행위, 그 밖의 노동조합의 활동으로 인하여 손해를 입은 경우에 노동조합 또는 근로자에 대하여 그 배상을 청구할 수 없다.

② 사용자의 불법행위에 대하여 노동조합 또는 근로자의 이익을 방위하기 위하여 부득이 사용자에게 손해를 가한 노동조합 또는 근로자는 배상할 책임이 없다.

③ 법원은 단체교섭, 쟁의행위, 그 밖의 노동조합의 활동으로 인한 손해배상책임을 근로자에게 인정하는 경우 손해의 배상의무자인 근로자에 대하여 다음 각 호에 따라 책임비율을 정하여야 한다.
　1. 노동조합에서의 지위와 역할
　2. 쟁의행위 등 참여 경위 및 정도
　3. 손해 발생에 대한 관여의 정도
　4. 임금 수준과 손해배상 청구금액
　5. 손해의 원인과 성격
　6. 그 밖에 손해의 공평한 분담을 위하여 고려할 필요가 있다고 인정되는 사항

④ 제3항에 따른 배상의무자인 노동조합과 근로자는 법원에 배상액의 감면을 청구할 수 있다. 이때 법원은 배상의무자의 경제상태, 부양의무 등 가족관계, 최저생계비 보장 및 존립 유지 등을 고려하여 각 배상의무자별로 감면 여부 및 정도를 판단하여야 한다.

⑤ 「신원보증법」 제6조에도 불구하고 신원보증인은 단체교섭, 쟁의행위, 그 밖의 노동조합의 활동으로 인하여 발생한 손해에 대해서는 배상할 책임이 없다.

⑥ 사용자는 노동조합의 존립을 위태롭게 하거나 운영을 방해할 목적 또는 조합원의 노동조합 활동을 방해하고 손해를 입히려는 목적으로 손해배상청구권을 행사하여서는 아니 된다.

제3조의2【책임의 제한】 사용자는 단체교섭 또는 쟁의행위, 그 밖의 노동조합의 활동으로 인한 노동조합 또는 근로자의 손해배상 등 책임을 면제할 수 있다.

제4조【정당행위】 형법 제20조의 규정은 노동조합이 단체교섭·쟁의행위 기타의 행위로서 제1조의 목적을 달성하기 위하여 한 정당한 행위에 대하여 적용된다. 다만, 어떠한 경우에도 폭력이나 파괴행위는 정당한 행위로 해석되어서는 아니된다.

Ⅱ 정당성 없는 쟁의행위와 민사책임

1. 노동조합의 손해배상책임

(1) 불법행위로 인한 손해배상책임

노동조합이 폭력, 파괴행위를 조직적으로 지시하는 경우, 안전을 위협하는 행위를 지시하는 경우 등에는 불법행위책임을 지게 된다. 노동조합의 간부들이 불법쟁의행위를 기획·지시·지도하는 등으로 주도한 경우에 이와 같은 간부들의 행위는 조합의 집행기관으로서의 행위라 할 것이므로, 이러한 경우 민법 제35조 제1항의 유추적용에 의하여 노동조합은 그 불법쟁의행위로 인하여 사용자가 입은 손해를 배상할 책임이 있고, 한편 조합 간부의 경우 노동조합의 책임 외에 불법쟁의행위를 기획·지시·지도하는 등으로 주도한 조합의 간부들 개인에 대해서도 책임을 부담한다(대판 1994.3.25, 93다32828).

(2) 단체협약 위반으로 인한 손해배상책임

단체협약상 평화의무, 평화조항, 쟁의조항에 위반하여 노동조합이 쟁의행위를 개시한 경우에는 이로 인하여 발생된 손해배상책임을 부담한다. 이 경우 손해배상의 범위는 각 조항 등에 위반함으로써 사용자에게 입힌 손해로 한정된다.

2. 노동조합 간부의 책임

노동조합 간부가 정당성 없는 쟁의행위를 기획·주도·지시하는 지위에 있으면서 조합원들의 근로제공 거부를 적극적으로 권유·지시·명령하는 경우, 일반조합원과는 달리 불법행위로 인하여 발생된 손해에 대해서 책임을 부담한다(대판 1994.3.25, 93다32828·32835).

3. 조합원 개인의 책임

(1) 조합원으로서 단순히 위법한 쟁의행위에 참가한 근로자에게도 불법행위로 인한 손해배상책임을 귀속시킬 수 있는지 여부에 대해 견해의 대립이 있는데, 이와 관련하여 판례는 "일반조합원이 불법쟁의행위 시 노동조합 등의 지시에 따라 단순히 노무를 정지한 것만으로는 노동조합 또는 조합 간부들과 함께 공동불법행위책임을 진다고 할 수 없다."고 하면서, "다만, 근로자의 근로내용 및 공정의 특수성과 관련하여 그 노무를 정지할 때에 발생할 수 있는 위험 또는 손해 등을 예방하기 위하여 그가 노무를 정지할 때에 준수해야 할 사항 등이 정해져 있고, 근로자가 이를 준수함이 없이 노무를 정지함으로써 그로 인하여 손해가 발생하였거나 확대되었다면, 그 근로자가 일반조합원이라고 할지라도 그와 상당인과관계에 있는 손해를 배상할 책임이 있다."고 판시하였다(대판 2006.9.22, 2005다30610).

(2) 그런데 2026.3.10. 시행되는 개정 노동조합법 제3조 제3항에서는 법원이 단체교섭, 쟁의행위 그 밖의 노동조합의 활동 등으로 인하여 손해배상책임을 인정하는 경우, 손해의 배상의무자인 근로자에 대하여 노동조합에서의 지위와 역할, 쟁의행위 등 참여 경위 및 정도, 손해 발생에 대한 관여의 정도, 임금 수준과 손해배상 청구금액, 손해의 원인과 성격 등에 따라 개별적으로 책임비율을 정하도록 하고, 노동조합과 근로자로 하여금 법원에 배상액의 감면을 청구할 수 있도록 하며, 나아가 사용자가 쟁의행위 등으로 인한 손해배상책임 등을 면제할 수 있도록 규정하고 있다.

4. 손해배상의 범위

쟁의행위가 불법행위를 구성하는 경우에 노동조합, 노동조합 간부 및 조합원들이 배상해야 할 손해의 범위는 '그 위법한 쟁의행위와 상당인과관계에 있는 모든 손해'이다(대판 2006.9.22, 2005다30610).

Ⅲ 정당성 없는 쟁의행위와 형사책임

1. 쟁의행위와 형사책임

단체범죄의 경우에는 범죄행위의 기획·주도·지시 자체는 별도로 처벌되지 않음이 원칙이지만, 쟁의행위의 경우 노동조합의 쟁의행위에 대한 통제와 관련, 개별조합원의 일탈행위에 대한 책임 외에 별도로 노동조합 간부의 기획·주도·지시행위에 대한 형사책임이 인정될 수 있는지 여부에 대해 문제가 발생한다.

2. 노동조합의 책임

노동조합법 등 개별법규에서 노동조합 자체의 형사책임을 명시하지 않는 한 정당성을 상실한 쟁의행위의 형사책임을 노동조합에게 귀속시킬 수 없다. 그러나 노동조합법 제94조(양벌규정)에서는 노동조합의 대표자, 대리인, 사용인 기타의 근로자가 노동조합의 업무에 관하여 위법행위(노동조합법 제88조 내지 제93조 위반)를 한 경우, 노동조합에도 벌금형을 부과하여 형사책임을 부담한다고 규정하고 있는데, 다만, 법인·단체 또는 개인이 그 위반행위를 방지하기 위하여 해당 업무에 관하여 상당한 주의와 감독을 게을리 하지 아니한 경우에는 그러하지 아니하다고 규정하고 있다.

3. 노동조합 간부의 책임

이와 관련하여 판례는 쟁의행위가 정당성을 상실한 경우 노동조합 간부의 쟁의결의·지시 자체가 업무방해죄의 공동정범(대판 1992.11.10, 92도1315), 또는 위계에 의한 업무방해죄(대판 1992.3.31, 92도58)에 해당한다는 입장이다.

4. 조합원 개인의 책임

쟁의행위 자체가 정당성이 없는 경우 전체로서의 쟁의행위는 조합원 개인의 행위가 집단적으로 행사된 결과이므로, 전체로서의 쟁의행위의 형사책임은 조합원 개인의 행위로 귀속된다. 또한 쟁의행위 자체는 정당하지만 구체적인 실행과정에서 개별조합원이 노동조합의 승인을 받지 않거나 지시에 반하여 위법행위로 나아간 경우 그 실행행위를 한 조합원은 자신의 행위에 대한 형사책임을 부담하게 된다(대판 1995.10.12, 95도1016).

5. 형법상 업무방해죄 적용문제

쟁의행위는 헌법상 단체행동권에서 보장되는 근로자의 기본권 행사이면서 그 자체가 업무 저해성을 띠고 있으므로 형법상 업무방해죄가 적용될 수 있는지 여부가 문제되는데, 이와 관련하여 판례에서는 "파업이 업무방해죄에서 말하는 위력에 해당하는 요소를 포함하고 있다는 점은 인정하고 있으나, 근로자는 헌법상 보장된 기본권으로서 단체행동권을 갖기 때문에, 파업이 언제나 업무방해죄에 해당하는 것으로 볼 것은 아니고, 전후 사정과 경위 등에 비추어 사용자가 예측할 수 없는 시기에 전격적으로 이루어져 사용자의 사업운영에 심대한 혼란 내지 막대한 손해를 초래하는 등으로 사용자의 사업계속에 관한 자유의사가 제압·혼란될 수 있다고 평가할 수 있는 경우에 비로소 그 집단적 노무제공의 거부가 위력에 해당하여 업무방해죄가 성립한다."고 판시하였다(대판 2011.3.17, 2007도482[전합]).

Ⅳ 정당성 없는 쟁의행위와 징계책임

1. 노동조합 간부의 책임

정당성 없는 쟁의행위가 노동조합 간부의 기획·지도·지시로 행해지면, 노동조합 간부의 행위는 채무불이행 행위를 집단화시켜 사용자의 채권·조업권·소유권을 침해하게 되는바, 따라서 노동조합의 책임 외에 추가적으로 노동조합 간부의 불법행위가 성립한다(대판 1993.5.11, 93다1503; 대판 1994.3.25, 93다32828).

2. 조합원 개인의 책임

쟁의행위라는 사실행위하에서 조합원 개인은 어떠한 행위를 하더라도 정당성이 인정된다면, 쟁의권 보장의 본질에 반하게 되는바, 따라서 조합원 개인에 대해 징계처분을 할 수 있다(대판 2006.9.22, 2005다30610).

제 **10** 절 **쟁의행위와 근로관계**

Ⅰ 법규정

> **제44조【쟁의행위 기간 중의 임금지급 요구의 금지】** ① 사용자는 쟁의행위에 참가하여 근로를 제공하지 아니한 근로자에 대하여는 그 기간 중의 임금을 지급할 의무가 없다.
> ② 노동조합은 쟁의행위 기간에 대한 임금의 지급을 요구하여 이를 관철할 목적으로 쟁의행위를 하여서는 아니 된다.

Ⅱ 쟁의행위와 임금관계

1. 쟁의행위 참가자의 임금 문제

(1) 의의

사용자는 쟁의행위에 참가하여 근로를 제공하지 아니한 근로자에 대하여는 그 기간 중의 임금을 지급할 의무가 없다(노동조합법 제44조 제1항).

(2) 무노동 · 무임금 원칙

쟁의행위 기간 중에는 임금이 지급되지 아니하는 것이 원칙이다. 사용자는 쟁의행위 참가근로자에게 쟁의행위 기간에 대한 임금을 지급할 의무가 없다(노동조합법 제44조 제1항).

다만, 사용자가 쟁의행위 기간 중에 임의로 임금을 지급하거나, 단체협약 및 취업규칙 등에 의하여 임금을 스스로 지급하는 것은 무방하다(대판 1996.2.9, 95다19501).

(3) 임금삭감의 범위

쟁의행위 기간에 대한 임금지급에 관하여 단체협약이나 취업규칙 등에 정함이 있는 경우 사용자는 이에 따라 임금을 지급할 의무를 부담한다. 그러나 이러한 규정에 정함이 없는 경우 쟁의행위 기간에 대한 임금삭감의 범위가 어디까지인지 여부가 문제되는데, 이와 관련하여 판례는 "현실의 근로를 제공하지 아니하고, 단순히 근로자의 지위에 기하여 지급되는 생활보장적 임금은 있을 수 없고, 임금을 교환적 부분과 생활보장적 부분으로 이분하는 임금이원론은 그 근거가 타당하지 아니하다."고 판시하였다(대판 1995.12.21, 94다26721[전합]).

(4) 쟁의행위와 유급휴일

쟁의행위 기간 중 유급휴일이 포함되어 있는 경우, 유급휴일에 대한 임금의 지급 여부와 관련하여 판례에서 "근로자는 휴직기간 중 또는 그와 동일하게 근로제공의무 등의 주된 권리 · 의무가 정지되어 근로자의 임금청구권이 발생하지 아니하는 파업기간 중에는 그 기간 중에 유급휴일이 포함되어 있다 하더라도 그 유급휴일에 대한 임금의 지급을 구할 수 없다(대판 2009.12.24, 2007다73277).

2. 쟁의행위 불참가 근로자의 임금 문제

(1) 조업이 가능한 경우

쟁의행위 불참가자는 조업이 가능한 경우 취업을 청구할 수 있고, 사용자는 그 근로자를 근로시킬 의무가 있다. 따라서 사용자가 쟁의행위 불참가자들의 근로제공을 거부한다면 '근로수령 지체책임'을 부담하게 되고, 이에 따라 근로자들은 임금전액을 청구할 수 있다[12].

(2) 조업이 불가능한 경우

쟁의행위에 참가하지 아니한 근로자만으로 조업이 불가능하여 노무수령을 거부한 경우에는 당사자 쌍방이 책임 없는 사유로 근로제공을 할 수 없게 된 때에 해당된다 할 것이므로, 채무자 위험부담주의(민법 제537조)에 의하여 임금청구권이 부정된다.

Ⅲ 쟁의행위 종료 후 근로관계

쟁의행위가 종료하는 경우 근로계약관계는 다시 정상화되므로 쟁의행위에 참가했던 근로자들의 근로제공의무와 사용자의 임금지급의무는 원래대로 회복된다. 따라서 근로자가 근로제공을 거부하면 채무불이행책임을 져야 하고 사용자가 근로의 수령을 거부하면 근로수령 지체 책임을 져야 한다.

제 11 절 직장폐쇄

Ⅰ 법규정

제46조【직장폐쇄의 요건】 ① 사용자는 노동조합이 쟁의행위를 개시한 이후에만 직장폐쇄를 할 수 있다.
② 사용자는 제1항의 규정에 의한 직장폐쇄를 할 경우에는 미리 행정관청 및 노동위원회에 각각 신고하여야 한다.

---

12) 근기 68207-481, 1997.4.11

II 직장폐쇄의 성립요건

1. 실질적 요건

(1) 대항성(시기)

사용자는 노동조합이 쟁의행위를 개시한 이후에만 직장폐쇄를 할 수 있다(노동조합법 제46조 제1항). 즉, 직장폐쇄는 노동조합이 쟁의행위를 개시하기 이전에 하는 이른바 선제적 직장폐쇄는 어떠한 경우에도 허용되지 아니한다.

(2) 방어성(목적)

직장폐쇄는 노동조합의 쟁의행위로 인하여 노사 간의 균형이 깨지고 사용자 측에 현저히 불리한 압력이 가해지는 상황에서 회사를 보호하기 위하여 대항적·방위적 수단으로서 상당성이 인정되는 것이다. 따라서 사용자가 노동조합을 굴복시킬 목적이나 자신의 주장을 관철하기 위한 경우는 인정될 수 없다.

2. 형식적 요건

사용자는 직장폐쇄를 하기에 앞서 행정관청 및 노동위원회에 각각 신고하여야 한다(노동조합법 제46조 제2항). 그러나 신고의무 위반이나 허위신고에 대해서는 과태료의 벌칙이 적용될 뿐(동법 제96조 제1항), 신고가 직장폐쇄의 성립요건 또는 유효요건이 되는 것은 아니다.

III 직장폐쇄의 효과

1. 정당한 직장폐쇄의 효과

(1) 임금지급의무 면제

직장폐쇄가 정당성 요건을 갖추어 행하여지면 사용자는 임금지급의무가 면제된다(대판 2000.5.26, 98다34331). 다만, 쟁의행위 중에도 안전보호시설의 정상적인 유지 및 운영은 이를 정지·폐지 또는 방해할 수 없기 때문에 정당한 직장폐쇄라고 하더라도 이에 종사하는 근로자에게는 당연히 임금을 지급할 의무가 있다.

(2) 사업장 점유의 배제

정당한 직장폐쇄에 의하여 사용자는 소유권자의 시설관리권에 의해 파업참가 근로자에 대해 사업장에서 퇴거를 요구할 수 있다. 다만, 이 경우에도 조합사무소, 기숙사, 식당 등 복리후생시설의 이용을 배제할 수 없다(대판 2010.6.10, 2009도12180).

(3) 퇴거불응죄 성립여부

정당한 직장폐쇄를 하는 경우 사업장에서의 출입금지는 물론 사업장 내에서의 합법적인 직장점거에 대하여 퇴거를 요구할 수 있는데, 사용자로부터 퇴거요구를 받고도 불응한 채 직장점거를 계속한 행위가 퇴거불응죄에 해당하는지 여부가 문제되는데, 이와 관련하여 판례는 "사용자가 적법하게 직장폐쇄를 하게 되면, 사용자의 사업장에 대한 물권적 지배권이 전면적으로 회복되는 결과 사용자는 사업장을 점거중인 근로자들에 대하여 정당하게 사업장으로부터의 퇴거를 요구할 수 있고 퇴거를 요구받은 이후의 직장점거는 위법하게 되므로, 적법하게 직장폐쇄를 단행한 사용자로부터 퇴거요구를 받고도 불응한 채 직장점거를 계속한 행위는 퇴거불응죄를 구성한다."고 판시하였다(대판 2005.6.9, 2004도7218 ; 대판 2007.12.28, 2007도5204).

2. 위법한 직장폐쇄의 효과

(1) 임금지급의무

사용자의 직장폐쇄가 정당성이 없다면, 민사상 채권자의 이행불능으로 보아 임금전액을 지급하여야 할 것이다(대판 2000.5.26, 98다34331).

(2) 부당노동행위의 성립

사용자의 직장폐쇄가 근로자들의 단결력을 저해할 목적으로 행하여진 경우에는 사용자의 노동조합에 대한 불이익취급, 단체교섭의 거부, 지배·개입 등 부당노동행위가 성립될 수 있다.

Ⅳ 관련문제 – 쟁의행위 종료 후 직장폐쇄의 정당성 여부

노동조합이 쟁의행위를 하기 위해서는 투표를 거쳐 조합원 과반수의 찬성을 얻어야 하고 사용자의 직장폐쇄는 노동조합의 쟁의행위에 대한 방어수단으로 인정되는 것이므로, 근로자가 업무에 복귀하겠다는 의사 역시 일부 근로자들이 개별적·부분적으로 밝히는 것만으로는 부족하며, 복귀 의사는 반드시 조합원들의 찬반투표를 거쳐 결정되어야 하는 것은 아니지만 사용자가 경영의 예측가능성과 안정을 이룰 수 있는 정도로 집단적·객관적으로 표시되어야 한다(대판 2017.4.7, 2013다101425).

제1절 조정 및 중재 등

I 법규정

제2조【정의】 이 법에서 사용하는 용어의 정의는 다음과 같다.
5. "노동쟁의"라 함은 노동조합과 사용자 또는 사용자단체(이하 "勞動關係 當事者"라 한다) 간에 임금·근로시간·복지·해고·근로자의 지위 기타 대우등 근로조건의 결정과 근로조건에 영향을 미치는 사업경영상의 결정에 관한 주장의 불일치 및 제92조 제2호 가목부터 라목까지의 사항에 관한 사용자의 명백한 단체협약 위반으로 인하여 발생한 분쟁상태를 말한다. 이 경우 주장의 불일치라 함은 당사자간에 합의를 위한 노력을 계속하여도 더이상 자주적 교섭에 의한 합의의 여지가 없는 경우를 말한다.

제47조【자주적 조정의 노력】 이 장의 규정은 노동관계 당사자가 직접 노사협의 또는 단체교섭에 의하여 근로조건 기타 노동관계에 관한 사항을 정하거나 노동관계에 관한 주장의 불일치를 조정하고 이에 필요한 노력을 하는 것을 방해하지 아니한다.

제50조【신속한 처리】 이 법에 의하여 노동관계의 조정을 할 경우에는 노동관계 당사자와 노동위원회 기타 관계기관은 사건을 신속히 처리하도록 노력하여야 한다.

제51조【공익사업등의 우선적 취급】 국가·지방자치단체·국공영기업체·방위산업체 및 공익사업에 있어서의 노동쟁의의 조정은 우선적으로 취급하고 신속히 처리하여야 한다.

제53조【조정의 개시】 ① 노동위원회는 관계 당사자의 일방이 노동쟁의의 조정을 신청한 때에는 지체없이 조정을 개시하여야 하며 관계 당사자 쌍방은 이에 성실히 임하여야 한다.
② 노동위원회는 제1항의 규정에 따른 조정신청 전이라도 원활한 조정을 위하여 교섭을 주선하는 등 관계 당사자의 자주적인 분쟁 해결을 지원할 수 있다.

제54조【조정기간】 ① 조정은 제53조의 규정에 의한 조정의 신청이 있은 날부터 일반사업에 있어서는 10일, 공익사업에 있어서는 15일 이내에 종료하여야 한다.
② 제1항의 규정에 의한 조정기간은 관계 당사자간의 합의로 일반사업에 있어서는 10일, 공익사업에 있어서는 15일 이내에서 연장할 수 있다.

제55조【조정위원회의 구성】 ① 노동쟁의의 조정을 위하여 노동위원회에 조정위원회를 둔다.
② 제1항의 규정에 의한 조정위원회는 조정위원 3인으로 구성한다.
③ 제2항의 규정에 의한 조정위원은 당해 노동위원회의 위원 중에서 사용자를 대표하는 자, 근로자를 대표하는 자 및 공익을 대표하는 자 각 1인을 그 노동위원회의 위원장이 지명하되, 근로자를 대표하는 조정위원은 사용자가, 사용자를 대표하는 조정위원은 노동조합이 각각 추천하는 노동위원회의 위원 중에서 지명하여야 한다. 다만, 조정위원회의 회의 3일전까지 관계 당사자가 추천하는 위원의 명단제출이 없을 때에는 당해 위원을 위원장이 따로 지명할 수 있다.

④ 노동위원회의 위원장은 근로자를 대표하는 위원 또는 사용자를 대표하는 위원의 불참 등으로 인하여 제3항의 규정에 따른 조정위원회의 구성이 어려운 경우 노동위원회의 공익을 대표하는 위원 중에서 3인을 조정위원으로 지명할 수 있다. 다만, 관계 당사자 쌍방의 합의로 선정한 노동위원회의 위원이 있는 경우에는 그 위원을 조정위원으로 지명한다.

제57조【단독조정】 ① 노동위원회는 관계 당사자 쌍방의 신청이 있거나 관계 당사자 쌍방의 동의를 얻은 경우에는 조정위원회에 갈음하여 단독조정인에게 조정을 행하게 할 수 있다.

② 제1항의 규정에 의한 단독조정인은 당해 노동위원회의 위원 중에서 관계 당사자의 쌍방의 합의로 선정된 자를 그 노동위원회의 위원장이 지명한다.

제60조【조정안의 작성】 ① 조정위원회 또는 단독조정인은 조정안을 작성하여 이를 관계 당사자에게 제시하고 그 수락을 권고하는 동시에 그 조정안에 이유를 붙여 공표할 수 있으며, 필요한 때에는 신문 또는 방송에 보도등 협조를 요청할 수 있다.

② 조정위원회 또는 단독조정인은 관계 당사자가 수락을 거부하여 더 이상 조정이 이루어질 여지가 없다고 판단되는 경우에는 조정의 종료를 결정하고 이를 관계 당사자 쌍방에 통보하여야 한다.

③ 제1항의 규정에 의한 조정안이 관계 당사자의 쌍방에 의하여 수락된 후 그 해석 또는 이행방법에 관하여 관계 당사자간에 의견의 불일치가 있는 때에는 관계 당사자는 당해 조정위원회 또는 단독조정인에게 그 해석 또는 이행방법에 관한 명확한 견해의 제시를 요청하여야 한다.

④ 조정위원회 또는 단독조정인은 제3항의 규정에 의한 요청을 받은 때에는 그 요청을 받은 날부터 7일 이내에 명확한 견해를 제시하여야 한다.

⑤ 제3항 및 제4항의 해석 또는 이행방법에 관한 견해가 제시될 때까지는 관계 당사자는 당해 조정안의 해석 또는 이행에 관하여 쟁의행위를 할 수 없다.

제61조【조정의 효력】 ① 제60조 제1항의 규정에 의한 조정안이 관계 당사자에 의하여 수락된 때에는 조정위원 전원 또는 단독조정인은 조정서를 작성하고 관계 당사자와 함께 서명 또는 날인하여야 한다.

② 조정서의 내용은 단체협약과 동일한 효력을 가진다.

③ 제60조 제4항의 규정에 의하여 조정위원회 또는 단독조정인이 제시한 해석 또는 이행방법에 관한 견해는 중재재정과 동일한 효력을 가진다.

제61조의2【조정종료 후의 조정】 ① 노동위원회는 제60조 제2항의 규정에 따른 조정의 종료가 결정된 후에도 노동쟁의의 해결을 위하여 조정을 할 수 있다.

② 제1항의 규정에 따른 조정에 관하여는 제55조 내지 제61조의 규정을 준용한다.

제62조【중재의 개시】 노동위원회는 다음 각 호의 어느 하나에 해당하는 때에는 중재를 행한다.
  1. 관계 당사자의 쌍방이 함께 중재를 신청한 때
  2. 관계 당사자의 일방이 단체협약에 의하여 중재를 신청한 때
  3. <삭제>

제63조【중재 시의 쟁의행위의 금지】 노동쟁의가 중재에 회부된 때에는 그 날부터 15일간은 쟁의행위를 할 수 없다.

제64조【중재위원회의 구성】 ① 노동쟁의의 중재 또는 재심을 위하여 노동위원회에 중재위원회를 둔다.
② 제1항의 규정에 의한 중재위원회는 중재위원 3인으로 구성한다.
③ 제2항의 중재위원은 당해 노동위원회의 공익을 대표하는 위원중에서 관계 당사자의 합의로 선정한 자에 대하여 그 노동위원회의 위원장이 지명한다. 다만, 관계 당사자간에 합의가 성립되지 아니한 경우에는 노동위원회의 공익을 대표하는 위원중에서 지명한다.

제65조【중재위원회의 위원장】 ① 중재위원회에 위원장을 둔다.

② 위원장은 중재위원 중에서 호선한다.

제68조【중재재정】 ① 중재재정은 서면으로 작성하여 이를 행하며 그 서면에는 효력발생 기일을 명시하여야 한다.

② 제1항의 규정에 의한 중재재정의 해석 또는 이행방법에 관하여 관계 당사자간에 의견의 불일치가 있는 때에는 당해 중재위원회의 해석에 따르며 그 해석은 중재재정과 동일한 효력을 가진다.

제69조【중재재정등의 확정】 ① 관계 당사자는 지방노동위원회 또는 특별노동위원회의 중재재정이 위법이거나 월권에 의한 것이라고 인정하는 경우에는 그 중재재정서의 송달을 받은 날부터 10일 이내에 중앙노동위원회에 그 재심을 신청할 수 있다.

② 관계 당사자는 중앙노동위원회의 중재재정이나 제1항의 규정에 의한 재심결정이 위법이거나 월권에 의한 것이라고 인정하는 경우에는 행정소송법 제20조의 규정에 불구하고 그 중재재정서 또는 재심결정서의 송달을 받은 날부터 15일 이내에 행정소송을 제기할 수 있다.

③ 제1항 및 제2항에 규정된 기간 내에 재심을 신청하지 아니하거나 행정소송을 제기하지 아니한 때에는 그 중재재정 또는 재심결정은 확정된다.

④ 제3항의 규정에 의하여 중재재정이나 재심결정이 확정된 때에는 관계 당사자는 이에 따라야 한다.

제70조【중재재정등의 효력】 ① 제68조 제1항의 규정에 따른 중재재정의 내용은 단체협약과 동일한 효력을 가진다.

② 노동위원회의 중재재정 또는 재심결정은 제69조 제1항 및 제2항의 규정에 따른 중앙노동위원회에의 재심신청 또는 행정소송의 제기에 의하여 그 효력이 정지되지 아니한다.

제72조【특별조정위원회의 구성】 ① 공익사업의 노동쟁의의 조정을 위하여 노동위원회에 특별조정위원회를 둔다.

② 제1항의 규정에 의한 특별조정위원회는 특별조정위원 3인으로 구성한다.

③ 제2항의 규정에 의한 특별조정위원은 그 노동위원회의 공익을 대표하는 위원 중에서 노동조합과 사용자가 순차적으로 배제하고 남은 4인 내지 6인중에서 노동위원회의 위원장이 지명한다. 다만, 관계 당사자가 합의로 당해 노동위원회의 위원이 아닌 자를 추천하는 경우에는 그 추천된 자를 지명한다.

Ⅱ 조정

1. 개시요건

노동위원회는 관계당사자 일방이 조정을 신청한 때에는 지체 없이 조정을 개시하여야 하며, 노동관계당사자 쌍방은 이에 성실히 임해야 한다(노동조합법 제53조 제1항). 노동위원회는 위의 조정신청 전이라도 원활한 조정을 위하여 교섭을 주선하는 등 관계당사자의 자주적인 분쟁해결을 지원할 수 있다(동법 제53조 제2항).

2. 조정기간

조정은 조정의 신청이 있은 날부터 10일, 공익사업에 있어서는 15일 이내에 종료하여야 한다(노동조합법 제54조 제1항). 조정기간은 관계당사자 간의 합의로 일반사업에 있어서는 10일, 공익사업에 있어서는 15일 이내에서 이를 연장할 수 있다(동법 제54조 제2항).

3. 조정기관

(1) 조정위원회

조정을 위하여 노동위원회에 조정위원회를 둔다(노동조합법 제55조 제1항). 조정위원회는 조정위원 3인으로 구성되며(동법 제55조 제2항), 당해 노동위원회의 위원 중에서 사용자를 대표하는 자, 근로자를 대표하는 자 및 공익을 대표하는 자 각 1인을 당해 노동위원회의 위원장이 지명한다(동법 제55조 제3항). 이 경우 근로자를 대표하는 근로자위원은 사용자가, 사용자를 대표하는 사용자위원은 노동조합이 각각 추천하는 노동위원회의 위원 중에서 지명하여야 한다(동법 제55조 제3항 본문). 노동위원회의 위원장은 근로자를 대표하는 위원 또는 사용자를 대표하는 위원의 불참 등으로 조정위원회 구성이 어려운 경우에는 노동위원회의 공익을 대표하는 위원 중에서 3인을 조정위원으로 지명할 수 있다(동법 제55조 제4항).

(2) 조정위원회 위원장

조정위원회에 위원장을 두며(노동조합법 제56조 제1항), 위원장은 공익을 대표하는 조정위원이 된다(동법 제56조 제2항).

(3) 단독조정인

노동위원회는 관계당사자 쌍방의 신청이 있거나, 관계당사자 쌍방의 동의를 얻은 경우에는 조정위원회에 갈음하여 단독조정인에게 조정을 행하게 할 수 있다(노동조합법 제57조 제1항). 단독조정인은 당해 노동위원회의 위원 중에서 관계당사자의 쌍방의 합의로 선정된 자를 그 노동위원회의 위원장이 지명한다(동법 제57조 제2항).

4. 조정의 활동

(1) 주장의 확인과 출석의 금지

조정위원회 또는 단독조정인은 기일을 정하여 관계당사자 쌍방을 출석하게 하여 주장의 요점을 확인하여야 한다. 조정위원회의 위원장 또는 단독조정인은 관계당사자와 참고인 외의 자의 출석을 금할 수 있다(노동조합법 제58조 및 동법 제69조).

(2) 조정안의 작성과 수락의 권고

특별조정위원회는 조정안을 작성하여 이를 관계당사자에게 제시하고 그 수락을 권고하는 동시에 그 조정안에 이유를 붙여 공표할 수 있으며, 필요한 때에는 신문 또는 방송에 의한 협력을 요청할 수 있다(노동조합법 제60조 제1항).

5. 조정의 효력

(1) 조정안이 수락된 경우

조정안이 당사자에 의하여 수락된 경우 조정위원 전원 또는 단독조정인은 조정서를 작성하고, 관계
당사자와 함께 서명 또는 날인하여야 한다(노동조합법 제61조 제1항). 조정서의 내용은 단체협약과
동일한 효력을 가진다(동법 제61조 제2항).

조정안이 관계당사자의 쌍방에 의하여 수락된 후 그 해석 또는 이행방법에 관하여 관계당사자 간에
의견의 불일치가 있는 때에는 관계당사자는 당해 조정위원회 또는 단독조정인에게 그 해석 또는
이행방법에 관한 명확한 견해의 제시를 요청하여야 한다(동법 제60조 제3항). 조정위원회 또는 단
독조정인은 제3항의 규정에 의한 요청을 받은 때에는 그 요청을 받은 날부터 7일 이내에 명확한
견해를 제시하여야 한다(동법 제60조 제4항). 조정위원회 또는 단독조정인이 제시한 해석 또는 이
행방법에 관한 견해는 중재재정과 동일한 효력을 가진다(동법 제61조 제3항).

(2) 조정안이 수락되지 아니한 경우

조정위원회 또는 단독조정인은 관계당사자가 수락을 거부하여 더 이상 조정이 이루어질 여지가 없
다고 판단되는 경우에는 조정의 종료를 결정하고 이를 관계당사자 쌍방에 통보하여야 한다(노동조
합법 제60조 제2항). 조정의 종료가 결정된 후에도 노동쟁의의 해결을 위하여 조정을 할 수 있다(동
법 제61조의2). 당사자 간에 중재를 하기로 합의한 경우에는 중재절차를 개시하고, 합의가 없는 경
우 노동조합은 쟁의행위를 개시할 수 있다.

III 중재

1. 중재의 의의

중재는 노동위원회에 설치된 중재위원회가 노동쟁의의 해결조건을 정한 중재안을 작성하여 당사자
의 수락여부와 관계없이 그 중재안을 받아들이도록 함으로써 분쟁을 해결하는 조정방법이다. 중재
의 경우 중재안이 당사자를 구속한다는 점에서 당사자가 구속되지 아니하는 조정과 구별된다.

2. 개시요건

(1) 임의중재

노동위원회는 ① 관계당사자의 쌍방이 함께 중재를 신청한 때, ② 관계당사자의 일방이 단체협약에
의하여 중재를 신청한 때(노동조합법 제62조 제1호 및 제2호), ③ 긴급조정의 경우(동법 제80조)에
는 중재가 개시된다.

(2) 강제중재

중앙노동위원회의 위원장은 조정이 성립될 가망이 없다고 인정한 경우에는 공익위원의 의견을 들
어 그 사건을 중재에 회부할 것인가의 여부를 결정하여야 한다(노동조합법 제79조 제1항).

3. 중재기간

노동쟁의가 중재에 회부된 때에는 그 날부터 15일간은 쟁의행위를 할 수 없다(노동조합법 제63조)[1].

4. 중재기관

(1) 중재위원회

노동쟁의의 중재 또는 재심을 위하여 노동위원회에 중재위원회를 둔다(노동조합법 제64조 제1항). 중재위원회는 중재위원 3인으로 구성하는데(동법 제64조 제2항), 중재위원은 당해 노동위원회의 공익을 대표하는 위원 중에서 관계당사자의 합의로 선정한 자에 대하여 그 노동위원회의 위원장이 지명한다. 다만, 관계당사자 간에 합의가 성립되지 아니한 경우에는 노동위원회의 공익을 대표하는 위원 중에서 지명한다(동법 제64조 제3항).

(2) 중재위원회 위원장

중재위원장에 위원장을 두며(노동조합법 제65조 제1항), 위원장은 중재위원 중에서 호선한다(동법 제65조 제2항).

5. 중재의 활동

(1) 주장의 확인과 출석금지

중재위원회는 기일을 정하여 관계당사자 쌍방 또는 일방을 중재위원회에 출석하게 하여 주장의 요점을 확인하여야 한다(노동조합법 제66조 제1항). 중재위원회의 위원장은 관계당사자와 참고인 외의 자의 회의출석을 금할 수 있다(동법 제67조).

(2) 의견진술

관계당사자가 지명한 노동위원회의 사용자를 대표하는 위원 또는 근로자를 대표하는 위원은 중재위원회의 동의를 얻어 그 회의에 출석하여 의견을 진술할 수 있다(노동조합법 제66조 제2항).

6. 중재의 효과

(1) 중재재정의 효력

중재재정은 서면으로 작성하여 이를 행하며, 그 서면에는 효력발생 기일을 명시하여야 한다(노동조합법 제68조 제1항). 중재재정의 내용은 단체협약과 동일한 효력을 가진다(동법 제70조).

(2) 중재재정에 대한 해석요청

중재재정의 해석 또는 이행방법에 관하여 관계당사자 간에 의견의 불일치가 있는 때에는 당해 중재위원회의 해석에 따르며, 그 해석은 중재재정과 동일한 효력을 가진다(동법 제68조 제2항).

---

1) 중재 시 쟁의행위의 금지에 대하여 위헌의 소지가 있다는 비판이 있으나, 대법원은 이러한 금지가 근로자의 단체행동권의 본질적 내용을 침해하는 것이 아니라고 판시하였다(대판 1990.5.25, 90초52·90도485).

(3) 중재재정의 불복(이의 신청)

관계당사자는 지방노동위원회 또는 특별노동위원회의 중재재정이 위법이거나 월권에 의한 것이라고 인정하는 경우에는 그 중재재정서의 송달을 받은 날부터 10일 이내에 중앙노동위원회에 그 재심을 신청할 수 있다(노동조합법 제69조 제1항). 관계당사자는 중앙노동위원회의 중재재정이나 제1항의 규정에 의한 재심결정이 위법이거나 월권에 의한 것이라고 인정하는 경우에는 행정소송법 제20조의 규정에 불구하고 그 중재재정서 또는 재심결정서의 송달을 받은 날부터 15일 이내에 행정소송을 제기할 수 있다(동법 제69조 제2항).

(4) 중재재정의 확정

재심신청기간 또는 행정소송 제소 기간 내에 재심을 신청하지 아니하거나 행정소송을 제기하지 아니한 때에는 그 중재재정 또는 재심결정은 확정된다(노동조합법 제69조 제3항).

Ⅳ 공익사업 등의 조정에 대한 특칙

1. 신속한 처리

노동조합법에 의해 노동관계의 조정을 할 경우에는 노동관계당사자와 노동위원회 기타 관계기관은 사건을 신속히 처리하도록 노력하여야 한다(노동조합법 제51조).

2. 조정기간

공익사업에 있어서 15일간의 조정기간이 경과하지 아니하면 쟁의행위를 할 수 없다(노동조합법 제54조). 이는 일반사업의 조정기간이 10일임에 비추어 조정기간이 5일 더 길다.

3. 특별조정위원회

(1) 공익사업에 대한 조정

공익사업에 대한 조정은 특별조정위원회가 담당한다(노동조합법 제72조 제1항).

(2) 특별조정위원회

특별조정위원회는 특별조정위원 3인으로 구성하는데(노동조합법 제72조 제2항), 특별조정위원은 그 노동위원회의 공익을 대표하는 위원 중에서 노동조합과 사용자가 순차적으로 배제하고 남은 4인 내지 6인 중에서 노동위원회의 위원장이 지명한다. 다만, 관계당사자가 합의로 당해 노동위원회의 위원이 아닌 자를 추천하는 경우에는 그 추천된 자를 지명한다(동법 제72조 제3항).

(3) 특별조정위원회 위원장

위원장은 공익을 대표하는 노동위원회의 위원인 특별조정위원 중에서 호선하고, 당해 노동위원회의 위원이 아닌 자만으로 구성된 경우에는 그 중에서 호선한다. 다만, 공익을 대표하는 위원인 특별조정위원이 1인인 경우에는 당해 위원이 위원장이 된다(노동조합법 제73조 제2항).

⑷ 긴급조정

고용노동부장관은 쟁의행위가 공익사업에 관한 것이거나 그 규모가 크거나 그 성질이 특별한 것으로서 현저히 국민경제를 해하거나 국민의 일상생활을 위태롭게 할 위험이 현존하는 때에는 긴급조정의 결정을 할 수 있다(노동조합법 제76조 제1항).

📂 조정(調整) 절차

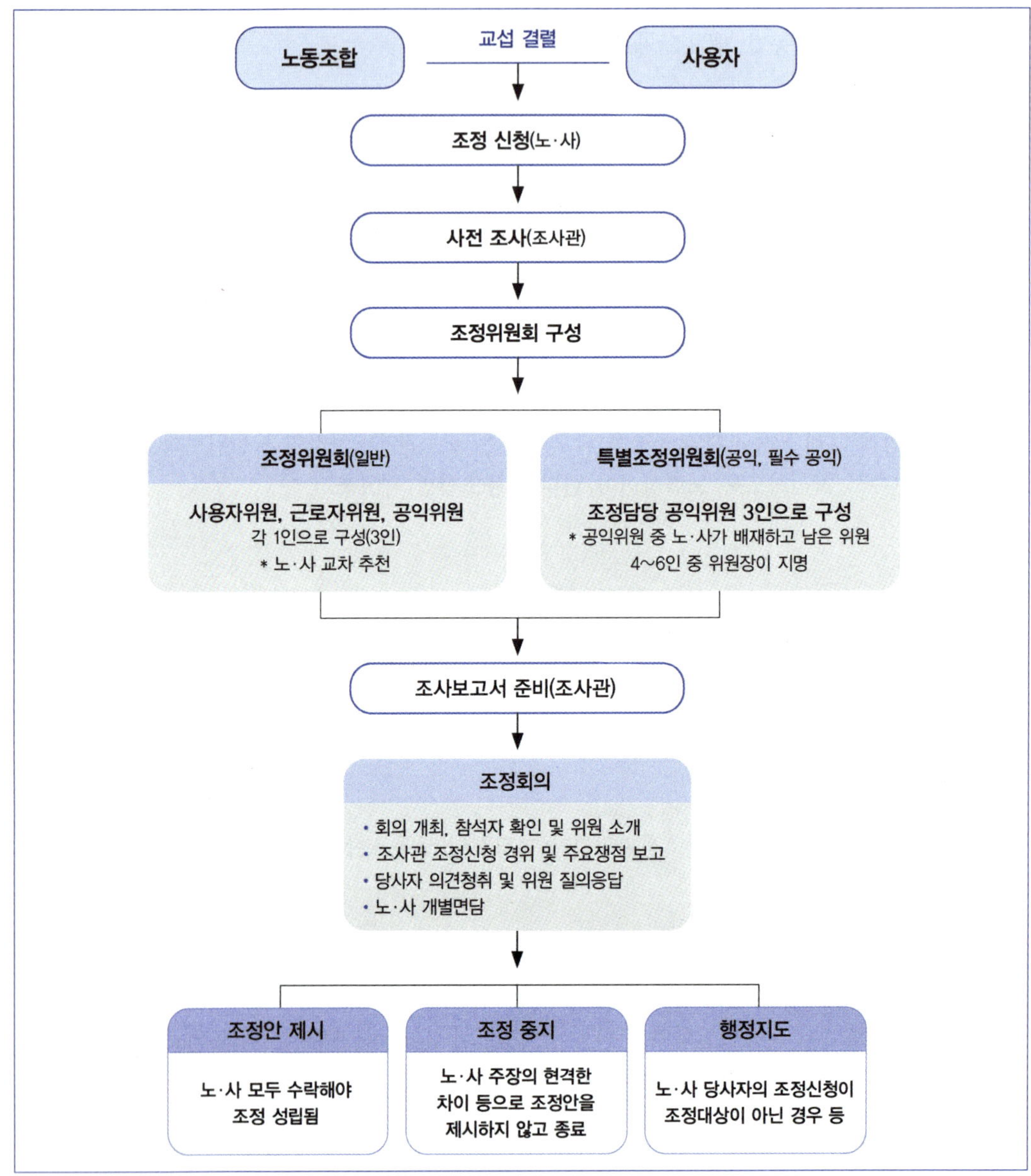

제 2 절 　사적조정제도

┃Ⅰ┃ 법규정

> **제52조【사적 조정·중재】** ① 제2절 및 제3절의 규정은 노동관계 당사자가 쌍방의 합의 또는 단체협약이 정하는 바에 따라 각각 다른 조정 또는 중재방법(이하 이 조에서 "사적조정등"이라 한다)에 의하여 노동쟁의를 해결하는 것을 방해하지 아니한다.
> ② 노동관계 당사자는 제1항의 규정에 의하여 노동쟁의를 해결하기로 한 때에는 이를 노동위원회에 신고하여야 한다.
> ③ 제1항의 규정에 의하여 노동쟁의를 해결하기로 한 때에는 다음 각 호의 규정이 적용된다.
> 　1. 조정에 의하여 해결하기로 한 때에는 제45조 제2항 및 제54조의 규정. 이 경우 조정기간은 조정을 개시한 날부터 기산한다.
> 　2. 중재에 의하여 해결하기로 한 때에는 제63조의 규정. 이 경우 쟁의행위의 금지기간은 중재를 개시한 날부터 기산한다.
> ④ 제1항의 규정에 의하여 조정 또는 중재가 이루어진 경우에 그 내용은 단체협약과 동일한 효력을 가진다.
> ⑤ 사적조정등을 수행하는 자는 「노동위원회법」 제8조 제2항 제2호 각 목의 자격을 가진 자로 한다. 이 경우 사적조정 등을 수행하는 자는 노동관계 당사자로부터 수수료, 수당 및 여비 등을 받을 수 있다.

┃Ⅱ┃ 사적조정의 내용

1. 개시요건

(1) 당사자 쌍방의 합의 또는 단체협약의 규정

노동관계당사자가 쌍방의 합의 또는 단체협약이 정하는 바에 따라 개시된다(노동조합법 제52조 제1항). 당사자는 내용·절차·시기 및 조정기구 등의 모든 측면에서 노동조합법에 규정된 공적조정 절차와는 다른 조정·중재절차를 채택할 수 있다.

(2) 노동위원회에 신고

노동관계당사자는 노동쟁의를 해결하기로 한 때에는 이를 노동위원회에 신고하여야 한다(노동조합법 제52조 제2항).

2. 조정기간

사적조정에 의하여 해결하기로 한 때의 조정기간은 조정을 개시한 날부터 기산하여 일반사업에 있어서는 10일, 공익사업에 있어서는 15일 이내에 종료하여야 한다. 조정기간은 관계당사자의 합의로 일반사업에 있어서는 10일, 공익사업에 있어서는 15일 이내에 연장할 수 있다(노동조합법 제52조 제3항).

3. 사적조정의 대상

사적조정은 공적조정과 달리 근로조건의 결정에 관한 사항이 아니더라도 그 대상으로 할 수 있다(대판 2003.7.25, 2001두4818). 즉, 사적조정의 대상은 당사자의 합의로 결정되므로 근로조건의 결정에 관한 사항도 그 대상에 포함될 수 있다. 따라서 단체교섭 및 단체협약의 대상이 될 수 있으면 사적조정의 대상이 될 수 있다.

4. 조정의 절차

조정·중재의 형태는 노동조합법에 규정된 조정 및 중재의 형태와 반드시 일치하지 아니하여도 무방하다. 당사자는 조정·중재의 모든 절차를 채택할 수 있으며, 이 중 어느 절차를 생략할 수 있다. 다만, 사적조정절차는 물론 공적조정절차도 적용받지 아니하기로 하는 당사자 간의 약정은 무효이다.

5. 공적조정절차의 적용

(1) 공적조정의 적용

사적조정절차에 대하여 공적조정절차에 관한 규정이 적용되는 경우가 있다, 예컨대, 노동쟁의를 사적조정에 의하여 해결하기로 한 때에도 ① 노동조합법 제45조 제2항에 의한 노동쟁의 조정전치주의의 원칙이 적용되며, ② 동법 제54조에 의하여 조정을 개시한 날부터 일반사업에 있어서는 10일, 공익사업에 있어서는 15일 이내에 종료하여야 하고(노동조합법 제52조 제3항 제1호), ③ 노동쟁의를 중재에 의하여 해결하기로 한 때에도 제63조에 의하여 중재개시 이후 15일간은 쟁의행위를 할 수 없다(동법 제52조 제3항 제2호).

(2) 공적조정의 준수

공적조정절차에 관한 사항 중 강행적 효력을 갖고 있는 규정은 이를 위반하여서는 아니 되며, 반드시 준수하여야 한다.

6. 사적조정의 효과

(1) 조정이 성립된 경우

사적조정에 의하여 조정 또는 중재가 성립된 경우에 그 내용은 단체협약과 동일한 효력을 가진다(노동조합법 제52조 제4항).

(2) 조정이 결렬된 경우

사적조정절차가 결렬된 경우 조정기간의 경과로 당사자는 언제든지 쟁의행위를 개시할 수 있으며, 또한 공적조정절차에 의한 조정·중재를 하여줄 것을 관할 노동위원회에 신청할 수 있다(노동조합법 시행령 제23조 제3항).

제 3 절 긴급조정

I 법규정

제76조【긴급조정의 결정】 ① 고용노동부장관은 쟁의행위가 공익사업에 관한 것이거나 그 규모가 크거나 그 성질이 특별한 것으로서 현저히 국민경제를 해하거나 국민의 일상생활을 위태롭게 할 위험이 현존하는 때에는 긴급조정의 결정을 할 수 있다.

② 고용노동부장관은 긴급조정의 결정을 하고자 할 때에는 미리 중앙노동위원회 위원장의 의견을 들어야 한다.

③ 고용노동부장관은 제1항 및 제2항의 규정에 의하여 긴급조정을 결정한 때에는 지체없이 그 이유를 붙여 이를 공표함과 동시에 중앙노동위원회와 관계 당사자에게 각각 통고하여야 한다.

제77조【긴급조정 시의 쟁의행위 중지】 관계 당사자는 제76조 제3항의 규정에 의한 긴급조정의 결정이 공표된 때에는 즉시 쟁의행위를 중지하여야 하며, 공표일부터 30일이 경과하지 아니하면 쟁의행위를 재개할 수 없다.

제78조【중앙노동위원회의 조정】 중앙노동위원회는 제76조 제3항의 규정에 의한 통고를 받은 때에는 지체없이 조정을 개시하여야 한다.

제79조【중앙노동위원회의 중재회부 결정권】 ① 중앙노동위원회의 위원장은 제78조의 규정에 의한 조정이 성립될 가망이 없다고 인정한 경우에는 공익위원의 의견을 들어 그 사건을 중재에 회부할 것인가의 여부를 결정하여야 한다.

② 제1항의 규정에 의한 결정은 제76조 제3항의 규정에 의한 통고를 받은 날부터 15일 이내에 하여야 한다.

제80조【중앙노동위원회의 중재】 중앙노동위원회는 당해 관계 당사자의 일방 또는 쌍방으로부터 중재신청이 있거나 제79조의 규정에 의한 중재회부의 결정을 한 때에는 지체없이 중재를 행하여야 한다.

II 긴급조정의 요건

1. 실질적 요건

고용노동부장관은 ① 쟁의행위가 공익사업에 관한 것이거나[2] 그 규모가 크거나 그 성질이 특별한 것으로서, ② 현저히 국민경제를 해하거나 국민의 일상생활을 위태롭게 할 위험이 현존하는 때에는 긴급조정을 결정할 수 있다(노동조합법 제76조 제1항).

2. 형식적 요건

고용노동부장관은 긴급조정의 결정을 하고자 할 때에는 미리 중앙노동위원회 위원장의 의견을 들어야 한다(노동조합법 제76조 제2항). '고용노동부장관이 중앙노동위원회 위원장의 의견을 듣는다' 함은 당해 의견에 구속된다는 것이 아니고, 이를 존중하여 참조한다는 의미로 해석된다[3].

---

2) 서울고법 2011.9.1, 2010누31852 ; 공익사업에 대하여 필수유지업무제도 외에 별도로 긴급조정제도를 두고 있다 하여 반드시 쟁의권에 대한 이중의 규제라고 할 수 없다.

3) 김형배·박지순, 『노동법』, 최영우, 『집단노동법 실무』

III 긴급조정의 절차

1. 결정의 공표 및 통고

고용노동부장관은 긴급조정을 정한 때에는 지체 없이 그 이유를 붙여 이를 공표함과 동시에 중앙노동위원회와 관계당사자에게 각각 통고해야 한다(노동조합법 제76조 제3항). 긴급조정 결정의 공표는 신문·라디오 또는 기타 공중이 신속히 알 수 있는 방법으로 해야 한다(동법 시행령 제32조).

2. 조정의 개시

중앙노동위원회는 고용노동부장관의 통고를 받은 때에는 지체 없이 조정을 개시하여야 한다(노동조합법 제78조).

3. 중재회부 결정

중앙노동위원회의 위원장은 조정이 성립될 가망이 없다고 인정한 경우에는 긴급조정결정의 통고를 받은 날부터 15일 이내에 공익위원의 의견을 들어 그 사건을 중재에 회부할 것인가의 여부를 결정하여야 한다(노동조합법 제79조 제1항). 중재회부에 대한 결정은 긴급조정결정을 고용노동부장관으로부터 통고를 받은 날부터 15일 이내에 하여야 한다(동법 제79조 제2항).

4. 중재의 개시

중앙노동위원회는 당해 관계당사자의 일방 또는 쌍방으로부터 중재신청이 있거나 제79조의 규정에 의한 중재회부의 결정을 한 때에는 지체 없이 중재를 행하여야 한다(노동조합법 제80조).

IV 긴급조정의 효과

1. 쟁의행위의 중지

관계당사자는 긴급조정의 결정이 공표된 때에는 즉시 쟁의행위를 중지하여야 하며, 공표 일부터 30일이 경과하지 아니하면 쟁의행위를 재개할 수 없다(노동조합법 제77조).

2. 조정안과 중재재정의 효력

긴급조정에 의하여 조정안이 관계당사자에 의하여 수락되거나 또는 중재재정이 내려지면 수락된 조정안과 중재재정은 단체협약과 동일한 효력을 가진다(노동조합법 제61조 및 동법 제70조).

부당노동행위

제1절 부당노동행위제도의 의의

I 부당노동행위의 개념 및 특징

1. 의의

부당노동행위는 사용자에 의한 노동조합 및 근로자의 근로3권 행사에 대한 부당한 침해를 말한다. 부당노동행위제도는 사용자의 근로3권 침해행위에 의해 노동기본권이 실현되지 못하는 데 대한 대비책으로, 헌법에서 보장한 근로3권을 구체적으로 확보하기 위한 수단이다(대판 1993.12.21, 93다11463).

2. 부당노동행위의 특징

현행 부당노동행위제도는 ① 부당노동행위의 주체, 즉 근로3권 침해행위의 부작위의무는 사용자에게만 인정하고 있으며, ② 부당노동행위의 배제와 그 구제의 효율성, 전문성의 확보를 위해 노동위원회를 설치하여 운영하고 있다. 또한 ③ 구제에 있어서 원상회복주의와 처벌주의를 병행함으로써 부당노동행위에 대해 강력히 대처하고 있고, ④ 긴급이행명령제도를 통한 중앙노동위원회 구제명령의 실효성을 확보하고 있으며, ⑤ 구제제도에 있어 당사자주의에 직권주의가 가미되어 있다.

II 부당노동행위의 주체

1. 의의

노동조합법에서는 부당노동행위의 주체를 사용자로 규정하고 있다(노동조합법 제81조). 여기서 사용자란 사업주, 사업경영담당자와 근로자에 관한 사항에 대하여 사업주를 위하여 행동하는 자[1]및 근로계약 체결 당사자가 아니더라도 근로자의 근로조건에 대하여 실질적이고 구체적으로 지배·결정할 수 있는 지위에 있는 자를 포함하는 광의의 사용자를 말한다[2].

2. 부당노동행위 구제명령의 수규자로서의 사용자

부당노동행위 구제명령의 수규자로서의 사용자는 원칙적으로 근로계약의 당사자인 사용자, 즉 '사업주'에 국한된다.

---

1) '사업주를 위하여 행동하는 자'란 사업주를 위하여 인사관리를 담당하거나 근로조건의 결정과 노무관리의 기획 또는 집행에 관여하는 자를 말한다(법무 811-15635, 1980.6.30).

2) 김유성, 『노동법 II』, 임종률, 『노동법』

3. 형벌부과대상자로서의 사용자

노동조합법 제90조에서는 "법 제81조의 규정을 위반한 자는 2년 이하의 징역 또는 2천만원 이하의 벌금에 처한다."고 규정하여, 부당노동행위를 행한 사용자는 형벌의 부과대상이 된다.

III 부당노동행위 구제신청의 주체

1. 노동조합

(1) 노동조합법상 노동조합

노동조합법상 노동조합, 즉 노동조합 설립의 실질적 요건 및 절차적 요건을 모두 갖춘 노동조합은 당연히 부당노동행위 구제신청을 할 수 있다.

(2) 법외노조

노동조합 설립의 실질적 요건은 갖추었으나, 절차적 요건을 갖추지 못한 법외노조는 부당노동행위 구제신청을 할 수 없다(노동조합법 제7조 제1항). 법외노조는 자신이 구제신청을 할 수 없고, 조합원 개인이 구제신청을 하여야 한다(동법 제7조 제2항).

2. 조합원 개인

조합원 개인은 자신에 대한 부당노동행위에 대하여 직접 부당노동행위 구제신청을 제기할 수 있다. 조합원 개인에 대한 부당노동행위는 궁극적으로 노동조합의 조직 및 활동에 부정적 영향을 가져오므로 이에 대하여 노동조합도 부당노동행위 구제신청을 제기할 수 있다(대판 2008.9.11, 2007두19249).

IV 부당노동행위의 구제

1. 원상회복주의와 형벌주의

노동조합법에 규정된 부당노동행위에 대한 구제절차로, 첫째 노동조합법 제82조 내지 제86조에 규정된 노동위원회에 의한 구제절차로서 원상회복주의와, 둘째 노동조합법 제90조에 의한 형벌부과 절차가 있다. 이는 부당노동행위로 인한 근로자의 피해를 원활히 구제함과 동시에 부당노동행위의 발생을 사전에 예방하기 위함이다.

2. 노동위원회에 의한 행정적 구제와 법원에 의한 사법적 구제

부당노동행위의 구제로 노동위원회에 의한 행정적 구제와 법원에 의한 사법적 구제가 있다. 그러나 법원에 의한 사법적 구제방법은 신속하고 실질적인 효과를 기대할 수 없는바, 따라서 노동조합법은 노동위원회에 의한 행정적 구제방식을 채용함으로써 사법적 구제의 결함을 보완하여 신속하고 탄력적인 구제를 도모하고 있다.

3. 긴급이행명령

현행 노동조합법 제85조 제5항에서는 중앙노동위원회 구제명령의 실효성 확보 차원에서 사용자가 중앙노동위원회의 판정에 불복하여 행정소송을 제기한 경우에 관할법원은 중앙노동위원회의 신청에 의하여 판결이 확정될 때까지 중앙노동위원회 구제명령의 전부 또는 일부에 관하여 그 이행을 명할 수 있는 긴급이행명령제도를 도입하고 있다.

제 2 절   불이익취급

I   법규정

> **제81조【부당노동행위】** ① 사용자는 다음 각 호의 어느 하나에 해당하는 행위(이하 "不當勞動行爲"라 한다)를 할 수 없다.
> 1. 근로자가 노동조합에 가입 또는 가입하려고 하였거나 노동조합을 조직하려고 하였거나 기타 노동조합의 업무를 위한 정당한 행위를 한 것을 이유로 그 근로자를 해고하거나 그 근로자에게 불이익을 주는 행위
> 5. 근로자가 정당한 단체행위에 참가한 것을 이유로 하거나 또는 노동위원회에 대하여 사용자가 이 조의 규정에 위반한 것을 신고하거나 그에 관한 증언을 하거나 기타 행정관청에 증거를 제출한 것을 이유로 그 근로자를 해고하거나 그 근로자에게 불이익을 주는 행위

II   불이익취급의 성립요건

1. 노동조합의 업무를 위한 정당한 행위(원인)

'노동조합의 업무를 위한 정당한 행위'라 함은 일반적으로 노동조합의 정당한 활동을 가리킨다고 할 것이나, 조합원이 조합의 결의나 구체적인 지시에 따라서 한 노동조합의 조직적인 활동 그 자체가 아닐지라도 그 행위의 성질상 노동조합의 활동으로 볼 수 있거나 노동조합의 묵시적인 수권 혹은 승인을 받았다고 볼 수 있을 때에는 그 조합원의 행위를 노동조합의 업무를 위한 행위로 보아야 한다(대판 2011.2.24, 2008다29123 ; 대판 2021.8.19, 2019다200386).

2. 사용자의 불이익취급(행위)

사용자의 불이익취급 여부는 부당노동행위 제도의 보호법익인 '단결권'의 침해가 있었는지 여부를 기준으로 판단한다. 불이익취급은 경제적 불이익, 정신적 불이익, 인사상 불이익 등으로 나눌 수 있는데, 불이익취급은 현실적인 행위나 조치로 행해져야 한다.

3. 노동조합의 업무를 위한 정당한 행위와 사용자의 불이익취급 사이의 인과관계 존재(인과관계)

사용자의 불이익취급이 성립하기 위해서는 정당한 근로3권 보장활동이 사용자의 불이익취급 사이에 인과관계가 존재해야 하는데, 이를 '부당노동행위 의사(불이익취급 의사)'라고 한다. 사용자의 부당노동행위 의사는 불이익취급 당시의 객관적·외형적 사정들, 즉 사용자가 내세우는 처분사유와 근로자가 한 정당한 조합활동의 내용, 처분의 대상자, 사용자와 노동조합과의 관계, 처분의 시기 및 경위, 처분의 불균형 여부, 처분의 절차, 처분 이후 노동조합 활동 상황의 쇠퇴 내지 약화 여부 등을 비교·검토하여 종합적으로 판단한다(대판 2021.8.19, 2019다200386).

Ⅲ 불이익취급의 사유

1. 노동조합에의 가입 또는 조직

정당한 조합활동에는 이미 성립하고 있는 노동조합을 위한 행위뿐만 아니라 그에 가입하는 행위나 가입하려고 한 행위도 포함되며, 새로운 노동조합을 결성하기 위한 행위로서 그 준비행위나 원조행위까지도 포함한다.

2. 기타 노동조합의 업무를 위한 정당한 행위

(1) 노동조합 업무를 위한 행위

'노동조합의 업무를 위한 행위'라 함은 노동조합의 목적을 달성하기 위하여 필요한 모든 활동 및 부수적인 활동을 의미한다.

(2) 정당한 행위

노동조합의 업무에 해당하는 경우에도 정당한 행위만이 부당노동행위 구제제도에 의하여 보호된다.

(3) 정당한 단체행위에 참가 또는 신고·증언·증거의 제출

① 정당한 단체행위에 참가 : 근로자가 참가한 단체행위가 정당한 경우 당해 단체행위에 참가 역시 정당한 조합활동에 해당되며 불이익취급으로부터 보호를 받는다.

② 부당노동행위의 신고·증언·증거의 제출 : 근로자가 노동위원회에 사용자의 부당노동행위를 신고하거나 그에 관한 증언을 하거나 기타 행정관청에 증거를 제출한 것도 넓은 의미에서 정당한 조합활동에 포함된다.

Ⅳ 인과관계 문제

1. 부당노동행위 의사(불이익취급 의사) 존재여부

불이익취급은 사용자의 불이익처분이 근로자의 조합활동을 이유로 한 경우에 성립한다. 따라서 조합활동과 불이익처분 사이에 인과관계가 있어야 하는데, 인과관계의 의미 즉, 부당노동행위 의사(불이익취급 의사)의 존재가 부당노동행위의 성립요건인지 여부에 대해 견해의 대립이 있는데, 이와 관련하여 판례는 "사용자가 근로자를 해고함에 있어서 표면적으로 내세우는 해고사유와는 달리 실질적으로는 근로자의 정당한 노동조합 활동을 이유로 해고한 것으로 인정되는 경우에 있어서는 그 해고는 부당노동행위라고 보아야 할 것이다."라고 판시하였다(대판 2000.4.11, 99두2963).

2. 인과관계의 경합(불이익 처분 사유의 경합)

'인과관계의 경합'이란 사용자가 불이익 처분을 할 만한 정당한 사유가 존재하면서도 다른 한편으로는 그 처분에 부당노동행위 의사를 추정할 만한 사유가 동시에 존재하는 경우를 말한다. 이와 같이 인과관계의 경합으로 불이익 처분의 정당한 사유와 부당노동행위 의사를 추정할 만한 사유가 동시에 존재할 경우 부당노동행위가 성립하는지 여부가 문제되는데, 이와 관련하여 판례는 "사용자가 정당한 해고사유가 있어 근로자를 해고한 경우에는 근로자의 노동조합활동을 못마땅하게 여긴 흔적이 있다거나 사용자에게 반노동조합 의사가 추정된다고 하더라도 그 해고사유가 단순히 표면상 구실에 불과하다고 할 수는 없으므로 불이익취급의 부당노동행위가 되지 않는다."고 판시하였다
(대판 2004.6.10, 2004두2882 ; 대판 2016.3.24, 2013두13068).

Ⅴ 불이익취급의 구제 및 위반의 효과

1. 구제

(1) 노동위원회를 통한 행정적 구제

사용자의 불이익취급을 받은 근로자 또는 노동조합은 노동위원회에 구제를 신청할 수 있다. 노동위원회는 사용자의 불이익취급이 성립한다고 판단되면, 원직복직명령, 공고문게시명령 등 재량에 따라 구제명령을 내릴 수 있다.

(2) 법원을 통한 사법적 구제

사용자의 불이익취급을 받은 근로자 또는 노동조합은 노동위원회에 의한 구제와 별개로 법원에 해고무효확인소송, 손해배상청구소송 등으로 구제를 받을 수 있다.

2. 위반의 효과

사용자의 불이익취급이 부당노동행위로 인정되는 경우 2년 이하의 징역 또는 2천만원 이하의 벌금에 처한다(노동조합법 제90조).

제 **3** 절 **비열(卑劣)계약(황견계약)**

Ⅰ 법규정

> **제81조【부당노동행위】** ① 사용자는 다음 각 호의 어느 하나에 해당하는 행위(이하 "不當勞動行爲"라 한다)를 할 수 없다.
> 2. 근로자가 어느 노동조합에 가입하지 아니할 것 또는 탈퇴할 것을 고용조건으로 하거나 특정한 노동조합의 조합원이 될 것을 고용조건으로 하는 행위. 다만, 노동조합이 당해 사업장에 종사하는 근로자의 3분의 2 이상을 대표하고 있을 때에는 근로자가 그 노동조합의 조합원이 될 것을 고용조건으로 하는 단체협약의 체결은 예외로 하며, 이 경우 사용자는 근로자가 그 노동조합에서 제명된 것 또는 그 노동조합을 탈퇴하여 새로 노동조합을 조직하거나 다른 노동조합에 가입한 것을 이유로 근로자에게 신분상 불이익한 행위를 할 수 없다.

Ⅱ 비열계약의 성립요건

1. 조합 불가입을 고용조건으로 하는 경우

여기에서 금지되는 것은 모든 노동조합에의 불가입을 조건으로 하는 경우와 특정 노동조합에의 불가입을 조건으로 하는 경우를 모두 포함한다.

2. 조합 탈퇴를 고용조건으로 하는 경우

우리나라의 노동조합은 대부분 기업별 노동조합인바, 고용 전의 미취업자는 조합원이 될 수 없으므로 조합에서의 탈퇴를 고용조건으로 하는 경우는 거의 없을 것이다. 그러나 기업별 노동조합 이외의 유형에서는 부당노동행위에 해당될 수 있다.

3. 특정한 노동조합[3)]의 조합원이 될 것을 고용조건으로 하는 경우

(1) 원칙

사용자가 근로자에게 특정한 노동조합에 가입을 강요하거나, 또는 다른 조합에 가입을 방해하고 자주적인 조합의 조직을 약화시키거나 어용노조를 확장하고 있는 경우 등은 부당노동행위에 해당된다.

(2) 예외

노동조합이 당해 사업장에 종사하는 근로자의 3분의 2 이상을 대표하고 있을 때에는 근로자가 그 노동조합의 조합원이 될 것을 고용조건으로 하는 단체협약의 체결은 예외로 한다.

---

3) 임종률, 『노동법』; '특정한 노동조합'이란 자주성을 결한 노동조합이 아니라, 법률상으로는 자주성을 갖추었으나 그 자주성이 미약하여 사용자가 선호하는 노동조합, 즉 사실상의 어용노조를 말한다고 볼 수 있다.

Ⅲ 유니온 숍(Union shop)과 조합원의 지위

1. 조합원이 제명된 경우

노동조합법 제81조 제1항 제2호 단서에서 사용자가 노동조합으로부터 제명된 근로자에게 해고·전직 및 신분상 불이익한 행위를 할 수 없도록 규정하고 있다.

2. 조합원이 임의로 탈퇴한 경우

(1) 신분상 불이익

조합원이 임의로 탈퇴한 경우에는 사용자가 신분상 불이익한 행위를 할 수 있다. 그러나 하나의 사업장에 복수의 노동조합이 병존하는 경우, 유니온 숍 협정을 체결한 노동조합의 조합원이 당해 노동조합을 탈퇴하여 다른 노동조합에 가입하거나 새로운 노동조합을 조직한 경우에는 근로자에게 신분상 불이익을 할 수 없다(대판 2019.11.28, 2019두47377).

> **대판 2019.11.28, 2019두47377 [유니온 숍 협정하에서 지배적 노동조합에 가입하지 않고 소수노조에 가입한 경우, 해고처분의 정당성 여부]**
>
> 헌법 제33조 제1항, 제11조 제1항, 제32조 제1항 전문, 노동조합 및 노동관계조정법 제5조 본문, 제81조 제2호, 근로기준법 제23조 제1항 등 관련 법령의 문언과 취지 등을 함께 고려하면, 근로자에게는 단결권 행사를 위해 가입할 노동조합을 스스로 선택할 자유가 헌법상 기본권으로 보장되고, 나아가 근로자가 지배적 노동조합에 가입하지 않거나 그 조합원 지위를 상실하는 경우 사용자로 하여금 그 근로자와의 근로관계를 종료시키도록 하는 내용의 유니온 숍 협정이 체결되었더라도 지배적 노동조합이 가진 단결권과 마찬가지로 유니온 숍 협정을 체결하지 않은 다른 노동조합의 단결권도 동등하게 존중되어야 한다. 유니온 숍 협정이 가진 목적의 정당성을 인정하더라도, 지배적 노동조합이 체결한 유니온 숍 협정은 사용자를 매개로 한 해고의 위협을 통해 지배적 노동조합에 가입하도록 강제한다는 점에서 허용 범위가 제한적일 수밖에 없다. 이러한 점들을 종합적으로 고려하면, 근로자의 노동조합 선택의 자유 및 지배적 노동조합이 아닌 노동조합의 단결권이 침해되는 경우에까지 지배적 노동조합이 사용자와 체결한 유니온 숍 협정의 효력을 그대로 인정할 수는 없고, 유니온 숍 협정의 효력은 근로자의 노동조합 선택의 자유 및 지배적 노동조합이 아닌 노동조합의 단결권이 영향을 받지 아니하는 근로자, 즉 어느 노동조합에도 가입하지 아니한 근로자에게만 미친다. 따라서 신규로 입사한 근로자가 노동조합 선택의 자유를 행사하여 지배적 노동조합이 아닌 노동조합에 이미 가입한 경우에는 유니온 숍 협정의 효력이 해당 근로자에게까지 미친다고 볼 수 없고, 비록 지배적 노동조합에 대한 가입 및 탈퇴 절차를 별도로 경유하지 아니하였더라도 사용자가 유니온 숍 협정을 들어 신규 입사 근로자를 해고하는 것은 정당한 이유가 없는 해고로서 무효로 보아야 한다.

(2) 신분상 불이익 처분을 하지 아니한 경우

임의로 탈퇴한 조합원에게 사용자가 신분상 불이익한 처분을 하지 않은 경우 부당노동행위에 해당되는지와 관련하여 판례는 "단체협약상의 유니온 숍 협정에 의하여 사용자가 노동조합을 탈퇴한 근로자를 해고할 의무는 단체협약상의 채무일 뿐이고, 이러한 채무의 불이행 자체가 바로 노동조합법 제39조 제4호 소정 노동조합에 대한 지배·개입의 부당노동행위에 해당한다고 단정할 수 없다."고 판시하였다(대판 1998.3.24, 96누16070).

(3) 탈퇴 후 재가입 요청

유니온 숍 조항이 체결되어 있는 경우 노동조합 탈퇴자가 재가입을 요구할 경우 노동조합은 조합원의 자격을 갖춘 근로자의 노동조합 가입을 함부로 거절할 수 없고, 탈퇴 조합원의 재가입에 대한 제약이나 거부는 특별한 사정이 없는 한 위법·부당한 것으로 권리남용 또는 신의칙 위반에 해당된다(대판 1996.10.29, 96다28899).

Ⅳ 비열계약의 구제 및 위반의 효과

1. 구제

(1) 노동위원회를 통한 행정적 구제

노동조합의 구제신청에 대해 노동위원회는 노동조합에 불가입, 탈퇴 또는 가입 등을 고용조건으로 한 부분을 파기하라는 명령이나 계약서의 당해 부분을 파기하라는 명령 등이 가능하고 필요한 경우에는 공고문게시명령도 가능하다.

(2) 법원을 통한 사법적 구제

노동조합은 비열계약 부분의 무효확인소송의 제기가 가능하고, 비열계약에 의해 해고된 경우에는 해고무효확인소송 등의 제기가 가능하다.

2. 위반의 효과

사용자가 근로자와 비열계약을 체결하여 부당노동행위로 인정되면, 사용자에게는 벌칙(노동조합법 제90조)이 부과된다. 한편, 비열계약은 헌법 제33조 제1항 및 노동조합법 제81조에 위배되는 것으로서 사법상 당연히 무효이다.

제 4 절 단체교섭의 거부·해태

Ⅰ 법규정

> **제81조【부당노동행위】** ① 사용자는 다음 각 호의 어느 하나에 해당하는 행위(이하 "不當勞動行爲"라 한다)를 할 수 없다.
> 3. 노동조합의 대표자 또는 노동조합으로부터 위임을 받은 자와의 단체협약체결 기타의 단체교섭을 정당한 이유없이 거부하거나 해태하는 행위

Ⅱ 단체교섭 거부·해태의 부당노동행위 판단기준 및 성립요건

1. 판단기준

단체교섭 거부·해태의 부당노동행위 판단기준과 관련하여 판례는 "구 노동조합 및 노동관계조정법(2010.1.1. 법률 제9930호로 개정되기 전의 것) 제81조 제3호는 사용자가 노동조합의 대표자 또는 노동조합으로부터 위임을 받은 자와의 단체협약 체결 기타의 단체교섭을 정당한 이유 없이 거부하거나 해태할 수 없다고 규정하고 있는바, 단체교섭에 대한 사용자의 거부나 해태에 정당한 이유가 있는지 여부는 노동조합 측의 교섭권자, 노동조합 측이 요구하는 교섭시간, 교섭장소 및 그의 교섭태도 등을 종합하여 사회통념상 사용자에게 단체교섭의무의 이행을 기대하는 것이 어렵다고 인정되는지 여부에 따라 판단하여야 한다."고 판시하였다(대판 2006.2.24, 2005도8606 ; 대판 2010.4.29, 2007두11542).

2. 성립요건

(1) 사용자의 행위일 것

① 단체교섭 거부·해태의 주체가 노동조합법상 사용자일 때 부당노동행위가 성립한다. 다만, 노동조합법상 사용자 개념에 대해 다양한 견해가 대립하고 있으나, 판례는 노동조합법상 사용자 개념에 대하여 "사용자라 함은 근로자와의 사이에 사용종속관계가 있는 자, 즉 근로자와의 사이에서 그를 지휘·감독하면서 그로부터 근로를 제공받고 그 대가로서 임금을 지급하는 것을 목적으로 하는 '명시적이거나 묵시적인 근로계약관계를 맺고 있는 자'라고 판시하여(대판 1995.12.22, 95누3565), 단체교섭의 사용자를 근로계약상의 사용자로 한정하고 있다.

② 그런데 최근 사용자 범위 확대 등을 내용으로 하는 노란봉투법이 국회 본회의를 통과하여 노동조합법 제2조 제2호를 개정하였는바, 이에 따라 근로계약 체결 당사자가 아니더라도 근로자의 근로조건에 대하여 실질적이고 구체적으로 지배·결정할 수 있는 지위에 있는 자도 노동조합법상 사용자 개념에 포함된다.

(2) 단체협약 체결 기타 단체교섭을 거부하거나 해태하는 행위일 것

노동조합의 단체교섭 요구에 응하지 않는 행위, 고의적으로 중단하거나 지연시키는 행위, 처분권한 없는 자를 담당자로 지정하여 내세우는 행위 및 노동조합이 요구하는 자료의 제출이나 설명을 거부하는 행위 등은 부당노동행위에 해당될 수 있다.

(3) 정당한 사유가 존재하지 않을 것

노동조합법 제81조 제1항 제3호에서는 정당한 이유 없이 단체교섭을 거부·해태할 수 없다고 규정하고 있는바, 정당한 이유가 있을 경우 사용자는 단체교섭을 거부·해태할 수 있다고 보아야 할 것이다.

단체교섭을 거부할 수 있는 '정당한 사유'란 사용자가 노동조합의 단체교섭 요구에 대하여 거부하거나 해태할 수 있는 정당한 사유로서, 부당노동행위의 성립을 조각할 수 있는 사유를 말한다.

(4) 성실교섭의무 위반행위일 것

노동조합법 제30조에서는 단체교섭의 원칙으로 성실교섭의무를 규정하고 있다. 성실교섭의무라 함은 노동조합과 사용자 또는 사용자 단체가 단체교섭에 있어서 신의에 따라 성실히 교섭하고 단체협약을 체결하며, 그 권한을 남용하여서는 아니 될 의무를 말한다.

III 단체교섭 거부·해태의 구제 및 위반의 효과

1. 구제

(1) 노동위원회를 통한 행정적 구제

사용자가 정당한 이유 없이 단체교섭을 거부·해태함으로써 단체교섭의무를 위반하였을 경우에는 부당노동행위가 성립하고, 이러한 부당노동행위에 의하여 권리를 침해받은 근로자 또는 노동조합은 사용자의 이러한 부당노동행위에 대하여는 노동위원회에 그 구제를 신청할 수 있다.

(2) 법원을 통한 사법적 구제

단체교섭 거부·해태행위에 대한 구제신청에 대하여 지방노동위원회의 결정과 중앙노동위원회의 재심판정 등 행정상 구제절차가 있은 후, 중앙노동위원회의 재심판정에 대하여 관계 당사자가 불복이 있는 경우에는 그 재심판정서의 송달을 받은 날부터 15일 이내에 행정소송법이 정하는 바에 의하여 행정소송을 제기할 수 있다(노동조합법 제85조 제2항).

2. 위반의 효과

사용자의 단체교섭 거부·해태가 부당노동행위로 인정되는 경우, 2년 이하의 징역 또는 2천만원 이하의 벌금에 처한다(노동조합법 제90조).

제 5 절 **사용자의 지배·개입**

I 법규정

제81조【부당노동행위】 ① 사용자는 다음 각 호의 어느 하나에 해당하는 행위(이하 "不當勞動行爲"라 한다)를 할 수 없다.

4. 근로자가 노동조합을 조직 또는 운영하는 것을 지배하거나 이에 개입하는 행위와 근로시간 면제한도를 초과하여 급여를 지급하거나 노동조합의 운영비를 원조하는 행위. 다만, 근로자가 근로시간 중에 제24조 제2항에 따른 활동을 하는 것을 사용자가 허용함은 무방하며, 또한 근로자의 후생자금 또는 경제상의 불행 그 밖에 재해의 방지와 구제 등을 위한 기금의 기부와 최소한의 규모의 노동조합사무소의 제공 및 그 밖에 이에 준하여 노동조합의 자주적인 운영 또는 활동을 침해할 위험이 없는 범위에서의 운영비 원조행위는 예외로 한다.

② 제1항 제4호 단서에 따른 "노동조합의 자주적 운영 또는 활동을 침해할 위험" 여부를 판단할 때에는 다음 각 호의 사항을 고려하여야 한다.
1. 운영비 원조의 목적과 경위
2. 원조된 운영비 횟수와 기간
3. 원조된 운영비 금액과 원조방법
4. 원조된 운영비가 노동조합의 총수입에서 차지하는 비율
5. 원조된 운영비의 관리방법 및 사용처 등

II 지배·개입의 부당노동행위 성립요건

1. 지배·개입의 주체

지배·개입이 성립하기 위해서는 우선 지배·개입행위가 사용자의 행위로 볼 수 있어야 한다. 지배·개입에서 사용자의 범위는 노동조합법 제2조 제2호에서 규정하고 있는 "사업주, 사업의 경영담당자 또는 그 사업의 근로자에 관한 사항에 대하여 사업주를 위하여 행동하는 자를 말한다. 이 경우 근로계약 체결 당사자가 아니더라도 근로자의 근로조건에 대하여 실질적이고 구체적으로 지배·결정할 수 있는 지위에 있는 자"가 모두 포함된다.

2. 지배·개입의 대상

지배·개입의 대상, 즉 지배·개입으로부터 보호 받는 행위로서 법 규정에서 정하고 있는 것은 근로자가 노동조합을 조직 또는 운영하는 것이다.

3. 지배·개입의 행위

(1) 의의

노동조합에 대한 지배·개입행위는 물리력의 행사만을 의미하는 것은 아니며, 노동조합의 조직·운영에 관한 사용자의 견해 표명도 해당될 수 있다. 또한 노동조합에 대한 지배·개입행위는 노동조합 자체에 직접 행하여지지 않더라도 복수노조 하에서 특정노조를 상대적으로 우대하는 경우나, 제3자에게 청탁·교사하여 제3자로 하여금 지배·개입행위를 실행하게 한 경우에도 부당노동행위에 해당될 수 있다[4].

(2) 지배·개입의 의사가 필요한지 여부

지배·개입에 의한 부당노동행위의 성립에 있어서 사용자의 주관적인 지배·개입의 의사가 필요한지 여부에 대해 견해의 대립이 있는데, 이와 관련하여 판례는 "사용자의 행위가 노동조합 및 노동관계조정법에 정한 부당노동행위에 해당하는지 여부는 사용자의 부당노동행위 의사의 존재 여부를 추정할 수 있는 모든 사정을 전체적으로 심리·검토하여 종합적으로 판단하여야 한다."고 판시하였다(대판 2007.11.15, 2005두4120).

(3) 지배·개입의 결과발생 여부

지배·개입의 성립은 조합활동에 대한 사용자의 개입 내지 간섭행위가 존재하면 인정되는 것이고, 그러한 사용자의 행위로 인하여 일정한 조합활동의 좌절이나 실패 또는 노조의 약화 등의 현실적인 결과 내지 손해가 발생해야 하는 것은 아니다(대판 1997.5.7, 96누2057 ; 대판 2006.9.8, 2006도388).

III 지배·개입의 구체적 사례

1. 노동조합의 자주성과 운영비 원조

노동조합의 자주성이 저해되지 않을 정도의 운영비 원조를 부당노동행위로 볼 것인지 여부가 문제되는데, 이와 관련하여 판례는 "노동조합법 제81조 제4호 단서에서 정한 행위를 벗어나서 주기적이나 고정적으로 이루어지는 운영비 원조 행위는 노조전임자 급여 지원 행위와 마찬가지로 노동조합의 자주성을 잃게 할 위험성을 지닌 것으로서 노동조합법 제81조 제4호 본문에서 금지하는 부당노동행위라고 해석되고, 비록 그 운영비 원조가 노동조합의 적극적인 요구 내지 투쟁으로 얻어진 결과라 하더라도 이러한 사정만을 가지고 달리 볼 것은 아니다."라고 판시하였다(대판 2016.1.28, 2012두12457).

---

[4] 최영우, 『집단노동법 실무』

2. 사용자의 언론의 자유와 지배·개입

사용자가 노동조합 활동이나 노사관계에 대하여 발언을 하는 경우 그것이 지배·개입에 해당하는지 여부가 문제되는데, 이와 관련하여 판례는 "사용자 또한 자신의 의견을 표명할 수 있는 자유를 가지고 있으므로, 사용자가 노동조합의 활동에 대하여 단순히 비판적 견해를 표명하거나 근로자를 상대로 집단적인 설명회 등을 개최하여 회사의 경영상황 및 정책방향 등 입장을 설명하고 이해를 구하는 행위 또는 비록 파업이 예정된 상황이라 하더라도 파업의 정당성과 적법성 여부 및 파업이 회사나 근로자에 미치는 영향 등을 설명하는 행위는 거기에 징계 등 불이익의 위협 또는 이익제공의 약속 등이 포함되어 있거나 다른 지배·개입의 정황 등 노동조합의 자주성을 해칠 수 있는 요소가 연관되어 있지 않는 한, 사용자에게 노동조합의 조직이나 운영 및 활동을 지배하거나 이에 개입하는 의사가 있다고 가볍게 단정할 것은 아니다."라고 판시하였다(대판 2013.1.10, 2011도15497).

Ⅳ 구제 및 위반의 효과

1. 구제

(1) 노동위원회를 통한 행정적 구제

사용자의 지배·개입은 반조합적인 발언 등의 방법으로 이루어져 사용자의 행위를 취소하여 원상으로 회복한다는 것은 매우 어려운바, 이러한 경우에는 공고문게시명령 등의 방법으로 구제를 받을 수 있다.

(2) 법원을 통한 사법적 구제

사용자의 행위가 노동조합에 대한 지배·개입으로 판단되면, 이러한 행위가 불법행위를 구성하는지를 판단하여 손해배상청구 등을 통해 구제를 받을 수 있다. 최근 판례에서는 "노동조합의 조직 또는 운영에 지배·개입하는 행위가 부당노동행위로 인정되는 경우, 사용자는 이로 인한 노동조합의 비재산적 손해에 대하여 위자료 배상책임을 부담한다."고 판시하였다(대판 2020.12.24, 2017다51603).

2. 위반의 효과

사용자의 지배·개입이 부당노동행위로 인정되는 경우, 2년 이하의 징역 또는 2천만원 이하의 벌금에 처한다(노동조합법 제90조).

제 6 절　부당노동행위 구제절차

Ⅰ 법규정

제82조【구제신청】 ① 사용자의 부당노동행위로 인하여 그 권리를 침해당한 근로자 또는 노동조합은 노동위원회에 그 구제를 신청할 수 있다.

② 제1항의 규정에 의한 구제의 신청은 부당노동행위가 있은 날(계속하는 행위는 그 終了日)부터 3월 이내에 이를 행하여야 한다.

제83조【조사등】 ① 노동위원회는 제82조의 규정에 의한 구제신청을 받은 때에는 지체없이 필요한 조사와 관계 당사자의 심문을 하여야 한다.

② 노동위원회는 제1항의 규정에 의한 심문을 할 때에는 관계 당사자의 신청에 의하거나 그 직권으로 증인을 출석하게 하여 필요한 사항을 질문할 수 있다.

③ 노동위원회는 제1항의 규정에 의한 심문을 함에 있어서는 관계 당사자에 대하여 증거의 제출과 증인에 대한 반대심문을 할 수 있는 충분한 기회를 주어야 한다.

④ 제1항의 규정에 의한 노동위원회의 조사와 심문에 관한 절차는 중앙노동위원회가 따로 정하는 바에 의한다.

제84조【구제명령】 ① 노동위원회는 제83조의 규정에 의한 심문을 종료하고 부당노동행위가 성립한다고 판정한 때에는 사용자에게 구제명령을 발하여야 하며, 부당노동행위가 성립되지 아니한다고 판정한 때에는 그 구제신청을 기각하는 결정을 하여야 한다.

② 제1항의 규정에 의한 판정·명령 및 결정은 서면으로 하되, 이를 당해 사용자와 신청인에게 각각 교부하여야 한다.

③ 관계 당사자는 제1항의 규정에 의한 명령이 있을 때에는 이에 따라야 한다.

제85조【구제명령의 확정】 ① 지방노동위원회 또는 특별노동위원회의 구제명령 또는 기각결정에 불복이 있는 관계 당사자는 그 명령서 또는 결정서의 송달을 받은 날부터 10일 이내에 중앙노동위원회에 그 재심을 신청할 수 있다.

② 제1항의 규정에 의한 중앙노동위원회의 재심판정에 대하여 관계 당사자는 그 재심판정서의 송달을 받은 날부터 15일 이내에 행정소송법이 정하는 바에 의하여 소를 제기할 수 있다.

③ 제1항 및 제2항에 규정된 기간 내에 재심을 신청하지 아니하거나 행정소송을 제기하지 아니한 때에는 그 구제명령·기각결정 또는 재심판정은 확정된다.

④ 제3항의 규정에 의하여 기각결정 또는 재심판정이 확정된 때에는 관계 당사자는 이에 따라야 한다.

⑤ 사용자가 제2항의 규정에 의하여 행정소송을 제기한 경우에 관할법원은 중앙노동위원회의 신청에 의하여 결정으로써, 판결이 확정될 때까지 중앙노동위원회의 구제명령의 전부 또는 일부를 이행하도록 명할 수 있으며, 당사자의 신청에 의하여 또는 직권으로 그 결정을 취소할 수 있다.

제86조【구제명령 등의 효력】 노동위원회의 구제명령·기각결정 또는 재심판정은 제85조의 규정에 의한 중앙노동위원회에의 재심신청이나 행정소송의 제기에 의하여 그 효력이 정지되지 아니한다.

▐ II ▐ 노동위원회에 의한 행정적 구제

1. 초심절차

(1) 부당노동행위 구제신청

① **신청인**: 사용자의 부당노동행위로 인해 그 권리를 침해당한 근로자 또는 노동조합은 노동위원회에 그 구제를 신청할 수 있다(노동조합법 제82조 제1항). 여기서 노동조합이라 함은 원칙적으로 노동조합법상 노동조합을 의미한다.

② **피신청인**: 피신청인은 원칙적으로 부당노동행위의 주체로서 사용자이다. 여기서 사용자란 노동조합법 제2조 제2호에서 정한 사업주, 사업의 경영담당자 또는 그 사업의 근로자에 관한 사항에 대하여 사업주를 위하여 행동하는 사람 모두 포함한다(대판 2022.5.12, 2017두54005). 다만, 부당노동행위의 주체가 아니라도 구제명령의 내용을 실현하는 사실상의 권한과 능력을 가지는 한 피신청인이 될 수 있다.

③ **관할**: 부당노동행위가 발생한 사업장의 소재지를 관할하는 지방노동위원회가 관할이 된다.

④ **신청절차**: 신청인은 구제신청서에 신청인·피신청인의 성명 및 주소, 신청취지 등을 기재하여 서면으로 관할 노동위원회에 구제를 신청해야 한다. 구제신청은 부당노동행위가 있은 날(계속되는 행위는 그 종료일)부터 3개월 이내에 이를 행하여야 한다(노동조합법 제82조 제2항).

⑤ **신청의 취하 및 각하**: 신청인은 부당노동행위 구제에 관한 명령서 또는 결정서 등이 교부될 때까지 언제든지 신청의 전부 또는 일부를 취하할 수 있다. 그리고 노동위원회는 부당노동행위 구제신청이 그 당부를 판단하기 위한 전제요건을 결하고 있다고 판단되는 경우에는 구제신청을 각하할 수 있다.

(2) 심사

노동위원회는 구제신청을 받은 때에는 지체 없이 필요한 조사와 관계당사자를 심문을 하여야 한다(노동조합법 제83조 제1항). 노동위원회는 심문을 할 때에는 관계 당사자의 신청에 의하거나 그 직권으로 증인을 출석하게 하여 필요한 사항을 질문할 수 있다(동법 동조 제2항).

(3) 화해

노동위원회는 조사 및 심문 과정에서 언제든지 당사자에게 화해안을 제시하고 화해를 권고할 수 있다(노동위원회법 제16조의3 제1항). 화해가 성립한 경우 당해 사건은 종결되며, 노동위원회는 화해조서를 작성한다. 작성된 화해조서는 재판상 화해의 효력을 갖는다(동법 제16조의3 제5항).

(4) 명령 및 결정

① **명령 및 결정 절차**: 노동위원회는 심문을 종료하고 부당노동행위가 성립한다고 판정한 때에는 사용자에게 구제명령을 내려야 하며, 부당노동행위가 성립되지 아니한다고 판정한 때에는 그 구제신청을 기각하는 결정을 하여야 한다(노동조합법 제84조 제1항).

② **명령 및 결정의 효력**: 명령 및 결정은 행정처분의 일종으로 판정서의 교부일로부터 효력이 발생하며, 관계당사자는 이에 따라야 한다.

③ **확정된 구제명령 위반에 대한 벌칙**: 관계당사자가 확정된 명령 및 결정을 따르지 않는 경우에는 벌칙의 적용을 받는다(노동조합법 제89조 제2호).

2. 재심절차 – 재심신청 및 범위

(1) **재심신청**: 지방노동위원회·특별노동위원회의 구제명령 또는 기각결정에 불복이 있는 관계당사자는 그 명령서 또는 결정서의 송달을 받은 날부터 10일 이내에 중앙노동위원회에 그 재심을 신청할 수 있다(노동조합법 제85조 제1항).

(2) **재심신청의 범위**: 재심의 범위는 신청한 불복의 범위 내에서 행하여지므로 불복신청은 초심에서 청구한 범위를 벗어나지 아니하는 한도 내에서만 재심을 할 수 있다(노위규칙 제89조).

(3) **재심명령 및 결정**: 중앙노동위원회의 재심판정은 초심명령 및 결정에 불복하여 재심을 신청한 범위 내의 사실에 대하여만 이루어진다. 재심신청이 이유가 없는 경우에는 이를 기각하며, 이유가 있다고 인정되는 경우에는 초심명령 및 결정을 취소 또는 변경한다.

3. 행정소송

(1) **행정소송의 제기**

① **의의**: 중앙노동위원회의 재심판정에 대하여 불복하는 경우 행정법원에 행정소송을 제기할 수 있다(노동조합법 제85조 제2항).

② **당사자**: 사용자 측이 취소소송을 제기한 경우에는 사업주가 당사자가 되며, 근로자 또는 노동조합 측이 제소하는 경우에는 노동위원회에 부당노동행위의 구제신청을 한 신청인에게 원고적격이 인정된다.

취소소송에 있어서의 피고는 당해 명령 또는 결정을 내린 중앙노동위원회의 위원장이다(행정소송법 제13조). 사용자가 취소소송을 제기한 경우에는 그 상대방인 근로자 또는 노동조합이, 그리고 근로자 또는 노동조합이 소송을 제기한 경우에는 그 상대방인 사업주가 그 소송에 보조참가를 할 수 있다(동법 제13조 및 제16조).

③ **제소기간**: 중앙노동위원회의 재심판정에 대하여 관계당사자는 재심판정서를 송달받은 날로부터 15일 이내에 행정소송법이 정하는 바에 의하여 행정소송을 제기할 수 있다(노동조합법 제85조 제2항). 이 기간 내에 행정소송을 제기하지 아니한 때에는 그 재심판정은 확정된다(동법 제85조 제3항). 이 경우 관계당사자는 이에 따라야 하며(동법 제85조 제4항), 이에 따르지 아니하는 경우에는 형벌이 부과된다(동법 제89조 제2호).

④ **제소와 명령의 효력**: 노동위원회의 구제명령 및 기각결정 또는 재심판정은 행정소송의 제기에 의하여 그 효력이 정지되지 아니한다(노동조합법 제86조).

⑤ **긴급이행명령제도**

㉠ **의의**: 사용자가 행정소송을 제기한 경우에 관할법원은 중앙노동위원회의 신청에 의하여 결정으로써, 판결이 확정될 때까지 중앙노동위원회의 구제명령의 전부 또는 일부를 이행하도록 명할 수 있으며, 당사자의 신청에 의하여 또는 직권으로 그 결정을 취소할 수 있다(노동조합법 제85조 제5항).

ⓛ 성립요건

    ⓐ **사용자의 행정소송 제기**

       긴급이행명령제도는 사용자가 행정소송을 제기한 경우에 한하여 허용되며, 노동조합 또는 조합원 개인이 행정소송을 제기한 경우에는 동 명령이 인정되지 아니한다.

    ⓑ 중앙노동위원회의 신청에 의하여 사용자가 행정소송을 제기한 경우 중앙노동위원회는 당해 사건의 근로자 또는 노동조합의 요청에 의하여, 노동조합법 제85조 제5항에 따른 법원에의 구제명령 이행신청 여부를 결정하여야 한다(노위규칙 제96조). 즉, 중앙노동위원회가 이행명령을 직권으로 신청할 수는 없다.

    ⓒ 관할법원의 결정으로서 관할법원은 쌍방이 제출한 소명자료 등을 통하여 긴급이행명령을 내릴지 여부를 결정한다.

    ⓓ **판결이 확정될 때까지 구제명령의 이행** : 긴급이행명령은 판결이 확정될 때까지 효력이 지속된다. 다만, 판결이 확정되기 전에도 당사자의 신청에 의하여 또는 직권으로 그 결정을 취소할 수 있다.

ⓒ **효과** : 법원이 긴급이행명령 결정을 하면, 사용자는 구제명령의 전부 또는 일부를 이행하여야 한다. 사용자가 법원의 명령을 위반하면 ⓐ 당해 명령이 부작위명령인 경우 500만원 이하, ⓑ 당해 명령이 작위명령인 경우 그 명령의 불이행 일수 1일에 50만원 이하의 비율로 산정한 금액의 과태료가 부과된다(노동조합법 제95조).

(2) 화해

부당노동행위 구제명령에 대한 취소소송 중에도 원고인 사용자는 보조참가인인 근로자 또는 노동조합과 화해를 할 수 있다. 이 경우에 사용자는 취소소송을 취하하고, 중앙노동위원회는 이에 동의함으로써 취하를 성립시킬 수 있다.

Ⅲ 법원에 의한 사법적 구제

1. 의의

부당노동행위에 대한 구제는 신속하고 간편한 노동위원회에 의한 구제절차를 활용하는 것이 일반적이지만, 법원을 통해 보다 실효성 있는 구제를 받을 수 있다. 헌법 제33조 제1항에서 보장하고 있는 근로3권은 대사인적 효력이 인정되기 때문에 근로3권을 침해하는 부당노동행위에 대해서도 사법적 구제가 보장된다.

2. 민사적 구제

부당노동행위에 대한 노동위원회의 구제명령절차는 공법상 권리구제절차로서 사용자와 근로자 사이의 사법상 법률관계에 직접 영향을 미치는 것이 아니므로, 근로자는 노동위원회를 통한 구제절차와 별도의 민사소송으로 그 사법상 효력을 다툼으로서 권리를 구제받을 수 있다.

3. 형사적 구제

사용자가 노동조합법상 부당노동행위 금지 규정을 위반하면 벌칙(노동조합법 제90조)이 적용된다. 사용자가 부당노동행위를 했더라도 구제명령이 확정된 이후에 이를 이행하기만 하면 아무런 제재를 받지 않게 될 경우, 부당노동행위가 반복될 우려가 있다는 점을 고려하여 구제주의를 보완하기 위한 규정이다.

📂 **부당노동행위 구제제도의 비교**

구분	행정적 구제	사법적 구제	
		민사적 구제	형사적 구제
근거	노동조합법 제82조 내지 제86조	대판 1988.12.13, 86다카1035	노동조합법 제90조
구제 성격	• 원상회복주의 • 공법성	• 당사자 간 권리의무관계 확정 및 손해의 전보 • 사법성	• 처벌주의 • 공법성
구제 내용	구제명령(원직복직, Back pay, 단체교섭 명령 등)	• 손해배상청구 • 가처분 신청 • 해고무효확인소송 등	형벌부과(2년 이하의 징역 또는 2천만원 이하의 벌금)

참고문헌

저서

권영성, 「헌법학원론」
김영기, 「노동법 주요쟁점 실무」
김유성, 「노동법 Ⅰ」
김유성, 「노동법 Ⅱ」
김철수, 「헌법학개론」
김형배 · 박지순, 「노동법 강의」
양성필, 「산업안전보건법 해설」
이병태, 「노동법」
이상윤, 「노동법」
임무송 外 4인, 「노동법 실무」
임종률, 「노동법」
최영우, 「개별노동법 실무」, 「집단노동법 실무」
하갑래, 「근로기준법」, 「집단적 노동관계법」

보고서 등

고용노동부, 「개정 통상임금 노사지도 지침」
고용노동부, 「기간제 · 단시간 · 파견근로자 차별시정제도 해설」
고용노동부, 「출퇴근 재해 업무처리지침」
고용노동부, 「집단적 노사관계 업무매뉴얼」
고용노동부, 「사업장 단위 복수노조 업무매뉴얼」
고용노동부, 「복수노조 및 근로시간면제제도 질의회시 모음집」 및 다수 논문 등

유 정 수

주요 약력
서울 반포고등학교 졸업
한국외국어대학교 법과대학 법학과 졸업
제20회 공인노무사 시험 합격
현) • 박문각 공무원 노동법 전임강사
　　• 박문각 서울법학원 공인노무사 노동법 전임강사
　　• 노무법인 지안 대표 노무사
　　• 서울중앙지방법원 전문심리위원
　　• 중소벤쳐기업부 비즈니스 지원단 자문위원
　　• 서울시 동작구 인권위원회 위원장
　　• 서울시 동작구 민원조정위원회 위원
　　• 서대문구 가족센터 운영위원
　　• 서대문구 아이돌봄 지원센터 운영위원
전) • 고용노동부 중소기업 지원단 자문위원
　　• 고용노동부 청소년 근로조건 보호위원
　　• 여성가족부 워킹맘 · 워킹대디 고충상담위원
　　• 서울시 동작구 청년정책위원회 위원
　　• 한국사회복지협의회 교수위원

주요 저서
• 박문각 공무원 유정수 율(律) 노동법 기본서(제1판)(박문각출판, 2026)
• 박문각 공인노무사 2차 유정수 율(律) 노동법 기본서(제6판)(박문각출판, 2025)
• 박문각 공인노무사 2차 유정수 노동법 주요판례정리 155선(제6판)(박문각출판, 2026)
• 공인노무사 제2차시험 필수과목 기출해설집(공편저)(문형사, 2012)

실강의 및 동영상강의 안내
박문각 공무원(http://www.pmg.co.kr, 02-6466-7201)
박문각 서울법학원 공인노무사(http://www.pmg.co.kr, 02-6267-1972)

유정수 율(律) 노동법 기본 이론서

초판 인쇄 2026. 5. 4. | **초판 발행** 2026. 5. 8. | **편저자** 유정수
발행인 박 용 | **발행처** (주)박문각출판 | **등록** 2015년 4월 29일 제2019-000137호
주소 06654 서울시 서초구 효령로 283 서경 B/D 4층 | **팩스** (02)584-2927
전화 교재 문의 (02)6466-7202

저자와의
협의하에
인지생략

정가 27,000원
ISBN 979-11-7519-943-9